张朋川 著

黄土上下

美术考古文萃

上海三联书店

图书在版编目（CIP）数据

黄土上下：美术考古文萃 / 张朋川著.—上海：
上海三联书店，2020.10
ISBN 978-7-5426-7119-6

Ⅰ.①黄… Ⅱ.①张… Ⅲ.①美术考古－中国－文集
Ⅳ.① K879.04-53

中国版本图书馆 CIP 数据核字（2020）第 135022 号

黄土上下：美术考古文萃

著　　者/张朋川
责任编辑/程　力
特约编辑/张　彤　刘文硕
装帧设计/鹏飞艺术
监　　制/姚　军
出版发行/上海三联书店
　　　　　（200030）中国上海市漕溪北路 331 号 A 座 6 楼
印　　刷/天津丰富彩艺印刷有限公司
版　　次/2020 年 10 月第 1 版
印　　次/2020 年 10 月第 1 次印刷
开　　本/710×1000　1/16
字　　数/258 千字
印　　张/25

ISBN 978-7-5426-7119-6/K·590
定　价：59.80元

庞薰琹先生给作者的信

朋川同志：

你6月3日的信早就收到了，6月中北京天气热极了，我的房子小而朝西，简直像在蒸笼里，什么事都做不成。这两天又把你的文章仔细看了一下。我国有几千年的文化，许多东西至今还埋在地下，考古工作还是要发展的，可是我国几乎没有人研究美术考古，所以你这些年来的努力是非常有意义的，我个人是希望你在这条路上钻深钻透，这将是对我们的文化事业的一大贡献。做研究工作，主要的是掌握资料，而你现在能看到实物资料，这种机会是难得的。

在你的文章中，有一点我提出来请你考虑，是不是要提"谷神""农神""神灵"，我个人认为在装饰纹样中人物形象的出现，是同生产有关系的，这些器物的装饰都是群众创造的，早期和后期有时相隔许多，在当时人们是不可能知道某些纹样最初是什么，人们只是凭自己的想法，做出了各种各样的变化。不知道这种看法对不对？你的文章要不要寄回给你？

我是想到兰州、敦煌、西安等地看一看，可是关于我的退休问题，至今还没有解决，所以我只能等待。

专此

祝你工作顺利，身体健康。

薰琹

1978 年 7 月 5 日

朝外白家庄东里 1 楼 31 号

东南西北中上下求索（代序）

张朋川

我在中国许多地方生活过，还到过许多地方，会说几种不同地方的方言，我心目中的中国是全方位的中国，一个历史悠久的包括东南西北中、上下各方的中国。

重　庆 >>>

1941 年，日本飞机轰炸重庆。有一次，我父母在空袭中去防空洞避难，母亲怀有我已有几个月了，见路上丢有一块手表，因怀有身孕，好不容易将这块表捡起来，这是一块罗马表。后来，我在中央美院附中和中央工艺美术学院念书时，一直戴着这块表。

北　京 >>>

1948 年夏，我父亲在《新路》周刊当编辑。东单有地摊市场，我母亲常领着我到那儿淘旧艺术品。还记得到中南海里面玩过，那时那里的游客稀少，空荡荡的。

上　海 >>>

1949 年春，我家住在理查大楼，楼对面是苏联大使馆，右面是当时上海最高的建筑百老汇大厦（现称上海大厦）。我在理查大楼的高楼窗中，远看解放军攻打乍浦路桥上的碉堡，又看到一长条白布从百老汇大厦半腰的一个窗口垂下。

后来，四周响起了欢庆的腰鼓声，唱起了"解放区的天是明朗的天"的歌。

1950 年，我家里来了一位大个子的穿军装的人，我母亲说这是我的大舅，是诗人，名叫艾青，以后我才了解他是接管上海文化部门的军代表。

1956 年夏，我从上海考区考入了中央美术学院附中。

北 京 >>>

1956 年至 1960 年，我在中央美院附中画石膏像，到处参观画展，去故宫看文物字画，在龙潭湖畔画水彩，花一角钱进长安戏院看京剧演出和画速写。

1957 年，舅舅艾青被划为右派。1958 年暑假我从北京回上海探亲，惊悉父亲被补划为右派。1958 年秋，北京修造十大建筑，我母亲任北京市第一建筑公司花饰工组长，人民大会堂、民族文化宫的石膏花饰都是这个花饰工组制作的，家里来往的人全是工人。

1959 年 9 月，是我在中央美院附中学习的第四学年，全班分成油画班、国画班、雕塑班，我是国画班的课代表，老师是卢沉。请到蒋兆和、叶浅予、傅抱石、黄均等老师来我班示范作画。

1960 年，进入中央工艺美术学院壁画专业学习，这个专业是为北京修建地下铁道需作壁画而做准备的，但不久进入了连续 3 年的困难时期，北京修地铁的计划暂时搁置。建筑中的石膏装饰被认为浮华奢侈，我母亲被精简了。家中完全没有工资收入，靠母亲机器绣花挣点钱。我享受甲等助学金的待遇，每月可领 16 元，除去伙食费 12 元，还有 4 元钱作生活费用。

我们这届壁画专业的学生只有 6 个人，全是从中央美院附中升上来的，因此学院给我们配备了第一流的教师，并且有顶级的老教授。在当时，中央工艺美术学院的艺术教育有其卓特的一面。由于和苏联关系的恶化，开始淡化苏式的艺术教育。另一方面，又拒绝接受西方艺术。相对中央美术学院的艺术教育而言，我们接受的艺术教育比较庞杂，从我学过的课程和任课老师就鲜明地反映出这一点：庞薰琹的装饰画、祝大年的工笔重彩、郑可的人体素描、袁运甫的水粉、柳维和的植物图案、韩美林的动物图案、张国藩的镶嵌壁画、乔十光和李鸿印的漆画、连维云的现代艺术、刘力上的壁画临摹、邱陵的美术字、尚爱松的中国美术史、奚静之的西洋美术史、王家树的艺术概论。还有许多学术讲座，如张仃的民间美术、沈从文的龙凤艺术、梅健鹰的陶瓷艺术、奚小鹏的室内设计艺术、常沙娜的敦煌图案艺术。

我们班的一些同学对西方现代文艺颇感兴趣，当时《剧本》月刊翻译并发表了布莱希特的短剧《例外与常规》，我立即组织系里同学编排演出，还为剧中人物设计了脸谱，剧中的背景和道具都是装拆式的。我们班接触西方现代文艺的一些举动，引起了北京市团委的注意，我们连带一些教师受到了批判。不久我们连续参加了北京昌平和河北任县的社会主义教育运动，一年多的时间内严格地与农民同吃、同住、同劳动。整天吃红薯面的窝头，大葱和盐是经常的佐料。从农民身上，我学会了吃苦和忍耐。

1965年夏，匆匆结束了大学生活，我与樊兴刚分配至甘肃敦煌文物研究所。

甘　肃 >>>

由北京坐火车至兰州需五十多小时，有人说车至洛阳前，列车轻快，车行发出"青山绿水、青山绿水"声。洛阳西去，列车沉重，车行发出"荒秃秃、荒秃秃"声。

没想到我被甘肃省博物馆截留下来，理由是除莫高窟外，全省的十几个石窟中都有古代壁画，也需要有人临摹。我无从选择，自此我的脑海中反复不断地驶入古代文化，周、秦、汉、唐。

1965年10月，又去甘南藏族自治州参加社会主义教育运动。一路上此起彼伏地伴随着临夏花儿、夏河花儿、洮州花儿的歌声，我第一次亲身感受到藏传佛教文化、伊斯兰教文化的深厚博大。1966年5月，"文化大革命"在甘南草原上开始了，我们回到被"造反有理"的口号声淹没的兰州。

由于出身不好，我没有参加社会上的造反派组织，是一个不逍遥的逍遥派。1968年8月，甘肃省博物馆革命委员会成立，我在文物工作队上班。

武　威 >>>

1969年10月，武威雷台的农民在挖地下防空洞时，发现一座大型汉墓，墓

雷台墓清理组

中有数量可观的铜车马，其中有著名的铜奔马。甘肃省博物馆组成雷台墓清理小组，由岳邦湖带队，具体清理工作由张学正负责，我的主要工作是临摹墓顶藻井的莲花图案和墓道侧壁上绘的花树状图案。

墓中出土的铜马和铜俑上刻着含有"张君""张氏"字样的铭文，可知墓主人姓张。参加挖墓的民工是当地的新鲜大队第十三生产队的社员，他们大部分的人都姓张，我对张学正说："我们是在挖祖坟。"雷台墓是有着三室的大型砖墓。墓中地面满铺五铢铜钱，谣传雷台神钱能治病，方圆数里的老太婆齐来雷台墓捡钱。我第一次参加考古工作，就逢上清理百年难遇的雷台墓，事事觉得新鲜。墓中清理出四颗带有"将军章"印文的龟纽银印，据此我一直认为墓主人是做过四次秩比二千石的张姓将军。当时一些专家根据有的马身上的铭文，认为墓主人的身份是四百石小县官。为此我去读史书，还和别人合写了一篇论文，论证雷台墓主人的身份和铜奔马的文化内涵。清理雷台墓是我的首次考古经历，就逢上重大考古发现，使我对美术考古产生了兴趣。

山 丹 >>>

　　1970 年，我下放至山丹县芦堡村，村头小山坡上有明代的烽火墩，隔着绿

1971 年，作者在嘉峪关魏晋壁画墓中临摹

草如茵的军马场，是终年积雪的祁连南山。后来才知道，这里是汉武帝时的霍去病将军大破匈奴处。在农村生活了一年，才返回兰州。

嘉峪关 >>>

1971 年 4 月，据嘉峪关市文教局报告，在新城公社戈壁滩上发现了绘有壁画的古墓。我便自告奋勇去嘉峪关工作。与嘉峪关市文教局宋子华等人合作，经过一冬一春的奋战，清理了四座墓葬，我还从盗洞中进入 5 号墓，发现了色彩绚丽的"出行图"等壁画，并主笔编写了发掘简报，引起国家文物局局长王冶秋的重视。于是甘肃省博物馆加强了考古发掘力量，对 5 号、6 号、7 号墓进行考古发掘。当时工作条件十分艰苦，住在戈壁滩上废弃的小屋中，没有门扇，就挂一块麻袋片作遮挡。发掘 7 号墓时，已进入冬季，我们在墓中临摹壁画，砚中的墨汁凝成了冰碴。地上，阳光下的戈壁滩白灼晃眼。墓里，封闭千余年的阴潮的壁画上的红色鲜润如血，俨然阴阳两界。至 1973 年 9 月，在嘉峪关新城共发掘了 8 座墓，其中 6 座为壁画墓，共有壁画 620 幅，壁画以反映现实生活为主，是研究魏晋时期河西地区政治、经济、军事、文化艺术等方面的珍贵的形象资料，为魏晋墓室壁画最大宗的发现。

我们在嘉峪关关城内整理魏晋墓出土文物，嘉峪关城门的大钥匙挂在长城大队大队长的腰带上，城门一关，嘉峪关就像古井。社会上"批林批孔"、阶级斗争热火朝天，我在寂静如死水的关城内读线装本的《汉书》《后汉书集解》《三国志集解》。我走上了美术考古之路。

1972年5月，在嘉峪关城内举办"出土文物展览"，一位牧童告知我们在黑山的岩石上有刻画的图像，我和宋子华立即前去勘查。黑山，山势陡峭，岩石黑紫，古时称紫塞。在一些平滑如漆镜的岩面上，刻着动物和人物的图像，共三十余处，其中有场面宏大的"围猎图""操练图"，还有虎、野牛、鹿等野兽图像。黑山岩画经考证是我国西北地区古代游牧民族的文化遗存，黑山岩画的考古调查，揭开了北方古代岩画考古调查热潮的序幕。

北 京 >>>

1973年秋，为筹备《汉唐壁画》出国展，陕西、甘肃、河南、内蒙古等地临摹壁画的高手云集故宫武英殿，复制打虎亭汉墓、和林格尔汉墓、嘉峪关魏晋墓、唐乾陵陪葬墓等墓葬中的壁画。我住在紫禁城中一个多月，深感故宫是井中之井，身心甚不自由，难怪当年生活在深宫中的皇帝大多偏狭变态。

广 河 >>>

1974年，甘肃省文物工作队在齐家文化的发现地广河县齐家（祁甲）坪进行考古发掘，我参加了后期发掘工作。参加发掘的民工为当地的东乡族居民。1923年，瑞典人安特生在洮河进行考古调查，在齐家坪发现了齐家文化，并未发现彩陶。我们在齐家坪的这次考古发掘中，出土了两件特色鲜明的圜底彩陶罐，还发现了少量的彩绘陶，并且在石圆圈祭祀遗址中出土了铜镜和空首铜斧，证实了齐家文化在甘肃远古文化中是较晚的文化。

景 泰 >>>

1975年，我参加甘肃景泰张家台半山类型石棺葬墓地清理发掘，石棺中多出小型彩陶，初次亲历发掘彩陶，对出土彩陶逐一测绘，此为撰写《中国彩陶图谱》的起始。

金　华 >>>

我的外婆家在浙江金华畈田蒋村，母亲曾带着我的两岁的大女儿张晶在"文革"后期去暂住。1976年夏，我们去金华接她们回兰州。畈田蒋村也是大舅艾青度过童年的地方。这里民风淳厚，景物幽美，面对双尖山，乡里人说这里风水好，出了两个大文人，一个是艾青，一个是吴晗，是一山的双尖。

玉　门 >>>

1976年秋，获悉玉门火烧沟墓地出有彩陶与铜器，前往清理发掘，由我发掘的4号墓中，出土了一件铜管，证实了这是一处彩陶与铜器共出的早期青铜文化的墓地。以后的考古发掘，不断有新发现，一发不可收。我清理的310号墓中，出土了一件四羊首青铜锤，造型精美，用合范法铸造，为我国早期铜器的珍品。火烧沟墓地先后发掘墓葬329座，出土文物二千余件，其中铜器达二百余件，还有金和银制成的鼻饮和耳环。彩陶小巧而多样，有人形器、四犬器盖网纹方鼎、鱼形埙等彩陶艺术品。河西走廊位于东西方文化交往的咽喉要道，火烧沟早期青铜文化遗址的大规模发掘，提供了我国西北地区远古文化发展和传播的珍贵考古资料。

9月9日上午，在发掘工地上听到高音广播喇叭传来的哀乐，惊悉毛主席逝世，火烧沟发掘工作遂告结束。

乌鲁木齐 >>>

9月底，由玉门赴乌鲁木齐，在新疆博物馆考察和测绘鱼儿沟等遗址的远古文化彩陶。10月，喜闻粉碎"江青反革命集团"，乌鲁木齐全城欢动。

酒　泉 >>>

1977年8月，在甘肃酒泉丁家闸发掘了一座十六国时期大型壁画墓，邀我对墓室壁画进行临摹。丁家闸古墓地的南面为终年积雪的祁连山主峰。丁家闸5

号墓中满绘壁画，莲花藻井下的四顶绘天上仙界。墓室四壁绘墓主人宴享伎乐和役者的生产劳动场景。墓室正壁（西壁）绘制的《燕居行乐图》绘艺最精，显示出汉画发展为晋画由简略到精细的变化。

河西走廊一系列的十六国壁画墓的发现，使我们对敦煌壁画艺术的发展源流有了新的思考和认识。

陕西河南河北行 >>>

入春，为考察陕、豫一带早于仰韶文化的遗迹，我们一行四人乘坐一辆北京吉普车，沿着古时由兰州到郑州的驿道前行，翻过草木葱茏的陇山，途经古老的凤翔县，到西安半坡博物馆访问。越崤山，抵登封，参观王城岗龙山时期城址的考古发掘工作。赴河南省文物考古研究所、郑州市博物馆观摩彩陶。赴长葛考察距今 8000 年左右的裴李岗文化。又赴河北邯郸考察磁山文化遗物、正定县南杨庄仰韶文化遗址。

甘肃渭河泾河上游 >>>

为揭示和研究甘肃境内仰韶文化的发展源流，1978 年夏，甘肃省文物工作队队长岳邦湖、副队长张学正偕同我去甘肃渭河、泾河上游调查和考察新石器时代遗址。在陇西、武山等地考察后，在秦安县文化馆见到一组邵店村大地湾出土的仰韶文化陶器，我们即往邵店进行调查，见到卫生院和粮管所院内出土的半坡类型陶器，还发现了庙底沟类型的彩陶盆和有着草拌泥居住面的房基。这些令人目眩的发现，驱使我在秦安大地湾进行了连续六年的考古。

秦 安 >>>

1978 年 9 月，甘肃省博物馆派出大地湾发掘小组，由我领队，与朱耀山、周广济、阎渭清、赵建龙一行，到秦安县邵店村，对大地湾遗址进行试掘。

我沿着地头的断崖排查考察，地层的剖面就像一本历史书籍的侧面，自上而下地叠压着从晚至早的文化层。忽然，数千年积淀的灵光破土而出，崖面下层绽露出一件彩陶，彩陶置于古代房基的居住面上。彩陶上的花纹像回旋的鸟羽，这是一件约6000年前的仰韶文化彩陶，也昭示了这座房址的历史年代。我们决定首先发掘这座房子遗址，房子遗址上是尚未收割的玉米，那是"以粮为纲"的日子，毁青苗视同犯罪。我们等到地里收割完玉米，在这掘区开辟了第一个探方。在我们期盼发掘的这座房子基址中，出土了一组陶器，在灶坑旁重叠地放置着两个圜底彩陶大盆，形状和彩绘纹饰完全相同。大盆的口径达51厘米，是已知的新石器时代最大的彩陶盆。

大地湾考古发掘自开始就取得令人振奋的成果，以后不断有新的重要考古发现，我没想到自此在大地湾进行了连续六年的大规模田野考古发掘。

1979年，大地湾遗址发掘进入第二年度，在仰韶文化早期的半坡类型第211号窑基下发现了早于半坡类型的墓葬，揭开了大地湾一期文化考古发掘的序幕，这年共发现大地湾一期墓葬11座。1980年，经过认真的分析和细致的考古发掘，相继发现和清理了3座大地湾一期的房址。大地湾一期遗址的一批木炭标本的碳-14测定年代为距今8170年~7370年（经校正），与裴李岗文化、磁山文化的年代大体相当，同属黄河中、上游地区新石器时代较早的文化遗存。大地湾一期遗址出土了一些绘有红色或白色的彩陶，这是迄今已知的我国最早的彩陶，在彩陶上还发现了十余种彩绘符号。

作者与大地湾发掘组同仁合影

渭河上游发现的距今 8000 年左右的新石器时代文化遗存，使我对以中原为中心向四方辐射的学说产生了怀疑。

山　西 >>>

在太原王郭村，参观新近发掘的北齐东安王娄睿壁画墓，绘有阵容浩大、人物众多的出行图，能准确地绘出正、反、侧、斜不同角度的面部、肩膀、身子、手足，反映出卓绝的写实能力，甚至能画出马的眼睛的神情，反映出杨子华、曹仲达等北朝画家划时代的绘画水平。

踏过大同落满煤灰的马路，来到云冈石窟，观昙曜五窟石刻大佛，如入大帐面见鲜卑王，庞然大物，不可一世。云冈后期佛造像已是褒衣博带、秀骨清相，活脱是魏孝文帝仪容的宣示。

内蒙古 >>>

赴呼和浩特拜访盖山林，正值他刚从阴山考察岩画归来。他的考古所工作室的四壁和地上，铺着在白色薄塑料布上以双钩法拓摹的岩画图像，据说阴山岩画数以万计，这些岩画分布于阴山东西长约三百公里的狭长地带，组成反映草原游牧生活的史诗式的绘画长廊。

赤峰市红山后是红山文化的发现地。我小心翼翼地走在通往昭乌达盟文物工作站的铺满冰雪的路上，工作站站长项春松先生星期日休息在家，特地赶来开门，提取红山文化彩陶供我测绘，见到心仪已久的鸟形彩陶壶，使我了解到北岳之外有草原，关外有彩陶。

山　东 >>>

由北京去济南的列车十分拥挤，我好不容易在门厢处挤了一块坐地。我是从《老残游记》中了解济南的，我看到的冬天的大明湖，十分宁静，垂柳不摇也不摆，更显宁静。泰山一带的大汶口彩陶很有特色，彩陶上的八角星纹，有的说是太阳花，有的说是象征四面八方的大地。

南 京 >>>

在南京博物院地下库房测绘江苏彩陶，获见安特生在甘肃收集的彩陶，观摩南朝大墓模印砖画。

武 汉 >>>

自南京坐轮船，由长江西上，过小孤山，九江小憩，至武汉。在湖北省博物馆观摩楚文物，每一件楚国漆器，彩似火，纹如云梦。在博物馆食堂用餐，每张桌上都有放辣椒的小缸，显出楚人热烈性情。

秦 安 >>>

1981 年初夏，与大地湾遗址隔河相望的山坳中，发现了一件半坡类型葫芦形彩陶瓶，这种彩陶一般只出于墓葬中。我们到出土彩陶瓶的王家阴洼去勘探，刚开探沟就露出了一座随葬彩陶的墓葬。经报省上同意后，我们对王家阴洼墓地进行发掘，共发掘清理了 59 座半坡类型墓葬，大多数墓葬中随葬着三至五件陶器，其中许多是器形完整、花纹精美的彩陶，和渭河下游的半坡类型彩陶一样，都以鱼纹为彩陶的代表花纹。

1982 年 10 月，大地湾遗址年度发掘行将结束时，在第 411 号房基的白灰地面上发现了绘有人物和动物的地画，我们精心地对地画进行了清理。经综合考证，这是一幅距今 5000 年的仰韶文化晚期的居址地画，为我国已知的年代明确的最早的绘画。我立即进行了临摹，并组织拍摄和保护工作。当年，我在村中征集到一件仰韶文化人头形彩陶瓶，人头塑像造型生动，为原始艺术的珍品。

陕 西 >>>

1982 年 11 月，在西安召开全国工艺美术学术报告会，我应邀在大会上作了《彩陶艺术》的学术报告。在康师尧先生的陪同下，我们参观了茂陵霍去病墓。霍去病墓是按汉武帝之意象征祁连山而建，我们登冢顶而四望，俨然有置身仙山之感。日后，赴秦陵兵马俑博物馆，感受到一统中国之势。观陕西碑林博物馆，汉唐不朽文明历历在目。

北 京 >>>

在中国社会科学院考古研究所的平房工作室内，苏秉琦先生指导我重新编排《中国彩陶图谱》的图稿，按照考古学文化区、系、类型学说去厘清中国彩陶的谱系。在累计半个月的时间中，受到苏秉琦先生的耳提面命，破除了我思想深处积习已久的中华大一统观念，对以汉族王朝为中心的史学观有了批判意识，开始接触到"多元一体的大中华文化"的研究课题。

青 海 >>>

乐都柳湾原始社会墓地发掘结束，共清理墓葬 1500 座，开始进行整理发掘资料，蒙青海省文物考古队关照，我赴柳湾测绘彩陶。时值严冬，出土的近万件彩陶分别保存在柳湾村的十余个库房中。我在农民家中吃住，晚上在油灯下工作，历时一月，对柳湾出土的马厂类型浮雕裸体人像彩陶壶、人头形器口彩陶壶等众多彩陶实物，一一作了测绘。归去时，湟水已结冰，凝住了昔日的辉煌。

武 威 >>>

1984 年夏，甘肃省文物考古研究所在武威市五坝山墓地考古发掘中，发现一座西汉末期壁画墓，我应邀去现场临摹壁画，墓室左壁绘《山林猎牧图》，图中满布层叠群山，人和动物融入山林之中，可视作早期山水画。

肃北蒙古族自治县 >>>

1985 年初秋，与甘肃省文物考古所所长岳邦湖共赴肃北蒙古族自治县县南的祁连山考察岩画。沿途杳无人迹，疑为天涯路。忽有野马群从天际奔来，又绝尘而去。至山下已无汽车可行之路，当地蒙古族牧羊姑娘卓玛做向导，不断攀山而上，已近雪线，先是残雪如散鳞，又见积雪似凝玉，人随山高而气喘加剧，心跳加速，至大黑沟岩画分布区时，岳邦湖先生的每分钟心跳达九十余次，照相工作只能托付给司机。我独自进行岩画的测绘和记录，岩画壁面陡峭，上刻围猎画面，令人目眩神迷。有两处岩画刻着大象图形，另在一大石上刻两人立于虎上的画面，为他处不见。工作结束，夜宿卓玛家的蒙古包中，刚做好的羊羔肉格外鲜美，蒙古包外的月光清纯透彻，又照亮了数千年畜牧的草场。

考察肃北蒙古族自治县祁连山西端石包城时，发现一道随祁连山峰蜿蜒的汉代烽燧城障遗址，可能是防羌的长城。

肃南裕固族自治县 >>>

去马蹄寺石窟途中，攀缘而入千佛洞石窟，从剥离层中发现北魏晚期的壁画，色泽鲜艳如新，胁侍菩萨为秀骨清像、褒衣博带。

日　本 >>>

1988 年 4 月至 6 月，赴日本参加"奈良丝绸之路博览会·丝绸之路大文明展"，我任中国文物随展组组长，我方参加联展的有陕西、甘肃、新疆等地的汉唐珍贵文物。在展出期间多次观摩了丝绸之路沿线的苏联（当时苏联尚未解体）、伊朗、伊拉克、叙利亚、意大利、印度、巴基斯坦、阿富汗和韩国参加联展的珍贵文物，还观摩了东京国立博物馆、奈良国立博物馆、法隆寺、东大寺、大阪市立美术馆、泉屋博物馆等处的文物古迹。丝绸之路是我人生的引号，使我开启了面向东西方文化交流的历史进程。

1990 年 9 月，应邀去秋田县作学术演讲，在秋田、新潟等地考察日本绳纹文化。

承　德 >>>

1988 年秋，游承德避暑山庄、外八庙，观摩了满、汉、藏、回、蒙五文共题匾额，江南园林、围猎场、喇嘛庙合聚山庄。

四　川 >>>

1990 年，赴乐山参加中国汉画学会成立大会。瞻乐山大佛，登峨眉金顶，考察汉代崖墓，观王建墓石雕。去广汉三星堆考古工地，古蜀文化光彩夺目。

甘肃河西走廊 >>>

1990 年 8 月，参加联合国教科文组织丝绸之路考察团在甘肃的考察，沿河西走廊，考察了山丹段汉代和明代长城、张掖大佛寺、嘉峪关关城和魏晋壁画墓、敦煌千佛洞和两关（玉门关、阳关）。

青 海 >>>

平安县洪水泉清真寺在高山之巅，我们乘汽车盘旋而上，寺内外照墙、戗檐、廊心墙、海棠池遍饰精美砖雕，楼阁花窗犹显伊斯兰教风格。

我曾三访乐都瞿昙寺，仰观寺殿藻井中永乐年间绘制的数百方坛城图，惊看尚乐金刚像巨幅壁画，巡礼回廊数百米经变故事壁画，这是一处未经后人修饰的难能可贵的明代初年的藏传佛教寺院。

新加坡 >>>

1991 年 12 月至 1992 年 3 月，赴新加坡，负责"中国丝绸之路唐代文物展"展出，深感四海之内皆兄弟。

甘 肃 >>>

1993 年，赴河西、天水地区鉴选一级文物，陇原文物瑰宝尽收眼底。

广 州 >>>

南下广州洽谈外展事，在广州市博物馆观摩岭南画派作品。

宁 夏 >>>

1994 年，考察贺兰山岩画、西夏皇陵，参观固原博物馆。赴同心清真大寺观摩清代砖雕。归去的汽车在浓雾中翻过六盘山。

天 津 >>>

1995 年 7 月，携展品参加天津举办的"甘肃佛教艺术展"，游览天后宫、

考察贺兰山岩画

杨柳青。

美 国 >>>

　　1995 年 12 月至 1996 年 3 月，参加中国文物随展组，在普罗沃、波特兰等地举办"中国帝王陵墓展"，又应友人之约去旧金山、西雅图、洛杉矶等地参观博物馆和美术馆，观看考察中国流散到美国、西亚和印度的文物。在旧金山，我住在唐人街的一座旅馆里。中国昔日的唐朝首都长安城内，曾住过许多西亚和印度人，还有来自西方的祆教、摩尼教、景教、犹太教、伊斯兰教的教徒。长安是当时世界上最有包容性的地方，正由于这种因果关系，如今世界各国都容纳了唐人街。

甘肃　青海　新疆　宁夏 >>>

　　1996 年 8 月至 10 月，国家文物局开展甘、青、新、宁四省区馆藏一级历史文物鉴定确认工作，由朱家溍、耿宝昌、杨伯达、杜迺松、李久芳、王海文、王家鹏和我组成馆藏一级文物鉴定专家组。经新疆维吾尔自治区的哈密、吐鲁番、乌鲁木齐、昌吉、石河子、喀什，甘肃省的天水、平凉、庆阳、临夏、兰州、武威、张掖、嘉峪关、酒泉、敦煌，宁夏回族自治区的银川、固原，青海省的西宁

国家文物局西北组鉴定专家

等地，对西北四省馆藏一级历史文物悉数进行鉴定确认，获得极为难得的对西北馆藏一级文物近观和上手的待遇，及向众多故宫专家当面求教的机缘。在这将近三个月的工作中，无遗地目睹了西北文物的精华，在我心目中西北文化在大中华文化中的地位显得更加重要。

安　徽 >>>

合家登黄山。黄山最佳时在虚实之间，上山时虚，下山时实，登顶时虚实俱忘。

甘　肃 >>>

1998 年夏，筹办"甘肃省少数民族文物展"，赴临夏回族自治州，考察临夏县红园和东公馆的回族砖雕、积石山县保安族腰刀和土族服装。又赴甘南藏族自治州，考察藏族服饰和建筑图案，征集唐卡展品。转赴陇南地区武都县，考察白马藏人服饰。

1999 年夏，王鲁湘、王玉良和我陪同张仃先生去祁连山写生，在民乐县童子寺石窟发现北魏壁画，佛像作褒衣博带、秀骨清像状。在北魏壁画层下还有北凉壁画。

台 湾 >>>

2000 年 6 月至 7 月，赴高雄市美术馆举办"黄河远古文明·甘肃彩陶特展"，并作学术讲座，其间参观了台湾台北故宫博物院举办的"宋代千禧文物特展"，有幸近睹宋代国宝级文物集中展出。还参观了台湾历史博物馆、鸿禧美术馆、张大千故居。友人驾车陪我作台湾环岛游，在台南西海岸隔海望大陆，涛声续不尽，总是两岸情。

苏 州 >>>

2000 年 8 月，调至苏州大学艺术学院任教。走进水乡，不识水乡，重识水乡。一向倾心研究中国艺术史，上半生多涉周秦汉唐，由此转入宋元明清。

江 苏 >>>

多次去南京，参观南京博物院，瞻陵、游湖、登塔、逛庙。多次去常州，观摩常州博物馆文物，办展和会亲访友。三下扬州，一为儿女姻缘，一为园林湖景，一为文物古玩，还有久久耐人回味的美食。五游无锡，每游面貌又新，难忘清末民初的惠山泥人，不见当年桥一桥一桥。沿运河北上，至淮安，古码头上看货船南来北往。去徐州，观汉画像石，考察楚王陵，交会鲁俗楚风。

云 南 >>>

2003 年初秋，赴昆明开会。游滇池，观大理、丽江、玉龙雪山景物，看白族、傣族、彝族、纳西族风情。

福 建 >>>

2004 年夏，游武夷山，参观朱熹讲学的武夷书院，庭前千年古柏令人肃然。

浙 江 >>>

2004 年秋，赴海宁观钱塘潮，参观陈阁老府，王国维、徐志摩和蒋百里故居，海宁近代人文亦如潮。

为出版、讲学、会议等事，屡往杭州。参观胡雪岩故居，方知浙商敢为天下先，勇为四海商。

2005 年初夏，上莫干山开会，观毛泽东、周恩来故居，以及蒋介石寓所故址。炎凉谁知？此山万竹也风流。

山 东 >>>

2004 年冬，赴长清灵岩寺开会，观前世罗汉有今时容颜。

哈尔滨 >>>

2005 年暑假，赴哈尔滨讲课。专程去阿城，参观金上京遗址，望绿草如茵，曾织徽钦二帝无限乡愁。

上 海 >>>

大女张晶、小女张卉都在上海成家立业，我和老伴常去上海走走，幼时捕虫钓鱼的浦东郊野，已是摩登新城，我不再去寻找我少年时代居住过的弄堂。龙华烈士陵园修得十分美丽，有见青年男女在此谈情说爱。我与一位分别多年的已退休的老同事在这里见面又分别，他说要回家去照看外孙女了。

苏 州 >>>

我现住苏州葑门一带，书斋名为"大吉斋"，用苏州话将葑门与"大吉斋"连读，就是"封门大吉哉"。但事与愿违，友人和学生不绝于门，我只能在春节时在门额上高贴"开门大吉"。

人生百年，但愿有生之年在上海十年，北京十年，西北三十年，东南三十年，或东或南或西或北十年，不限方位地点十年，我仍将东南西北中上下不断求索。

目　录

第二部分　丝路东西　.... 127

第三部分　鉴识纵横　.... 243

第一部分

黄土上下

中国新石器时代的彩陶和彩绘陶

彩陶和彩绘陶是我国最早以彩绘纹样与造型相结合的艺术。彩陶和彩绘陶艺术集中地反映出我国远古时期陶器艺术达到的辉煌成就，并且是中国陶器艺术的光辉夺目的序章。

从彩陶产生到彩绘陶的兴起，经历了新石器时代由早到晚的整个时期，乃是氏族社会从繁盛到解体的发展过程，以彩绘图纹陶器的形式出现的一种文化现象。

中国彩陶有着源远流长的发展历史。黄河中游地区是中国彩陶最早产生的地区，距今约 8000 年时，分布在渭河流域的大地湾文化和河南中部的裴李岗文化，都发现了绘着简单纹样的三足彩陶钵。世界上最早含有彩陶的古文化被认为是两河流域的距今 8000 年左右的耶莫有陶文化和哈孙纳文化，这与中国彩陶产生的年代相当，因此中国也是世界上最早产生彩陶的地区之一。

在辽阔的中华大地上盛开着彩陶的奇葩。东北至辽宁，西北至新疆，东南至台湾、香港地区，西南至西藏，在主要的江河流域都发现了含有彩陶的古文化。中国彩陶是多元发展起来的，不同区域的不同文化类型的彩陶缤纷多彩，争奇斗艳，美不胜收。

在走向青铜时代的漫长的发展过程中，这些文化类型的彩陶，或继承发展，或彼此影响，或相互交融。愈到晚期，相互影响的范围愈广。中国彩陶由多元发展而交织成宏大体系，并逐渐形成一些共同的艺术特点。

绚丽多彩的各文化类型的彩陶

彩陶是人类童年的智慧之花，绚丽的花束是由各放异彩的花朵组成的。

中国各区域的新石器时代的彩陶中，以黄河流域的彩陶最发达。

分布于黄土高原山前地带泾渭流域的大地湾文化和半坡类型，陶器工艺是以彩陶为代表的。由于这里的黄土深厚而干燥，能充分地按人们的设想来安排氏族聚居村落的布局。半坡类型的一些氏族聚居村落由向心的几组屋群组成，反映出强烈的集团意识。由于以血缘为纽带的宗族观念得到充分的发展，导致了这一地区图腾艺术的繁盛。

距今 6000 年左右的半坡类型彩陶有较多的图腾纹样。

半坡类型彩陶纹样以鱼类水族纹为代表，并且大体呈现出由写实模拟的自然形纹样到写意的几何形纹样的演变趋势半坡类型晚期彩陶，还出现了用两个以上鱼纹的共用形复合而成的双关纹，也有以变体鱼纹构成的两方连续几何形图案。

半坡类型彩陶除了鱼类纹样外，还有人面衔鱼、鱼寓人面的奇特的复合纹样，如人面鱼纹彩陶盆（图1），这意味着人和鱼是共同体的两个方面，人和鱼是相互托寓的。这种寓意深奥的人和鱼的复合纹样，则是半坡部族人们认为鱼类是始祖的意识的反映，因此，鱼类水族可能是半坡部族的图腾。

图 1　半坡类型人面鱼纹彩陶盆

半坡类型彩陶，还有各种富有意趣的动物纹样，如跳动的蛙、伫立的鹿、侧身的鸟、大角的羊、威猛的猪面和两方连续双关猪面纹等。

半坡类型彩陶的几何形花纹也有鲜明的特色，多是模仿竹和藤的编织器的肌理纹样，主要以直线造型，构成了三角形折线、阴阳三角纹等几何形纹样，有着挺直锐利的风格。

分布于陕、晋、豫邻境地区的庙底沟类型，距今 6000 年至 5000 年。庙底沟类型的彩陶花纹以鸟纹为代表，早期鸟纹为写实的单独纹样，有侧面和正面的鸟纹，还有展翅飞鸟纹。分别表现出由写实到写意的发展过程。庙底沟类型晚期，突破了对称的图案格式，以变体的正面、侧面鸟纹和展翅飞鸟纹综合成勾羽圆点纹，以旋风般的律动和舒展多变的图案格式及高度意象化的手法表现出飞鸟的形象。

河南省临汝县阎村出土的一件庙底沟类型晚期的彩陶缸上，用没骨法绘着衔鱼的白色鹳鸟，鹳鸟的前方竖立着一把象征权威的长钺。这件彩陶缸应是以鹳鸟为图腾的氏族的首领人物的特殊随葬品（图 2）。

分布在中原地区的大河村类型，彩陶图案也以鸟纹为主，但以长翼的变体多足鸟纹和"S"形飞鸟纹为特点。变体多足鸟纹还常和太阳纹画在一起，使人联想起太阳和鸟寓合为一的远古传说。如《山海经·大荒东经》记载："一日方至，一日方出，皆载于乌。"大河村类型彩陶上的鸟和太阳相结合的花纹，也许是崇拜太阳而以鸟为图腾的氏族徽纹在彩陶上的表现。

东部沿海地区的人们，面向大海，湖泊密布，河流纵横，有舟楫之利，是交换出现较早的地区，因此这地区人们的思想活跃，文采鲜

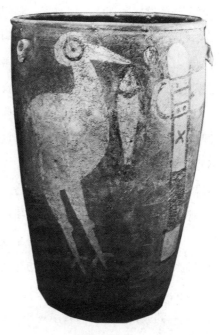

图 2　庙底沟类型鹳鸟叼鱼纹彩陶缸

图3　大汶口文化八角星纹彩陶豆

明。距今 6000 年左右的大汶口文化，分布在黄河下游。大汶口文化的彩陶，以色彩绚丽的多层次的花纹为特点，常以两条赭色宽带夹一条黑色宽带，在黑带上以白色画花纹。大汶口文化彩陶，以几何形编织纹为主要花纹，有连栅纹、纽索纹、三角形网线纹等等，还有标志性强的八角星纹（图3）。仿生性的纹样很少，但受大河村类型彩陶的影响，也有变体勾羽圆点纹和花瓣形纹。

距今 6000 至 4000 年间的红山文化，分布在东北地区的西辽河和大凌河流域一带。红山文化早期彩陶，常以不同纹样的图案带作多层排列，还用重复出现的纹样来加强装饰效果。彩陶花纹多源于编织物的肌理纹样，以菱格阴阳纹、单弧边三角纹、复道斜线纹和勾羽纹具有特色。辽宁阜新胡头沟和凌源三官甸子红山文化遗址中，在石圆圈遗迹的外侧压有彩陶筒形器，这些筒形器没有底部，因此不是实用器，而是为了宗教祭祀而特地制作的祭器。

红山文化中期的石棚山墓地的彩陶，常以复道三角形纹和半圆形纹间隔地组成两方连续图案，还有以彩绘纹样与动物雕塑相结合的彩陶作品。内蒙古敖汉旗小河沿的红山文化晚期的彩陶，图案以回形的直线和带纹构成，与挺拔而有折棱的器型很和谐，具有刚直遒劲的风格。

置于茂林修竹之中的长江中游地区，盛行竹器。距今 6000 年左右的大溪文化，以彩陶筒形瓶为特色，其器型是模仿当地出产的刚竹筒。彩陶上常见的绚索纹和纽结纹则是模仿竹条和绳编的样式。

距今 5000 多年的以鄂中、鄂东为中心的屈家岭文化，以薄壳彩陶为特征。由于烧制的火候较高，彩纹呈现出晕化的特殊效果。彩陶主要器型有高圈足壶、杯和纺轮。彩陶纺轮的图案格式以旋式和反向平行线式为主，尤以太极式的阴阳双关纹富有特色，具有统一于圆形的周而复始的循环不已的流动感。

长江下游的马家浜文化和良渚文化，只发现了少量的彩陶，一些彩陶纹样受到大汶口文化的影响。宁镇地区句容县新发现的新石器时代文化遗址中，出土了绘着红、黑花纹的彩陶，并以十字形花朵纹和曲折线菱格纹为特色。

闽、台、粤、港、桂沿海地区的新石器时代居民从事着半渔半农为主的经济。在这些沿海地区的新石器时代贝丘遗址出土的彩陶有着共同的艺术风格。早期彩陶多以土红色绘竖条纹和卵点纹，中期彩陶常以小单元的弧曲纹和连续水波纹来构成图案，表明了闽、台、粤、港、桂沿海地区自古以来有着密切的联系。

西藏昌都地区的卡若遗址，发现了距今5000年至4000年的新石器时代文化。在卡若遗址中发现的两件彩陶，以彩绘纹与划线纹相间为特色。其中一件为双体鸟形彩陶罐，造型奇特，以曲折纹表示鸟身上的羽毛，具有象征意味。

仰韶晚期，在甘肃中部发展起来的石岭下类型，有较强的地方特色。彩陶花纹以鲵鱼纹及其变体纹样为代表，并且出现了以弧带构成的旋式图案。秦安大地湾还出土了一件绘有两组双兽相搏图纹的彩陶罐。

继石岭下类型而兴起的马家窑文化，距今5000年至4000年，主要分布在甘肃中部和青海东北部。马家窑文化的彩陶，数量巨大，器型多样，图案繁丽，花纹精美，达到了中国彩陶艺术的顶峰。

马家窑文化还分作马家窑、半山、马厂三个相延发展的类型。

马家窑类型的彩陶，器表打磨光滑，多以浓亮如漆的黑彩绘花纹。在盆、钵、碗内常绘精美的图案；有的瓶、壶的器表还通体满绘花纹。彩陶花纹主要以弧线构成，显得柔美而流畅。常以平行直线和复道弧线、波状线相间，呈有节律的直与曲的对比。

马家窑类型的彩陶花纹以几何形纹为主，以不同格式的旋式图案具有特色。还有少量的自然形花纹、人面鱼身纹和团鱼纹（亦称蛙纹）这类表现氏族特征的花纹，以及各种样式的变体鸟纹。在这里还出现了一些被神化了的动物纹，如两足的蛙状纹和虫纹、无头的鸟纹、双头六足的兽纹等。青海大通县还出土了一件彩陶舞蹈纹盆，五人一组的携手作舞者，排列于盆内壁上方，再现了氏族人们在泉边池畔集体起舞的情景（图4）。

图 4　马家窑类型舞蹈纹彩陶盆

半山类型的彩陶，制作更加精丽，呈现出刻意追求华丽的装饰效果。半山彩陶的纹样常以黑色锯齿带和红色带纹合镶在一起，组成严密紧凑的图案。

半山彩陶已体现出完美的立体设计，在俯视或平视时都构成有着完美格式的图案纹样。

两方连续的旋纹，是半山彩陶花纹中的主要纹样。连续菱格和以平行线为骨式的图案，也是半山彩陶常见的图案样式。除了几何形花纹外，半山彩陶出现了寓意深奥的撒播稷粟种子的神人纹壶。这种类于农神的纹样，是农业进一步发展的结果，反映出人们增强了主宰自然的信心。

马厂类型彩陶中，神人纹成为主要花纹之一，并且演变出各种新异的样式：有的头部消失而肢爪增多；有的是只存头部和上身的彩陶变体神人纹鸟形壶。最后演变成残留着爪指的折线纹，仅是示意地表现着神人。四大圈纹也是马厂类型彩陶的主要花纹，彩陶的四大圈纹壶，即是由半山晚期彩陶的四大圈纹发展而成。在四大圈纹中填充着各式花纹，运用了大图案中套小图案的装饰手法。

河西走廊一带的马厂类型彩陶，以几何形纹样为主，多以直线造型，常以宽带构成的凹凸形、回形和三角折曲形作为图案的框架，其间填着细网线纹，并露出呈几何形的陶地，形成了多层次的变化。

距今4000年时，齐家文化在甘肃、青海一带兴起。由于分布的地域不同，齐家文化彩陶有着多种风格。彩陶圜底双耳罐，腹部绘着套叠状的似木纹的纹饰，器型和花纹都带有草原文化的气息。河西走廊的齐家文化彩陶，花纹多以直线造型，给人以齐整规范的感觉。

在齐家文化之后，彩陶在西北地区仍延续了很长时间，由于这个地区的经济方式由农业向牧业转换，彩陶逐渐趋于衰落。

进入龙山文化时期，中原地区发展很快，少数人享用的彩绘陶礼器代替了多数人日常使用的彩陶，彩绘陶的兴起标志着礼器文化的出现。

兴起于礼器滥觞期的彩绘陶

彩陶的花纹是先绘于陶坯上，然后与陶坯一起烧制而成的。而在陶器烧成后再绘彩纹的，则被称作"彩绘陶"。

新石器时代彩绘陶的研究工作尚处于肇始阶段，这是因为彩绘陶的数量要远少于彩陶，并且由于彩绘陶上的纹样不易保存下来的缘故，所以我们见到的彩绘陶的考古资料零星而分散。但是随着对彩绘陶研究的不断深入，彩绘陶在文化史上的重要地位也逐渐被认识。

如果说彩陶的发展是以黄河流域为中心，那么彩绘陶则是以江南一带为中心发展起来的。距今近7000年的浙江余姚河姆渡一期遗址，出土了三件在灰白色陶衣上绘有深褐色花纹的陶片，起初被认作成彩陶，后来经观察分析，乃是在烧成的陶器上以具有漆膜特征的深褐色涂料绘着鸟的翅羽纹的彩绘陶。

彩绘陶自产生后，发展却相当缓慢，直至距今5000多年的崧泽文化，彩绘陶才有了明显的发展。崧泽文化主要分布在太湖流域，彩绘陶的器型有豆、杯、罐、壶、瓶等，多在泥质黑衣灰陶上绘褐红色花纹，样式以编织纹为主，有纽索纹、波折纹、旋纹等，是对编织器的肌理纹样的模拟。继崧泽文化而起的良渚文化，也发现了少量的彩绘陶，也有以漆作为彩绘涂料的。彩绘花纹多以弧线组成，有涡纹等纹样。

黄河流域出现彩绘陶的时间相对较晚。在距今5000多年的甘肃秦安大地湾四期遗址大房子中，出土了用朱红色漆绘的花瓣形纹的彩绘陶片，这种花瓣形纹也是庙底沟类型晚期彩陶上常见的花纹。

此后，黄河中、上游地区，彩绘陶的发展曾一度中断。直至距今4000多年时，分布在宁夏南部和甘肃中部的切刀把文化，发现了少量的彩绘陶，甘肃省榆中县出土了几件在上腹绘有红色交叉纹而下腹印有篮纹的切刀把文化彩绘陶壶。距今4000年左右的以甘肃中部为中心的齐家文化，也发现了一些彩绘陶。齐家（祁甲）坪遗址出土的十余件用赭石或朱红色绘彩纹的彩绘陶，大多是在壶、罐的口沿内外绘红色宽带纹，其中一件绘着红色复道正倒三角纹的灰陶双耳罐，与齐家坪出土的彩陶上的纹饰是基本相同的。

在东北地区，以石砌建筑群和出土了陶塑女像而闻名的辽宁喀左东山嘴红山文化晚期遗址中，出土了与祭祀有关的涂有朱红色的彩绘陶罐。

龙山文化时期，黄河中下游地区的彩陶很快衰落，彩绘陶取代而继起，其中以山西省襄汾县陶寺中原龙山文化墓地出土的彩绘陶为代表。在陶寺墓地已发掘的四百多座墓中，大型墓有六座，并在这些墓中出土了精美的彩绘陶。这些彩绘陶多在器表施黑色陶衣，再以红、黄、白等色绘花纹，也有的在红色底衬上绘黄、白色花纹。彩绘花纹工整而细致，有大圆点纹、折带纹、旋纹、回形纹等几何形花纹。特别引人注目的，是在一些陶盘中绘着蟠龙纹单独纹样，这些陶寺彩绘陶盘中的早期蟠龙纹更接近于鱼形，与半坡类型彩陶上的鲵鱼纹很相似（图5）。

陶寺彩绘陶盘上较晚的蟠龙纹则变得细长，可以认为是商周青铜盘上蟠龙纹的前身。陶寺彩绘陶上还有一种变体动物纹，与商代青铜器上的一些花纹都是源自彩绘陶的。

陶寺中原龙山文化彩绘陶随葬于配有成组礼器的大型墓中，表明饰有蟠龙纹等具有徽纹性质的彩绘陶，是被权贵人物专门享用的。从各处发现的新石器时代晚期彩绘陶来看，有的出于大型墓，有的出于大房址，有的出于石砌祭祀建

图5　陶寺类型彩绘蟠龙纹陶盘

筑群中。由此可见，在这些特殊的场合中，彩绘陶应是作为礼器出现的，彩绘陶上的徽纹式的装饰纹样，已不再是人人都能平等地饰用的样式了，已演变成为表现显贵阶层权威的标志性纹样。自此，作为日用的陶器与礼仪用的陶器开始分野。

⚘⚘⚘ 新石器时代彩陶和彩绘陶的艺术价值 ⚘⚘⚘

古代中国的原始艺术十分发达，但经过近万年的漫长岁月，当时画在人体、麻织品和木器上的图纹早已荡然无存。现在大量遗留下来的彩陶及彩绘陶上的图纹都保存较好，成为研究中国原始美术的主要的实物资料。

中国彩陶和彩绘陶的产生与发展，贯穿于整个新石器时代，这对研究中国美术的起源和中国美术发生期的特殊的发展过程，具有重要的价值。从整体来说，彩陶艺术的起源和人们的社会生活有着密切的关系。彩陶的样式，首先和人们的物质生活相关，出于实用的习惯和需要，总是模拟原先使用过的器皿形状和肌理纹样，在他们的臆想中，只有这样才能保持被模拟的原先使用的器皿的功能。随着实用的需要和制陶工艺的发展，陶器的造型和彩绘纹样逐渐脱离被模拟的原先使用的器皿的样式，并且根据美的法则，设计出经过变化的几何形纹样，成为纯粹的精神生产的产物。

在彩陶和彩绘陶上，还有许多寓意深奥的仿生性和人格化的动物纹样。如半坡类型彩陶以鱼纹为主要花纹，并且出现了鱼和人面相寓合的奇特纹样，这类纹样被认为是图腾纹样。图腾，是以动物等超人的物类作为氏族的始祖，是从精神方面强调氏族成员的血缘关系，图腾纹样则成为氏族共同体的艺术表现。因此，彩陶上的图腾纹样，从起始就是精神生产的产物。在关中地区半坡类型的彩陶上，还有鱼和鸟头、人面相寓合的纹样。鸟纹，是庙底沟类型彩陶的主要花纹，被认为是庙底沟部族的图腾纹样之一。在半坡和庙底沟类型相邻地区彩陶上出现的这种奇特的复合纹样，乃是在相邻地区，以鱼类为图腾和以鸟类为图腾的部族相融合而在彩陶图案上的反映，这现象的出现正是在不同部族结成部落联盟时出现的。由于"族"的范围不断扩大，作为表现单一氏族的写实的某一种类具体的动物纹样，已不能表现包容更广的部落联盟的远为复杂的内涵，必须设计出示意性的复合纹样。因此，从彩陶和彩绘陶的图案纹样来看，不论是自然形或是几何形的纹样，都经过了从具象到意象的发展过程。中华民族是多民族汇聚的共同体，从不同远古文化彩陶的相互影响和复杂的复合纹样的发展，亦反映出了中华民族共同体特殊的形成过程，这也决定了中国美术走上意象表现之路。

彩陶和彩绘陶的图案，主要是采取动的形态和格式，花纹也多以弧线、弧形和圆点构成，在动的格式中充分舒展，具有流畅优美的风格。中国彩陶常采用以点（圆）定位的方法，从图案定位点的各方都能延伸出纹样，在最小的制约下获得充分展开图纹的自由，使多单元的图案动而不乱，繁而有致，变化无穷。庙底沟类型彩陶还以不等距的定位点构成散点式流动的不对称图案，而以统一的造型和动势使图案纹样取得和谐的效果。这种散点构成形式，成为中国传统图案主要的构成形式之一。

在彩陶和彩绘陶图案的各种动的格式中，旋式是一种主要的图案格式。斜列式也是彩陶图案中常见的具有动感的格式，彩陶图案也有结合底色运用斜列式和旋式，呈等距交错式的旋动。此外，彩陶图案中还有钩曲、波状、垂弧、之字形、缠枝形等动的格式，以连续不断的运动突破空间的限制，表现出中华民族先民自强不息的进取精神和旺盛的创造力。

有着悠久历史的传统艺术中，彩陶和彩绘陶是最早以彩绘纹样与造型相结合的作品。中国彩陶很注意图案纹样与器形的关系，相辅相成而统一协调。也注意彩陶图案在不同视角所产生的不同视觉效果，从不同角度所产生的不同视觉效果，从不同角度都能看到美丽的画面。这种以彩绘纹样与造型完美结合的艺术手法，也成为传统雕塑和工艺美术的有特色的表现手法。

彩陶和彩绘陶艺术，是传统艺术序篇中灿烂辉煌的一页，反映了中国远古时期各部族丰富多彩的文化面貌，展示了历史进程中各部族的文化相互影响和多层次地融会的过程，进而成为青铜艺术的一个重要源头。由彩陶和彩绘陶艺术的发展过程，可以研究中国古代先民观察事物的方法和美学观念形成的情况，也可研究意象表现方法的发展过程，还可研究中国和世界其他地区的远古艺术不同的发展道路。

中国新石器时代的彩陶和彩绘陶，不仅是中国古代文化艺术的瑰宝，也是世界古代文化艺术的重要组成部分，在远古艺术宝库中散发着夺目的光辉。

大地湾遗址发掘二三事

甘肃省秦安县大地湾新石器时代遗址的发掘，是新中国成立以来重要的考古成果之一。自1978年至1985年，我曾主持大地湾遗址田野考古发掘，亲历其中一些重要考古发现的前后过程，现择几件事，作简要的追述。

选 址

在1978年前，甘肃东部的文物普查中曾陆续发现过仰韶文化遗存，但未做正式发掘。为了揭示和了解甘肃地区仰韶文化的内涵，甘肃省博物馆文物工作队决定选择具有代表性的仰韶文化遗存进行发掘。1978年夏，文物工作队队长岳邦湖、副队长张学正偕同我去甘肃东部调查和考察新石器时代遗址，并选择和确定考古发掘的地点。我们沿途在陇西、武山等地进行考察后，来到了秦安县文化馆。在该馆负责文物工作的韩永录，近年来征集了大量的出土文物，其中一组器形完整的仰韶文化陶器，有半坡类型的变体鱼身纹彩陶碗，刻画符号宽带纹彩陶钵，葫芦形彩陶瓶和庙底沟类型的叶形深腹彩陶罐，是甘肃历来发现的最大宗的仰韶文化陶器。据韩永录介绍，这批陶器是五营乡邵店村小学翻修操场时出土的，于是我们立即赶赴邵店村。

邵店村坐落在五营河与阎家沟两水交汇处，南依长虫梁，宜于农牧和渔猎生产，有较好的自然条件。在1958年的甘肃省文物普查中，邵店村东面的大地湾曾发现了新石器时代遗址，并定为省级文物保护单位。为了解邵店村的这批仰韶文化陶器的出土情况，我们访问了邵店小学的领导和有关老师，了解到他们在整修操场取土时曾发现了一些墓葬，秦安县文化馆征集的仰韶文化陶器就出自这些墓葬。我们还获悉，在邵店小学东面的卫生院和粮管所所在地也出土了陶器。卫生院的郭院长是个有心人，将院中出土的十余件陶器收存下来，我们根据这些陶器的形制特征认为其属于半坡类型。据郭院长的回忆，这些陶器也是出于墓葬的。这些陶器中的葫芦形彩陶瓶只在墓葬里发现，因此，我们觉得卫生院中可能存有仰韶文化墓地。我们在粮管所大院内的考察也有所收获，在院里菜地土埂的断面中，发现了一座有着草拌泥居住面的房基。并且还发现在粮管所大门内侧放着一个破裂的彩陶盆，盆下腹微曲，上面绘着黑色变体翅羽纹，显示出庙底沟类型彩陶的特征。在粮管所院中，还捡到属于庙底沟类型的陶片，由此我们认为此处保存着庙底沟类型的遗址。

在甘肃东部考察了数十处新石器时代遗址后，经过分析比较，我们认为秦安县邵店村大地湾遗址分布面积大，范围从川地延至山坡。由征集的出土陶器看，有半坡类型、庙底沟类型的各种陶器，还发现有仰韶文化晚期的陶片，内涵很丰富。从发现的遗迹分析，既有居址，又有墓葬。虽然近年在遗址上修建新屋造成了一些破坏，但大部分遗址保存较好。此外，遗址的主要部分就在村边，具备了基本的考古发掘条件。由以上分析考虑，确定了甘肃首次进行发掘的仰韶文化遗址，就选定在秦安邵店村大地湾。

第 2 号房基与鱼纹彩陶大盆

甘肃省博物馆文物工作队派出大地湾发掘小组。1978 年 9 月 28 日，由我领队，与朱耀山、周广济、阎渭清、赵建龙一行来到秦安县邵店村，对大地湾遗址进行试掘。

我们只有等待秋收后，才能开展发掘工作。在这期间，我们对大地湾遗址先作全面的考察，了解到大地湾新石器时代遗址分布面积很广，下临五营河第二台地、上达长虫梁半山坡。从遗址各处拣选的陶片进行分析，靠近河谷而地势低缓的遗存的年代较早，而山坡上的遗存较晚。由于这次考古发掘的目标是仰韶文化遗址，所以将试掘地点定在卫生院及其周围。

我在卫生院院墙外西北的崖壁一带考察时，看到在崖壁的断面上有许多灰坑，文化层的堆积也很厚，并注意到了一座有草拌泥居住面的房基。在房基的居住面上，我发现了一个露出小半个的彩陶盆。我小心地将这个彩陶盆挖取下来，惊喜的是盆的大部分尚保存完好。从饰于盆上腹的弧边三角纹和变体鸟纹来看，属于庙底沟类型早期的彩陶纹样。我们观察到，这座房基被损的只占小部分，房基内可能还保存着更多的遗物，因此我们决定先清理这座已暴露出来的房基。但在这座房基之上的农田里还植着玉米，已经接近成熟期。经与村干部商议，提前收割了这片玉米。

我们将在卫生院墙外东北处进行试掘的第一地点定为第一掘区，临崖壁发现的房基所在地作为第一探方，由周广济负责第一探方的发掘。从农耕土下挖约0.4米，就到了文化层。在原先发现的房基之上，还叠压着一座房基，按照考古程序，我们先清理了房基，并依序编为 1 号房基。接着又清理了叠压在 1 号房基之下的原先发现的房基，即为第 2 号房基。1 号和 2 号房基都近于方形，为半地穴式。房基的一面正中设门，有斜坡式门道，对着门道的进门处，有一圆形深穴式灶坑，沿房基居住面四边有一周小柱洞，房基内有左右对称的大柱洞。

在 1 号房基内，出土了重唇口尖底红陶瓶，这是庙底沟类典型的陶器样式。2 号房基内出土了一组陶器，在灶坑旁重叠地放置着两个圜底彩陶大盆，它们的形状、大小和彩绘花纹完全相同，如同孪生。盆为大口扁圆形，口径达 51 厘米，是已知的新石器时代彩陶盆中最大的（图 1）。盆口制作得很圆，并且十分规整。陶质为细泥红陶，胎壁薄而均匀。在圜底的内面，隐约能看出泥条盘筑的痕迹。盆口微侈，盆唇圆卷，显有半坡类型彩陶盆口唇样式特征。以黑色画花纹，在盆上腹绘着作一圈排列的两条鱼纹。鱼纹是半坡类型彩陶具有代表性的纹样，这两件彩陶盆上的鱼纹已是变体样式，鱼头变得抽象，夸张地表现鱼头的上和下颚。鱼纹呈上下对称式，有较强的装饰性。鱼身的

图 1　半坡类型变体鱼纹彩陶盆

线条长达二十多厘米，画得遒劲而凝练，应是使用含水量大的长锋硬毫毛笔绘成的，显示出纯熟的绘画技巧，堪称仰韶文化早期彩陶的代表作品。

在灶坑后方内壁下部，有一下斜小穴，内有一个宽带纹彩陶圜底钵，是用来贮存火种的。2号房基居住面上还出土了一件变体鸟纹平底彩陶盆，与先前挖出的彩陶盆类似，都具有庙底沟类型的特点。而共出的三件圜底彩陶和另一件弦纹夹砂红陶罐却带有半坡类型晚期陶器的特点，因此2号房基出土的陶器带有半坡类型向庙底沟类型过渡的因素。

大地湾第1号和2号房基的清理发掘，为甘肃首次发掘的仰韶文化房址，并且在第2号房基中出土了鱼纹彩陶大盆等具有很高艺术价值的彩陶精品，这就鼓舞了我们在大地湾遗址开展更大规模考古发掘的信心。

❧ 大地湾一期遗存的发现与发掘 ❧

1978年11月底，气候变冷，本年度发掘将要结束。在第一掘区的属于庙底沟类型的第11号房基的发掘清理已告完毕，继续发掘该房基下面的文化层，出现了一座形状不规则的灰坑，经过清理，灰坑中出土了陶器和一些陶片，陶质为夹细砂褐红陶，表面多饰交叉绳纹。一件破裂的陶器为印有交叉绳纹的三足红陶钵，其样式与陕西华县元君庙下层出土的三足彩陶钵相似。虽然这个灰坑出土的完整器物不多，但陶器和陶片表现出的器形样式是早于仰韶文化的，所以我们初步认为这是甘肃迄今发现的最早的新石器时代文化遗存。

1979年，进入大地湾遗址发掘的第二个年度，并在四个发掘区域同时展开。其中，第三掘区设在卫生院大院内，遗址内涵十分复杂，出现了年代不同的六层房基相互叠压的地层关系。大致是上层为仰韶晚期的遗存，中上层为相当于庙底沟类型的仰韶中期遗存，中下层为仰韶早期的半坡类型遗存。随着发掘工作的进展，掘区的遗址自上而下地逐步揭示出来，有一部分已发掘至半坡类型的文化层。在已发掘的位于卫生院北墙内外的第216号房基，属半坡类型。该房基之下叠压着的第211号窑基，也属半坡类型。当清理完第211号窑基后，发现窑基下面还叠压着一座长方形竖穴土坑墓，埋有一具小孩骨架，已残朽，但能辨出为单人仰身直肢葬。随葬陶器为一件满施交叉绳纹的夹细砂筒状深腹罐，口缘为细锯齿状，还有一件用绳纹陶片磨制而成的纺轮陶坯。从地层关系和陶器形制都可以确认是一座早于半坡类型的墓葬，也是大地湾遗址最早的遗存。接着在卫生院内的第三掘区和东面相邻的第四掘区又相继发现了一期的墓葬和灰坑，共发现一期的墓葬11座、灰坑2个。

1980年6月，我们对秦安大地湾遗址进行第三次发掘。在这次发掘开始时，对已发掘的大地湾一期的遗迹和遗物做了分析研究，根据发现的墓葬、灰坑和窑址的分布情况，认为在发掘区内可能会保存一期房基的遗迹。在这之前，这里从未发现和发掘过大地湾一期的房子，其形制无从知晓，也不可能用仰韶文化房子的概念去套用，如居住面须是草拌泥做成，而早期房子的居住面也未必都是草拌泥。发掘中特别要注意的是，不要把房子作为灰坑来对待，尤其对形状规则的灰坑上口的周边更要仔细清理，看是否有一周小柱洞。经过认真仔细的工作，我们终于发现并清理了三座属于一期的房址。最先收获的是在四掘区发现了一座属于一期的房基，即第371号房基。虽然该房基的南部上端被属于仰韶文化的第366号房基打破，但房基基本保存完好，为圆形深地穴式房子。该房斜坡式门道设于房基内，居住面为久经踩踏的硬土，对着旋入房内的门道处有一个柱洞，穴壁上口周围有六个柱洞，其中的四个柱洞向房屋中心倾斜，根据柱洞的分布情况推断，可能为深地穴圆锥攒尖顶房屋。在居住面上置有三足钵、圜底钵、三足深腹罐等成组陶器，还有陶纺轮、骨椎、骨镞等生产工具。由此开始，揭开了大地湾一期房址的面貌。后来，我们又陆续发现了属于一期的二座房基和五座墓葬，还有灰坑，出土了一批陶器、石器、骨器和装饰品，还有各种动物骨骼，以及炭化了的稷和油菜籽。

通过两个年度对一期遗址的发掘，我们了解到大地湾一期文化遗存的全貌和特征。从陶器形制分析，大地湾一期陶器具有早期陶器的特点。大地湾一期遗址出土的圈足碗、球腹罐、三足钵或圜底钵，与中原地区的裴李岗文化、磁山文化的同类陶器相似。陶器的制法多用泥片敷积法，一期遗址发掘的一批木炭标本的碳-14测定年代的数据，为距今8170年～7370年（经校正），也与裴李岗文化、磁山文化的年代相当。由此可以断定，大地湾文化遗存与裴李岗文化、磁山

图2　大地湾文化宽带纹三足彩陶钵

文化同属黄河中、上游地区较早新石器时代的文化遗存。

大地湾一期文化遗存，大部分陶器的表面印有交叉绳纹，具有我国新石器时代早期陶器中以绳纹为特征的鲜明的自身特点。而且在这里还出现了绘有红色或白色彩纹的彩陶，这是迄今已知的我国最早的彩陶（图2），也是世界上较早的彩陶。在大地湾一期的陶器和陶片上发现了十余种彩绘符号，这些符号大多属于指事系统，为研究我国古文字的起源提供了珍贵的资料。大地湾一期文化遗存的陶器，与宝鸡北首岭下层文化和仰韶文化半坡类型的陶器显示出前后相承的关系，为研究半坡类型的起源，提供了重要的考古资料。由于大地湾一期遗址的发掘规模较大，揭示的遗迹和出土的遗物较多而又全面，所以在同类遗址中具有代表性，因此以大地湾一期遗址为代表的同类文化遗存，被命名为大地湾文化。而大地湾一期遗址的发现和发掘，被认为是大地湾最重要的考古成果之一。

仰韶文化居址地画的发现

自1980年起，对大地湾南面半山上的遗址开始清理发掘，在第五掘区发掘了属于仰韶晚期的第405号大型房址。1982年秋，又对第405号房址进行了补充清理。1982年10月下旬，当五掘区清理工作即将完毕时，当地民工在扩展山上的道路时，暴露了一座有着白灰居住面的房基，由赵建龙负责对该房基做抢救性清理。10月27日中午，山下的考古人员已用过了午餐，赵建龙才返回发掘小组的住处。他兴冲冲地告诉我们，山上正清理的这座房基的居住面上露出了绘画的遗迹，现已清理出一部分。午后，我们携带摄影和临摹工具与赵建龙一起奔赴山上清理现场。发现地画的这座房基按序编为第 411 号，是一座平地起建的地面建筑，房基平面呈"吕"字形，房基前部已在修道路时被破坏。房基后部为正居室，平面为横向的长方形，居住面的表层为厚 0.3 厘米至 0.4 厘米的抹光的白灰面。在正对过道门处，为砌起的圆形灶台，灶台后方的左右，对称地各有一个圆形的柱孔，就在灶台和柱孔之间的地面上，发现了用黑色绘成的地画。

我们最先清理的是地画画面的左上侧，此处画的人物已模糊不清。接着，我们小心翼翼地清理出地画的其余部分，可看出地画分上、下两部分，上层绘一排并列三人，中间和右侧画的人物保存较好，人物呈影像效果，头部为圆形，头前有飘起的头发，双脚交叉，双足上翘，右手持一条状物。中间的人物肩宽腰粗，而右侧的人物形体略小，腰较粗，胸隆起，腿较丰圆。中间和右侧的人物，在特征上似有男女性别之分。在上排人物图像的下方，有一黑线绘成的长方框，框内画着一对动物纹，动物的身体作横置的椭圆形，身上饰着并排的弧线纹。动物身体下部有四条弯肢，身体上部也有弯曲的折角状纹。动物的头部也用圆形来表现。由于动物的图像简约而概念化，很难确指是哪一种动物。关于地画的含义众说纷纭，但大多认为和原始宗教信仰有关。

关于大地湾第 411 号房基的年代，我们从各方面进行综合分析和判断：该房屋为平地起建的地面建筑，居住面为白灰面，房基平面呈"吕"字形，灶膛高于地面，都明显地具有仰韶文化晚期居址的特点。该房基出土的陶片器形中，有平唇口和铁轨形口的绳纹夹砂红陶罐，为仰韶文化晚期陶器的典型器物。在第411 号房基上还叠压着一座也属于仰韶文化晚期的第 410 号房基，说明第 411 号房基的年代不会晚于仰韶文化晚期。第 411 号房基与第 405 号房基只相距 70 米。第 405 号房基的两件木炭标本做了碳-14 年代测定，分别为距今 5045±180 年和 4910±180 年（经树轮校正），因此大地湾第 411 号房基属于仰韶文化晚期，距今 5000 年左右。由此可见，大地湾仰韶文化居址地画，为我国已知的年代明确的最早的绘画，是中国绘画史独立绘画的开篇。该地画的发现，对于研究原始社会的艺术、宗教和社会发展史都有重要的意义。

在第 411 号房基的仰韶地画发现之后，甘肃省博物馆派技术部的李现女士来大地湾考古工地，对地画进行了加固处理，并妥善地切割剥离下来，将居址地画运回甘肃省博物馆文物工作队保存。

自 1978 年至 1985 年，甘肃省博物馆文物工作队大地湾发掘组先后进行了五次发掘，共清理房址 226 座、灰炕 328 个、墓葬 76 座、窑址 33 座、壕沟 6 条，出土遗物 7700 余件。发现和发掘了大地湾一期遗址，并清理发掘了仰韶文化早、中、晚期的大量遗址，为研究半坡类型的起源，甘肃东部仰韶文化的分期和发展源流提供了系统的考古资料。发掘中还出土了鱼纹彩陶圜底大盆、人头形器口彩陶瓶、三人浮雕陶瓶器口等原始艺术珍品。我与郎树德合作撰写的《甘肃秦安大地湾遗址 1978 至 1982 年发掘的主要收获》一文，作为大地湾遗址发掘的简要总结，发表于《文物》1983 年第 11 期。由此，大地湾遗址的发掘和取得的考古成果引起世人瞩目。

1986 年，甘肃省文物考古研究所从甘肃省博物馆分出，大地湾遗址的发掘工作由文物考古研究所继续进行。我因留在甘肃省博物馆，离开了工作过八年的大地湾考古发掘工地。

迄今发现的我国最早的绘画

——大地湾原始社会居址地画

大地湾仰韶文化时期居址地画的发现，使中国绘画最早的实物资料的年限提前了 2500 多年，这是中国绘画史上最重要的发现之一。

中国美术有着悠久的历史，如果从山顶洞人佩戴涂朱的装饰品算起，至少经过了 17000 多年漫长的发展历程。由于远古时期的绘画很难保存，绘在竹木、麻布上的图画早已亡佚于时间的长河中。先前，我国只发现过少量的早期绘画，而且绘画的年代并不十分久远。1949 年的年初，在湖南长沙楚墓出土的战国时期的帛画，当时被认为是我国最早的绘画作品，距今也只有两千多年的历史，而且这幅战国帛画已呈现出成熟的艺术风貌，早已迈越了绘画的肇始阶段。在我国的北方草原地区的南缘和南方云贵高原一带，虽有早期牧人和农人的崖画和崖刻被发现，但这些作品的年代难以确定，对其中的早期作品，是否产生于原始社会的问题尚存争议，需做更深入的研究工作才能得出结论。

新中国成立后，新石器时代的仰韶文化的美术有许多重要的发现，在半坡、庙底沟、石岭下等类型的彩陶上，除了绘有编织形的几何花纹外，还有一些摹绘生物形态的纹样，有鱼、鸟、蛙、兽和人面等具体的图像。但这些饰于陶器上的图像，受着陶器器形的限制，内容较简单，画面的尺寸不大，多以动物为主题，严格地说，这类图像是附属于陶器的，还不是独立的绘画。

在西北地区的原始社会居址中，曾发现过在壁画上绘有的图案。如距今4000 年左右的宁夏固原店河齐家文化居址的白灰面墙壁上，发现了用黑、红两色绘成的几何形图案，说明这地区已有在壁画上绘图的风习。此后，在渭水上游又发现了历史年代更早的大地湾仰韶文化晚期居址地画，这并非偶然的现象。

大地湾新石器时代遗址，位于甘肃省秦安县邵店村。自 1978 年开始，甘肃省文物工作队，即现在的甘肃省文物考古研究所，连续多年在大地湾遗址进行了大规模的田野考古发掘工作。我曾主持一段大地湾发掘现场的工作，并有幸亲睹大地湾地画的发现和清理，也是我的美术考古经历中的一件幸事。

大地湾遗址坐落在清水河和阎家沟的两水交汇处。据《秦安县志》载："清水河古称略阳川，即《水经注》中的堊渠水，为甘陕之间的交通要道。"大地湾遗址依山傍水，宜农宜牧，兼得渔猎之利，是远古时期人们理想的居地，因此长久于此生活劳动，从而使大地湾遗址的文化堆积很厚，文化内涵很丰富。遗址的最下层是距今七八千年前的大地湾一期的文化遗存，是我国最早含有彩陶的古文化。大地湾遗址的仰韶文化彩陶，是继承大地湾一期文化而进一步发展的，以鱼纹为代表花纹，无论写实或变形的鱼纹，都画得特征鲜明而形象生动。在大地湾仰韶晚期的彩陶中，还绘有双兽相扑、变体鲵鱼等仿生性的图纹，造型概括简练，反映出这一地区仰韶文化的居民在绘画艺术方面取得的辉煌成就。

大地湾还保存了自大地湾一期至仰韶文化早、中、晚期的各期房址遗迹，由距今七八千年的大地湾一期的攒尖式锥形顶的圆形深地穴小房子，发展到距今 5000 年左右的仰韶文化晚期的殿堂式的大房子，构成了这一地区在新石器时代以土木结构为特征的建筑的完整发展系列。大地湾仰韶文化晚期的房址主要分布在半山坡上，房屋的建造技术有了明显的进步，居住面多为抹光的白灰面，其中还发掘了几座规模宏大、结构复杂的大房子。如第五掘区的第 405 号房子，就是一座房址面积达 270 平方米的带有檐廊的大房子。大地湾仰韶文化晚期房址的建筑水平，在仰韶文化同期房址中是很突出的。

1982 年 10 月下旬，秦安已进入初冬季节，大地湾遗址发掘的年度工作将要结束，在半山坡上第五掘区的发掘已近收尾。10 月 27 日中午，负责第五掘区发掘工作的赵建龙从山上返回村中，兴奋地告诉我们，在五掘区由于扩展道路而暴露了一座居址（按序编为第 411 号房子），在清理这座房基时，喜出望外地在居住地面上发现了绘画，刚已清理出了一部分。午后，我们即携带摄影和临摹工具，奔赴半山坡上的第五掘区现场。发现地画的第 411 号房子，其房址在第 405 号大房子以东 70 米处。这座房子为平地起建的地面建筑，依山面河。门道朝北，由居室的前壁中央伸出，从残存的遗迹来看，在门道前有一长方形小过室，经过道与居室相连，整个居址的平面呈"吕"字形。居室平面呈长方形，长 5.9 米，宽 4.7 米。居室地面的表层，为厚 0.3 厘米至 0.4 厘米的经抹光的白灰面。四周还有残存的施有白灰面的墙根。在居室前部的正对门道处，有一个从居住地面砌起的

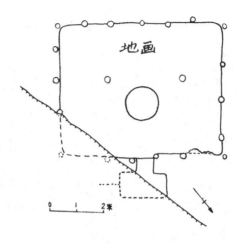

图 1　大地湾仰韶晚期居址地画位置图

突出的圆形灶台，灶台后方的左右，各有一圆形的柱孔。就在居室后部的中央，即灶台、柱孔与后壁中段之间的地面上，发现了用黑色绘制的地画（图 1）。

最先清理出来的地画上部左侧人物已很模糊，只残存微弱的黑痕。随后，我们细心地用发掘小铲、细竹签和软毛刷将地画的其余部分逐步清理出来。地画画面高 69 厘米，宽 90 厘米，分上、下两层，上层为并排的三个人物，除左侧的人物已漫漶不清外，中间和右侧人物画像保存较好。地画人物用没骨法画成，呈影像效果。中间一人的全身画像高 36 厘米，形体较清晰，头部较模糊，呈圆形，头顶前有披散而飘起的头发，颈较粗，肩宽平，腰亦较粗，两大腿间有较宽的分裆，两脚交叉，两足上翘，右手持一条状物。同排右侧人物与中间人像的形态大致相同，唯右小腿因地面的残坏而缺损，形体高 34 厘米，比中间人像较小，头呈圆形，颈较细，头顶前有两缕披下的头发，上身呈倒三角形，显得腰身较细，两腿较丰圆，大腿间没有明显的分裆。在中间和左侧人像的下方，以均匀的黑色粗线绘两个并排置于长方框中的动物。长方框最高一边为 15 厘米，最宽一边为 54 厘米。动物图像的色泽较淡，线条较模糊，由此导致当时在场的考古者对动物形象的理解也不尽相同。两动物的形象基本一致，头部都在右前方，呈圆形，身体作横置的椭圆形，身上有四条弧形纹，身下有四条弯肢，头上有两个耸向后方的角状物，臀上部有翘起的尾状物，应是两个爬行类的动物（图 2）。在这组地

图2　大地湾仰韶晚期居址地画

画的右下方，还有隐约的墨迹，作翘起的腿足状，可惜大部分已残缺。

我们依据出土的遗物，对大地湾居址地画的年代进行了研究。从绘有地画的居住地面上的陶片来看，陶器的器形有平唇夹砂罐、铁轨式口沿直腹夹砂罐和喇叭形口橙黄陶瓶等，均是仰韶文化晚期典型的陶器。同在第五掘区的仰韶文化晚期的第405号大房子和第400号大房子的碳-14测定年代都为距今5000多年，这表明大地湾绘有地画的第411号房子属于仰韶文化晚期，其年代应距今5000年左右。

关于地画的含义，考古者虽有不同的理解，但都认为和原始宗教信仰有关。观摩过大地湾地画的一些考古专家认为，可能是巫术活动中用作厌胜的图画，用以诅咒令生者不安的幽灵。但我认为应将地画的内容和在房中的位置结合起来分析研究，也就是置于生活环境中加以考察，可引用民族学资料作为对照参考。在我国现代少数民族的居室中，仍保留着以灶塘边作为祭祀祖先之地的习俗。如苗族在火塘边置木凳一条，意为祖先吃饭的座位，每逢节日或有酒肉时进行祭祀。又如以祖先崇拜为主要崇拜形式的鄂温克族，每个氏族都有形状不同的保护神。陈巴尔旗鄂温克人的尼亚基尔氏族神，是以剪出的九男和九女的小人形缝在蓝布上，作为被崇拜的男女性别都有的集体祖先神，而这种被全体氏族成员崇拜的集体祖先神像，是放在靠"仙人柱"①门口的火塘正对面树杈的盒内，火塘是用来燔祭集体祖先神像的。

居住在甘肃南部和四川北部的白龙江流域一带的白马藏人，有的学者认为是古代氐羌的后裔。白马人居室中的火塘，被视作火神，在每家火塘的正上方置一神柜，

———————————

① 鄂温克人的中有大木柱、周圆围裹桦树皮而搭成的居室。

在神柜和火塘间被认为是神圣的地方，是不允许横着穿过的。在吃饭前，须先举行简单的祭祖仪式，男的盘坐在火塘左边，女的跪坐在火塘右边，双方的位置不可逾越。神柜是象征祖先所在的位置，吃饭时祭祀祖先，是礼让祖先共同用餐的意思。

　　大地湾仰韶文化晚期居址中的地画也位于火塘的正上方，在地画周围的白灰地面皆为践踏过的灰污的硬面，而地面由于当时人们特意地珍重和保护，得以长久地保存下来，这表明地画不是无目的而随意绘成的，是赋有被尊崇的神圣意义，人们在火塘边进行供奉祭祀。在地画的上部绘一组形状相同的人像，中间的人物形体粗壮一些，右侧人物的形体较清秀，也许有男女性别之分。在大地湾仰韶晚期遗址的第 831 号窖穴中，发现了一件在口部塑有成年男女和小孩的三个人像的陶器。在大地湾仰韶中期遗址中，还发现过一件人头形器口彩陶瓶，该人像面目娟秀，嘴上无须，应为女性形象。可以看出大地湾氏族人们在仰韶中期还崇拜着女性神，到仰韶晚期转变成崇拜作为共同体的祖先神。大地湾仰韶晚期地画以这种呈相同姿态的男女群像作为神来供奉，尚不是崇拜作为至尊的个人而出现的祖先神，乃是崇拜以共同体面貌出现的氏族祖先神。绘于神人下方的动物，不应认为是用作祭祀神人的牺牲品。地画前的火塘是用来燔祭的，因此地画中的动物也是作为燔祭的对象而被供奉的，应是这个氏族的图腾神。关于原始社会宗教信仰的变化过程，一般来说是由自然崇拜转为图腾崇拜，以后又发展为祖先崇拜。但是在过渡阶段，发达的图腾崇拜和初级的祖先崇拜是共存的。作为氏族的集体表象，除了以人格化的动物神的形象出现外，这两类图像可以同时出现，一起被祭祀供奉。图腾崇拜中的动物神是氏族的祖先神，祖先崇拜则以神化了的人作为氏族的祖先，由图腾崇拜向祖先崇拜转换的过渡期间，氏族的祖先神具有双重性，相互可以托寓、转移。因此，大地湾地画中的神人和动物图腾，都是氏族的祖先神，以不同的方面构成了作为祖先神的共同体，一起被氏族人们所祭祀供奉。由大地湾仰韶晚期遗址的考古资料表明，这一时期的社会性质有了划时代的转变，从大地湾仰韶晚期房址中出土的成组陶礼器、陶祖、朱绘陶片、石权杖头等遗物来看，已经越过了母系社会的发展阶段。大地湾仰韶晚期居址地画中，神人和动物图腾神共享祭祀，也是母系社会向父系社会过渡阶段的原始宗教生活中常见的现象，与此相应，集体神人像也是祖先崇拜的初级阶段的产物。

大地湾地画中的人物呈交腿状，如果是描绘站立的姿态，双足必平立于地，但地画特意刻画出人物翘起的双足，显然不是表现直立，应是表现人物盘腿而坐的姿态。绘祖先神坐于火塘前，其意就和苗族人在火塘前置坐凳一样，逢节日时，在此祭祀祖先，并和祖先共同进餐。这进一步表明，大地湾仰韶晚期居址地画是祖先崇拜的表现。

大地湾地画所用的黑色颜抖，经化验分析为炭黑，绘于渗水性较强的白石灰面上，则不易脱落，所以经过漫长的岁月还能保存下来。从绘画技巧来说，大地湾仰韶晚期遗址发现的地画的图像，要比彩陶上的图纹显得简单粗犷。但是，大地湾地画的画幅比陶器上的图纹大得多。地画中以人物为主题形象，这不仅在以往的彩陶图纹中是未见的，也是我国迄今发现的最早的完整的人物画像，表明中国绘画自起首是以人物为主要题材的。在艺术题材中人物形象独立地出现，表明人们已逐渐摆脱对自然的依附，在艺术中着重于对人们自身力量的表现。大地湾地画中的人物不是凌驾于众人之上的威严的神祇，而是和氏族成员和睦相处并起着庇佑作用的祖先，有着温厚淳朴的风貌。大地湾地画上的人物形象合于比例，造型概括简洁，外形鲜明。描绘人物时，运用影像式的没骨画法，描绘动物时则用线条勾勒的画法，反映出当时的作画者已能针对不同的表现对象运用着不同的描绘手法，并且初步掌握了造型能力。

大地湾仰韶晚期居址地画不是依附于器物上的装饰画，纯粹是精神生产的产物，是我国原始社会目前仅见的具有独立性的绘画，并且有着通过考古学而相对确定的年代，它距今约有5000年的历史，是迄今所知我国最早且保存完整的绘画作品。大地湾地画出于原始宗教信仰的需要，画在建筑中的特定部位，因此也可以视作我国建筑壁画的滥觞，同时也是黄河流域过着农业定居生活的人们的最早绘于建筑中的艺术作品。大地湾地画为研究仰韶文化的社会性质和原始宗教信仰提供了珍贵的形象资料，也是研究仰韶文化美术的重要实物资料。大地湾地画的发现，大大提前了中国绘画的历史，是中国绘画的开端，对于研究中国绘画的起源有着重要的学术价值，从这一点来说，它在中国美术史上占有肇始意义的重要地位。

被誉为彩陶之冠的甘肃彩陶

　　甘肃彩陶发现于 20 世纪 20 年代。它以历史悠久、类型繁多、花纹精美、图案繁丽而著称于世，被海内外考古界和美术界专家学者誉为新石器时代彩陶之冠。这以后的半个多世纪中，甘肃地区远古时期的考古取得了许多重要的成就，对甘肃彩陶的源流、序列、分期等问题有了许多新的认识。甘肃彩陶在远古文化艺术宝库中的地位显得更加重要，并引起彩陶研究者越来越多的关注。

甘肃是中国最早产生彩陶的主要地区

　　旧石器时代晚期，人们的经济生活由采集和狩猎经济转变为农业和畜牧经济，黄河流域的居民从山林地带移居到山前河谷地带。位于黄土高原西南部山前地带的渭河和泾河流域，是中国最早出现农业的地区之一，也是中国古文明的发源地之一。大地湾一期文化分布在甘南东部的渭河和西汉水上游一带，因最先发现秦安大地湾一期遗址而命名。大地湾一期的第 10 号灰坑出土的木炭，经碳-14 测定年代为距今 8170 年～7370 年（经校正）。从地层关系看，大地湾一期文化遗址被叠压在仰韶早期的半坡文化遗址之下，是属于新石器时代早期的文化遗存。

　　陶器是应农业定居生活的需要而产生的，陶器的出现也是进入新石器时代的一个重要标志。大地湾一期文化已能制作造型较规整的陶器，但火候较低，陶色不匀，陶质酥松，多以泥片敷积于内模之外而制成，有的捏制而成，制作技术是

图 1　大地湾文化彩绘符号陶片

比较低下原始的。彩陶是制陶技术进一步发展后出现的，在大地湾一期文化的中期才产生了彩陶。大地湾一期文化的彩陶，以圜底钵为主要器形，有的器底加有三足。圜底钵为饮食器，早先的圜底钵器表满印着编织绳纹，口沿外部也粗糙不平，有的口沿呈锯齿状，当口唇接触钵口时会产生不舒适的感觉。于是，人们又逐步将钵口沿外的一圈绳纹抹去，形成带状的光滑面，后来还用含有赤铁矿的颜料液再加以光润，经烧制后成为稀薄的暗红色的宽带纹，对圜底钵口沿进行的这种加工处理，不仅更适于应用，而且美化了陶器。大地湾一期文化的彩陶花纹，除了常见的红色宽带纹外，在少量的圜底钵口沿内，还绘着连续斜条纹等简单的红色彩纹，还偶见用白色绘成的以弧线组成的图案。尤其重要的是，在有的彩陶圜底钵内部还绘有红色的独体符号，已发现有"↑"、"+"、"|"、"||"等十余种（图1）。这些彩绘符号大多属于指事系统，是黄河流域远古文明的灿烂火花，也是后来半坡文化宽带纹彩陶钵上刻画符号的前身，并在更晚的陕西龙山文化、二里头文化、马家窑文化和寺洼文化陶器上继续出现，这对研究中国古文字的发展源流有着十分重要的意义。

　　过去，西方的一些考古人士曾认为中国文化是西方外来的，甘肃彩陶的兴盛也是西方古文化东渐的结果。如今，由于中原和关中地区相继发现了新石器时代早期的裴李岗文化、磁山文化和新石器时代中期的半坡文化、庙底沟文化、大河村文化、后岗文化，甘肃彩陶起源于西方的观点逐渐衰歇。在国内，有许多学者认为甘肃彩陶是从中原地区发展来的，但中原地区的裴李岗文化和磁山文化据说仅发现个别的彩陶片，而大地湾一期文化的陶器中的彩陶比例要占15%。因此，距今约8000年的大地湾一期文化，是中国最早产生彩陶的古文化，而流经甘陕两省的渭河一带，则是中国最早产生彩陶的地区。先前已知的世界上最早含有彩陶的古文化，是两河流域的耶莫有陶文化和哈孙纳文化，它们的年代距今8000年左右，与大地湾一期属于同一时期。因此，大地湾一期文化也是世界最早含有彩陶的古文化之一。甘肃彩陶在距今8000年时就产生了，而且发展较快，并自成系列。因此甘肃彩陶是起源于本地区，所谓甘肃彩陶起源西来说和东来说都是不确切的，但它在发展的过程中也受到邻近地区文化彩陶的影响，这使甘肃彩陶的样式愈益显得丰富多彩。

甘肃彩陶的兴起

距今6000年左右的半坡文化是继承大地湾一期文化发展起来的。它们都以宽带纹圜底钵为彩陶的主要样式，半坡彩陶上的符号也是继承大地湾一期彩陶符号而发展的。

在甘肃的半坡文化遗址主要分布在东部地区，经过大规模发掘的有秦安县大地湾、王家阴洼和天水市师赵村等遗址。最近在河西走廊东端的古浪县也发现了半坡文化的遗存，是目前所知半坡文化分布最西的地方。

半坡文化的彩陶无论制作技术、花纹样式和图案构成都有很大的发展。大地湾一期文化的彩陶钵的口沿已经使用慢轮进行修整，并利用慢轮来绘制钵口沿内外的带状花纹。半坡文化能进一步地利用陶轮使陶坯成形，使轮绘技术也有所发展，能在陶器腹部绘出一圈平行的细线纹。半坡文化彩陶彩绘的颜色除了红、白之外，还大量地运用黑色。陶器中彩陶占的比例增大，图案的构成形式由简单变为复杂，使半坡文化的彩陶进入了迅速发展的成长期。

半坡文化的彩陶图案中，将近一半是几何形纹样。这类纹样是源自竹、藤等编织成的器物的肌理纹样，主要以直线造型，多用直角三角形和斜线组成图案，特别是以等量的阴阳双关纹为特色，如秦安出土的一件圜底彩陶钵上绘着二方连续的阴阳三角纹，等量的黑白图纹相互对比又相互映衬（图2）。

图 2　半坡类型阴阳三角纹彩陶钵

甘肃地区的半坡文化彩陶以鱼纹为最具特色的代表性纹样，鱼纹延续的时间很长，并且多为单独纹样，呈现出由写实摹绘演变成为写意表现系列的发展过程。半坡早期彩陶上的鱼纹多是写实的，完整地画出鱼的头、鳃、身子、鳍和尾，形象准确而合乎比例（图 3）。在秦安县王家阴洼半坡文化墓地出土的一件彩陶瓶的腹部上，绘着四条游弋自如而姿态各异的游鱼，构图活泼生动，是原始社会绘画中的杰作。晚期的鱼纹逐渐夸张变形，突出和加长了鱼的嘴部，显示出追求上下对称的倾向，并且鱼纹以弧边三角纹构成，给人以柔美舒展的感觉。还有以鱼的头或尾的某一部分构成的分解或复合纹样来标志性地表现鱼。这意味着半坡文化彩陶上的鱼纹愈来愈被神化，鱼纹则是半坡部族的图腾徽号，而半坡彩陶上不同的鱼类纹可能是半坡部族中不同氏族的图腾纹样。

图 3　半坡类型鱼纹彩陶盆

甘肃的半坡文化中晚期彩陶，愈来愈多地受庙底沟文化的影响，彩陶花纹中出现了变体鸟纹，花纹造型由原来以直线为主变为以弧线为主。秦安大地湾出土了一件该时期的人头形器口彩陶瓶，瓶口为圆雕的人头像，额前为凸起的一排整齐的短发，脑后垂披长发，两耳有垂系饰物的穿孔。瓶身饰弧条形构成的变体鸟纹和几何形纹，犹如穿着花衣的美丽少女，这是羌族先民的真实写照，也是已知的中国最早的立体雕塑与彩绘花纹相结合的作品。

甘肃地区半坡晚期的文化遗存，亦称为石岭下类型。石岭下类型的彩陶具有更多的地域性特点，彩陶花纹以鲵鱼纹及其变体纹样为特色。甘谷出土的彩陶瓶上绘有早期的鲵鱼纹，较真实地刻画了鲵鱼头上的节枝状的鳃、长着四指的前肢、钝圆的尾部和扭曲爬行的动姿等特征，但脸似人面，额下有须。鲵鱼俗称娃娃鱼，彩陶上的鲵鱼纹已是被人格化了（图4）。武山出土的彩陶瓶上的鲵鱼纹，以弧形统一地造型、身子被概括成弯月形，已向几何形图案发展。晚期的一些鲵鱼纹，将头部省略，身子向左右摊开，成为写意式的纹样。

图4　石岭下类型鲵鱼纹彩陶瓶

在石岭下类型彩陶中的圆腹的长颈壶和罐上，常绘简化了的变体鱼纹或鸟纹组成的二方连续旋纹，这类器形和花纹与中原地区晚期的彩陶有了很大区别，自身的特点愈益鲜明。

➤➤ 甘肃彩陶的繁盛 ➤➤

在甘肃东部，石岭下类型的彩陶数量逐渐减少而趋于衰落。而甘肃中南部的马家窑文化，位于黄河上游的洮河、大夏河、广通河、湟水等流域和长江上游的西汉水、白龙江等流域的交汇处，受到庙底沟文化、石岭下类型和大溪文化晚期等多种文化类型的影响，彩陶却空前地繁盛起来。马家窑文化的彩陶，不仅数量巨大，而且品类繁多、图案精丽、花纹精美，达到了中国彩陶艺术的顶峰，并且在世界原始艺术中闪耀着夺目的光辉。

马家窑文化又分为马家窑、半山、马厂三个相延发展的类型。马家窑文化主要分布在甘肃中南部和青海东北部，并影响了宁夏、川北。马家窑文化晚期，中心西移，河西走廊的彩陶也繁盛起来。

马家窑类型距今5000年至4500年。马家窑类型的彩陶，器表打磨得精细光滑，上面用浓黑如漆的单色画花纹，显得爽亮动人。少量花纹兼用黑、白两色绘成，配置在挺拔的器形上，具有典雅清新的艺术风格。马家窑类型早期的彩陶花纹，基本上用粗壮的带纹构成。中期则多用复道的弧线和平行线相间置，既作动静对此，又相互制约。晚期还有在黑色中以露出的橙黄色陶地为纹的彩绘方法，别具浓郁沉厚的艺术风貌。

马家窑类型的彩陶器形中，以盆、钵、碗为常见，并且多在器内绘彩纹。早期的内彩花纹多作标志性的单独纹样，饰于器内中心一目了然的位置上。晚期的内彩花纹趋于繁密，常以连续的图案布满器壁。

马家窑类型的彩陶图案格式多样，很少雷同，尤其是出现了多种形式的旋纹。早期的旋纹与大溪文化晚期彩陶上的绚索纹相似，可能是模拟竹编器的肌理纹样。除去二方连续的旋纹外，还有四方连续的旋纹，陇西出土的一件彩陶尖底瓶，腹部满绘旋纹，图案紧凑生动，是一件杰出的工艺美术品（图5）。在晚期的彩陶盆和豆

图5 马家窑类型旋纹彩陶尖底瓶

盘内，常依口沿作一圈连续的旋纹，犹如翻腾不息的漩涡。还有的彩陶在器腹中心饰一大旋纹，似激流冲击回荡，具有强烈的扩动感。

马家窑类型彩陶上的几何形花纹中还有的呈现为波形纹，以及相向的弧边三角纹、竖条纹、平行宽带夹细线纹、网线纹、连续凸形纹等。这类几何形图案，常使用以点定位的图案构成方法，使繁复多变的图案花纹组织得有条不紊。

马家窑类型彩陶图案中，还有一定数量的动物纹样。简化的鸟纹常画于盆、钵的中央，侧面鸟纹的头部为一圆点，鸟身和双翅用三条弧形纹来表现，也有展翅回翔状的飞鸟纹。在兰州出土的一件彩陶钵内的飞鸟纹，双翅经夸张而加大，反向旋舞着，更增强了鸟飞的动态。鱼类水旋纹，仍是马家窑类型彩陶中主要的动物纹样。圆鱼纹一般画于盆、钵中央，多以单独纹样出现。圆鱼形状近于鼋，产于甘肃东南部。彩陶上的圆鱼纹和蛙的形状也相似，因此亦被称作蛙纹。在兰州王保保城出土的一件彩陶钵内，画有在网中挣跳着的两条鱼，利用细密的交叉网线纹衬托出条状的鱼纹。奇特的人面鱼身纹，是马家窑类型彩陶具有特色的花纹，以三条人面鱼身纹在盆内作一圈首尾相接地排列，似在循环不已地游动。早期的人面鱼身纹是比较具象的，概约地画出脸部的五官，以后的人面图纹愈来愈抽象，表现出由写实到写意的发展过程。这种人格化的鱼纹，反映了马家窑部族的原始宗教信仰由图腾崇拜向祖先崇拜过渡的情况。马家窑类型彩陶上的人面鱼身纹，主要发现在洮河流域一带，这种神秘的人面鱼身纹究竟有何寓意？据古籍记载可以得知鱼是氏族的图腾始祖，《山海经·大荒西经》载："有氏人之国，人面鱼身。"《山海经·海内南经》又载："氏人国，在建木西，其为人，人面而鱼身，无足。"古氏族分布在甘肃白龙江、洮河流域一带，亦是马家窑类型的重要分布区，因此，氏族的鱼类始祖说是有其深远渊源的。

半山类型约距今4500年，半山类型彩陶的器形和花纹，是继承马家窑类型而发展的。由于绘制技术的提高，人们刻意追求繁丽的装饰效果。彩绘的颜色由单色变为复色，常以黑、红两色间置使用，由黑色锯齿带和红色宽带纹合镶在一起而组成严密的图案。半山类型彩陶以繁茂精丽为特色，在繁密的彩纹中又着意露出几何形陶地，密中有疏，使人不觉得窒闷。半山彩陶纹样以几何形纹为主，其中又以旋式纹样最多，在壶、罐的上腹常饰二方连续的旋纹，于旋纹结构线的

图 6 半山类型旋纹彩陶壶

上下并行着复道旋线纹，使图案具有更强的旋动感（图 6）。菱格式、平行和斜行式也是半山彩陶常见的图案格式，往往在整齐的几何形格式中，局部的花纹各有微异的差别，使图案在统一的基调中又有细微的变化。半山彩陶很注意从不同角度观看图案时的不同的视觉效果。由于当时的陶器是置于地面的，人们常从高处俯视陶器。半山彩陶的器形以壶、罐为主，这类陶器的腹部呈球形，主题图案饰于引人注目的上腹。在俯视时，图案填充于圆形中；平视时，图案画面则成为半圆形，构成完美的图案样式，显示出半山陶工杰出的立体设计能力。

半山晚期彩陶的器形和花纹都有所变化，壶颈口两侧的锯齿状附耳逐渐变小，成为示意性的装饰。腹部最鼓凸处上升，底部收小。绘于上腹的旋纹的旋心不断扩大，在旋心中还饰有网线纹、斜方格纹等简单的花纹。有的将联结旋心的旋纹线变为图案带，这种在花纹中再套花纹的表现手法，使图案变得更加繁缛精丽。

半山彩陶中只有少量的象生性花纹，其中以神人纹最引人注目。早期神人纹的形象比较具体，双腿叉立，两臂向上举伸。有的在神人纹的周围绘着散落的糜谷状颗粒纹样，可能是表现神人在撒播谷种。半山晚期的神人纹，头部变大，肢端长出爪指。总的来看，神人纹趋于分解和简化，有的省去了头部，有的减去下肢，使神人纹更增强了神化的程度。而且有的器物上，还出现了手携手的连续的神人纹，在器物腹部环绕一圈地排列着。

半山彩陶的器形一般较大，以作为盛水器的壶和贮藏器的罐、瓮为主。在发掘的陶器中，彩陶占一半以上，有的墓中随葬的彩陶达十几件。半山彩陶大多画得较精致，大型彩陶上的花纹需用将近一天的时间才能绘出，表明当时半山部族的居民过着稳定的农业定居生活，从而进一步地发展了彩陶技艺，达到了彩陶艺术新的高峰。

　　马厂类型距今4000年左右，是继承半山类型发展起来的，其最具代表性的四大圈纹，亦是从半山彩陶的四大圈纹演变而来的。半山彩陶上已出现的神人纹、菱格纹、平行带纹等纹饰，在马厂彩陶上有了进一步的发展。马厂彩陶的器形仍以壶、瓮为主，腹部最宽处上移，底更小，成为倒置的卵形。但从中可以看出，半山类型和马厂类型的彩陶有明显的承继关系。

　　马厂类型彩陶花纹除了圆圈纹和涡纹外，其他大部分花纹以直线造型，图案较疏朗，形成刚健明快的艺术风格，并且在正与斜、疏与密、宽带与细线的对比中，使直线构成的图案显有变化。马厂彩陶能够根据不同器形配置不同样式的图案，腹部膨圆的壶和瓮上面常配置以四大圈纹为框架的花纹，圆形花盘似的花纹装饰在弧形的腹部上显得很协调。兰州永登县蒋家坪出土的一件彩陶大瓮，高达52厘米，由于底部急收，使浑圆的腹部愈显饱满。画工在腹部绘以弧线组成的四方连续涡纹，涡纹以红色宽带构成，红带两边合镶黑线，使花纹有浮凸感。瑰丽大方的图案与魁伟丰满的器形相结合，表现出雍容华贵的气度，因而享有"彩陶王"的美誉（图7）。而在双肩耳小罐上的图案花纹大多很精丽，种类也较多，这些不同样式的彩陶器形和花纹，构成了马厂彩陶丰富多彩的面貌。

图 7　马厂类型涡纹彩陶瓮

　　马厂彩陶的神人纹愈来愈简化，更多地以分解的样式出现，着重夸张肢节爪指，大部分神人纹的头部被省略，下肢的关节增多，上、下肢的关节处都长出了爪指。有的以肢节爪指来示意表现神人，也有将神人纹用不同的形式复合在一起，构成多种变体图案。神人纹变得愈来愈抽象，成为标志性的徽纹。

河西走廊的马厂类型彩陶，带有明显的地域性特点。彩陶器形以单耳的杯、罐的侈口盆具有特色，盛液体的单耳器较多，彩陶器形大部分较小，反映出这一区域农牧经济并重的特点。马厂彩陶花纹中，绝大部分以直线构成，以宽带纹为骨架，中间填网线纹，并在宽带和网线之间露出陶地，形成不同层次的深浅变化，样式绝大部分为几何花纹。而在永昌出土的两件单耳筒状彩陶杯的突錾上，还绘着人面纹，人面的额部染黑，眼睛下绘几道竖线纹，从中可以看出当时这一地区人们黥面文身的习俗。

　　马厂晚期彩陶的彩绘方法有了新的发展，先在器表施一层红色底衬，然后在上面绘黑色花纹，色调浓郁厚重。但因在红色底衬上不易画出细致的花纹和工艺制作方法，马厂晚期彩陶上的花纹多很粗率。曾有人据此认为马厂彩陶已经衰落，实际上并不确切。马厂彩陶从数量上讲要超过以前任何一个含有彩陶的古文化，还能制造出器形大而花纹精的彩陶，器形的样式增多而富有变化，图案的格式也较多。因此，马家窑、半山和马厂三个类型延续不断地发展了彩陶艺术，是甘肃彩陶最繁盛的时期，组成了中国彩陶最辉煌的篇章。

❧❧❧ 甘肃彩陶的衰退 ❧❧❧

　　在距今 4000 年左右的龙山文化时期，甘肃以东大部分地区的彩陶已衰亡了，而甘肃彩陶还历经了相当于中原的夏商周和春秋时期，才逐渐衰落并趋于消亡。

　　分布在甘肃武威以东的齐家文化，距今 4000 年左右。齐家文化陶器注重造型，彩陶很少。齐家彩陶以齐家文化命名地之广河县祁甲坪（即齐家坪）遗址出土的彩陶为典型，器形以双肩耳圈底罐为特色，在腹部上绘橡木纹的复道三角形红色线纹（图8）。河西走廊东段的齐家彩陶，则以双肩耳带

图8　齐家文化复道三角纹彩陶圈底罐

突錾小罐为主要器形，花纹以黑彩的菱格纹和竖列的复道直线纹为特色，图案花纹都以直线构成，具有齐整挺直的艺术风格。

四坝文化分布于河西走廊中段，年代相当于夏商之际。四坝彩陶的彩绘以厚凸的深灰色花纹为特征，蜥蜴纹及其变体纹样是富有特色的花纹。又以彩绘花纹与雕塑相结合的作品引人注目，如羊头形把手方杯、鹰形壶（图9）、人形罐和三立犬器盖方鼎，都是意趣生动的艺术品。

图9　四坝文化彩陶鹰形壶

辛店文化的年代相当于商代晚期至西周早期，主要分布在洮、湟流域。辛店彩陶的图案多用宽带纹构成，布局疏朗，又以自然形纹样较多，有犬纹、太阳纹、水鸟纹、蜥蜴纹和人形纹等。辛店彩陶花纹以双勾曲纹最常见（图10）。早期双勾曲纹是以一对相向的尾上弯的

图10　辛店文化太阳纹双勾纹彩陶罐

犬纹复合而成的。东乡族自治县出土的一件彩陶壶上，绘着犬首（亦似熊首）人身的奇特花纹，可能是辛店文化中某一氏族的图腾神。辛店文化中的唐汪类型，彩陶别具一格，器表多施橙红色陶衣，花纹以涡纹为主，相互勾回，图案紧凑生动。

春秋时期的沙井文化，分布在河西地区东北部。沙井彩陶的器形以圆底罐和单耳筒形杯为特色，从应用上反映出游牧生活的特点，花纹模仿草编器的肌理纹样，绘有长三角纹、折线纹、席形纹等纹样（图11）。但彩陶工艺显得简陋，意味着甘肃彩陶发展到了最后阶段。

图 11　沙井文化倒三角纹彩陶圜底罐

✣✣ 结　语 ✣✣

　　甘肃是中国最早产生彩陶的地区之一，从距今 8000 年起，彩陶相延发展，直到距今 2000 年时方告衰歇，成系列地发展了 5000 多年，形成了完整的彩陶发展史，这在世界上是罕见的。

　　甘肃彩陶起源于原始宗教信仰的象生性纹样和编织物肌理纹样的几何形纹样的相互影响，并且象生性纹样呈现出由写实表现发展为写意表现过程，而这种按理念去重新设计自然形的表现方法，为现代美术家提供了许多富于启发性的实例。甘肃彩陶的几何形图案也有许多独到之处，以各种法式的定位，延展出许多旋动的图案，具有奔腾不息的动感。

　　甘肃彩陶与其他地区的彩陶相比，从图案之精美、花纹之丰富、数量之巨大来看，都是出类拔萃的，被评价为新石器时代彩陶之冠毫不过誉。甘肃彩陶是中国彩陶最重要的一部分，不仅是中国原始艺术的珍品，也是世界古代艺术宝库中灿烂夺目的瑰宝。

论黄河中上游彩陶上
的鱼类水族纹

　　彩陶艺术是民族文化的表现，一个地区的彩陶上所具有的代表性花纹，往往反映这个地区民族或部族文化的特征。对一个地区彩陶的典型花纹演变情况进行研究，有助于了解这一地区族文化的发展过程。由于进行典型花纹的研究，需要有大量有关或系列的考古资料，故存在一定的困难，因此目前从纹样学角度对远古文化进行的研究还不多。

　　黄河流域是中国远古文化的重要发祥地。黄河中上游地区又是夏、周、羌、氐等族形成和发展的地区，新石器时代中、晚期彩陶上的鱼类水族花纹较多，并有代表性。因此，对黄河中上游彩陶上的鱼类纹进行研究，具有典型的意义。本文试对黄河中上游地区新石器时代彩陶上的鱼类水族纹样进行分析和研究，从而探讨这一地区远古文化的发展脉络，并对周、羌等族的发源问题提出推测性看法，从而阐明原始社会图案纹样在社会生活中的作用。

黄河中游含有彩陶鱼类纹的文化类型的分期

　　黄河中上游地区新石器时代中期的一些类型文化的彩陶上绘有鱼类花纹，如半坡类型文化、庙底沟类型文化、石岭下类型文化、马家窑类型文化。这些文化类型彩陶上的鱼类纹是以不同的形态和组合方式出现的，这与时代早晚、部族不同和地域差别有关。近年来，由于黄河中游地区考古工作的进展，获得了大量的考古新资料。根据这些资料，对这一地区含有彩陶鱼类纹的类型文化试做分类和分期。

半坡类型文化 以渭水、泾水流域为中心，在汉水、丹江、西汉水等河流的上游和晋西南亦有分布。根据考古地层关系和器型排比，半坡类型文化中含有鱼类纹彩陶的重要遗址可分为四期。

一期：宝鸡北首岭中层早和中阶段、临潼姜寨一期、西安半坡下层、武功游凤、铜川吕家崖和李家沟一期、秦安大地湾二期早阶段和王家阴洼早期、礼县石嘴村。

二期：北首岭中层晚阶段、姜寨二期、半坡早期晚阶段、大地湾二期晚阶段、王家阴洼晚期、正宁宫家川、芮城东庄村。

三期：北首岭上层早阶段、李家沟二期、西安南殿村、秦安县寺咀坪、大地湾仰韶三期早阶段、天水刘家上磨、陇西西二十里铺。

四期：大地湾三期晚阶段。

半坡类型文化一期的年代，以北首岭中层早阶段的碳-14 测定年代为依据，为距今 6730 年～6590 年 ±145 年（树轮较正年代，下均同），可作为半坡类型文化的上限。

半坡类型文化四期的年代，以大地湾仰韶中期晚阶段的碳-14 测定年代为依据，为距今 5775 年～5600 年 ±115 年～120 年，可作为半坡类型文化的下限。

庙底沟类型文化 分布在陕、晋、豫邻境地区，暂分作三期，目前发现的早期遗址相当于半坡类型文化的二期，基本上不含鱼类纹彩陶。庙底沟类型文化中期相当于半坡类型文化的三期，含有很少的鱼类纹彩陶。庙底沟类型文化晚期相当于半坡类型文化的四期，只有个别的作为附属花纹的鱼纹和演绎成几何形鱼纹。

石岭下类型文化 分为早、晚两期。目前发现的早期遗存都分布在甘肃东部，有大地湾四期早阶段、甘谷王家坪等。晚期遗存发展到甘肃中部和中南部，有大地湾仰韶晚期阶段、秦安山王家、礼县石咀坪、武山付家门等。以大地湾四期碳-14 测定年代为依据，距今 5490 年～4910 年 ±135 年～180 年。

马家窑类型文化 该文化是受大地湾四期类型影响而发展起来的。马家窑类型文化可分作早、中、晚三期。早期遗存以永登蒋家坪、东乡林家下层为代表。中期遗存以东乡林家中层、兰州王保保城为代表。晚期遗存以东乡林家上层、榆中马家村、永登杜家台为代表。东乡林家马家窑类型遗址的碳-14 测定年代为距今 5230 年～4690 年 ±120 年～145 年。

根据以上黄河中游含有鱼类纹彩陶的类型文化分期，分别对这一地区各类型文化彩陶上的鱼类纹进行论述。

≫⁃ҩ 半坡类型文化彩陶鱼类纹 ҩ⁃≪

半坡类型文化彩陶上的鱼类纹出现得最早，不仅数量多，而且贯穿于半坡类型文化的始终，是具有代表性的花纹。其主要有四种表现形式：鱼的单独纹样，鱼的分解与复合的变体纹样，鱼和人面的复合纹样，鱼和鸟及人面的复合纹样。

鱼的单独纹样　半坡类型文化彩陶上的鱼类纹，主要以单独纹样形式出现。一期的表现手法比较写实，鱼纹为展平的侧面形象，全面无遗地画出鱼的头（有的画出须、齿）、身、鳍和尾，绝大部分画于彩陶大盆内。彩陶大盆是半坡类型文化一期偏早阶段带有特征的器物，早期彩陶大盆的腹部深而外敞，底部小。晚期则腹浅，腹壁较直而底部较大。根据彩陶大盆器形早晚期的变化，可以看出绘于上面的鱼纹的演变过程。如临潼姜寨一期 159 号墓出土的彩陶大盆内，画着大致作一圈排列的五条鱼。盆上鱼纹用两种不同的画法画成。一种呈黑色影像效果，突出鱼的外廓形象。另一种则勾勒出鱼的各部分的形象，并结合运用黑白对比映衬的手法。在早期出现的这两种画鱼的方法，之后都有发展，并且互相发生影响。在彩陶大盆内除了画有鱼的单独纹样外，其单独纹样还和鱼与人面相结合的纹样间隔地作一圈排列，鱼的外形单纯，概括成底边平的三角形，造型以直线构成。

半坡类型文化二期彩陶上鱼的单独纹样，主要画在盆、葫芦瓶、细颈壶和大口罐的器表上腹。由于这时期鱼的几何形变体花纹组成的连续图案的出现和增多，相对地鱼的单独纹样在图案中的比例减少。表现手法由单纯变为丰富，原先以直线造型，变成直线与弧线相结合来造型。由于加入了弧曲的变化，圆点、单线和弧边三角穿插运用，使鱼纹显得活泼灵动。鱼纹的单独样式除了展开式以外，还出现了回旋、迸跃等各种生动的姿态，并且对鱼的单独纹样进行几何形的概括处理，使自然形的纹样规整而统一，具有装饰性。这一时期鱼纹的表现方法由写实变为写意，对鱼纹进行夸张，突出具有特征的部分，加以变形处理，尤其鱼纹头

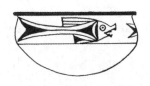

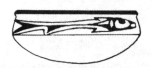

图 1　单独鱼纹彩陶盆演变图

部的变形程度很大。原来一期的鱼头纹，头短而呈三角形，嘴小，有的在张开的嘴中露着细齿。而二期的鱼头纹夸张了嘴部，鱼头因此变长，呈凸弧边三角形或长方形，鱼齿由细密变为宽疏，有的甚至消失。由于这一时期，盆的器形变扁，鱼纹的身子也相应地变长，鱼身成为一对相向的弧边三角形。鱼尾变长，对分地叉开。

半坡类型文化三、四期的鱼的单独纹样，大部分发现于甘肃东部。在秦安大地湾三期遗址中，鱼的单独纹样表现出由写实到写意的成系列的演变过程。大地湾二期鱼的单独纹样，都画在叠唇或折唇彩陶盆的上腹并作一圈排列。三期的鱼的单独纹样，成为示意性的几何形化的鱼纹。鱼头纹或为示意性形态的写实描绘。一种是采取简化的手法，鱼头只以上、下颚组成。另一种则夸张鱼张大的嘴和露出的牙。对鱼鳍也进行了夸张和变形，鳍逐渐变大，有的鱼鳍增多，发展到晚期鱼上部和下部的鳍作对称排列，而有装饰性。

四期的鱼的单独纹样，在数量上愈来愈减少，已完全变成几何形，鱼纹上下对称，用弧条形统一造型。鱼头变形拉长，已看不出鱼头的真实形象。鱼尾变得长而宽，呈张开的剪刀状（图1）。四期的鱼的单独纹样还和典型的庙底沟晚期的勾羽圆点纹配置在一起，但能看出这两种纹样的组合并不很和谐。由于鱼的单独纹样已演变成示意的几何形图案，就为变体鱼纹和勾羽圆点纹和谐地结合在一起准备了条件。并且由鱼纹复合演绎而成的二方连续的几何图案代替了鱼纹的单独纹样，鱼的单独纹样就在这一时期趋于衰亡。

鱼的分解与复合的变体纹样　半坡类型文化一期的鱼纹多为单独纹样，并完

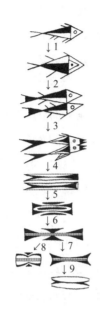

图2　单独鱼纹彩陶盆演变图　　　　　图3　人面纹演变推测图

整地表现着鱼的形象。二期的鱼纹，除了单独纹样外，往往将鱼的完整的单独纹样分解成鱼的各部分的纹样，用鱼的具有特征的某一部分如头、身子来表现，也就是以鱼的局部纹样象征地表示鱼。在二期时，有以两个相对的三角形鱼头和两个实体三角纹组成对称图案，后来这种图案演变成由黑白交叉相间的对三角形组成的几何形图案。也有的将鱼头由中间剖分，向左右两边摊开而成为对称图案（图2）。也有只表现鱼身的，鱼身由弧条形纹组成上下对称的图案。

　　复合式鱼纹与分解式鱼纹基本是同时出现，由并置式、并连式发展到复合式。一期的鱼纹有两条鱼纹上下对称地并置。二期的鱼纹较多地出现了以两条或三条鱼纹上下并连的形式。还出现了以两条鱼纹相同的某一部分重置而成的复合式纹样。有两个鱼身共用一个鱼头的，还有两个鱼头共用一个鱼身的纹样。

　　由于追求纹样的对称性，分解而成的鱼身纹又复合成不同形式的左右对称的纹样。常见的一种是由一对鱼身演绎的阴阳三角纹复合成的长方形图案，又发展成由阴阳弧边三角纹组成的梭形图案。另一种有着上下对称的鳍、尾的鱼身纹，复合成上下左右都对称的几何形花纹（图3），之后又由这种相向的弧边三角纹组成二方连续的几何图案。还有一种，是各自经过几何形化的鱼头纹和鱼身纹再复合成二方连续的几何图案，如半坡遗址出土的一件彩陶盆上的变体鱼纹，有的以变体的有着共用形的鱼头和鱼身纹，再复合成鱼头和鱼身的双关纹组成的二方连续几何图案。

鱼的分解与复合的变体纹样，是以鱼的分解出的某一部分的单独纹样，用统一的几何形来造型，再复合成带状的二方连续的几何图案。而这种由鱼纹经分解和复合而成的几何图案，已不再是鱼的形象的具体描绘，只是对鱼的象征性表现。从这角度来讲，作为族文化的装饰的意义已超过了象形的意义。

鱼和人面的复合纹样　在半坡类型文化一期的彩陶大盆中，有些画绘有人面和鱼相复合的图案花纹，常以两个人面衔鱼纹和奇特的两个鱼的单独纹样等距相间的配置，围绕一圈排列在盆内腹与底的相交处。根据上文所述的彩陶大盆的器形变化和鱼的单独纹样变化规律，可以看出人面衔鱼纹的演变过程，是从写实表现趋向写意表现。写实的人面和鱼纹的复合中，人面额角全部染黑，头上发髻耸起，髻横束一发笄。人面下巴较尖，嘴两旁对称地各有一条鱼。后来，人面和鱼纹的复合逐渐图案化，发髻成为三角形，而且愈来愈细高。发髻外有与鱼身纹外廓相同的鳍刺状装饰。由于图案中人的下巴由尖变圆，人面也由杏圆形变成圆形，额部由原来的全黑，变成在黑底中露出陶地而成的弯眉纹和在额中间的倒三角形折线纹。额中间的折线纹，又发展为露陶地而成的倒三角纹，后来半圆形的额部还成为额部半边全黑而另半边为黑色凸弧形的不对称花纹。原选额角两边弯曲向上的单鱼尾状装饰，则变成一对相向的鱼。人面嘴两边鱼的头部与嘴外廓构成共用形，利用双关纹巧妙地表现出人面与鱼相融的意思（图4）。由于早期的人面和鱼的复合纹样中，鱼是在嘴的两旁外边，并不能确认为是人面衔鱼的表现，从鱼与人面合为一体来说，可以认

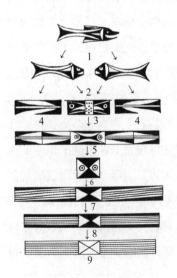

图4　由变体复合鱼纹演变的几何形花纹

作是鱼寓于人面的表现。

而在鱼头中寓有人面的图案纹样就更为奇特了，更能清楚地表明鱼和人面复合纹的含义。这种纹样有的表现得比较具体，鱼纹是张着嘴的，鱼的圆形头部外框中含有圆形人面的适合纹样。有的鱼寓有人的纹样是作示意性的表现，鱼头外廓为长方或半圆的几何形，扁方形的人面多位于鱼头的中部，下部一般绘变形的鱼牙。有的在鱼和人面复合纹外饰着连鳍状花纹（图5），后来这种花纹成为象征性的，是在鱼头中含着半个人面（图6），如果不细加对照具象的鱼和人面的复合纹，就难以辨明其母题，因为这种纹样不是在摹绘自然物，而是有寓意性的徽号纹样。

鱼和鸟、人面的复合纹样　这类花纹发现得不多，仅见于陇山以东的渭水流域。鱼和鸟的复合纹样出现稍早，在武功游凤出土的一件细颈壶上，在鱼纹的扩大了的头部中，含有一个圆睁着眼的鸟头。在自然现象中，鱼吃鸟是不常见的，因此这种纹样是寓鸟于鱼的意思。

鱼和鸟、人面复合纹样出现的时间略晚，大概是在半坡类型文化二期偏晚阶段出现的。这种纹样目前仅见于姜寨二期的双耳葫芦形彩陶瓶上，在葫芦形瓶的发展序列中，出现双耳而口部大的

图5　人面寓鱼的彩陶花纹

图6　鱼头寓人面的彩陶花纹

图 7　彩陶鱼头、人面、鸟头复合纹推测图

葫芦形瓶是较晚的。姜寨遗址的 467 号灰坑出土的一件双耳葫芦形彩陶瓶上，就画着组合巧妙的鱼和鸟、人面的复合纹样。这件彩陶瓶的腹部两面中间，各画着两组上下排列的这类纹样。上面一组的上部为三个三角形耸立的发髻，龇牙的方形鱼头中，上部为露着双目和鼻子的人面，下部在尖齿中含着一个鸟头。下组则是在方形的鱼头中含有鸟头。在瓶侧有双耳的两面还绘着鱼纹和鱼身纹的复合纹样。虽然这件彩陶瓶上鱼和鸟及人面的纹样以不同形式复合或并置在一起，但可以看出鱼纹是图案花纹中的主题，而鸟头和人面是寄寓于鱼纹的（图 7）。

　　此外，在宝鸡北首岭也出土了一件绘有鸟衔鱼纹样的彩陶细颈壶。鸟的尾部短，似为水鸟，而鱼的形象较特别，身有大片的鳞甲，鱼头两侧有突出的鳍状物，尾部不分叉。这种鸟衔鱼的形象，可能同样具有鸟和鱼融为一体的意思，但鸟是图案中的主题，应是寓鱼于鸟的表现。

　　除以上四种形式的鱼类纹样外，在半坡类型文化一期有鱼纹和蛙形纹并置的图案，在三、四期还有变体鱼纹和变体鸟纹并置的图案，在此不逐一叙述。

综上所述，半坡类型文化的鱼类纹，陇山两侧略有不同，一期的鱼与人面复合纹样在这时期仅发现于关中地区。二期彩陶上鱼类纹的式样增多，除鱼的单独纹样外，有鱼的分解与复合的变体纹样，还有鱼与鸟的复合纹样，而且鱼和鸟的复合纹样扩及陇山以东的渭水流域。在甘肃东部地区，半坡类型文化的鱼纹延续时间很长，始终是鱼的单独纹样作为主要花纹。到了三、四期，鱼类纹已几何形化，可以看出半坡类型文化彩陶上的鱼类纹。早期鱼纹以单独纹样为多，作风单纯而写实，愈到晚期与其他纹样复合的种类愈多，分解与复合的变体纹样也增多，表现手法渐转为写意，由鱼类纹演绎出的几何图案逐渐代替了鱼的单独纹样。因此，半坡类型文化彩陶的鱼类纹图案，是由写实的表现手法发展为写意的表现手法，图案的造型和构成是由简单变为复杂，是从鱼的单独纹样发展出分解与复合的变体纹样，以后再发展出几何形的连续图案。

从半坡类型文化彩陶鱼类纹的分布和发展情况看，其主要分布在泾渭流域一带，以陇山为中心。陇山山前地带为关中平原，半坡类型文化在陇山以东的一支发展较快，而且较多地接触中原地区的文化，鱼类纹与其他动物纹的复合纹样的种类也较多，并且鱼类纹的衰退也较早。半坡类型文化在陇山以西的一支，位于陇东高原，发展较慢，彩陶上的鱼类纹发展时间较长，鱼的单独纹样贯穿于始终，且没发现鱼与人面、鸟的复合纹样，只是在晚期才出现变体鱼纹和变体鸟纹并置的图案。这类情况表现表明，鸟纹是自东而西地传播，并与不同时期和地域的半坡类型文化的不同鱼类纹相配置的，也说明了半坡类型文化彩陶上的鱼类纹是主体花纹。从纵的方面说，鱼类纹贯穿于半坡类型文化的始终，发展演变的时间长达一千余年。从横的方面说，鱼类纹遍及泾渭流域一带。因此，鱼类纹是半坡类型文化彩陶具有代表性的花纹，而鸟纹是后来从东部传入的纹样。

进一步说，从半坡类型文化彩陶的鱼与人面相结合的纹样来看，除去半坡部族不同的以鱼类为主的复合纹样的含义外，既有寓人于鱼、又含有寓鱼于人的徽号式的纹样，人和鱼的指意互相托寓，又可以互相转借，这意味着人和鱼是共同体。这种纹样中的鱼是作为人格化的神出现的，具有氏族保护神的性质，因此鱼类的水族纹应是半坡氏族（亦可扩及部族）的图腾，而半坡类型彩陶上的鱼类纹，是用艺术形象体现着半坡类型部族的族特征，也是半坡类型部族的标志性的徽号纹样。

庙底沟类型文化彩陶鱼类纹

庙底沟类型文化主要分布在陕、晋、豫邻境地区，但庙底沟类型文化在晚期对周围古文化予以强烈的影响。庙底沟类型文化的彩陶图案是以鸟类纹为主的。在庙底沟早期彩陶中极少发现鱼类纹，发展到庙底沟晚期，彩陶图案中才出现了为数很少的变体鱼类纹。这种绘有变体鱼类纹的彩陶，主要发现于河南西部地区。如灵宝县南万村的庙底沟类型文化遗址中出土的一件圜底彩陶盆上，在腹外壁绘着作一圈排列的三个变体鱼纹，鱼尾燕尾似的分开，与大地湾三期晚一阶段的变体鱼纹的鱼身和尾很相似。但头部却为一个圆点，像是简化了的鸟头纹，这在半坡类型文化彩陶的鱼类纹中找不到这种处理手法。在伊川县土门的庙底沟类型文化遗址中，也出土了一件绘有鱼身纹的彩陶片，其鱼身纹与大地湾三期的变体鱼纹的鱼身形象相同。

在临汝县闫村出土的一件庙底沟类型晚期的四鋬耳彩陶缸上，绘着罕见的鹳鸟含鱼图。这件彩陶缸高47厘米，鹳鸟含鱼和长斧的画面占满腹面的大半部分，这样大幅的画面在彩陶中是仅见的。在鹳鸟含鱼纹的前方画着一把长斧，长斧立置，把手上有网状纹样，显然不是实用物，应是权威的象征。因此可推测，墓主人当为氏族中的显要人物，而鹳鸟含鱼图应是氏族标志性的徽号纹样。图中的鹳鸟是主体花纹，鱼是附属花纹，与半坡类型文化彩陶图案中以鱼为主体含有鸟头的花纹，鱼与鸟的主次地位恰是相反的，这确是耐人寻味的现象。

石岭下类型文化彩陶鱼类纹

石岭下类型文化，在年代上相当于仰韶晚期，主要分布在甘肃东部。在石岭下类型文化的彩陶花纹中，鲵鱼纹是具有特色的一种花纹。鲵鱼俗称娃娃鱼。鲵鱼纹主要画在彩陶瓶上，少量的画在盆上。根据瓶的器形从葫芦头形口发展到喇叭形口的演变序列，可以看出鲵鱼纹由写实、变形到写意的发展过程。鲵鱼纹常

图 8 鲵鱼纹演变图

以单独纹样的形式，画在瓶腹的一面。早期的鲵鱼纹主要以单线等绘成，鲵鱼形象接近于自然形，身子和尾呈三个折曲，头上有节枝状的鳃，后来鲵鱼身子概括成弯月形，趋于几何形化。还出现了将鲵鱼由中间剖分而向两面摊开的处理手法，又发展成左右对称的鲵鱼的变体图案，但头部消失，仅保留了节枝状的鳃，仍可依稀辨出鲵鱼的形迹（图8）。在马家窑类型文化的早期，变体的鲵鱼纹仍延续发展着，晚期的鲵鱼纹已简化成弯曲形的几何图案，成为只是示意性的表现纹样。

石岭下类型文化彩陶上的鲵鱼纹，突出地描绘了鲵鱼的一些特征。鲵鱼是水陆两栖动物，彩陶上的鲵鱼纹选用的角度与一般鱼纹不同，一般的鱼纹多用侧面角度表现，而鲵鱼纹则采取在陆地上爬行的姿态，由俯视鲵鱼的角度来表现，生动地刻画出鲵鱼摇摆着向前爬行的姿态。鲵鱼的前肢为四指；眼小而位于头背；有明显的下唇褶，有节肢状的鳃，在三岁前用鳃呼吸，尾基宽平。鲵鱼的这些特点，在纹样中均被鲜明地反映出来。

但鲵鱼纹又不是完全依照自然形描绘的，鲵鱼原为四足，但彩陶上的鲵鱼，一为两足，一为八足，乃故意与自然中的鲵鱼不同，是加以神化的。早期鲵鱼纹的面部，酷似人脸，还有胡须。这种人格化的鲵鱼纹，亦应是氏族的图腾纹样。如今在甘肃的天水、武都一带，仍产鲵鱼，被视作珍贵动物。由于鲵鱼的某些形态习性与人相似，故不难理解被这一地区的氏族视作图腾神。

除去鲵鱼纹外，在大地湾四期遗址中出土的一件彩陶罐上，绘着相扑的两犬（或为虎），它们之间有一鱼纹，但其含义不明。鱼纹的画法亦与半坡类型文化不同，鱼身上排有人字形纹，与之后青铜器上的鱼纹造型相似，其发展源流的情况可予注意。

✺✦ 马家窑类型文化彩陶鱼类纹 ✦✺

马家窑类型以洮河为中心，东至甘肃中部，南至青海东北部和四川北部。在马家窑类型文化中有少量的鱼纹，如兰州王保保城出土的一件彩陶碗，在碗内画着两条落于网中的鱼，鱼犹在奋力挣跳，使人感到意趣盎然。另有一件彩陶盆，盆内绘着鱼纹，鱼身两边各有一鱼头，而共用着鱼身，有浓厚的装饰意味。

在马家窑类型文化中期的彩陶图案中，有一种别致的人面鱼身纹。这种人面鱼身纹皆画于彩陶盆内，是以三个人面鱼身纹沿着盆内腹壁作一圈排列。早期人面鱼身纹的人面，画着眼、鼻、嘴，有的在脸颊上还染着彩纹。后来人面纹逐渐简化，眼、嘴、鼻先后消失，到马家窑类型文化晚期，人面鱼身纹演变为几何形花纹。到半山类型早期，则演变成以三圆为旋心的旋纹组成的几何图案，不再有明确的具体含义，而成为装饰性的图案花纹（图9）。黄河中游彩陶上的鱼类纹图案，经千余年发展演变，至马家窑类型文化晚期，遂告衰竭。

图9　马家窑类型人面鱼纹彩陶盆之发展演变

✺✦ 从古籍看黄河中游古代氏族与鱼类纹的关系 ✦✺

半坡类型文化以泾渭流域一带为中心，彩陶图案以鱼类纹为代表。周民族亦发源于泾渭流域，在古籍中有不少周民族的始祖与鱼类水族有关的神话传说。

如《国语·周语下》载:"我姬氏出自天鼋。及析木者,有建星及牵牛焉。"① 《国语·周语下》又载:"则我皇妣大姜之姪,伯陵之后,逢公之所凭神也。"② 鼋与鲧相通,属鱼类。据此来看,周族的始祖神与鱼类水族有密切的关系。后稷为周族的始祖神,古籍中亦有后稷终化为鱼神的传说。《山海经·西次三经》载:"丹水出焉,西流于稷泽。"③ 在《淮南子·地形训》载:"后稷垅在建木西,其人死复苏,其半鱼在其间。"乃谓后稷死后复又苏醒,身子的一半化作了鱼,也就是后稷死后返祖为鱼的意思。《山海经·西次三经》又载:"西望大泽,后稷所潜也。"④ 此以后稷终化之处所称成潜。潜,可解作鱼止息的处所。尤其值得注意的是,在《诗经·周颂·臣工之什》中,周宗庙祭祀祖先的乐歌就以"潜"为这首诗的题目,而且该诗又是专祭鱼于周宗庙的,这也许不是无缘无故的。兹录《潜》诗于下:"猗与漆沮,潜有多鱼。有鳣有鲔,鲦鲿鰋鲤,以享以祀,以介景福。"诗的意思是在漆水与沮水中止息着许多种类的鱼,乃祭鱼供礼先祖,来求得宏福。或解释为鱼类(即宗祖)乃享受着祭祀,而由此能求得宏福。如再对照《诗经·大雅·文王之什》中以"绵"为题的诗篇,在周宗庙祭鱼也许还有特定的寓意。兹录《绵》诗的第一节:"绵绵瓜瓞,民之初生,自土沮漆。古公亶父,陶复陶穴,未有家室。"乃比喻周族像瓜瓞繁衍不绝,起始发生于沮水漆水,并且赞颂周先祖亶父创业的功绩。将《绵》《潜》两诗对照,在《潜》诗的开头就赞叹着漆水与沮水,也是在追溯周族的发源地,崇仰周族开创的业迹。可是漆水与沮水会合于耀县附近,离周王都镐京有较长的距离。如果仅是一般地祭鱼于祖,何必要特意地拉扯到漆、沮水呢?又何必排家谱式地列出止息在漆、沮水中的各种鱼呢?笔者认为《潜》诗不是简单地祭鱼于祖,或有更深的含义,乃是缅述周族源起于漆沮流域一带,居住着以鱼类水族为图腾的周部族,而又分作不同种类的鱼氏族,其中有鳣、鲔、鲦、鲿、鰋、鲤等,从排列来看,尤以鳣氏族为尊。鳣从鱼和从

---

①　郑玄注:姬氏,周姓。……历建星及牵牛,皆水宿,言得水类也。

②　郑玄注:凭,依也。言天鼋乃皇姬家之所凭依也。非但合于水木相承而已,又我实出于水家,周道起于大王,故本于大姜也。

③　郭璞注:后稷神所凭,因名云。

④　郭璞注:后稷生而灵智,及其终化,形遁此泽,而为之神。

亶。那么与亶父为周部族的首领是同义的，鱼和亶是鳣共同体的两个方面。而周宗庙与"潜"亦是同义的，周宗庙即作为周族始祖的鱼类水族神止息的地方。在《诗经》中还有两首诗，也是以鱼与周王朝比兴。《周南·汝坟》这首诗的背景是西周末年，犬戎攻破周王都镐京。诗的第三节全文是："鲂鱼赪尾，王室如毁。虽则如毁，父母孔迩。"以鱼尾似火烧来托比周王室如毁。又如《小雅·鱼藻》："鱼在在藻，有颁其首。王在在镐，岂乐饮酒。鱼在在藻，有莘甚尾。王在在镐，饮酒乐岂。鱼在在藻，依于其蒲。王在在镐，有那其居。"乃以鱼的头大、尾长和安居，来寓喻周王的康乐。因此，从以上这些古籍中关于周族起源的记载和传说来看，至少可以说，周族的始祖是与鱼类水族神有密切的关系。

当然从半坡类型文化的部族以鱼类为图腾神，发展到周王朝祭鱼于先祖，经过了三千年之久的演变过程，两者指意是不尽相同的，但尤能看出居住在泾渭流域的古代部族对鱼类水族有特殊的感情，其中的一些鱼类是作为始祖神来崇敬的。半坡类型文化彩陶图案的鱼纹能大致分出不同的品种。如半坡类型文化一期的彩陶大盆内的鱼的单独纹样，鱼嘴上有短须，应属鲤类。上面引用的《潜》诗中，有鲤、有鳣。郑玄笺云："鳣，大鲤也。"所以这种鲤鱼纹，亦可看作鳣鱼类。半坡类型文化二期彩陶上有一种常见的鱼纹，鱼的体形狭长，头微尖，尾鳍叉开，这些特点与鲦鱼相似。在临潼姜寨、西安半坡出土的半坡类型文化一期的彩陶大盆中，有似蛙而又似鼋的单独纹样，现解作蛙纹，则应为鼋纹。《尔雅》："在水者鼋。"[①] 殷周青铜器上的族徽，天鼋的纹样下部的鼋与彩陶上的鼋纹近似，天鼋有解作周族的族徽，因此颇值得注意。

宝鸡北首岭出土的半坡类型文化彩陶壶上，有鸟含龟图案，其鱼纹的造型与鲔鱼十分相似，口在颌下，头两侧有崛起之硬鳍，尾鳍与腹鳍相连，为鲔鱼的特点。《潜》诗中有鲔，这件彩陶上的鱼纹当为鲔纹。令人惊异的是，半坡类型文化彩陶上的鲔纹，却与山西襄汾陶寺出土的中原龙山文化的彩绘陶盘中的龙纹相似，陶寺龙山文化的龙纹，实际上是处于由鱼纹向龙纹演变的中介。而在安阳殷代妇好墓中的铜盘上的龙纹已臻于成熟，与陶寺彩绘陶龙纹、北首岭彩陶鱼纹相

---

① 耿鼋也，似青蛙，大腹，一名土鸭。

对照，显系有一脉相承的关系，表现出鱼龙变化的发展过程。

关于夏文化的起源说法不一，其中一说认为夏族是由西北迁入山西南部的。此说过去被忽视，但有一定道理。夏族先祖鲧和禹在传说中都是出于水族，而且是发源于西北的。鲧从鱼，乃以鱼类水族为始祖。《国语·晋语八》："昔者鲧违帝命，殛之于羽山，化为黄能，以入于羽渊。"能亦作熊，束皙《发蒙记》云："鳖三足曰熊。"是谓鲧死化作三足鳖，沉于羽渊。《山海经·海内经》曰："黄帝生骆明，骆明生白马，白马是为鲧。"《古今注·鱼虫第五》指出："兖州人呼赤鱼为赤骥，谓青鲤为青马，黑鲤为元驹，白鲤为白骐。"鲤与马的指意可以转借，白马即白鲤也。《拾遗记·夏禹》载："鲧自沉于羽渊，化为玄鱼。……鲧字或鱼边玄也。"以上皆可云鲧出自鱼类水族。《楚辞·天问》曰："伯鲧腹禹。"[①]上文言及腹字通孚，意指鲧鱼卵生孚化出禹。《山海经·海内经》注引《归藏·启筮篇》："鲧死，三岁不腐，剖之以吴刀，化为黄龙。"又注引末句作"是用出禹"。《淮南子·泰族训》："夫蛟龙伏寝于渊，而卵剖于陵。"陵为陵门简称，即凌门，亦为龙门。由此鲧生禹，乃鱼生龙于龙门，其意明矣。又据《史记·六国年表》："禹兴于西羌。"《吴越春秋·越王无余外传》："鲧娶于有莘之女，名曰女嬉……产高密（禹），家于西羌，曰石纽。"按此鲧、禹皆属古羌集团，发源于西北。由渭河流域的半坡类型文化的彩陶鱼纹，演变为山西南部的中原龙山文化的彩绘陶上的鱼龙纹，再发展成商代的蟠龙纹。不仅显示出由鱼纹发展为蟠龙纹的过程，而且可以看出古羌集团的一支，自陕西越龙门而至晋南，成为夏集团的重要一支，而晋南一带的夏文化正是由鱼纹演变为龙纹的时期，也是产生蟠龙纹的中心区。

庙底沟类型文化彩陶以鸟纹为主要花纹之一。临汝闫村出土的庙底沟类型晚期彩陶缸上的"鹳鸟含鱼图"，其鹳鸟纹大多数同仁都认为是氏族的图腾神，则从之。既然鹳鸟不是自然中的鸟，而鹳鸟含鱼，亦不能一般地理解作鸟吃鱼。亦如半坡类型文化彩陶上的鱼含鸟纹，不能理解作鱼吃鸟的意思。鹳鸟含鱼或应理解作以鹳鸟氏族为主体而融有鱼氏族。

以鹳鸟为图腾的氏族，在古籍中多有记载。今从朱芳圃、郑杰祥等同志的看

---

① 从闻一多校改本。

法，鹳鸟即驩兜、驩头、驩朱、丹朱，兹不多叙。驩头族与鲧有密切关系。《山海经·大荒南经》曰："大荒之中，有人名曰驩头。鲧妻士敬，士敬子曰炎融，生驩头。驩头人面鸟喙，有翼，食海中鱼，杖翼而行。维宜芑苣、穋杨是食。有驩头之国。"驩兜族可能为夏族的旁支，而反映在图腾艺术中则为鹳鸟含鱼的形象。

洛阳地区的庙底沟类型文化，还有变体的鸟首鱼身的彩陶花纹，是亦鸟亦鱼的双关纹。鱼禽变化的神话在古籍中屡见。如《山海经·西次四经》："滥水出于其西，西流注于汉水。多鳖鲐之鱼，其状如复铫，鸟首而鱼翼鱼尾。"彩陶上的鱼鸟双关纹，亦应是分别以鱼和鸟为图腾的邻近部族相互交融的反映。

石岭下类型彩陶上的鲵鱼纹，亦属图腾纹样。于古籍中鲵鱼又称儿鱼、鲐鱼、鳍鱼。《山海经·海外西经》："龙鱼陵居在其北，状如狸。"[①]《山海经·北次三经》："决决之水出焉，而东流注于河，其中多人鱼，其状如鳍鱼，四足，其音如婴儿。"由于鲵鱼与人相似而奇，其典故多，兹不列举。

马家窑类型文化彩陶上的人面鱼身纹，主要发现在洮河流域一带。而《山海经·大荒西经》载："有氐人之国，人面鱼身。"《山海经·海内南经》又载："氐人国，在建木西，其为人，人面而鱼身，无足。"氐族主要分布在白水江、洮河流域一带，因此马家窑类型文化彩陶的人面鱼身纹应与古氐族的图腾始祖有关，

结　语

新石器时代彩陶上的鱼类纹分布于黄河中上游地区。距今 6000 年左右的半坡类型文化，是彩陶上最早出现鱼类纹的古文化，也是以彩陶鱼类纹为特征的古文化。半坡类型文化彩陶的鱼类纹主要分布在泾渭流域一带，这一地区的古代部族中的各氏族是以各种鱼类纹为氏族图腾的。半坡类型文化是以陇山为中心的，陇山即是《山海经》中的龙首山，是古羌集团早期居住的地区，半坡类型文化应是古羌集团的较早的文化。

①　郭璞注：或曰龙鱼似狸，一角。一曰鰕，音退。毕沅曰：一作如鰕，言状如鲵鱼，有四脚也。《尔雅》云：鲵大者谓之鰕。

分布于陕、晋、豫邻境地区的庙底沟类型文化，彩陶图案以鸟纹为主要花纹。陇山以东的半坡类型文化，与庙底沟类型文化相邻，在华山一带成为这两种文化的交叉地区。由于庙底沟类型文化出现彩陶图案的年代相对较晚，因而关中平原的半坡类型文化最早出现了鱼含鸟的彩陶图案花纹。而陇山以西的半坡类型文化，向陇东高原发展，受周围文化影响较小，发展较慢，较多地保留了传统的习俗和工艺，彩陶上的鱼纹图案自始至终地延续着，清楚地展现出鱼纹由写实演变为写意的发展过程。庙底沟类型文化的鸟纹传到这一地区较晚，已是变体鸟纹衍生出的几何形花纹。在半坡类型文化晚期，陇山两侧文化面貌的差异性愈来愈大，俨然是由一个部族分成的两个胞族。陇山东侧的半坡类型文化，可能发展为先周文化等古文化，而陇山西侧的另一支半坡类型文化，则可能发展为先羌文化等古文化。

庙底沟类型文化只是在偏晚阶段的彩陶上才出现了变体鱼类纹，或是鸟和鱼结合的花纹，或是鸟纹为主体，而鱼纹为附属花纹，并且鱼纹的数量很少。说明了在庙底沟类型文化彩陶上出现鱼纹，是受半坡类型文化影响的结果。鱼纹由半坡类型文化源起，而向东传播，给予庙底沟类型文化的西部地区以影响。而庙底沟类型文化对半坡类型文化的影响更大，庙底沟彩陶的鸟纹，由半坡类型文化分布的东部逐渐地向西传播，以至达到半坡类型文化整个分布的地区，几乎反客为主，有取代鱼纹之势。这说明了庙底沟类型文化在晚期的影响非常强烈，融合了半坡类型文化等周围地区的文化，并对周围和更远的地区又予以强烈的影响。

由半坡类型彩陶中的一种鱼纹发展为中原龙山文化的鱼龙纹，反映出古羌集团的一个支系，逾黄河龙门一带，而进入晋西南，并吸收融合其他部族的文化，成为夏文化的一个重要源头。

马家窑类型文化彩陶上的人面鱼身纹，与半坡类型文化的人面鱼身纹显然有密切的联系，从中反映出西区的半坡类型文化，发展到晚期时派生出马家窑类型文化，而马家窑类型文化则可能是早期氏族的文化，是从早期羌族分化出来的一支。

概而言之，黄河中游彩陶上的鱼类纹图案，源起于泾渭流域一带，以后彩陶鱼类纹的中心区逐渐西移，在甘青地区延续时间较长。无论从纵和横的关系看，鱼类纹的发展过程，与古羌集团的发展过程是相应符合的。

因此，黄河中游彩陶上的鱼类纹是古羌集团的一个重要的文化标志，而且鱼类纹是早期古羌集团中的一些主要氏族的图腾纹样，被视作始祖神。

随着社会的发展，彩陶鱼类纹图案由单纯变为多样，出现了许多变体花纹与鱼类纹相复合的题材，还演变出新种类的图案花纹。这些变体的鱼类纹的含义也变得复杂。黄河中游彩陶鱼类纹的发展过程，反映出古羌集团的各部族氏族之间和古羌集团与其周围各部落、各部族之间的相互关系，或彼此影响，或复合交融，或分化衍变，或传播发展，或流动迁徙，展现着黄河中上游地区在进入阶级社会的前夜的绚丽多彩而又丰富复杂的历史进程。因此，黄河中上游彩陶鱼类纹对于研究古羌集团和华夏集团的形成、分合和发展，是一个重要的方面。

半山和马厂彩陶上的神人纹

在原始社会，文字尚未完善和成熟。由于图画纹样的直观性强，因而在当时具有标志宣示、装饰美化、表达感情等作用，所以纹样学对于研究原始社会的美术有着重要的意义，我们借此可以追索纹样艺术在萌起时期的前进印记。一个民族具有代表性的花纹，反映着这个民族在特定生产条件下长期形成的审美感和文化特征，是族文化的标志性的表现。

中国自古是一个多民族聚居的国家，在原始社会，氏族和部族更为繁多，它们各自有着代表族文化的标志性花纹。这类纹样不仅具有氏族徽纹的性质，而且对于维系氏族组织，产生着不可低估的精神作用。这类纹样分别饰于人体、木器、石器、骨器和陶器上，但是至今只有陶器上的标志性纹样被大量地保存下来，并且绝大部分是在彩陶上绘制的花纹。

距今4000年左右的半山和马厂类型，主要分布在甘肃中部和青海东北部。半山、马厂类型是以彩陶为特征的，其中心区域的彩陶花纹是一脉相承地发展的，是中国彩陶艺术的高峰。半山、马厂类型的彩陶花纹以几何形纹样为主，仿生性的花纹以神人纹最引人注目，并贯穿于半山和马厂类型的始终，是具有特征的花纹。神人纹还称作蛙纹，是因马厂类型中期彩陶上的神人纹的上肢多作两节折曲，而下肢多作三节折曲，与蛙的上、下肢的折曲形态相似，由此被称为蛙纹。然而，从神人纹发展的全过程来看，以蛙作这种花纹的命名是不全面的，因为只是马厂中期这一阶段的彩陶上的神人纹与蛙有相似之处，如从整体上观察比较，神人纹与蛙的基本特征并不相同。只局部地看，孤立地望文生义，是不能确知原始社会图案纹样的含义的。

对于古代纹样的研究，光凭直觉而进行臆断是不行的，须有经得起检验的科学性，将社会科学和自然科学结合起来研究。我觉得对原始社会图案纹样的研究应注意以下几点原则。一是被研究的纹样要具有代表性，要有较长的延续时间，尤其要注意贯穿于文化类型发展始终的图案纹样。二要以考古分期作为研究纹样演变的依据。彩陶的纹样是装饰于陶器上的，工艺技术的提高和实用要求的增进，是陶器器形不断演变的主要原因，因此陶器的类型和样式是古文化分期的重要标尺。然而，彩陶的花纹与直接的物质生产的关系较小，而与产生花纹的观念相关。因此，当彩陶的器形发生改变时，原先的纹样却在较长时间内继续延用着，也会和后来发展出来的纹样相共存。所以在研究花纹的发展过程时，首先要看考古分期（主要以考古地层关系为依据），再看器形的演变，然后才能判明成系列的花纹在不同时期的不同的典型样式。三是研究花纹演变不仅要看纵向的发展关系，而且要顾及横向的派生关系，须充分考虑到花纹演变过程的纵横交叉的复杂性。

半山、马厂彩陶上的神人纹相延发展了五六百年，对纹样系统地进行考察和研究提供了良好的条件。在早于半山类型的马家窑类型的彩陶花纹中，有身子为圆形的鳖形纹，过去亦称作蛙纹。从鳖形纹的囊状尾部判断，这是甘肃东南部特产的团鱼。有的考古学家曾认为是由马家窑彩陶上的所谓的蛙纹发展为马厂彩陶上的"蛙纹"，实际上两者各有自己的形态特点，相互间也看不出有连贯发展的关系，因此，半山和马厂彩陶上的神人纹并不是源自马家窑彩陶上的所谓的蛙纹。

第一阶段是神人纹的萌生期，年代为半山类型的早、中期。这时期的神人纹多画在壶上，常以单独纹样画在壶上腹两面的中间。风格写实，接近于人的真实形象，神人的双手向上斜伸，双腿叉立，身体作条状，并且由两腿间向下延伸到地。头部的描绘不具体，为小圆形，有的圆中有小圆点。神人纹的头与身子的比例与真人是相近的（图1）。在半山早期的一件彩陶钵内，还绘着形象特殊的神人纹，只有骨骼，四肢的上节平伸而下节垂下，四肢各有三、四、五个不等的指，肋骨平张，身子超过两脚中间，犹似尾椎，头部亦简略地呈圆形。

从早期的神人纹的这些样式来看，和蛙的形态相距甚远。蛙身的造型通常用圆形或三角形来表现，可是神人纹的身子却作条状。蛙无尾，而神人纹的身子向

图 1　半山早期

图 2　半山中期

图 3　半山中期

图 4　半山晚期

图 5　半山晚期

图 6　马厂早期

下延展伸长。蛙无颈，头和身子无明显的分界，神人纹的头和身子的分界明显。因此，早期的写实的神人纹与蛙的基本特征不同，若以蛙纹来命名是不妥的。

这一阶段稍晚的半山中期的神人纹略有变化，有的下肢和上肢一样朝上弯曲。有的下肢和身子分开，在身子两侧作三节而折曲（图2）。彩陶壶上的神人纹，除了单独纹样，还有二方连续的样式，像神人围绕一圈排列，正环绕着携手起舞（图3）。

第二阶段是神人纹的成熟期，年代为半山类型晚期。这时期的人形纹的发展基本趋势是由简单变为复杂。上肢和下肢都向上折曲，并且在肢端长着爪指。作为头部的圆形变大，圆形中饰网状或网格纹，人形纹的形象显得充实而完备（图4）。这时还出现了神人纹的变体花纹，只用神人的上半部分来表现，头部变得更大，而省略了下肢（图5）。

第三阶段是神人纹的变体期，年代为马厂类型的早、中期，是神人纹发展最快、变化最多的阶段，神人纹也是马厂类型彩陶的主要花纹。半山类型的神人纹，是由两边黑锯齿带合镶一根红带而构成。马厂早期略有变化，由两边黑带镶连红带而构成，有浮凸的感觉。马厂中期的神人纹往往只以黑或褐色单彩的宽带构成，有的还以褐红色作底衬。

马厂早期的神人纹多画在壶腹两面的中央，以单独纹样为多。半山晚期的神人纹，在向上折曲的下肢与两侧圆圈纹之间留有较多的空隙，产生欠缺和不完整的感觉。而马厂早期的神人单独纹样，则将下肢与两侧圆圈之间的空隙予以填补，下肢由两节延伸为三节，原先的爪指在下肢第二节的顶端处，由于增加了第三节，则在第二、三节的关节转折处。圆形头部变得更大，填在其中的几何形纹饰的样式增多，有网格、小圈点等几何形纹饰（图6）。只有上半身的神人纹增多，有的也作携手环绕的二方连续花纹（图7）。这阶段的晚期，神人单独纹

图7 马厂早期

样的头部愈来愈大,却向另一极端发展,头部消失,只余身子和四肢(图8)。当时陶器置于地上,人们看彩陶时多取俯视的角度,在俯视时,壶口与神人纹的头部重叠在一起,因此可能是以陶器的口部来代替神人纹的头部。

这时期的彩陶钵、盆内的神人纹的变体样式也很多,还各自以不同形式成系列地发展,早期的神人变体纹样,是以单独纹样适合地满布于圆形钵盆内,头部消失,身体由盆中央对半穿过,上、下肢的顶端和折曲的关节处都长着爪指(图9-1)。后来演变成上肢和下肢都朝内相向折曲(图9-2,图9-3)。又由两个左右对称的上肢和下肢相向的变体神人纹垂直相交而复合成四面对称的十字形变体神人纹,在十字四端的左右各有一肢,肢端各有五个以上的数目不等的爪指(图9-4)。继而将十字形变体神人纹四端的同向一侧的肢指减去,成为作"卍"或"卐"形的曲折状肢指纹(图9-5)。后来,这种曲折状肢指纹的爪指减少,趋于简化,成为标志性的纹样。钵盆内的神人纹还有一种发展样式,最初,神人纹的身体也是从盆内中央对半地穿过,由身体两端各延伸出一肢,在关节转折处和肢端都长着五指(图9-6)。后来两端的肢节作弧形的折曲,仅在肢端留有爪指(图9-7)。继而两边弯曲的肢节延长,作螺旋式盘曲的圈数增多,而肢端的爪指也减少和简化(图9-8)。最后演变成"∽"形的螺旋纹,成为抽象的几何形纹样(图9-9)。

这时期的神人纹,另有一种特殊的变体形式,只以局部的肢节爪指来表现,有的作双掌上下展开;有的作弯成两节的折肢,在肢的两端和关节转折处都长着爪指;也有肢体作涡旋形,在两端长着爪指(图10)。

这些各式各样的变体人形纹,并不是新的变体样式一出现就代替和淘汰了旧样式,而是旧和新的样式在很长一段时间内共存着。兹以青海省乐都县柳湾第564号墓出土的彩陶为例,该墓属于马厂中期,共出土陶器91件,是柳湾墓葬中出土陶器最多的一座,彩陶占80余件,其中绘神人变体花纹的占15件,还呈现出从具象到抽象的演变系列。第一式的神人变体纹比较具象,无头,左右上肢各为两节,下肢增多,在折曲的关节处都长着爪指(图11-1)。从第二式起,纹样不断地变形和简化,先将上肢的爪指减略。第三式又将上下肢的爪指全减去。第四式则将中间的身子减去,成为上下两排折曲纹。第五式由上排的一个三角折

图 8　马厂中期　　　　　　图 9　马厂早、中期彩陶盆内彩纹

曲纹和下排两列连续的三角折曲纹构成抽象的几何形纹样（图11，2-5）。因此，这墓中彩陶上的神人变体纹样，或繁、或简，或具象、或抽象，都是示意地表现神人的形象，区别只是表现的样式不同而已。第三阶段的神人纹以多种样式的变体纹样为特点，变体的主要形式是减形，不断减形的结果是造成神人纹的解体，以局部的形象来表示整体的形象，这导致了最后简化成抽象的几何形纹样。

第四阶段是神人纹的衰退期，年代为马厂类型的晚期。马厂晚期彩陶已趋衰落，陶器制作粗糙，彩绘花纹也简率。这阶段的神人纹大多为简化后的几何形花纹，以三角折线纹和简化的肢节爪指纹为主。有的为复道三角折线纹，在转折处长有爪指；有的为上下相错的长有爪指的折肢或直肢纹；有的为不定形的折肢纹，

图 10　马厂中期

图 11　青海乐都柳湾第 564 号墓出土的彩陶

在折肢的两端都长着爪指；有的是在十字形或卍形的四端长着爪指（图12）。最后还演变成卍形、复道折线纹等标志性的纹样。马厂晚期的这些由神人纹演绎而出的几何形花纹，形象简约，不再具体地刻画神人的形象，而是用当时本部族的人们都能意会的简明的纹样作象征性的表现，神人纹已不能以具体生动的艺术形象使人感奋，这些示意的符号失去了艺术生命力，神人纹由写实、变形、解体而逐渐衰落。

虽然早期神人纹已出现了少量的变体纹样，但从总体来看，半山和马厂类型彩陶上的神人纹的发展过程是从具象到意象、又成为抽象的纹样。那么神人纹逐渐由具象演变为抽象的原因何在呢？这需要研究当时部族人们心目中对神人的观念。彩陶上的神人纹表现的不是生活中真实的人，也不是表现某一个具体的人，而是具有神力的超人，是氏族全体成员共同崇奉的氏族神，是理想中的神人，这种神人是概念的，除了某些特征外，其余部分没有固定的具体形象，即使对具有特征的形象，也是可以任意增减和变化的。但是，神人纹是基于人的基本形态，因此仍和人的形象保持着一定的联系，并且又夸张和突出了不同于常人的形象特

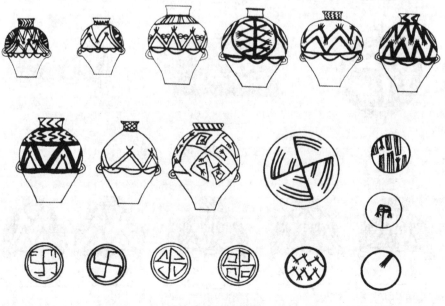

图12　马厂晚期

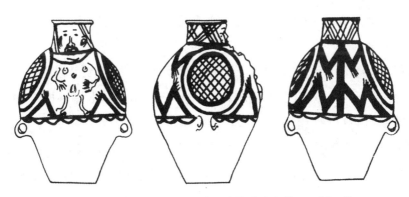

图 13　青海乐都柳湾出土的裸体人像的彩陶壶的正、侧、背面

征。青海乐都柳湾马厂类型遗址出土的一件珍贵的在腹部塑有裸体人像的彩陶
壶，笔者曾细心地观察和摹绘过这件作品的原件，人像的鼻、耳、乳头、四肢和
生殖器用泥条堆塑而成，又用黑色宽带或线条绘出脑后和两侧交叉的披发、嘴周
围的胡须和手指。从人像的胡须和突出的生殖器特征来看，是具有男性的特点。
人像虽有乳头，但乳房并不丰满。原始社会的女性裸像通常夸张乳房和臀部等女
性的特征，如辽宁凌源县等地出土的红山文化女性裸像就是如此，也可反证柳湾
彩陶上的裸体人像应是男性。特有意味的是在人像的腿的两侧，有用黑色绘成
的带有爪指的折肢纹。与裸体人像位置相对应的壶的另一侧，还绘着变体神人纹
（图 13）。这表明了浮雕裸体人像与彩绘神人纹是同一体的不同形式的表现，神
人纹是人的神化，已经超越了动物图腾的发展阶段，作为男性的氏族神，含有祖
先崇拜的意思。

　　半山、马厂彩陶上的神人纹还有一个令人注目的特点，即神人纹从早到晚的
各时期中，在许多神人纹的单独纹样的上方和身旁，都绘着散点状的种子或果实
类的纹样。如将神人纹的双腿叉立、两手举伸的动作联系在一起来看，神人的姿
态似在投掷果实或播种谷物。神人纹的变形着重夸张了神人的节肢和爪指，正是
为了突出神人投撒果实种子的重要特征。因此神人不仅是氏族的祖先神，而且还
担负着司营农业的职责，也是主宰农业的农神。半山、马厂类型的农业发展较快，
人和自然的相互关系发生了变化，人的地位提高了，由被动逐渐转为主动，以播
种为特征的父性农神纹的出现，正是农业昌盛的反映。

在古籍《山海经》中，保留了一些西北地区关于农神的原始传说。如《山海经·大荒西经》载："有西周之国，姬姓，食谷。有人方耕，名曰叔均。帝俊生后稷，稷降以百谷。稷之弟曰台玺，生叔均。叔均是代其父及稷播百谷，始作耕。"后稷、叔均都是擅于播谷的农神。《山海经》中还有长臂善投的人格化的神兽的传说，在《西山经》载："有兽焉，其状如禺而长臂，善投，其名曰嚣。"郭璞注："亦在畏兽画中，似猕猴投掷也。"郝懿行云："嚣、夔声相近。"《说文》云："夔，母猴，似人。"半山、马厂类型彩陶上的神人纹，是用艺术形象表现出的农神。

特定的经济条件和社会生活，产生了特定的审美观念和艺术样式。每一种能长期流传的纹样，其产生和衰亡都有深刻的历史背景和社会原因。半山、马厂彩陶上的具有农神性质的神人纹，是氏族社会趋于解体时期的产物。神人纹不是表现氏族中的某个具体的人，而是表现作为代表氏族共同体的象征性的人，所以在表现神人纹时，并不受生活中的真实形象的限制，尽管描绘神人纹时始终突出了神人的基本特征，但又产生了非常丰富的变体格式，概念的神人是用各式各样的具体的形象表现出来的，反映了氏族社会晚期的人们已能真实地去想象。在当时，具象与抽象的表现不存在截然的鸿沟，神人纹的漫长复杂而丰富多彩的发展过程，提供了从具象纹样演变为抽象纹样的成系列的形象资料，也表明了作为氏族共同体的表象的花纹，在历史进程中不是一成不变的，而是随着氏族文化的盛衰而变化的。

彩陶艺术三题

人面鱼纹新解

中国新石器时代的彩陶纹样，由于年代久远，许多纹样的真正含义已不可考。半坡类型彩陶图案中的人面与鱼的复合纹样，图形奇特，结构诡异，寓意深奥，令人费解，故而产生了对人面与鱼的复合纹样含义的多种诠释。

半坡类型彩陶的人面与鱼的复合纹样有多种样式，常见的一种是以人面为主体，有的在人面嘴部的两侧画相向的小鱼；有的在人面额头的两侧画出弯线，或画一对小鱼，人面的上方多画鱼身形纹（图1-1，图1-2）。这类以人面为主体的与鱼的复合纹样大多饰于彩陶盆内，常为四个人面与鱼的复合纹样，两两相对地饰于盆内壁（图2）。仅有一例显得不同，人面与鱼的复合纹样饰于彩陶盆的腹部外侧，四个人面与鱼的复合纹样，等距在盆腹排列成一圈，但人面的顶部已接近盆沿，所以人面上方没有再画鱼身形纹的余地，只是在人面的顶部画横束发笄的头髻（图1-3），这表明了复合纹中的圆脸是人面，头上有隆起的圆形发髻。

1　　　　　2　　　　　3　　　　　4

图1　半坡类型彩陶人面与鱼复合纹样

从什么角度去解读人面与鱼的复合纹样呢？这里存在着古代氏族人们的视觉习惯，视觉序列是否和现代人相同的问题。由于古汉语的书写序列是自上而下、自右向左的，经过两千多年，这种书写序列使人们形成特定的视觉习惯，因此将人面上方的纹样不看成鱼身纹，而认成帽子的图纹，也合乎现在的视觉习惯。在西安半坡遗址出土过一件绘有横列人面鱼身纹的彩陶残片，虽然图像组合奇特，但横向的鱼的游姿合乎我们的视觉习惯。可是我们发现半坡类型的彩陶纹样中，鱼头朝下和鱼身在上的鱼纹仍不乏其例。临潼姜寨出土的人面、鸟、鱼纹葫芦瓶的腹部，一侧绘着头朝下方的鱼纹。临潼出土的另一件彩陶葫芦瓶，其主题纹样是头朝下的人面鱼身纹，人画作龇牙咧嘴状，神态威猛，人面两侧各有一长鳍，鱼身和人面紧密地联成一体，鱼身上有波状鳞甲（图3）。另一件半坡类型彩陶盆内，绘有两两相对的头朝下的鱼身纹，额头和嘴部染黑，兼有人面和鱼面的特征。面部两侧绘着带芒的鳍，三角形的鱼身周缘也长着芒刺（图4）。这一样式的人面鱼纹应是人面与鱼的复合纹样的雏形，又发展为人面下部两侧增画一对鱼，也有将人面鱼身纹的前鳍改为延伸而出的一对鱼纹，应是有以人面鱼纹为主体而聚集繁衍鱼裔的含义，与临潼出土的彩陶葫芦瓶上头朝下的人面鱼纹和两侧的鱼

图2　半坡类型彩陶人面鱼身纹

图3　半坡类型人面鱼身纹葫芦瓶

图4 半坡类型彩陶盆人面与鱼复合纹　　　　图5 半坡类型彩陶盆人面鱼身纹

纹并列在一起是同样的意思。于是我们可以排出头朝下方的人面鱼身纹的演变系列，可以看出这类人面鱼身纹中的鱼身部分逐渐变小和简略，人面相对显得较大，成为主体，形成鱼身简化、人面突出、小鱼潜聚的人面鱼身纹（图5）。

　　对于半坡类型人面和鱼的复合纹样的含义虽有多种诠释，其中主要的看法有两种：一是图腾说，二是巫术说。在氏族社会晚期，图腾与巫术并不是对立的，有些原始部落既崇尚图腾，又迷信巫术。只是巫术沿用的时间比较长，分布的地域比较广泛。图腾崇拜的盛行约在原始社会晚期，黄河中上游和东部沿海地区的新石器时代文化的器物上已有图腾崇拜的反映。黄河中上游的图腾艺术形象，主要为鱼类、两栖动物类和爬行动物类。东部沿海地区的图腾艺术形象主要是鸟类。半坡类型彩陶的人面鱼身纹，被一些学者认为是鱼图腾的艺术表现，但这种看法有其难解之处。主要症结在于作为图腾的动物通常被禁忌食用和猎捕，氏族人们以某类动物、植物或无生命物认作氏族的图腾，并认为与氏族图腾有血缘关系，因此在一些原始部落中，通常禁杀和禁食作为氏族图腾的动物。西安半坡遗址出土的带倒钩的鱼叉、鱼钩和石网坠，表明当时有捕鱼的生产活动，因此，半坡类型彩陶上的人面和鱼的复合纹样是否是鱼图腾也就有了疑问。其实问题并不简单，还需作具体分析。同属半坡类型的遗址，渭河下游的半坡类型遗址中发现有较多的捕鱼工具，渭河上游的半坡类型遗址却很少发现捕鱼工具。笔者参加发掘的甘肃秦安大地湾遗址，共清理仰韶文化房址二百多座，其中半坡类型的房址约占三分之一，在出土的遗物中未发现明确的捕鱼工具。然而，在大地湾半坡类型彩陶上的花纹却以鱼类纹为主，并且有鱼类纹从早期到晚期的完整发展系列，表明这里的氏族人们虽不捕鱼，却是以鱼类纹作为氏族的标志性纹样的。那么，如何解释西安一带的半坡类型遗址中，既发现捕鱼工具，又在彩陶上绘制人面和鱼复合纹样的现象呢？西方学者威廉·冯特在《民族心理学的要素》中指出："与禁食图腾动物的信念并行不悖的一个相反现象只有在某种特殊的场合下，食用图腾动物反倒构成了一种特殊的祭礼。"弗洛伊德在《图腾与禁忌》书中引述了学者罗勃逊·史密斯的观点，还提到他寻找了许多证据来证明献祭的动物和图腾动物是相同的东西。

我们在《诗经》中寻找献祭图腾动物的线索，《潜》是《诗经·周颂·臣工之什》中的一篇，是周王专用鱼祭祀宗庙时所唱的乐歌，全文为："猗与漆沮，潜有多鱼。有鳣有鲔，鲦鲿鰋鲤，以享以祀，以介景福。"意思是在西周的漆水与沮水中潜息着许多种类的鱼，祭礼中以鱼供先祖，以求宏福。如果从图腾祭礼的角度去理解这篇诗，可以解读为周族起源于漆沮流域一带，那里居住着以鱼类水族为图腾的周部族，而部族又分作不同种类的鱼氏族。周宗庙与"潜"是同义的，是作为周族始祖的鱼类神潜息的场所，献祭的鱼和鱼类图腾是相同的东西。半坡等遗址出土的奇特的人面鱼身和鱼的复合图像，可能是鱼图腾祭礼的标志性图纹，人面鱼身纹是作为主体的鱼图腾，人面嘴两侧相向的小鱼是供为鱼图腾的享祀。

神人与蛇共舞

王新村先生收藏了一件神人纹彩陶罐，在这件彩陶罐上塑有四条蛇，为笔者前所未见，觉得有很高的文化价值。浮雕四蛇的神人纹彩陶罐出土于甘肃会宁县，根据这件彩陶罐造型的特点来看，属于半山类型中期的器物，距今约4500年。在罐的腹部绘有四个等距排列的神人纹，神人的圆脸中绘着鼻、嘴状的纹样，形象近似人脸，与其他彩陶上神人纹面部饰几何形纹是不同的。在四个神人纹之间各绘有一条浮雕的蛇，作向上蜿蜒爬行状，蛇身的外侧绘着带状的锯齿纹。四个伸臂展腿的神人纹与四条曲折爬行的浮雕蛇纹相伴谐动，构成神人与蛇共舞的奇

妙图像（图6），显示出神人与
蛇之间互动的感应关系。

在半山类型彩陶中，出现
神人与蛇相结合的艺术造型并
非孤例。甘肃广河县半山遗址
曾出土一件人头形彩陶器盖，
器盖的人头上耸立一对短角，
自脑后至头顶有一条浮雕的蛇
纹，像一根挂在脑后的发辫。
此外，在甘青地区齐家文化的
陶器上也饰有蛇形雕塑，甘肃

图6　半山类型浮雕四蛇神人纹彩陶罐

省博物馆藏有一件齐家坪出土的浮雕蛇纹红陶罐，蛇身有甲状纹，蛇腹下有一爪，
显示出这不是普通的蛇，而有着亦蛇亦龙、蛇龙变化的意思。

传说在远古时期，有几位在西北所出的大人物与蛇有亲密的关系。夏禹据说
是"兴于西羌"，夏禹的禹字字形就是一条头上长角的虫（蛇又称作长虫），闻一
多先生在《神话与诗》一书中认为禹就是蛇名，还认为"我国古代所谓'禹步'
的一种独脚跳舞，本是仿效蛇跳"。并且进一步指出"禹的后裔多属龙族"。《山
海经·大荒西经》中说禹的儿子夏后氏"珥两青蛇，乘两龙"。《列子·黄帝篇》
也说夏后氏是"蛇身人面"，从这些神话传说中可看出夏族的图腾由蛇及龙的
变化。

另两位神话传说中的大人物是伏羲和女娲。晋朝皇甫谧在《帝王世纪》中
提到"生伏羲于成纪"，成纪在今天的秦安县，因此伏羲被认为始兴于甘肃东部。
有学者认为女娲也生于这一带，在秦安县陇城还存有女娲庙。传说中的伏羲、女
娲与蛇构成了共同体，许多古籍中描述他俩都是人首蛇躯。在长沙马王堆出土的
西汉初期的帛画上，就有人首蛇躯的女娲像。洛阳西汉"卜千秋"墓室壁画中，
绘有人首蛇躯的伏羲和女娲。我们从甘肃一带出土的浮雕四蛇的神人纹彩陶罐和
其他有神人与蛇相结合的图形上，可以看到人蛇谐一的艺术造型的原始形态。对
考证如何产生人蛇合一的始祖神的过程有所启迪，并且对神话中龙的形成问题，

重新启动了腾蛇为龙的想象。

神人纹之新意

马家窑文化彩陶装饰纹样中，神人纹是一种主要的象生性纹样，但对神人纹的含义和命名有很大的争议。神人纹最早的命名者是瑞典学者巴尔姆格伦，但之后一些专家学者又称其为蛙纹，主要根据的是马厂类型彩陶上神人纹的四肢像蛙肢而言。神人纹在马厂类型彩陶装饰纹样中的数量较多（图7），然而在马厂类型之前的马家窑类型和半山类型都有神人纹，而且大多采用具象的手法来表现，更容易看出神人纹的原型。从马家窑类型、半山和马厂类型完整的神人纹来看，有一些基本不变的特点：上肢和下肢差不多长，都向上举伸；身子是长条状，没有臀部，且身子越过骨盆而向下延伸，更像与身子相连的长尾；大多数神人纹的头部不画五官，在圆形的头部饰几何形纹样；蛙无颈。身子上小下大，呈三角形，并且无尾；一般图案中蛙纹的身子多作圆形或三角形，不用条形来表现；马家窑类型彩陶中的蛙纹身子为圆形，格外夸张地表现鼓凸的蛙眼。因此，将神人纹称为蛙纹是不妥的。

王新村先生的彩陶藏品中，有一件半山类型的绘有奇特神人纹的彩陶罐，神

图7　马厂类型神人纹彩陶壶

人纹头部为圆形，以圆点表示眼睛，鼻梁与嘴相连。身子为红色条带状，由下身直贯到底下，肋骨向两边翻开。上肢和下肢的长度差不多，都作向上举伸状（图8）。这种神人纹从脸部五官来看与人有相似之处，但与真实的人又颇为不同，应是人格化的动物纹，是人和动物合为一体的神人纹。

图8　半山类型神人纹彩陶罐

这种人格化的动物究竟属于哪类动物呢？如从形体特征来看，被人格化的动物与蜥蜴最类似，并且可以找出人与蜥蜴合体的纹饰发展轨迹。在河南陕县庙底沟、汝州市洪山庙的庙底沟类型遗址和甘肃永登县蒋家坪马家窑类型遗址出土的陶器上，均饰有浮雕的蜥蜴。甘肃东乡林家出土了绘有蜥蜴纹的马家窑类型彩陶片，甘肃秦安发现的马家窑类型人头形器口的彩陶瓶上也绘着简化的蜥蜴纹，意味着彩陶瓶的人头和蜥蜴纹是一个共同体的两个方面。肋骨向两边翻开的神人纹彩陶也不止一例，甘肃天水师赵村出土了一件有浮雕人面的马家窑类型彩陶罐，浮雕人面的身子以黑彩绘成，肋骨向两边展开。还有一例是甘肃广河瓦罐村出土的半山类型彩陶钵，钵中绘肋骨扩张的人形骨架纹，头部只以圆圈来表现，裆部之下延伸出下垂的尾状纹（图9）。这些有翻开肋骨的神人纹，身下有长尾，只要去掉肋骨就是蜥蜴的形态，人和蜥蜴的共同体构成了典型的神人纹。

我们还可以从心理学的角度，去探索某些纹样产生的因素。仰韶文化半坡类型彩陶象生性纹样中，主要崇

图9　半山类型神人纹彩陶钵

尚的是鱼类纹样。在仰韶晚期的石岭下类型彩陶的象生性纹样中，主要崇尚的是两栖类的动物纹样。半山和马厂类型彩陶上的纹饰，崇尚的是爬行类动物的纹样。陕甘地区远古文化彩陶装饰纹样中的动物纹样，由鱼纹演变成水陆两栖动物纹，再演变成陆上爬行类动物纹。这个演变过程，与这些文化类型的居住方式从深地穴提升到半地穴、再提升到地面建筑的过程相一致。这也许是一种巧合。但在东部沿海地区，居住在架空的干栏式房屋的氏族，艺术造型崇尚的是鸟类动物。而在北方游牧民族的艺术造型中，推崇虎、鹰、马、犬、羊、骆驼等动物，也与他们的居住方式和经济生活有关，如果联系在一起看，就不会都是巧合了。因此，我们在讨论原始时期的装饰纹样的含义时，应结合当时当地的氏族生活环境去考虑，才会得出更妥切的结论。

甘青地区新石器时代陶塑

甘青地区是中国考古工作开展最早的地区之一。在 20 世纪 20 年代，这个地区就发现了大量的新石器时代的彩陶，其中还发现了几件彩绘人像陶塑。之后，甘青地区又陆续不断地出土了一些新石器时代的陶塑，从题材内容、艺术风格和表现技法来看，都具有独特的面貌，而且这一地区的陶塑产生的时间早，延续的时间又长，包括了距今 8000 年至 4000 年的整个新石器时代。这为研究黄河中、上游地区的雕塑萌起阶段的情况，提供了系统的资料，也是研究古羌集团人们风貌习俗的珍贵形象资料。

根据这一地区新石器时代陶塑的发展情况，可分作萌生、兴起、成熟、变异四个阶段阐释分述。

作风稚拙的萌生阶段

渭水流域是中国古文明的发源地之一，也是古羌集团的发祥地。位于渭水上游的甘肃省秦安县大地湾遗址，发现了距今 8000 年的文化遗存，在出土的新石器时代的陶器中，发现了一件陶塑。据发掘简报叙述，这件陶塑"形状似动物，为两侧突出的椭圆形，四面各穿一小孔，中间相通，足部为两片扁舌状，后端似尾，前端似头，已残缺"①。从此件陶塑的形状分析，其体部的上下作片状外突，

---

① 参见阎渭清:《甘肃秦安大地湾新石器时代早期遗存》,《文物》,1981 年第 4 期。

当是表现鱼鳍。四面有孔，中相通，可能为吹孔和音孔。西安半坡遗址出土的距今6000年的鱼形陶埙和玉门火烧沟遗址出土的3000多年前鱼形陶埙，其形制与这件陶塑都有相似之处。由此，疑为该陶塑应为鱼形陶埙。鱼不能发出声音，将发声的陶埙做成鱼形，则是氏族人们将心中尊崇的鱼类赋予神奇的功能。

秦安大地湾的这件陶塑的造型简朴，塑造粗略，缺乏对细节的刻画，明显带有原始稚拙的特点，但表明了后来在甘青地区发展起来的陶塑是源远流长的。

➣➣➤ 陶塑兴起的仰韶时期 ➤➣➢

在甘肃东部发现的距今五六千年间的仰韶时期的陶塑，以人像为主要题材，雕塑技术有了很大的提高，并初具艺术特色。

秦安县大地湾出土的人头形器口彩陶瓶，是仰韶中期陶塑的代表作品。瓶通高31.8厘米，口径4.5厘米。器口为圆雕人头，以贴塑和刻画的方法做出头上的披发和额前整齐的短发。眼、鼻孔和嘴都镂刻成空洞。鼻呈蒜头形，下巴略尖。两耳有垂系饰物的小穿孔。瓶腹两侧的环形耳已残。这件塑像大致地表现出了头部体面的区分和转折关系，五官的位置安排得准确恰当。人头和瓶身的比例近于1:7，和普通人的头与全身的比例相同，因此人头配置在椭长的瓶身上显得很妥帖。陶瓶腹部施着浅红色陶衣，上面绘黑色的由变体鸟纹演绎出的几何形花纹（图1）。这种寓有特定含义的花纹被饰于腹部，可能是氏族的标志性纹样。

图1　仰韶文化人头形器口彩陶瓶

在礼县高寺头出土的陶塑人头，应是陶器残存的顶部，残高12.5厘米。人像的造型饱满而敦厚。眼、鼻孔和嘴雕镂成孔洞。额前至脑后塑有半圈压着凹痕的细泥带，可能是表现串着装饰

图2　仰韶文化陶塑人头　　　　　图3　仰韶文化人头形器口红陶瓶

品的系带。两耳有系饰物的小穿孔（图2）。顶部的小孔仅有黄豆大，可看出这件塑有人头的陶器不是实用器物。

秦安县寺嘴村出土的人头形器口红陶瓶，高26厘米，口径6.5厘米。陶瓶以堆塑手法在额上做出一排短发。在呈圆孔状的眼外堆加一圈凸起的泥条，使眼睛格外引人注目。鼻呈微翘的三角体，无鼻孔。嘴亦雕镂成孔洞，两耳也有小穿孔（图3），瓶腹两侧有耳，已残。

天水市柴家坪出土的陶塑人面，也是陶器残存的局部，残高25.5厘米。陶塑表面施浅红色陶衣，在甘肃这是仰韶晚期才出现的作法，眼和嘴也雕成孔洞，耳垂上也有小穿孔（图4）。

图4　仰韶文化陶塑人面

陶塑人面的颧骨大而突出，眼角微上翘，脸型具有蒙古人种的特点。该陶塑已注意对细部的刻画，能精细地塑出眉楞、眼皮、眼睑、鼻翼和鼻准，还能区分出上唇薄而下唇微厚的特点，显示出造型能力的进步。

泾川县刘家沟出土的兽形红陶哨铃，为半胸像式，兽头的上部已残，残高 8 厘米。陶器尚存鼓出的双眼的下半部，着意夸张了张大的嘴，露出上排和下排的牙齿，还露出半截舌，采用了变形的手法加强了形体特征。在其底部和背后各有一小孔。腹空，内有石子，摇之作响。吹按小孔，则可发声，为既能吹响而又能摇响的乐器。

❦❧ 陶塑盛起的马家窑文化 ❦❧

马家窑文化又分为马家窑、半山、马厂三个相承发展的类型，主要分布在甘肃、青海地区，距今 4000 年至 5000 年。马家窑文化的陶塑较多，大多是以彩绘与雕塑相结合的人像，有着鲜明的艺术风格，表现手法已趋于成熟，显示甘青地区新石器时代陶塑进入鼎盛阶段。

马家窑类型人面颈口彩陶瓶　甘肃省秦安县焦家沟出土，高 82.8 厘米。瓶口为喇叭形，瓶颈的一侧做成人面，鼻、嘴和双耳是用突出的泥条塑成，又用深褐色绘出双眼和瓶腹上的图案花纹。双眼用圆圈形表示，在圆眼下面有三道竖线，这是氏族人们在面部装饰的具有标志性质的纹样。在腹部的正中，绘有一个向上爬行的蜥蜴形的双足动物。在塑有人面的瓶上绘神化了的动物纹样，应是图腾艺术的表现（图5）。

马家窑类型人面颈口彩陶壶　甘肃省兰州市出土，已残，仅存壶颈，口径 13.3 厘米。壶颈的一侧为人面形象，鼻与耳用突起的泥片捏塑而成。鼻突和两侧绘成黑色，以黑圈点表示眼睛和眼眶，鼻下以略向上弯的宽条纹表示嘴。这种脸部五官的绘法，与马家窑类型彩陶盆中人面纹的处理手法是相似的。

马家窑类型人面形彩陶器把　甘肃省东乡族自治县林家出土，可能为彩陶勺残存的把手，残高 10 厘米。器把朝上的一面做成人面形，用突起的泥条做出鼻子，眼和嘴则以横椭圆形的凹槽来表现。器把上用黑色绘出眉和脸下部的外廓，

图 5　马家窑类型人面颈口彩陶瓶

还在双眼下面各画两道竖线纹，与秦安彩陶瓶上人面的眼下画竖线纹的做法相同。

马家窑类型人面颈口彩陶瓶　甘肃省甘谷县礼辛出土，高 31.5 厘米。瓶颈的前半作人面，鼻和双耳为小泥条捏塑而成。耳有穿孔，眼和嘴用黑彩绘成。眼圆睁，眼眶下有三道短竖线纹。嘴为微弯的横线纹。腹部破裂残缺。正中的圆框内绘蛙形纹，两侧为月牙形网纹。这类两栖动物也是马家窑类型彩陶上具有图腾性质的纹样。

马家窑类型浮雕裸女像陶瓮　青海省大通县后子河出土。浮雕裸女像位于瓮腹的上部，脸部五官的眼、鼻孔和嘴为刻深的凹洞，头两侧各有一条弯垂的辫子，腹下表现出具有女性特征的生殖器官（图 6）。

半山类型人头形彩陶器盖　甘肃省广河县半山出土，高 12.5 厘米。底座呈多

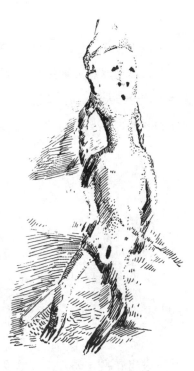

图 6　马家窑类型浮雕裸女像陶瓮

角形，座上为圆雕人头像，眼、嘴和鼻孔镂空，头顶有一对突角。耳郭作锯齿状，耳中有穿孔。脸上以鼻为中心满绘放射状的红和黑相间的锯齿带纹（图7）。

半山类型人头形彩陶器盖　甘肃省广河县半山出土，高14.8厘米，形制与上同。头上原有一对突角，仅存残痕。耳廓也呈锯齿状。下巴和脸腮以黑色竖线绘须，为男性像（图8）。

半山类型人头形彩陶器盖　甘肃省出土，高13厘米，形制同上。头上除有一对突角外，从头顶中央往后有突起的一条蛇状纹。面部四周有一圈锯齿状的凸堆纹，双耳和下巴处凸出，皆有一小穿孔。脸上满绘条纹，下巴上绘着须（图9），似豹、山猫类猛兽的脸部斑纹。

马厂类型人头形器口彩陶壶　青海省乐都县柳湾第216号墓出土，高22厘米。眼和嘴镂空，双耳有穿孔。以黑线绘出眉毛、披发和胡须，为男性像。眼下也绘着竖线纹，这种装饰样式与马家窑类型彩陶人面相同（图10）。

马厂类型人头形器口彩陶壶　青海省乐都县柳湾第242号墓出土，墓主人为成年男性，壶高32厘米。以圆形人头作器口，眼、鼻孔和嘴镂空。以黑线绘眉、眼、眼睑和胡子，也是男性像。颈部画有贝壳串成的项链（图11）。

马厂类型浮雕人像彩陶壶　青海省乐都县柳湾出土，高34厘米。壶腹的一面为浮雕全身人像，眉、眼、鼻、嘴、耳、乳头、脐、手、脚和男性生殖器都以堆塑和刻画的手法做出，又以黑彩绘眉、眼睛、耳缘、嘴四周的胡子、手指和脑

图7　半山类型人头形
彩陶器盖

图8　半山类型人头形
彩陶器盖

图9　半山类型人头形
彩陶器盖

图 10　马厂类型人头形器口彩陶壶　　　　图 11　马厂类型人头形器口彩陶壶

后交叉的披发。人像两侧各绘与人足相连的蛙形肢爪纹，壶腹的另一面绘变形蛙人纹（图 12）。从彩陶壶的浮雕人像和蛙人纹的密切关系来看，是共同体的不同方面的体现。

　　马厂类型人头像錾彩陶壶　青海省民和县山城出土，高 16.5 厘米。器腹上部的正中有一捏塑的人头像，眼、嘴、鼻和耳孔皆刻成凹洞，以黑色绘嘴和脸颊（图 13）。

图 12　马厂类型浮雕人像彩陶壶　　　　　图 13　马厂类型人头像錾彩陶壶

马厂类型彩陶人头像　甘肃省临夏市出土，残高 7 厘米。为陶器残存的人头形顶部，眼、嘴和鼻孔雕镂而成。鼻梁窄高，耳有穿孔，以深褐色勾出眼和嘴的外框、弯垂的眉毛。眼下面绘着两道竖线纹，鼻梁两侧衬着淡褐色，鼻准以两条短竖线来表示，头上绘着从中间分开的披发（图 14）。

马厂类型蛙形红陶罐　甘肃省临夏市出土，高 6.5 厘米。陶罐的一端为微凸的蛙面，眼、鼻鼓凸，眼球上有睫毛状的短线刻画纹，以细线刻出长而下弯的嘴，鼻孔小而穿透。在面部之下有一对稍凸的前足，罐身满饰同心圆印纹以示蛙身的花纹。罐的后端为微凹的臀部。罐底中央有一小穿孔，因此不是日用陶器，这穿孔可能是氏族人们臆想中灵魂进出的通孔（图 15）。

马厂类型双蛙头形提梁红陶篮　甘肃省临夏市出土，通高 9 厘米。篮身平面呈椭圆形，以篮端转凸处为中轴，用线刻表现出蛙的圆眼和宽嘴。篮身两端微翘，传神地表现出两端的蛙头微举的形态（图 16）。神化的蛙类是常见于马厂陶器上

图 14　马厂类型彩陶人头像的正、侧、后三面

图 15　马厂类型蛙形红陶罐

图 16　马厂类型双蛙头形提梁红陶篮

的具有图腾性质的形象。

风格变异的齐家文化陶塑

距今 4000 年左右的齐家文化，分布在甘肃、青海一带。由于受到陕西龙山文化和西北方游牧文化的影响，齐家陶器与马家窑文化盛行的彩陶不同，以素陶为主，陶塑也不施彩，细部用印纹和刻画纹来表现。陶塑以鸟类等动物为多，人物题材退居次要地位。

红陶鸟形器　甘肃省广河县三甲集嘴上出土，高 10 厘米。器表施浅褐色陶衣，背上有管状口，嘴部残，用线刻出圆眼。身子两侧有突起的宽翼，扁宽的尾部略向上翘，双足呈扁柱状（图 17）。

红陶鸟形器　甘肃省广河县祁甲（齐家）坪出土，通高 12 厘米。鸟形头小，眼微凸。体部丰圆，尾部为筒形口。有三只圆柱状的足，前二足外撇，后有一足（图 18）。

红陶鸟形器　甘肃省康乐县商罐地出土，高 14 厘米。头部和喙细长，头顶有冠毛。腹部丰满，尾部为筒形口。有一对蹼足，颈细长，具有水鸟的特征。

红陶鸟头（二件）　甘肃省永靖县大何庄出土，残长 3.4 厘米至 5.3 厘米。皆为鸟形器残存的头部，颈部都较长。一件在颈部印有圆圈纹，另一件在头顶有冠状突脊。

兽首红陶铃　甘肃省广河县祁甲（齐家）坪出土，高 10.5 厘米。陶铃呈葫芦形，内有小石子，可摇响。陶铃首作兽头形，头上有一对小耳，面部残缺，略能辨出张嘴状（图 19）。

图 17　齐家文化红陶鸟形器

图 18　齐家文化红陶鸟形器

浮雕龙形纹红陶罐 甘肃省广河县祁甲（齐家）坪出土，高15.6厘米。器表打磨光滑，腹中部以泥条堆塑成凸起的龙形纹，呈波形起伏状，环绕于器腹的大半周。头小而似蛇，身上有鳞甲状刻纹，身子中部有一只向左上方弯曲的爪足。齐家文化的陶塑龙形纹是我国早期的龙纹样式之一，其祖型可能源自蜥蜴或蛇之类的爬行动物。

图19 齐家文化兽首红陶铃

红陶人足形罐 甘肃省庄浪县出土，高25.7厘米。有双肩耳，圆腹，似人的肚子，下有一对略分开的人形足（图20）。

兽首形器口灰陶盉 甘肃省出土，高31厘米，泥质灰陶。器口作昂起的兽首状，以一对凸起的圆泥钉作眼。嘴呈管状，作为盉的前突的流。脑部有桃形口，宽把手，上有并行的竖凸弦纹。颈部有两圈平行凹线，腹部有一圈绳纹（图21）。

图20 齐家文化红陶人足形罐

图21 齐家文化兽首形器口灰陶盉

<h1 style="text-align:center">❧❦ 结 语 ❧❦</h1>

　　甘肃、青海地区是我国产生陶塑较早的地区，在早期的陶塑题材中，人像占主要地位，这类陶塑仅发现在居住遗址中，并且是罕见之物。如大地湾新石器时代遗址出土的 1000 多件陶器中，只在仰韶中、晚期各发现一件塑有人像的陶器。这些陶塑人像的眼、嘴和鼻皆镂空，器口都很小，有的仅为黄豆大的小孔，因此塑有人像的陶器不是日常生活的用器，而与祖先崇拜有关。

　　早期的人像陶塑的性别特征多不明显，可能是当时处于母系社会向父系社会过渡的反映，出于折中的观念，产生了性别特征模糊的陶塑。而在马家窑文化中，陶塑人像的性别特征大多较明显，除去马家窑类型的一件女性陶塑外，半山和马厂类型的陶塑人像能看出性别特征的都是男性，可以看出当时以男性为主的祖先崇拜已占据主要位置。

　　甘青地区新石器时代的陶塑人像，能辨清发式的大多作披发，马家窑类型女性塑像虽为辫发，亦属披发系统，这和关中地区的仰韶文化彩陶上的人面像采用髻发的发式是不同的。《后汉书·西羌传》："被发覆面，羌人以为俗。"《三国志·魏书》注引《魏略·西戎传》记载氐人妇女"皆编发"。半山和马厂类型墓葬随葬物中很少发现骨簪。如乐都柳湾发掘的一千多座半山和马厂类型的墓葬中，没发现簪笄之类的束发器，而半山和马厂类型作为水器的陶壶，在汲水后可顶于头上，举双手执壶耳以载运，亦是半山、马厂氏族为披发之佐证，可见氐羌的披发样式源自他们远古的先民。

　　从马家窑文化的彩陶人像中，还可推测当时存在着在面部黥镂纹痕的习俗。在人像的眼下饰几道竖线纹是马家窑文化氏族人们相袭的特有的纹面样式。人像的耳缘被刻成锯齿状的作风也从马家窑类型延续到半山类型，这些特有的面部装饰形式是氏族特征的鲜明体现。

　　齐家文化的鸟形陶塑和同时的西亚地区的鸟形陶塑的形制相似，它们之间的关系是值得进一步探讨的问题。

　　齐家文化的陶塑龙纹是由蛇类爬行动物演变来的。《史记》记载禹为西羌人，禹从虫，亦衍为蛇、龙。《山海经·大荒西经》载："西南海之外，赤水之南，流沙之西，有人珥两青蛇，乘两龙，名曰夏后开（启）。"启为禹之子，可证蛇龙是夏族的族神。齐家文化陶塑的蛇龙纹对探讨华夏族分布区的龙纹的起源提供了珍贵的资料。

甘青地区的新石器时代的陶塑，不仅是中国原始社会雕塑的重要组成部分，也是羌戎族远古时期的形象的风俗史。

附　录

石岭下类型红陶人头像　西峰市出土，残高5.7厘米。头上有螺式髻，嘴和眼雕成空洞（图22）。

马家窑类型旋纹人面形器口彩陶壶　高46厘米。壶颈口的一面为雕塑加彩绘而成的人面形象，中为凸起的鼻棱，两侧为扁耳，眉和眼墨绘而成（图23）。

马家窑类型浮雕人面彩陶罐　天水市师赵村出土，高21.7厘米。罐上部中央为浮雕椭圆形人面，下绘伸臂人身纹（图24）。

半山类型神人纹浮雕蛇纹彩陶罐　高24厘米。罐的正、背、左、右四面各绘一神人纹。四个神人纹之间，各饰一条浮雕的蛇，为人蛇相偕的艺术造型（图25）。

马厂类型人头形器口神人纹彩陶壶　高32厘米。壶腹绘神人纹的身子和四肢，人头以彩绘浮雕的形式置于神人纹身子上的壶颈处，连为一体，人面眼睛下绘有数道竖线纹，这是文面习俗的反映（图26）。

马厂类型人头形器口神人纹彩陶壶　高29厘米。壶腹绘变体神人纹的身子，神人纹上方壶颈处，为雕刻的立体人头像。人头塑像和神人纹身子之间为一圈穿孔连珠纹，表示一串珠子项链（图27）。

马厂类型网线纹兽形彩陶壶　高12厘米。壶身作兽形，身下有四个短柱足，身后有短尾，颈部耸起，口外侈，似嘴仰张。身上绘网纹。该壶可能是用于祭祀的特殊器物（图28）。

齐家文化羊形红陶壶　临夏县韩集镇出土，高10.4厘米。壶呈羊形，壶口在尾部。羊头顶有双卷角（图29）。

图22　石岭下类型　　图23　马家窑类型旋　图24　马家窑类型　图25　半山类型
红陶人头像　　　　纹人面形器口彩陶壶　浮雕人面彩陶罐　神人纹浮雕蛇纹
　　　　　　　　　　　　　　　　　　　　　　　　　　　　　　彩陶罐（俯视）

图26　马厂类型人头　图27　马厂类型人头　图28　马厂类型　　图29　齐家文化
形器口神人纹彩陶壶　形器口神人纹彩陶壶　网线纹兽形彩陶壶　羊形红陶壶

图30　齐家文化　　图31　四坝文化手纹羊　图32　四坝文化菱格纹　图33　四坝文化
雕塑犬首红陶豆　　头形把手彩陶方杯　　人形彩陶罐　　　　人形彩陶罐

齐家文化雕塑犬首红陶豆　广河县齐家坪出土，高 11.5 厘米。豆盘内有一捏塑的犬首，显然不是生活用器，而是特制的祭器（图 30）。

四坝文化手纹羊头形把手彩陶方杯　玉门市火烧沟出土，高 5 厘米。方杯一侧设面部向上的羊头形把手。杯腹四面各饰手纹、雷纹等花纹（图 31）。

四坝文化菱格纹人形彩陶罐　玉门市火烧沟出土，高 11.3 厘米。罐形似手叉腰凸肚的人形（图 32）。

四坝文化人形彩陶罐　玉门市火烧沟出土，高 21 厘米。人头顶为器口，双眼镂空，双耳有系饰物的耳孔。有 V 形开口衣服，脚穿翘头靴（图 33）。

史前装饰艺术的作用与意义

当人类随着物质生产的发展而相对独立地进行精神生产时，才彻底地与其他生物划分开来。物质生产对社会进程的作用是众所周知的，而精神生产对社会进程的作用也不容轻视。装饰品是人类最早的精神生产的产品，虽然装饰品的产生与发展受到物质生产条件的制约，但是装饰品的起源与人们的物质需要没有直接的关系，纯粹是为了人们精神上的需要而制作的产品。因此，本文通过装饰品的发展演化在原始社会进程中所起的作用，来阐释精神生产在人类最初社会发展阶段中的一些特点。

装饰品是人类最早的精神生产产品

原始社会的人们在创造物质文化的同时，还需要以共同意识来维系社会集团，并且幻想通过理想化的造型产品来获得特异的能力，从而促使人们进行精神文化产品的生产。随着生产技术的改进和人们智力的提高，在旧石器时代晚期，已经有了相对独立的精神生产。装饰品就是人类最早的精神生产产品之一。

在中国，装饰品出现的时间较早，要先于绘画和雕刻的出现。距今4万年左右的宁夏灵武县水洞沟旧石器时代遗址中，发现了用鸵鸟蛋皮磨制的圆形穿孔饰物。在距今3万年左右的山西峙峪旧石器时代遗址中，发现了一件以石墨制成的经过打磨的穿孔装饰品。年代较晚的河北虎头梁、河南小南海、北京山顶洞、辽宁金牛山、辽宁小孤山等旧石器时代晚期遗址中，发现了数量和种类更多的装饰品。在欧洲，装饰品出现在公元前 3 万年至 2.5 万年的奥瑞纳文化时期，用贝壳、鱼脊椎骨制成的装饰品，是与女性裸体雕像、处于萌芽状态的洞穴壁画和岩画同时出现的。因此，以加工过的自然物做成的装饰品，是人类最早的精神生产产品之一。

这些旧石器时代的装饰品，主要以骨、牙、贝（蚌）、蛋壳等骨类物质制成，许多是人们在渔猎生产中的获取品，可能与原始人的兽骨崇拜有关。他们将这些骨质的装饰品佩戴于身，以此寄寓猎取猛兽、炫示威猛、驱凶辟邪的心理和愿望。他们还喜爱以光滑发亮的材料来制作饰品，如贝壳和兽牙是当时流行的装饰品。他们还将小石料和兽骨进行磨光，使之成为光洁美观的装饰品材料，而且人们还用染料使装饰品变得鲜艳美观，如辽宁海城小孤山遗址出土的贝质穿孔片饰上染有红色；北京周口店山顶洞遗址发现的石珠的表面也以赤铁矿染成红色。原始人对装饰品进行打磨染色，使其引人注目、更加美观，可能包含着取悦异性的目的，可以认为是审美意识的萌芽。也许借此寄托原始宗教的万物有灵的信仰，将装饰品染上血般的红色，从而注入超凡的生命，并以此来沟通神灵。此外，旧石器时代的装饰品主要为项链和耳坠，是围绕引人注目的人的头部来进行装饰的，而不是首先装饰进行劳动操作的手、足部位。因此，最早的装饰品的功能与物质生产没有直接关联，也与解决他们的温饱无关。他们佩戴这些装饰品，或为驱祟辟邪，或为炫示威猛，或为取悦异性，或为托佑神灵，都是为了满足精神上的需要，求得精神上的充实。

装饰品作为人类最早的精神生产产品，在制作的时候应用了当时最先进和最精良的工艺技术，如钻孔、磨制和染色工艺，这足以证明当时人们对装饰品的重视程度。

❧ 装饰品的制作促进了物质生产的发展 ❧

我们注意到当时最先进的工艺技术，是优先用于制作装饰品的。之后，在将这些最新的工艺技术推广到制作生产工具时，促使物质生产迅猛发展。

旧石器指的是打制而成的石器，磨制石器的出现，被认为是新石器时代开端的重要特征。由于生产工具的改良，促使农业经济的产生，因此磨制石器的出现具有划时代意义。

上文提及，最早的磨石工艺不是使用于制作生产工具中的石器，而是首先用来制作石质装饰品。山西朔县峙峪旧石器时代遗址出土的一件石墨制成的装饰品，呈扁圆形，由一面钻孔。保存较好的一面和边缘都是经过磨制的，打磨的痕迹十分清楚[①]。北京周口店山顶洞旧石器时代晚期遗址出土了七颗用白灰色石灰岩制成的石珠，它们散布在一个女性头骨的周围，可能为头饰。这些石珠的底面都打磨得平整光滑，其中两件在另一面也进行了打磨，然后由另一面钻成孔眼。在石珠的表面，均以赤铁矿染成红色。山顶洞遗址还出土了一件以黄绿色大成岩砾石制成的小石坠，两面扁平均匀，一面经人工摩擦，使之光整平滑[②]。这件石坠从中央部位由两面对钻成孔，对钻穿孔的位置十分准确，显示出熟练的钻孔工艺技术（图1）。河北阳原虎头梁遗址也出土了经过磨制的钻孔石珠。因此，可以认为磨制石器的技术是从制作石质装饰品开始的。由于早期装饰品的佩戴方式都是串挂或系连的，因此最早的钻孔（或磨孔）技术也施用于装饰品，并且还施用于质地坚硬的石质装饰品。后来，用于石质装饰品上的磨制和钻孔工艺，推广应用到石

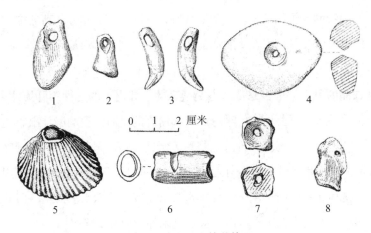

图 1　山顶洞人的装饰品

---

①　参见《山西峙峪旧石器时代遗址发掘简报》，《考古学报》，1972 年第 1 期。
②　参见贾兰坡：《山顶洞人》，龙门联合书局，1951 年。

质生产工具的制作上，用来制作收割用的磨制钻孔石刀和松土用的通体磨光的石铲。

在我国新石器时代早期遗址的考古资料中，也有磨制石器的技术先应用于装饰品，后来推广至生产工具的例证。湖南澧县彭头山遗址是我国已知的新石器时代年代最早的遗址之一，碳-14测定年代为距今8200年至7800年之间。遗址出土的磨制石器主要以棒形装饰品为主，生产工具极少，仅出土一件功用不明确的石斧，余皆为打制石器。发掘简报的执笔者敏锐地指出："彭头山遗址磨制石器选用硬度较低的石料，以装饰品为主。这或可以理解为磨制石器初级阶段的特点。"[①] 因此磨石工艺最先用于装饰品，当制作生产工具也运用了磨石工艺时，人们能做出更多的石器型式，改进石器的性能，由此提高了生产力。

装饰品是人类最早的交换品之一，其流通促进了交换的发展

交换是人类有意识地相互进行物质交流的活动。人类最早进行交换的是哪类物品呢？现在还拿不出足够的证据来证实人类最早进行交换的物品是解决温饱的物质生产产品，现在遗存下来的最早的交换物品却是作为精神生产产品的装饰品。

作为交换物的装饰品，从旧石器时代晚期就出现了。距今3万年左右的峙峪遗址出土的一件装饰品是用石墨制成的。虽然山西北部产煤地点很密集，但石墨并不俯拾皆是，可能是从附近地区通过交换得来的。距今1.8万年的山顶洞遗址出土的装饰品的原料，许多是从远方交换来的。如出土的三件穿孔海蚶壳串饰，其海蚶壳至少是从二百公里外的渤海岸交换而来的。而山顶洞遗址出土的巨大的河蚌壳，多产于扬子江流域，黄河以北甚为罕见。山顶洞遗址中的鱼骨串饰、石珠等装饰品的表面用赤铁矿染着红色，遗址中还发现了作为装饰品着色剂的鲕状赤铁矿，而这种赤铁矿产于宣化一带，距周口店有一百六十多公里。因此这些装饰品的原料很多不是当地所产，而是从百里以外的地方交换来的。

到新石器时代，装饰品原料交换的种类和范围都扩大了许多。尤其从玉石和

---

① 参见《湖南澧县彭头山新石器时代早期遗址发掘简报》，《文物》，1990年第8期。

海贝制成的装饰品的传播路线来看，最能说明当时交换的发展情况。

绿松石是一种稀有的玉石，在我国集中分布在秦岭主脉的南带一侧的鄂西北一带，近年在陕西、新疆、安徽、河南的一些地方也有少量发现。我国发现的最早的绿松石饰品，出土于离绿松石产地较近的河南地区。在舞阳县贾湖裴李岗文化遗址中出土了一些距今约8000年的钻孔绿松石饰，形饰有圆形、三角形和长方形。舞阳县出土的绿松石饰原料应是从一百多公里外的绿松石产地淅川县流通来的。

距今5000多年前，绿松石装饰品由我国中部秦岭南侧一带传播到东部、东北和西北地区。距今5000多年的山东泰安市大汶口文化墓地中，发现了离产地千里之遥的绿松石装饰品。在10号墓中，墓主人为一老年妇女，颈部有由19件形状不规则的绿松石片组成的项饰。4号墓中的一件骨雕筒，上下两排各镶嵌绿松石5个。在22号墓中出土的一件骨指环上镶嵌着3块绿松石圆饼。江苏新沂市花厅北区遗址，其年代距今5000多年，在其墓葬中共出土了7件绿松石制成的耳坠。以上这些出土绿松石饰的墓葬中的随葬品都较优厚，说明自远方流通来的绿松石仅为具有特殊身份的人所拥有，并且是十分珍贵的。

东北地区的新石器时代遗址中，也发现了绿松石装饰品。在距今5000多年的辽宁阜新胡头沟红山文化墓地的3号墓中，出土了两件绿松石鱼形坠，呈片状，还刻出鳍和尾，在鱼眼的部位刻通成穿孔。辽宁喀左县东山咀红山文化遗址中还出土了一件绿松石鸟形饰，作翅羽展开状，鸟身上的刻线很细（图2）。绿松石的硬度达到6度，钢刀都刻不动，对绿松石进行颇费功日的精雕细刻，反映出红山文化人们对来自千里之外的绿松石料的珍视。在丹东市东沟县徐卜新石器时代遗址也出土了绿松石坠，绿松石饰已向东传到了鸭绿江口。

位于我国西北的甘肃、青海地区的新石器时代遗址中，有较多的绿松石装饰品发现。华南地区新石器时代遗址中也发现了绿松石饰，距今4500年左右的广东曲江石峡遗址中

图2　红山文化绿松石鸟形饰

也出土了绿松石制成的片饰。绿松石的产地离广东就远至数百公里了。

由以上叙述看出，绿松石是新石器时代人们珍视的装饰品材料，绿松石产地虽稀少而集中，但人们仍设法通过交换途径来获得。在距今 4000 多年前，绿松石由主要产地秦岭南侧一带向四周传播，西至甘肃、东至山东、东北至辽宁、东南至广东，传播范围已达数千里之广。由于绿松石等玉石装饰品原料的交换流通，玉石的传播路线不断延伸，从而形成了玉石之路。

贝壳饰品的流通更明显地说明了装饰品是石器时代人们热衷的交换物。早在旧石器时代晚期，山顶洞人就用交换来的贝壳作装饰品了。主要产于长江以南的短褶矛蚌和丽蚌，在黄河中游的仰韶文化各类型的遗址中多有发现。如甘肃陇西县西廿里铺和秦安县王家阴洼的距今 6000 年左右的半坡类型墓葬中、秦安县大地湾距今 5500 年左右的庙底沟类型窖穴中，都发现了有穿孔的短褶矛蚌。王家阴洼半坡类型墓葬中还发现了丽蚌。

海贝制成的装饰品的流通，更有力地说明了装饰品对促进交换发展的重要性。在新石器时代晚期，海贝装饰品传入了我国西北内陆地区。在青海大通、乐都等地的马家窑类型墓葬中也发现了海贝。乐都柳湾马厂类型和齐家文化墓葬中也发现了海贝。甘肃兰州土谷台马厂类型墓葬和武威皇娘娘台齐家文化墓葬也出

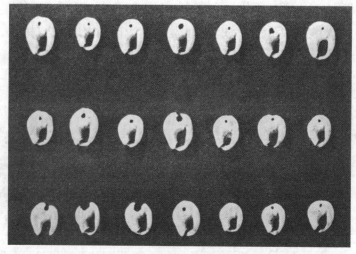

图 3　齐家文化环纹货贝

土了海贝（图 3）①。位于甘肃河西走廊的民乐县东灰山和玉门市火烧沟的距今近 4000 年的四坝文化墓葬中，随葬着海贝饰品和以海贝串成的长佩链。兰州土谷台马厂类型墓葬和民乐东灰山四坝文化墓葬出土的海贝，经兰州大学生物系副教授唐迎秋鉴定，为环纹货贝，产于我国海南岛、台湾、西沙群岛一带。司马迁曾著录过巴蜀与南海之间的一条通道，《史记·西南夷列传》载："南越食蒙蜀枸酱，蒙问所从来，曰：'道西北牂柯，牂柯江广数里，出番禺城下。'"还记载了由巴蜀经夜郎道通往南越的路线。而巴蜀与甘肃的交往，据史书的记载至少从殷商时已开始。实际上甘肃与南海之间的交往要早得多，在距今 4000 多年前，通过海贝、象牙等装饰品的交换活动，②甘肃与南海一带已有了间接交往，因此这条自古联结西北内陆与南海的通道，可以称作海贝之路。

在内蒙古赤峰西水泉红山文化遗址中，出土了 28 件海蚌饰，是用海产的紫斑蛤类制成的，这类海蛤至少是从 200 公里外的辽东湾流传来的。

装饰品是人类出于精神上的需求而最早进行交换的物品之一。于是在原始社会晚期出现了玉石之路、海贝之路、象牙之路……装饰品的交换和传播为氏族之间的沟通开辟了道路。在这基础上发展起来的商品交换，为原始社会向新的社会发展阶段迈进启开了一道重要的门扉。

⫸⫷ 装饰品制作的精益求精，促进了专业手工业者的出现 ⫸⫷

我们对原始社会的工艺技术做了全面考察后，可以看出装饰品的制作工艺，代表着原始社会工艺技术许多方面的最高成就。因为随着原始社会的发展，装饰品的拥有者对装饰品的造型和纹饰的精美提出愈来愈高的要求，已不满足用一般的工艺技术去制作简单的装饰品，而需要制作装饰品的人在长期的工艺实践中去掌握难度较高的制作技术，这些人就被固定下来专门从事装饰品的制作，于是产生了最早的专业手工业生产者。

---

① 1975 年，甘肃省文物工作队副队长张学正和我同往兰州市土谷台马厂类型遗址进行调查，征集到该遗址出土的海贝和金耳环等马厂类型的遗物。

② 1980 年，我在秦安县大地湾遗址的常山下层文化的灰坑中发现一文象牙质的骨笄。

我国原始社会的玉器装饰品，以其精湛的雕刻技艺而著称于世。玉石的硬度一般都较高，新石器时代玉器装饰品常用的玉石料有蛇纹石、透闪石、大理石、绿松石、玛瑙及水晶等。这些玉石的莫氏硬度多在 5~7 度之间，而钢刀的刻痕硬度在 6~7 度之间。新石器时代尚未普遍使用青铜生产工具，因此要在玉石上进行雕刻是十分困难的，一件玉石料做成装饰品要经过切割、钻凿、雕刻和抛光等复杂的加工过程。所以，结合中国工艺技术发展的自身特点，具有复杂的造型和精细的雕刻花纹的玉石装饰品的出现，也可作为专门的手工业者产生的标志。

我国新石器时代的玉石装饰品主要分布在东部和东北地区。在距今 7000 多年的浙江余姚河姆渡遗址中，已发现了用萤石制成的玉璜、玉珠、玉玦等装饰品。萤石硬度为莫氏 4 度，而其中一件玉玦的内壁刻有横竖线条组成的图案花纹，表明当时河姆渡文化的人们已开始掌握较复杂的玉石加工技术。江苏吴县草鞋山的崧泽文化遗址出土的玉璜，约距今 5500 年，经鉴定为软玉。[①] 这表明中国是世界上用玉最早的国家，而且我国东部是玉石技艺最先发展的地区。分布在长江下游地区的良渚文化，约距今 5000 年。良渚文化的玉石装饰品的制作技术进入了成熟阶段，遗址中普遍地发现了玉器，其中装饰品占大多数，样式和种类很多，常见的有珠、坠、玦、璜、瑗、管、镯、璧等，还有从装饰品演化出来的玉琮等礼器。尤其在浙江余杭反山良渚文化遗址出土的一批玉器，表现出制玉技术的高度成就。反山遗址的墓葬中共出土玉琮 21 件，多为外方内圆的方柱形，节数不等，为一节至四节，技艺上综合运用了减地法的浅浮雕、半圆雕和阴线刻、钻孔等制玉技术。在玉琮的每节上镂刻着精细的神人和兽面的复合图案，有的在主体纹饰内还满雕着精细的卷云纹。在第 12 号墓中出土了一件"琮王"，射径 17.1 厘米至 17.6 厘米，高 8.8 厘米。琮面两侧和中部的上下方刻着极精细的神人和兽面的复合纹样，有的在一毫米中刻有五条比头发丝还细的线条（图 4）。特别是在反山还出土了三件通体镂孔透雕的穿缀玉饰，运用了线切割镂孔的技术，雕镂出复杂而均匀的精美花纹。从良渚文化玉制装饰品的精湛的制玉技术来看，制作者不仅掌握了高难度的技艺，而且要花很多功夫才能制成花纹精美的玉器，说明当

---

① 参见闻广：《苏南新石器时代玉器的考古地质学研究》，《文物》，1986 年第 10 期。

图 4　良渚文化玉琮

时已有了专门从事玉器生产的手工业者。

　　由考古发掘证明，我国 7000 年前已经开始制作玉器装饰品，到距今 5000 年时，已经产生了专门制作玉器的手工业者。

新石器时代晚期装饰品的发展演化

　　在新石器时代晚期，用珍贵材料做成的装饰品，并不是人人都能享用的。那些进行了复杂加工和有着精美花纹的装饰品，只是具有特殊身份的人才能享用的，大汶口文化和良渚文化的一些大墓中随葬的优厚的装饰品，都鲜明地证明了这一点。如泰安大汶口墓地第 10 号墓，墓主人为一老年女性，颈部有 19 件产自远方的形制精致的绿松石片组成的项饰，还随葬着玉铲、象牙器和近百件精美的陶器。在反山良渚文化墓地的第 17 号墓出土了一组玉管，达 106 件之多。第 14 号墓的随葬品达 260 件（组）之多，其中玉璧多达 26 件。还出土了一件象征威权的玉钺，并且木柄上镶嵌着近百颗玉粒。特别是第 12 号墓中出土了一件刻有神人与兽面组成的精美徽纹的玉琮，重达 6.5 公斤，号称琮王。另一件大玉钺上也刻着同样的徽纹。还出土了 4 件刻有简化徽纹的半圆形玉饰。这些随葬的饰有徽纹的玉器和装饰品，不是一般的佩戴装饰物，而是起着标示墓主人持有特殊能力和权势的作用，是少数具有特殊身份的权贵的享用物。从这意义上讲，这类装饰品已演化为礼器，有的礼器就是由装饰品演化而来的，如由玉镯演化为玉璧，玉管演化为玉琮，而玉璧和玉琮则成为少数人祭享用的礼器。

另一方面，装饰品作为当地的稀有品而从远方交换而来，促进了交换的开始。以后，随着生产的发展，权贵阶层的逐渐形成，专门手工业者的产生，于是出现了专用于交换流通的商品。像海贝这样轻便和易于系携的装饰品，就成为对其他商品进行估价的特殊商品，演变成商品交换计值的中介物，即成为原始货币——贝币。上文述及甘青地区马家窑文化墓葬中有以海贝随葬的现象，特别是青海乐都柳湾马厂类型墓葬出土了6件仿造海贝制成的石贝。年代稍晚的玉门火烧沟四坝文化墓葬中还出土了仿海贝制成的骨贝。人们制作石贝和骨贝，是为了弥补作为等价交换计值物的海贝的不足。可见被视作"宝贝"的海贝，当时除了用作装饰品外，在商品交换扩大的情况下，还起着原始货币的作用。所以，装饰品又从纯粹的精神生产产品，演变成具有一定经济价值的商品等价物。后来，人们对装饰品的价值观念也相应地发生了变化，除了审美价值外，装饰品的价值愈来愈取决于装饰材料的经济价值，金、玉等珍贵材料，成为权贵们喜爱的装饰品质料，而那些耗费工艺愈多的装饰品也被视为愈有价值，装饰品成为一种特殊的商品。

结　语

我们从装饰品在原始社会进程中所起的作用及其发展演化而得到的启示是十分丰富的。

最早的装饰品，是人类心灵相互辉映的火花。一方面，从自身说，希求装饰品能沟通神灵，由佩戴装饰品得到庇护保佑，从而驱祟辟邪，因而早期装饰品的产生，带有浓厚的原始宗教信仰的色彩。另一方面，佩戴装饰品是为了博得他人的欣赏，含有取悦对方的目的，人们的审美意识也随之萌生。因此，旧石器时代人们佩戴装饰品是出于精神上的需要。由旧石器时代发展为新石器时代之后，加工和制作装饰品的磨制和钻孔等新工艺被推广应用于制作石质生产工具上。

在新石器时代，由于工具的改进，生产力的提高，使物质产品增多。由于私有制逐渐产生，少数人开始拥有特权，从而分化出一般和特殊不同等级的装饰品。权贵们佩戴的装饰品要求刻上表示权力的徽纹，对装饰品的工艺刻意求精。这样就需要在制作装饰品时有更精深的技艺，专业手工业者也应运而生。权贵们的装饰品愈来愈深地刻上了权势的印痕，从而发展演化为礼器。

装饰品在交换中的作用使之成为商品交换的等价物，某些装饰品演化为原始货币。而权贵们享用的装饰品热衷于选取贵重的原料，除了显示和标榜权势外，还表示对财富的占用。因而这类装饰品不再是纯粹的精神产品，还具有经济价值，成为更高层次的精神和物质双重需要相结合的产物，作为一种特殊的商品而存在至今。

最早的装饰品是神圣的，却又是人人都能享用的，其发展对原始社会的进程起过重大的作用。然而在贫富分化的社会中，人们对装饰品的取向往往经济价值重于审美价值。只有当人们能够自由地根据美的规律去制作、佩戴和欣赏装饰品时，装饰品才能去掉被势利蒙上的污垢，成为纯净的美的结晶，从而赋予人美的风采，给人与人之间增添爱心，让人类生活焕发出多彩的光辉。

装饰纹样的起源

　　装饰纹样就是装饰于物体上的花纹样式。关于装饰纹样的起源问题，由于资料的缺乏，至今在许多方面尚不清楚。仅根据已有的考古材料，试作分析和认识。

　　自人类产生以来，人们在长期的物质生产活动中，孕育了原始艺术。我国在旧石器时代中期，人们已制作出小型的雕刻器、尖状器和刮削器，这为在被装饰的物体上刻画和雕琢出花纹提供了工艺条件。在旧石器时代晚期，进入了新人阶段，当时人们的思维能力与现代人已相差很小，已经不仅仅为了生存的需要去从事物质生产，而是按照在物质生产活动中所产生的愿望、理想和寄托去进行精神生产。我国在旧石器时代晚期出现的装饰品，已是精神生产的产物，标志着美术的发端。在北京房山周口店山顶洞人遗物中，已有钻孔的石珠、砾石、兽骨、鱼骨、介壳和骨管等制成的装饰品，有的还以赤铁矿石末染上红色。在山顶洞发现的四件用鸟骨制成的骨管上，刻着数目不等的短而深的横沟（图1），这种刻痕可以认为是一种简单的装饰纹样。我们可以看出在美术的萌发时期是以装饰为主

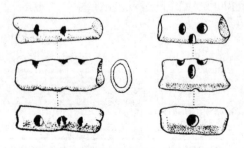

图 1　山顶洞遗址出土的刻有横沟的骨管

的，又是主要装饰于人自身的。在山顶洞人的人骨附近还发现红色的赤铁矿末，也许当时人们已有黥面文身等装饰人体的做法。人通过对自己进行装饰，是为了能表现出因此而具有特殊的不平凡的能力。人们还以特定的艺术形式来装饰氏族的全体成员，这种装饰样式本身就含有一种神圣的意义，用以维系和加强以血缘为纽带的氏族共同体，也是组织氏族共同体进行生产劳动和社会活动的一种手段。

在旧石器时代晚期，与装饰纹样同时产生的刻画记号也是精神生产的产物，虽然这种刻画记号只是当时人们指事示意的一种形式，然而与装饰纹样有密切的关系，因为用记号去示意与用装饰纹样去表意，在最初并不存在截然的界线。山西省朔县峙峪旧石器时代晚期遗址距今有 3 万年左右。在峙峪遗址出土的 2 万余件经人工砸击的碎骨片中，发现了几百件有着刻画痕迹的兽骨片，可能是用以指事的符号。

新石器时代是装饰艺术昌盛的时代，由于农业的出现，定居的农人过着稳定而有秩序的生活，得以积累生产经验，发展生产技术。于是，逐渐有一部分人相对固定地从事手工业生产，工艺技术也精益求精，为这一时期装饰纹样的发展，提供了必要的物质基础和技术条件。在编织、雕塑、绘画、建筑和运用颜料等方面都有飞跃的进步，尤以陶器的发明和陶器艺术的繁盛，是这一时期工艺美术的划时代的成就。我国新石器时代遗留下的装饰纹样，以陶器的装饰纹样最丰富。许多早期阶段的陶器的造型和花纹，是模拟陶器以前作为器皿的造型和肌理纹样的。江西省万年县大源仙人洞洞穴遗址出土的陶器，约距今 8000 年，是我国最早的陶器之一。仙人洞的陶器以内外都施印绳纹为特点，一件复原的直口圜底罐的内外表面都满印着绳纹（图2）。在深腹的陶器内印着绳纹，并不具有装饰意义，在生活中也没有实用意义。仙人洞早期陶器应是模仿绳纹编织器的器形和纹样的，乃是因为当时人们认为只有沿用原先器皿的形状和肌理纹样才能具有原器皿的功能。

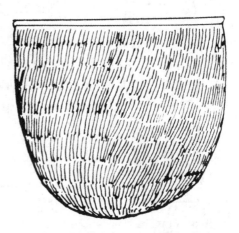

图2　仙人洞出土的绳纹圜底陶器

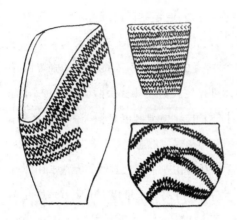

图 3 新乐下层遗址出土的编织纹陶器

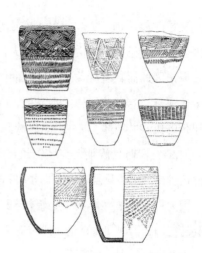

图 4 上：小珠山下层文化编织纹陶器
下：新开流遗址出土编织纹陶器

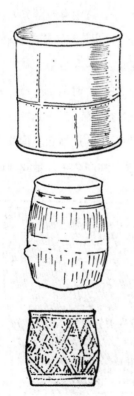

图 5 白金宝遗址仿
桦树皮筒陶器

从原始社会陶器的发展情况来看，许多新器形刚产生时，是模仿这些陶器出现前的器皿形状和肌理纹样的。东北地区早期的陶器样式，是模仿用植物类编织成的器皿。如距今 7000 年的沈阳新乐下层新石器时代早期的陶器，上面的纹样是模仿植物编织纹的（图 3）。与新乐下层大致同时的长海县小珠山下层文化的陶器，明显是仿制编织的筐形器的（图 4，上）。考古发掘者认为："凸起的阳线，似是仿编织物的一种两股交叉的弧线纹或叫人字纹，类似现在的草袋子编织纹饰一样"。[①] 距今六七千年的密山县新开流新石器时代遗址出土的陶器上的印纹，也是模仿植物编织纹的（图 4，下）。东北地区铜石并用时期的陶器中，还有模仿桦树皮筒造型和纹样的。肇源县白金宝

---

① 参见《长海县广鹿岛大长山岛贝丘遗址》，《考古学报》，1981 年第 1 期。

图6 小登科遗址出土
仿皮革制品陶器

图7 大汶口文化仿竹筒和竹编陶器

遗址中出土的一件早期的仿桦树皮陶器，连桦树皮缝
接处的针脚纹都如实模拟出来（图5，上），而晚期的
这种筒形陶器，由于工艺制作的要求和实用的需要，逐
渐改变了桦树皮筒的原型（图5，中、下）。还有仿皮
囊形的陶壶，富裕县小登科出土的一件仿皮革制品的
陶壶，逼真地仿制了缝制皮革时形成的捏褶和针迹（图
6）。

　　黄河下游地区的早期陶器，多仿制竹器和植物枝
条编织器的造型和纹样。山东滕县北辛遗址出土的陶
器，距今7000年左右。陶器上的纹样多仿制用植物的
长枝条编织成的器皿样式。而距今6000年左右的大汶
口文化早期陶器中，有不少是模仿竹书筒和竹条编织
器的造型和纹样。镂孔的豆座显然是模仿竹条的编织
纹。而早期的陶杯则是模仿竹筒的，连底部的竹节纹
痕都着意模制出来（图7）。

　　黄河中游的早期陶器，多模仿葫芦等植物果壳的
造型和样式。距今七八千年间的裴李岗、磁山和大地

图8 裴李岗、磁山和大
地湾一期文化陶器与葫芦
器关系推测图

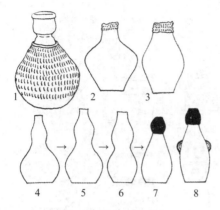

图 9　半坡类型仿葫芦、瓠瓜样式陶器

图 11　河姆渡出土的仿篓筐样式陶器

图 10　半坡类型仿编织纹陶器
左：戳刺纹陶器　右：彩陶

图 12　大溪文化早期的仿细竹条编织器陶器

湾一期文化，它们共有的主要陶器器形有圜底钵、球腹罐、圈足碗及勺等，都是依照葫芦的某一部分作为器形原型（图 8）。陶器中还有模仿动物头盖骨的，在新郑县裴李岗遗址中，就出土了一件羊头盖骨形的陶器，上面的花纹逼肖地模拟羊头盖骨的突起的骨棱的样式。距今 6000 年左右的半坡类型文化的盛水陶器中，有模仿葫芦的瓶，还有一种是模拟瓠瓜形状的陶壶，上面还保留着瓠瓜蒂部的纹痕（图 9）。半坡类型文化早期和后岗类型文化的陶器中，也有模仿竹编器的造型和纹样的，而这些纹样又被移于彩陶上，成为几何形彩陶纹样（图 10）。

　　分布于钱塘江下游和太湖一带的河姆渡文化和马家浜文化，它们的早期陶器距今近 7000 年。浙江余姚河姆渡一期遗址出土的陶器中，有的陶器样式模仿编织的篓筐器（图 11）。而在长江中游的大溪文化的早期陶器，距今有 6000 年左右。湖南省安乡县汤家岗、划城岗和澧县丁家岗的大溪文化早期遗址中，出土了许多花纹精美的印纹陶，其中的一些纹样是模仿细竹条编织器的各式花纹（图 12）。

大溪文化的绚索纹筒形彩陶瓶，则是模拟以前作为水器的用绳索提携的刚竹筒造型和样式（图13）。

由大量实例可以看出，各地区陶器上的最初纹样，多是模拟先前器皿的肌理纹样，也是使器皿具有功能的一个组成部分。如以特定的编织样式来制成筐篓，用特定的缝合形式来制成树皮筒、盒和皮囊。在当时人们的意想中，构成这种肌理纹样是有效地产生器皿功能不可缺少的重要方面。因此，这类模拟原器皿肌理纹样的花纹，最初出现时并不具有装饰的目的，是幻想这种纹样具有被模拟的肌理纹样同样的功能。然而陶器上的纹样与原器皿的肌理纹样毕竟存在着根本区别，虽然陶器的这类花纹脱胎于物质生产的表现形态，但是已不再是真实的物质生产的表现形态，而成为精神生产的表现形态。于是陶器上的这类花纹愈来愈具有装饰性，由对物质生产表现形态的模拟，逐渐转化为精神生产中的艺术表现。

由于在陶器出现前，人们使用的器皿中，编织器占重要的位置，这种编织器的肌理纹样是一种几何形纹样，而模拟编织器的早期陶器花纹，当然也是几何形纹样，但还保留着原先编织器的肌理纹样的骨式和在器物上编织纹的原位置。因此，不能含混地认为这类几何形纹样起初产生时，即已是抽象的表现，应该说只是转向抽象表现的开始。

由于各地区原先利用不同的自然材料来作为器皿，原先作为器皿的肌理纹样也不相同，这也决定了不同地区陶器上模拟的肌理纹样样式具有不同的特点。因此这类几何形纹样的起源，是与物质生产直

图 13 大溪文化绚索纹彩陶瓶

接相关的，并且这类纹样最初的表现形态，是受原先制作器皿的物质生产表现形态所制约的。概括地说，陶器上这类模拟原器皿的肌理纹样的几何形花纹，是由物质生产转化为精神生产的，而又从精神生产中逐渐转化为艺术生产，成为表现审美观念的装饰花纹。

陶器上出现的另一类几何形花纹，是在制作陶器的生产过程中产生的。有的是修整陶坯留下的痕迹，有的是为了使陶器各部分拼结处牢固而连续掐印或堆塑粘接而成的，因此这类纹样最初是由制陶生产的某种工艺需要而产生的，但后来这类花纹逐渐条理化，成为实用与美观相结合的装饰花纹。也有原来的工艺制作方法已经改变，而原来生产过程中产生、形成的纹痕却被留下，纹样不再具有实用意义，逐渐成为纯装饰花纹。

新石器时代的装饰纹样，除去几何形花纹外，还有自然形花纹、动植物花纹等，其中有一些是图腾花纹。图腾是以某一种超人的物体形象（以动物最多）作为氏族的共同祖先，也是氏族的保护神，是以血缘为纽带的氏族社会全体人们所尊崇的形象，用来组织氏族人们进行集团性生产和社会活动的一种手段。图腾花纹并不是物质生产的表现形态，是以标志着氏族的徽号式纹样，从精神文化方面去维系和巩固氏族共同体。因此，图腾花纹并不是某一个人以装饰自己为出发点的装饰花纹，而是氏族共同体共有的装饰花纹，它是整个氏族的精神生产的产物，因此图腾意识首先是通过氏族全体成员的图腾艺术活动形象地体现出来的，从这个意义上讲，图腾艺术是氏族精神文化的表现。

图腾纹样绝大部分是以一类动物作为图腾的纹样，这与人们原先主要从事狩猎生产时崇尚的动物崇拜有关。图腾艺术发展到晚期作为图腾崇拜物逐渐被神化了，图腾崇拜物被赋予不平凡的神力，于是就出现了被神化了的动物等装饰纹样。由于图腾崇拜本身就包含祖先崇拜的因素，当氏族社会晚期由母系社会进入父系社会时，图腾崇拜也逐渐发展为祖先崇拜，最初在装饰纹样中出现了人格化的动物神纹样，后来作为氏族神出现的代表氏族共同体的"人"的纹样也出现了。上述这些表现氏族共同文化意识的自然形纹样，一开始就是精神生产的产物。然而当这类纹样装饰于物体上时，随着时间的推移，原先纹样所表现的意识观念逐渐淡薄，而被装饰物体的装饰要求逐渐加强。因此这类自然形纹样，大多呈现出从写实变为写意的发展过程，甚至有的自然形纹样经过长期演变而成为几何形纹样，也就发展为纯粹以装饰为目的装饰纹样。

总之，无论是几何形花纹，还是自然形花纹都是产生于人们的社会实践。人们按照美的规律去创造，进行艺术生产，以绚丽多彩的装饰花纹，满足人们的精神需要，并且美化了人们的生活。

再谈装饰纹样的起源问题

　　装饰纹样起源的问题是十分复杂的，以往由于条件所限，对这个问题讨论得不多，论述也较概约，并形成了固定的模式。顾方松同志在最近的研究文章提出了图案源于抽象的论点（以下简称顾文）①，对图案纹样的起源问题从不同角度进行了探讨，这有助于对过去的图案纹样起源的观点予以重新审视，并通过讨论对这一问题做更深入的研究。

　　我曾在《中国装饰纹样简史》第一章第一节中②，阐述了对装饰纹样起源问题的看法，又在《走向意象表现之路》一文中③，对我国图案纹样的发展源流问题进行概述，主要观点是："中国远古文化的纹样，除去具有原始文字性质的符号是指事的工具外，不论是仿生形还是几何形的纹样，都经过了从具象到意象的发展过程，然而这两类纹样的发展经过却不相同。仿生形纹样从具象到意象的演变，是直接从精神生产转化为艺术生产的。"对于几何形纹样起源的看法是："……源自编织物肌理纹样的几何形纹样，却与物质生产有着密切的关系。原始社会的人们不可能一起始就自觉地运用规律去创造，所以当他们最初制作陶器时，总是模拟原来使用过的器皿的形状（和）肌理纹样，这在古中国各区的早期陶器上都鲜明地表现出来，都是写实地模拟各种编织物呈几何形的肌理纹样。在他们的臆想中，只有这样才能保持产生陶器前使用器皿的功能……早期陶器上的这类模拟

---

　　① 参见顾方松：《图案源于抽象——泛论几何图案》，《图案》第二辑。

　　② 参见《地毯图案》，1984 年第 3 期。

　　③ 参见《图案》第一辑。

编织物的几何形纹，已不是物质生产的产物，而是由物质生产转化为精神生产的产物。"我的以上观点，和顾文提出的图案源于抽象的观点基本上是对立的。但我没有用"抽象"这个词，因为考虑到经过变化的仿生性纹样，尽管已几何形化，可是呈有特征的局部还保留着具象的痕迹，因此用"意象"一词更为贴切。这与顾文中所指的抽象的几何图案的第一类，即"对客体进行较大的夸张、变化，但依然保留客体特征的写意型图案"指的是同一类图案纹样，确切地说应分成"具象""意象""抽象"三个概念，但为了便于讨论问题，不再将"意象"从顾文中的"抽象"范畴中区分出来，因为这并不妨碍对问题的实质性讨论。

形成看法上的分歧，症结在于对几何图案的含义有不同的认识。顾文认为几何图案是"以抽象的方法表现客体为主要特征"，但是问题恰恰在于几何图案不一定是客体的抽象表现，因为顾文亦认为，原始人的实用、装饰器物上的几何图案是工艺编织品的结构形式的"移植"。我也认为早期陶器上的几何形花纹是对陶器出现前使用的编织器等器皿的肌理纹样的"模拟"，其实"移植"和"模拟"并没有本质上的区别，指的都是具体地去仿照。

顾文认为这种"移植"是出于偶然，但从大量的考古材料来看，并不是偶然的现象，而是早期陶器上的装饰花纹大多模拟着编织器等器皿的肌理纹样。就拿我国最早的陶器来说，如距今8000年左右的江西万年大源仙人洞出土的陶器，以内外表面都印满绳纹为特点，在罐内壁印着绳纹显然不是出于美化的目的，只是出于要逼肖绳编器的结果。类似的例子非常多，我为《图案》丛书撰写的《中国装饰纹样简史》第一章中，曾列举了大量的图例。就以最近发表的内蒙古敖汉旗兴隆洼的考古材料来说，从地层上要早于红山文化，碳-14测定年代距今约8000年（经校正），不仅是西辽河流域最早的新石器时代文化，也是我国新石器早期文化之一。陶器"器表素面者极少，普遍饰满由三至五种纹饰组成的复合纹（以压印纹和附加堆纹为主）"，比后来的红山文化的同类陶器更加逼肖竹和藤条的编织器（图1）。沈阳新乐下层遗址进行了第二次发掘，经清理的2号房子的碳-14测定年代为距今7245±165年（经树轮校正），为辽中地区最早的新石器时代文化。陶器中素面陶绝少，器形以深腹罐为主，以器表满施压印的"之"字纹为特色，压印非常细致，酷似编织的筐（图2）。沈阳偏堡遗址的新石器时代

图 1　内蒙古兴隆洼新石器时代早期陶器

图 2　沈阳新乐下层新石器时代早期陶器

图 3　沈阳偏堡新石器时代晚期陶器

文化遗存要晚于新乐下层文化，陶器器形也以深腹罐为主，但纹饰要粗糙简单得多，已脱离了筐类编织器的原型（图 3）。旅大沿海地区新石器文化的陶器纹饰，也反映出由具象到抽象的早晚发展过程。早期的小珠山类型，距今约 6000 年，陶器上密布的压印纹和凸起的复道条纹纯粹是编织器肌理纹样的如实模拟（图 4）。而继小珠山类型发展起来的郭家村下层类型，陶器上的纹饰已简化，完全成为抽象的几何形纹。

距今 7000 年左右的分布在宁绍地区的河姆渡文化，陶器纹饰的演变过程同样也是由繁到简、由具象到抽象的。河姆渡文化的陶器以圜底釜为特色。河姆渡第四层遗址的陶釜上，大多有繁密的刻画花纹，可看出是模仿篓筐器的样式。河姆渡三层遗址的陶

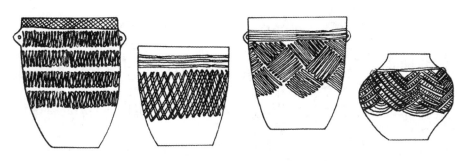

图4　辽宁后洼出土的小珠山文化早期陶器

釜，上面的刻画纹明显减少，器形为适于实用也发生了变化。长江中游的距今7000多年的石门皂市下层文化和继而发展的洞庭湖大溪文化早期的陶器，其器形和几何形纹饰模仿编织器和镂孔竹器。大溪文化中、晚期的陶器纹饰也变得简略（图5）。我国其他的许多新石器时代文化陶器上的图案纹样也呈现出相同的发展规律。

大量的例证说明：早期陶器上的纹样很少是出于美化的目的而着意装饰的，大多数是模仿当地在陶器出现前使用的器皿样式，这是由原始人的思维特点所决定的。当他们最初制作陶器时，难以凭空创造出式样，而是因袭原来使用的器皿的形状和肌理纹样，因为在原始人的心目中，无论是器皿的形状还是肌理纹样，都对器皿具有功能产生作用，并且固执地认为如不把原

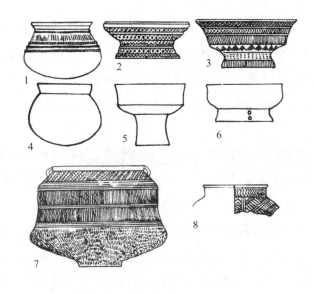

图5
1—3 洞庭湖大溪文化早期陶器
4—6 洞庭湖大溪文化中期陶器
7、8 石门皂市下层陶器

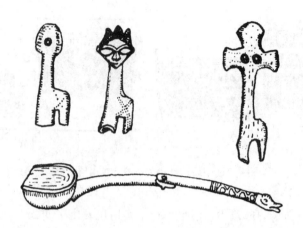

图 6　上：比属刚果的象牙笛（模仿欧洲人钥匙形状）
　　　下：刚果的勺子（模仿白人修补过的勺子形状）

先使用的器皿的形状和肌理纹样照原样移植到陶器上去，那么陶器便不具备或减弱实用功能。德国人类学家利普斯在《事物的起源》一书中记述了一些有趣的事实："比属刚果的土著居民听白人用钥匙吹口哨，误以为此物是一个乐器，就用象牙替他们部落的人刻了一个钥匙形的笛子。这样他们便分享了欧洲人新近的发明。白人厨房中的一个粗糙勺子，曾被一枚铁钉修复，这给予刚果另一个土著居民以深刻印象，他便为自己刻了一个非常相像的勺子，是由整块材料做成的，却刻出钉子和修复之状，模仿得惟妙惟肖，甚至修复部分那钉子下端突出之状也照样刻出来（图6）"。这种有趣的事例，在我国早期陶器中也屡见不鲜，黑龙江省肇源县白金宝遗址出土了一件早期的筒状陶罐，是模仿桦树皮筒的样式。这种样式的桦树皮筒，东北的鄂伦春族至今仍制作和使用着。这件早期陶器酷似桦皮筒，连桦皮筒拼接处的接痕和缝连的针痕也一一地仿照做出。而白金宝遗址出土的晚期的筒状陶罐，腹部上的仿桦树皮的不规则的刻画纹逐渐演变成规则的几何形纹，通过大量的例证，清楚地表明了绝大多数的早期陶器的样式和纹饰，是着意模仿当地原先使用的器皿的形状和肌理纹样。我曾在《中国装饰纹样简史》第一章第一节中进一步阐明了这个观点："由于在陶器出现前，人们使用的器皿中，编织器占重要的位置，这种编织器的肌理纹样是一种几何形纹样，而模拟编织器的早期陶器花纹，当然也是几何形纹样，但还保留着原先编织器的肌理纹样的骨式和在器物上编织纹的原位置。因此，不能含混地认为这类几何形纹样起初产生时，即已是抽象的表现，应该说只是转向抽象表现的开始。"

可是，几何纹样产生的原因并不是绝对化的，除了已谈到的主要因素外，还要考虑到其他方面的因素，有的几何形花纹，是在制作陶器的生产过程中产生的，如规则地附加堆纹、指甲纹、弦纹等，但这些纹饰出现的时间相对较晚，因为产生这些纹饰是陶艺进一步发展的结果。

下面再讨论一下彩陶上的图案纹样的起源问题。顾文不同意彩陶装饰是从具象到抽象的演变之说，其中还以大地湾遗址的彩陶做例证。由于我曾主持秦安大地湾新石器时代遗址的考古发掘工作，所以对此谈一点不成熟的看法。彩陶是陶艺发展到一定阶段才产生的，但并不是所有地区都会产生彩陶。在彩陶产生之前，人们就已经在陶器上模拟原先使用的器皿的几何形肌理纹样，这就成为后来彩陶上的纹样来源之一。但是在早期的器物上也有具象的仿生性纹样，如河姆渡一期的陶和骨器上仍有猪、鸟、稻穗等写实的动植物纹样，同期的彩陶上也饰有羽状的花纹。如果总观纹样发展史，动物纹样是最早产生的。在旧石器时代晚期，人们以狩猎生产为主，熟知动物的形象特征和性情。西班牙阿尔塔米拉洞的岩画，距今已有2万多年，画的猛玛、鹿等动物十分生动逼真，具有使当今画家吃惊的写实技巧。法国拉斯科洞穴岩画，距今也有1万多年的历史，在洞壁上画的鹿和野马栩栩如生，显示出很强的写实能力。近年来，我国北方发现了大量的古代岩刻画，题材分作围猎和畜牧两大类，围猎的动物多为野兽，并有在这些地区早已灭绝的象和虎。我国甘肃马鬃山的岩刻与蒙古南部的岩刻相邻，题材内容相近，而蒙古将这些岩刻的年代定为距今6000多年。因此我国北部以围猎野生动物为内容的岩刻，其年代也有追溯到石器时代的可能。近年来，我国旧石器时代晚期的遗存不断有新的发现，所以还不能得出我国动植物纹样在新石器时代晚期才出现的结论。

大地湾一期的彩陶是目前国内发现的最早的彩陶，大地湾一期的碳-14测定年代的上限为距今8000多年（经校正），是新石器时代早期的文化。大地湾一期的彩陶器形仅见圜底钵（有的在底部附加三足），用褐红色在钵口外绘一圈宽带纹、钵口内绘一圈窄线坟。

顾文中提及的多年复制彩陶的女专家，即李湘生同志。她曾来甘肃省博物馆，我们一起研究和探讨了大地湾一期陶器的制法，也对当时陶工最初在大地湾一期彩陶钵上绘红色宽带纹的动机做了分析。我们认为大地湾一期彩陶钵上均匀而平行的宽带纹和窄线纹是运用轮转绘成的，因为彩陶钵的口径一般在 27 厘米左右，只有用轮才能在圆形器口内绘出均匀而平行的窄线纹。此外，大地湾一期彩陶的陶质均为夹砂陶。李湘生告知，河北陶工制陶时，由于陶质粗糙，在旋转拉坯时，手指会磨出血来，而陶工却认为这是功力圆满的表现，陶器加工至此方称优良。因而我曾在《彩陶艺术纵横淡》[①] 文中对彩陶钵上红色宽带纹的起因试作揣测："据此我们分析原始社会制陶人的心理，他们可能认为只有在口沿的制作加工到手指出血的程度，才能使陶钵口部获得坚实耐用而在烧制时不易炸裂的功能，因此非要在陶钵口沿画上红色宽带纹，才能满足唯有这种样式的纹样才能具有功能的心理。"这个看法只是假设中的一种。

还有另一种假设。在大地湾一期遗址的发掘简报发表时，陕西省考古研究所的一位考古专家在论文中提出：大地湾一期的红色宽带纹圜底钵可能是红顶碗的误认。如果没有亲见大地湾一期红色宽带纹彩陶钵，是会产生这种联想的。因为距今 6000 年左右的半坡类型和后冈类型的红陶圜底钵，在烧制时为节省在窑中占的空间，将数个圜底钵套叠起来烧制。由于陶土中含有铁质，而露出的口沿部分在烧制时接触氧气较多，所以口沿一圈比其他部分显出更鲜明的红色，很像环绕在口沿的红色宽带纹。可是在半坡和后岗类型的钵和碗上，也有在口沿上画着红色宽带纹（后来演变成黑色宽带纹），这可以解释成彩陶钵、碗上彩绘的红色宽带纹是红顶碗样式的移植。当时的陶工不可能科学地理解产生红顶碗样式的原因，也许认为只有在陶钵和碗的口沿上出现一条红色宽带，才能使器物具有实用的功能。总之，陶工最初绝不会偶然地、无缘无故地在陶钵上绘红色宽带纹，而是按照在以前器皿上曾出现过的红色宽带形状的样式，根据心理的需要在钵与碗上用红色将宽带形状模拟绘出，从而产生了红色宽带纹。

---

① 参见《美术》，1983 年第 8 期。

在研究装饰纹样起源时，必须充分考虑到原始人的思维带有牢固的惯性这一特点，他们的实践和心理的经验在一般情况下发展进程是很缓慢的。原始社会的一些发明大多是在移植的情况下由于材料更换而产生的，陶器移植于原先使用的器皿，但是制作器皿的物质材料更换成陶土，于是产生了制作陶器这一划时代的技术成就，但出于思维的惯性，陶器的样式照旧移植于原先使用的器皿样式。大地湾一期彩陶钵口沿上的红色宽带纹，也是移植于陶钵制作过程中口沿上曾出现过的红色宽带的样式，是先前器皿上的具象的红色宽带样式的模拟，从发展的全过程来看仍是从具象到抽象的。

不同类别的彩陶纹样的起源情况是不同的，如果混为一谈，则难以弄清彩陶图案纹样的起源问题。早期的彩陶纹样就分作两大类：一类是脱胎于编织器肌理纹样的几何形花纹，幻想借此产生实用的物质功能；另一类模拟生物的自然形花纹、图腾崇拜等抽象的精神意识却是通过具体仿生物的形象表现出来的。因此顾文不同意彩陶上的花纹都是从模拟生物（主要指动物）的自然形花纹发展而来，是有一定道理的。可是彩陶上的仿生物的这类纹样确实呈现出从具象的自然形花纹演变为抽象的几何形花纹的发展过程。当我们研讨这个命题时，当然在文化类型、地域、年代等方面要有一定的范围，也就是要有科学性。考古是一门科学，我国的考古研究取得了举世瞩目的成就。苏秉琦、石兴邦、严文明等考古专家提出的仰韶文化和马家窑文化彩陶上的一些主要的几何形花纹，是从具象的动物纹演变而来的观点，是从这两种文化的数以百计的遗址考古发掘中，按照考古学的分区，根据考古地层关系，参照碳-14测定年代，进行器物排比，从而划分考古分期，经过反复验证，最后才确定彩陶花纹的演进规律，这是经过科学研究得出的结论，绝不是坐在办公室里凭空想象出来的。

某一古文化的彩陶分布在一个相当广大的地理区域内并不足为奇，因为彩陶产生于原始社会的晚期，正处于氏族制度解体而建立奴隶制国家的前夜。恰恰由于农业的发展，得以积累多余的产品，进行规模更大的交换，促进了私有制的产生。正是在这一重要的历史转折时期，各部族急剧地兼并或融合，我国第一个国家就是在这基础上建立的。因此，距今5000多年的庙底沟类型和距今4000年左右的龙山文化，不仅本身分布的区域较广，而且对周围的文化类型产生了深刻影响。确定一个古文化的分布区域，是对区、系、类型划分的审慎研究的结果。相反，在顾文中却出现了将甘肃省的天水地区归属于陕西省的错误，从而夸大马家窑文化的分布面积，以自己的失实来指责别人缺乏科学的严谨是不能令人信服的。

顾文提出只有"各种类比图例的资料来源于同一地点不同地层的发掘，那么可以从地层的年代顺序得到可靠的、有说服力的依据"。这个条件确是比较苛严的。因为新石器时代从早到晚前后延续发展了6000多年，早期因自然条件的变化，晚期因战争的冲击，人们很难始终在一地居住。何况加上长期以来各种因素造成的破坏，在一个遗址中很难保存一个或几个相承文化类型的各阶段的遗物。但是也有少量的时间跨度长而文化内涵丰富的遗址，如甘肃秦安大地湾遗址就包含了大地湾一期和仰韶早中晚期的各时期的文化遗存。大地湾遗址有很多成组的地层关系，为考古分期提供了可靠的依据。大地湾仰韶时期的彩陶纹样，以鱼纹和变体鱼纹为主要的花纹，而且贯穿于大地湾仰韶时期彩陶的始终。大地湾仰韶早期的鱼纹，多为写实的鱼的单独纹样，比例适当，亦有对细部的刻画，完整地表现出鱼的各部分。大地湾仰韶中期的鱼纹，进行了夸张变形，鱼身拉长，鱼头的外形概括成三角形或方形，鱼鳍增多或减少的转化。这时期，鱼的分解纹样增多，以鱼头或鱼身示意地表现鱼。这种以局部的纹样标志性地表示整体的纹样的表现手法，在当时是屡见不鲜的。大地湾仰韶晚期，增多了以两个以上的变体鱼纹利用共用形组成的二方连续图案，还出现了变体鱼纹和变体鸟纹相结合的图案。只存有少量的变体的鱼的单独纹样，由于追求装饰性，鱼的单独纹样成了上下对称的统一用弧条纹组成的几何形纹样。我们曾在《文物》1983年第11期的《甘肃秦安大地湾遗址1978至1982年发掘的主要收获》文中介绍了大地湾仰韶彩陶鱼纹的考古材料，并附以图例，表明了大地湾遗址出土的仰韶各期彩陶上的鱼纹，呈现出从具象演变为抽象的成系列的完整的发展过程（图7）。

在同一遗址中，根据考古地层的序列，反映出彩陶上的动物纹样从具象演变为抽象的例子，还能举出若干，陕西华县柳枝镇的庙底沟类型遗址中发现了许多绘有鸟纹和变体鸟纹的彩陶，苏秉琦先生根据考古地层和器形排比，得出

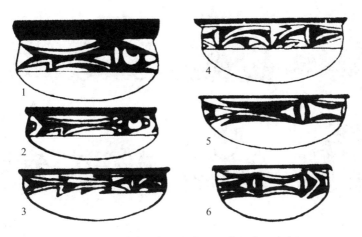

图 7　秦安大地湾仰韶文化鱼纹圜底盆发展演变图

这一遗址彩陶上的鸟纹是由具象发展为抽象的结论。在青海乐都柳湾，发掘了目前已知的规模最大的马厂类型墓地，包含着马厂早中晚各期的数以千计的墓葬。柳湾马厂彩陶以人形纹为主要花纹（亦称作蛙纹）。根据《青海柳湾》发掘报告的马厂墓葬分期，可以看出早期墓彩陶上的人形纹较写实，头、身、肢和爪指各部分俱全（以第 338 号墓为代表）。中期墓彩陶上的人形纹，头部被省略，但下肢的肢节和爪指增多（以第 564 号墓为代表）。晚期墓彩陶上的人形纹，头和身子皆被省略，只余下由肢节演变成的折线纹，只是在关节处还保留着爪指，依稀能辨认出人形纹的残痕（以第 558 号墓和第 914 号墓为代表）。柳湾墓地马厂彩陶人形纹的演变过程也是从具象发展为抽象的。再进一步说，马厂早期彩陶的人形纹还不是最早的，因为马厂类型是相承半山类型的。而半山类型彩陶上的神人纹，无论造型和比例更接近人的真实形象（图 8）。半山类型到马厂类型彩陶上的神人纹，呈现出由具象的自然形纹发展为抽象的几何形纹的完整系列。其他文化类型的彩陶上的拟生性花纹也能看到类似的例子：如甘肃东部地区的仰韶晚期（亦称石岭下类型）的鲵鱼纹、马家窑类型的鼋鱼纹（或称蛙纹）、辛店文化的鸟纹、四坝文化的蜥蜴纹等彩陶花纹的发展过程，都是从具象发展为抽象的。

这不仅从大量的考古学资料得到证明，民族学资料中也不乏例证，如台湾山

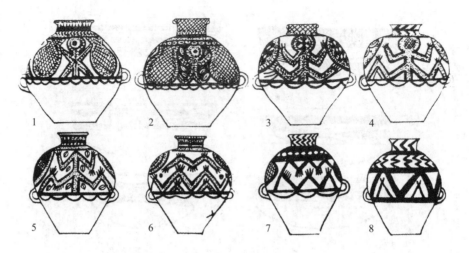

图8　半山类型到马厂类型神人纹演变推测图

1、2：半山中期　3：半山晚期　4：马厂早期　5、6：马厂中期　7、8：马厂晚期

地族的装饰花纹中具有代表性的菱形花纹，就是从山地族具象的蛇图腾徽纹发展演变而来的。鄂伦春族的两种主要几何形纹样，分别源自具象的花和蝶的纹样。各族装饰纹样中类似的例证是不胜枚举的。

扩及国外，一些古文化彩陶上抽象的几何形纹也是由具象的动物纹发展演变而形成的。如中亚安诺文化彩陶上的折线纹是鹿角纹的演绎，伊朗苏撒文化彩陶上的"之"字形折线纹则是水鸟纹的简化和变化。

要深入理解装饰纹样的起源问题，不能不涉及原始社会装饰纹样具有的强烈的社会意识。顾文认为彩陶艺术只是任意地再现记忆中的对象，好像是儿童的自由画一样。然而这只是表面的理解，因为一个由现代家庭培养的幼儿作画和具有氏族成员资格的陶工（须经过成丁礼，才能成为氏族成员）画彩陶纹样，压根不是一码事，脱离了特定的历史条件去抽象地讨论问题是引不出正确结果的。原始人首先是作为社会的人而存在的，因为当时一夫一妻的小家庭还没有兴起，个人是氏族组织中的一员，氏族社会是以血缘为纽带来维系的，常以某一种超人的动物为共同祖先，而称之为图腾。为什么多以动物为图腾纹样呢？因为在旧石器时代，以狩猎经济为主，人们在生活中与动物的关系最密切，当时的人类对自身与动物的界限也不像现在分得这样清楚，他们对能否猎取到野兽或被野兽伤害，都归之于作为图腾的某一种动物是否庇佑。而且认为氏族中的人和作为图腾的动物是一个共同体的不同形体表现，是可以互相转化的。因而早期的图腾纹样一般是写实的图腾纹样，后来，图腾愈来愈神化，以此表示不是一般的某一种动物，遂出现了许多变体纹样。在祖先崇拜的意识增强后，又出现了人格化的动物神，更加脱离了生活中真实的动物形象，图案纹样愈来愈具有示意性和装饰性。我们认为，原始社会的装饰纹样是氏族社会生活的产物，不是个人任意的即兴画。前面提到的氏族成员成丁礼，就是氏族组织对新加入氏族的成员进行的社会教育。有的原始民族在成丁礼上，要对新加入氏族的成员进行文身，而文身的纹样都是特定的，以区别于其他族的纹样，有的文身纹样则是几何形化的图腾纹样，而氏族人们的文身纹样又是和器皿上的装饰纹样是同一的。如山地族的图腾纹样是蛇，山地族族人的文身图样和器皿、建筑上的装饰纹样，都是具象的蛇纹及其演绎出的几何形的变体蛇纹。因此，原始社会的装饰纹样具有鲜明的族意识，是族文化在图案方面的表现，所以考古学家能够以器皿上的纹饰来区别不同的考古文化。

　　过去谈艺术的起源，只谈物质生产的作用，而忽略了原始人的精神需要。原始社会的装饰纹样的产生，是基于精神上追求的功利目的。当陶器初产生时，人们首先考虑新发明的陶器要保持原使用器皿的功能，因此模拟原使用器皿的肌理纹样。由于陶器进一步的发展，人们掌握了制作彩陶的技术，通过彩绘图案纹样寄托精神上的崇尚和愿望。或在陶器上画威严猛厉的动物神形象，借此驱邪避祟。或在器物上饰图腾纹样以示族别，虽可简略地作示意的表现，但本部族或氏族作为图腾的动物种类不能妄自改易，否则会触怒祖先，得罪神灵，带来灾祸。因此，一个新石器时代文化的分布区内各地的彩陶，在同一时间内的彩陶纹样会完全相同，是因为彩陶图案是被氏族全体成员共同认可的能够标示这个氏族共同体的特定纹样。并且氏族人们精神领域中的清规戒律是很多的，禁忌也很多，从而使彩陶纹样具有标志性和神秘性两大特点，因此彩陶艺术是严格的族文化的表现，一个彩陶文化的图案纹样的同一性正说明了这一点。所以原始社会的装饰纹样（特别是彩陶纹样）种类并不多，而变体的样式较多。

　　氏族社会大多实行族外婚制，随着氏族社会的发展，氏族的成分变得愈来愈复杂，不同的氏族组成部族，不同的部族又结成部落联盟，随着部族的融合或兼并，氏族社会趋于解体对图案纹样的原有观念愈来愈淡薄，出于实用装饰的审美观念愈来愈加强，因此模拟式的具象的纹样，逐渐变成示意性的纹样，不仅不断简化，而且造型愈益概括，由自然形纹样演变成几何形纹样。

不仅有大量的具体的材料证明图案纹样起源于具象，从人们的认识过程讲也是从具体到抽象的。哲学上的两种对立的认识论是："从物到感觉和思想呢，还是从思想和感觉到物？""从物到感觉和思想"的观点，正是从大量的具体的材料中得出的结论。但是这种发展过程是十分复杂的，比如仿编织物的纹样和仿生物的纹样在发展过程中彼此会发生影响，又如工艺手段的改变亦会对纹样的造型发生影响，这些问题因限于篇幅就不在本文讨论了。

走向意象表现之路

从旧石器时代晚期到青铜时代，是中国装饰纹样的肇始时期。

中国远古文化的遗存无比丰富，新中国成立以来发现的大量的新石器时代的考古材料，是探索中国装饰纹样起源的第一性材料。虽然说特定的物质生产条件，形成了当时人们特定的意识观念，然而装饰纹样却不是从物质生产直接产生的，还需要通过精神生产这个中间环节，当人们有了独立于物质生产的精神生产时，才有了文化史的开始。中国旧石器时代晚期的山顶洞人的串珠，是精神生产的产物。峙峪人在骨片上的刻纹，简略地表现动物等形象，更明显地是属于精神生产的产物，但这种标示性的纹样只能说是含有装饰的因素。因为附于器物上的纹样，只有由精神生产转化为艺术生产时，才具有装饰的意义。

中国远古文化的纹样，除去具有原始文字性质的符号是指事的工具外，不论是仿生形和几何形的纹样，都经过了从具象到意象的发展过程，然而这两类纹样的发展经过却不相同。仿生形纹样从具象到意象的演变，是直接从精神生产转化为艺术生产的。昌盛于氏族社会晚期的图腾纹样，一开始就是精神生产的产物，然后转化为艺术生产的。如半坡文化彩陶上，作为主要花纹的鱼纹，多认为是半坡部族最重要的图腾纹样，是以鱼类为半坡氏族的共同祖先，用血缘关系为纽带将氏族成员维系在一起。这决定了图腾纹样的构成状况，是以半坡部族中各氏族的各式各样的鱼、龟或蛙的图腾纹样，来构成半坡部族的以鱼类水族为主体的图腾纹样。当母系氏族社会向父系社会过渡时，相应地亦由图腾崇拜逐渐发展为祖先崇拜。半坡彩陶上人和鱼相寓合的纹样，就是鱼类图腾神被人格化的表现。这时彩陶上人和鱼相寓的纹样，不仅是氏族的徽纹，而更多地赋入了氏族全体成员对鱼类祖先的敬仰之情。在关中地区半坡文化晚期的彩陶上鱼和鸟头、人面相寓合的纹样，则是有着更广含义的复合纹样。与半坡文化东部相邻的庙底沟文化，其彩陶花纹以鸟纹为主要纹样之一，鸟纹可认为是庙底沟部族的主要图腾纹样。在半坡和庙底沟文化相邻地区彩陶上出现的这种奇特的复合纹样，是这一地区以鱼类为主要图腾的部族和以鸟类为主要图腾的部族相融合而在彩陶图案上的反映，也正是在由不同部族进而结成部落联盟的阶段时出现的。由于"族"的范围不断扩大，人们对"族"的观念也发生了变化，原先表现单一氏族或部族的纹样，尤其是写实的拟生性的纹样，已不能表现范围更广的部落联盟的远为复杂的内涵，因此必须进一步去设计和创造新的复合纹样，这样就由写实的具象纹样经过分解、简化又复合成示意性的意象纹样。这种由写实到写意的转变，正是从精神生产转化为艺术生产的标志，而这种转化是出现于氏族社会走向解体的时候。

而源自编织物肌理纹样的几何形纹样，却与物质生产有着密切的关系。原始社会的人们不可能从起始就自觉地运用规律去创造，所以当他们最初制作陶器时，总是模拟原来使用过的器皿的形状肌理纹样，这在古中国各区的早期陶器上都鲜明地表现出来，都是写实地模拟各种编织物的呈几何形的肌理纹样。在他们的臆想中，只有这样才能保持产生陶器前使用的器皿的功能，当然这只是幻想中的功能。尽管如此，早期陶器上的这类模拟编织物的几何形纹，已不是物质生产的产物，而是由物质生产转化为精神生产的产物。人们随着实用的需要和制陶工艺的发展，认为陶器上的模拟编织物纹样是具有功能的假想也愈来愈淡薄，于是逐渐脱离被模拟编织物的原型，根据美的法则而设计出经过变化的几何纹样。这时的几何形纹样才具有装饰意义，意味着由精神生产向艺术生产转化。但与图腾纹样的转化层次不同，由物质生产的编织物几何形纹样，演变为陶器上具有装饰性几何形纹样，而成为艺术生产，是需要经过精神生产这一中介环节的。但是从总的方面来说，这类不同的纹样都是由具象发展为意象的。如果说陶器上源于编织纹的几何形纹样，世界各地发展情况基本相同的话，那么古代中国图腾纹样以后的发展过程，却更多地显出自己的特点。因为中华民族是多民族的综合体，中华民族特殊的形成过程，决定了中国装饰纹样产生之后，走向意象表现之路。

幅员辽阔的古中国是中华文化五彩缤纷的大摇篮。高山、丘陵、平原、草原、森林、湖泽、海滨等各种生态环境无不具备，因此还分成以农为主、半农半牧、半农半渔、畜牧为主等各类经济区。即以农为主的经济也很不相同，北方以种粟为主，南方以种稻为主。由于自然环境不同，人们的经济生活不同，审美观念也有所不同。自成大地理区的古代中国，以氏族为单位的社会组织比较松散，尤其在交换没有盛行、交通不便、语言复杂的情况下，原始社会的装饰纹样是多元发展起来的，因此研究中国原始社会的装饰纹样，必须充分注意到地域性特点。

绚丽的花束是由各放异彩的花朵组成的。

分布于黄土高原山前地带泾渭流域的老官台文化和半坡文化，陶器工艺是以彩陶为代表的。由于这里的土层深厚，人们长期采用半地穴的居住方式，并且可以较少限制地按照人们的设想来安排氏族村落的布局。临潼姜寨、西安半坡和秦安大地湾等半坡文化村落的布局，由四周分组而向心的房屋群组成，反映出强烈的集团意识，宗族观念得到充分的发展，导致这一地区图腾艺术的繁盛。半坡文化彩陶有较多的图腾纹样，并且由于长期潜居生活在半地穴房子中，容易对鱼类水族产生亲近感，半坡部族的人们选择鱼类纹为主要图腾纹样，也许不是偶然的。

东部沿海地区的人们，面向大海，湖泊密布，河流纵横，有舟楫之利，是交换出现较早的地区，因此这一地区人们的思想活跃，文采鲜明。黄淮下游地区的大汶口文化和继起的龙山文化的居民，追求复杂而华丽的装饰，不仅表现在装饰品的样式和质料的多样化，而且有刻镂精细花纹的象牙饰品和制作精湛的玉饰品，这也标志着专业手工业者的产生。彩陶上以多层次色彩绚丽的花纹为特点，红陶豆座上的镂空纹十分规整。这些方面无不表现出这一地区人们喜爱装饰的风尚。

长江和钱塘江下游地区，处于潮湿的湖泊沼泽地带，居住方式是由巢居变为干栏式房屋。该地区盛用木器，还能制作由不同部件而复合的木器，并产生了以卯榫结构为特点的木构建筑。人们不仅善于用相互渗透的观念来看事物，也善于立体地和多角度地观察和分析事物。该地区是凤鸟纹和兽面纹的发源地。凤鸟纹多作飞翔状。这里的人们居房凌地而起，自然从心理上很容易选择鸟类作图腾神。由敏锐的思想而伴生的精巧手艺，使这里成为玉器工艺发展最快的地区，玉器的抛光技术和精细的线刻纹，都显示出高度的工艺水平。刻在玉琮上的兽面纹，多饰于玉琮的转角处。玉琮是用于祭祀的礼器。在殷周青铜器上，兽面纹也多饰于器腹的转角处，两者显然有相承的关系。

置于茂林修竹之中的长江中游地区，是竹器流行的地区。大溪文化的陶器以圈足为特点，是对带有竹圈足器物的模拟。陶器上富有特色的绚索纹，是源于竹条编扎器的花纹，这些拟编织物的几何形纹样是该地区装饰花纹的特点。

以湖南、江西、粤北为主的华南地区，陶器工艺以印纹为主，是原始印纹陶主要的发源地。印纹工艺以湖南北部大溪文化的印纹白陶为代表，尤以原始夔龙纹和雷纹等纹样具有特色，这种模印花纹的技术与青铜器的陶范印模制作工艺有相似之处。

位于华南沿海的闽、台、粤、桂等地区，滨海的贝丘遗址反映着半农半渔的经济生活。这一区域流行绳与竹相结合的编织器，拍印的绳纹是陶器上的主要纹饰。福建和台湾沿海地区的彩陶，以饰有红色卵点纹为共同特色。

位于东北辽河流域的原始文化，日益引人注目。红山文化时期的人们过着农牧并重的经济生活，由定居畜牧者建造圈栏的意识，发展出石垒的城圈和以石祭坛为中心的神庙建筑。彩陶花纹中有少量的动物纹，还运用了彩绘纹样与动物雕塑相结合的手法。

甘青宁地区的马家窑文化，彩陶工艺继续发展着，彩陶艺术臻于高峰，装饰花纹无以复加的繁丽。随着来自东方的先进文化向西发展，这一地区的古羌族居民的经济方式由农业向牧业转换，引起了彩陶的衰落。

中原地区的彩陶在龙山文化时期已告衰落，原因却是由于阶级急剧分化而造成的。少数人享用的彩绘陶礼器代替了多数人享用的彩陶日用器，在礼器上特定类别的装饰花纹只能被特定等级的人所专用。在中原地区，彩绘陶是介于彩陶艺术和青铜艺术之间的中间环节。从属于中原龙山文化的山西襄汾陶寺墓地来看，彩绘陶只出于大墓，表明只是具有特殊身份的人才能享用。陶寺彩绘陶盘中的鱼龙纹，呈现出由鱼纹向蟠龙纹发展变化的序列，其渊源可溯自半坡文化彩陶上的鲔鱼纹，以后又发展为商周青铜盘内的蟠龙纹，而且在蟠龙纹的四周还常附有鱼纹。陶寺彩绘陶上的变体动物纹、圈点纹等，也见于商代的青铜器。可以看出，彩绘陶花纹是商代青铜器花纹的重要来源之一。

在中国原始社会晚期，中原地区是发展最快的区域，吸收着来自四面八方的影响，大河村类型的彩陶，就受西面的庙底沟类型彩陶的强烈影响。大河村类型彩陶的绚丽色彩和背壶的样式，都是受东邻的大汶口文化的影响。而筒形瓶和壶形器又分别受南方的大溪文化和屈家岭文化的影响。秦王寨类型彩陶中的红色彩纹灰陶碗，则受到北面的大司空类型彩陶的影响。中原地区成为四面八方文化汇聚的中心。因此，在相当于夏代的龙山文化中晚期，以中原地区为中心，黄河流域的文化面貌趋于统一。但中原地区原始社会的美术也有自己的特色。大河村彩陶上鸟和太阳相结合的阳鸟纹，使人想起阳鸟栖于嵩山而于颍川饮水的古老传说。鼎形器是这一地区一脉相承发展而具有代表性的器物，到了夏商时期，青铜大鼎成为青铜礼器中的重器。

夏王朝在中原地区的建立，导致这一区域装饰花纹的性质发生了根本意义的变化。如果说在中国原始社会晚期，在军事部落联盟出现时，由单一氏族或部族的单体纹样，变成由不同部族组成的部落联盟的复合纹样，是中国装饰纹样走向意象表现的第一阶段，那么，在夏王朝建立后，是青铜艺术的形成期，这是中国装饰纹样走向意象表现的第二阶段。

青铜礼器上的装饰纹样，是内涵更广泛的复合纹样，是各地的图腾神纹样的复合体，装饰在青铜礼器上，乃是供奉宗主神的。《左传·宣公三年》有一段关于青铜艺术的重要记载："昔夏之方有德也，远方图物，贡金九牧，铸鼎象形，百物而为之备，使民知神奸。故民入川泽山林，不逢不若。魑魅魍魉，莫能逢之，用能协于上下，以承天休。"所谓"远方图物"，即指各地方国的图腾神，铸于鼎之类的青铜礼器上，用以供奉或祭祀中原地区宗主国的宗主神，而中原地区宗主国则利用神权来加强对各地方国的统治，各地方国诸侯也以此表示对宗主国统治者的臣服。因此，青铜礼器上的花纹能够起着"协于上下，以承天休"的作用。而青铜礼器上的花纹是中国新石器时代各地区图腾纹样进一步的复合，已经超越了单一氏族图腾纹样的内涵。从商周青铜纹样来看，有源自中原龙山文化的蟠龙纹、圈点纹、变体动物纹；东部沿海地区良渚文化和龙山文化玉石器上的兽面纹；华南地区印纹陶上的夔龙纹、雷纹、叶脉形纹、回纹；东北红山文化玉器上的勾曲形龙纹；长江和钱塘江下游地区的河姆渡文化和良渚文化的凤纹。除此，大溪文化印纹陶在满施纹样的地纹再堆加主题花纹的装饰手法，也继续见于商代青铜器。商周青铜礼器上的花纹，是各方国图纹的综合体现，宗庙中的大鼎是宗主国神权的象征。但是在青铜礼器上并不出现宗主神的形象，"帝"的偶像不仅没有发现，具体是什么形象也说不清楚，商周时期的"帝"，已经不是单一氏族的神，而是黄河流域许多民族融合成的共同体的神，再无法用具象的手法表现，只能是"大象无形"了。

中华民族形成的特殊道路，决定了中国装饰纹样向意象表现的发展。从各地区分散的部族到以中原地区为中心的国家的建立，写实的单独纹样，愈来愈不能表现由于各族不断融合而不断扩大的共同体的形象，必须用意象的表现手法来解决这一复杂的课题。中华民族文化是各族综合体的文化，是兼收并蓄的伟大文化。由此，中国装饰纹样走上意象表现之路，一脉相承又不断融合壮大。

第二部分

丝路东西

从甘肃一带出土的文物
看丝绸之路的形成过程

丝绸之路从广义上已被理解为东方与西方的交往之路，如果没有丝绸之路将古代东方和西方连接起来，人类文明的进程会发生无法估计的延缓。然而，丝绸之路的拓通并非一人一时能毕其功于一役的，它是世世代代不避艰辛的开拓者的足迹交织而成的。

公元前139年，由西汉王朝派出的使者张骞开通的丝绸之路，是自古以来古代东方和西方之间民间交往不断扩大的结果，不是简单地由东方或西方单向地延展而连接起来的。丝绸之路的形成，经过了长时期多层次、多渠道、分阶段的由间接到直接、由小规模到大范围的交流、由民间流通到官方往来的十分漫长而复杂的过程。探讨丝绸之路的形成过程，是东西方文化交流史有待深入研究的重要课题。由于甘肃一带具有特殊的历史和地理位置，成为研究早期东西方文化交汇的关键地区。

甘肃位于东部面向大海的平原丘陵地区和西部面向内陆的高原地区的交界处，又是东南地区农业文化和西北地区牧业文化的交叉地带，并且甘肃河西走廊这一窄长通道是东西方交往的必经的咽喉要径，因此成为古代东方和西方文化的交汇点，在丝绸之路上起着重要的枢纽作用。在漫长的东西方交往过程中，甘肃一带遗留下许多宝贵的历史文物，尤其是新石器和青铜时代的出土文物，是研究丝绸之路形成时期情况的第一性的实物资料。

新石器时代甘肃和东部、西部等地区的交流

　　古代世界的东方和西方，被高峻的喜马拉雅山、喀喇昆仑山、天山等难以逾越的大山和浩瀚的塔克拉玛干大沙漠所阻隔。两河流域文明、印度河流域文明和黄河流域文明各自独立地发展着。甘肃处于东方、西方文化最初交汇处的敏感位置上，因此关于甘肃古文化的起源问题，中外学者一直持有多种不同的意见。其中，瑞典学者安特生曾主张的中国文化西来说和我国一些学者主张的中原文化放射说是较有影响的。

　　1979 年，在甘肃省秦安县大地湾发现的距今 8000 年左右的新石器时代早期遗址（经校正的年代为距今 8170 年～7350 年），出土的满饰绳纹的三足陶器具有鲜明的特色，其中还有绘着红色彩纹和符号的彩陶。大地湾文化的彩陶，不仅是中国目前发现的最早的彩陶，也是世界上最早出现彩陶的古文化地之一。因此，甘肃的古文化既不是源自西方的西亚或中亚，也不是源自东面的中原地区，而是源自本土。

　　甘肃的远古文化虽然自成体系，但并不意味着与周围的古文化相互隔绝。事实上，甘肃古文化与黄河中、下游的古文化在不断地交流着，大地湾文化陶器中的三足钵、圈足碗和中原地区同时期的裴李岗文化、磁山文化的同类器物的造型相同。在距今五六千年的仰韶文化彩陶上的装饰纹样分布范围的变化中，也说明了这种交流的进一步发展。甘肃仰韶文化彩陶上的鱼纹，有着从早到晚的由写实演变为写意的完整发展系列，可以看出仰韶文化彩陶鱼纹由渭水、泾水流域向东传播的过程。在仰韶中期，河南洛阳一带也出土了变体鱼纹彩陶盆。同时，以陕晋豫为中心的庙底沟类型彩陶上的典型的勾羽圆点纹和弧边三角纹，像旋风似的扩散到几乎整个黄河流域及长江中下游，最西传播到甘肃和青海的邻近地区。这标志着这个时期整个黄河流域部族之间的交往已经沟通，黄河流域和长江流域部族之间的交往已经开始。在距今 7000 年至 5000 年间，黄河流域和南方等地区的部族之间交流的品类和范围都明显地扩大了。距今约 7000 年的宝鸡北首岭下层遗址中，出土了一些榧螺，经北京自然博物馆鉴定，产于我国南海及东海南部，

表明当时黄河中上游和东南沿海地区已有间接的交换[1]。

距今 6000 年左右的秦安县大地湾、王家阴洼和庄浪县徐家碾的仰韶早期遗址中，出土了成串的短褶矛蚌，现今这种蚌只产于我国东部的江河下游地区。王家阴洼遗址出土的另一种壳厚而纹理粗疏的蚌壳，经鉴定为近江牡蛎，而这种蚌现今只分布在江河入海处。秦安大地湾仰韶中期遗址中，出土了微呈绿色的硬度较高的玉制耳坠，其玉石不是秦安本地所产，应是交换而来的。大地湾仰韶晚期遗址出土的汉白玉制成的杖头，其原料也是从别处交换来的。大地湾仰韶晚期遗址还发现了用朱砂绘着红色花纹的陶器，但秦安附近不产朱砂，甘肃的朱砂产地主要分布在西秦岭地区中的一条狭长地带，集中分布在成县、徽县一带。当时交换物的品种虽以装饰品和装饰材料为主，生产工具的材料也成为交换的一种物品。在陕西西安牛坡村新石器时代遗址的发掘报告中，有一项值得重视的研究结果：半坡遗址中石器的石料有 90% 以上竟是从数百公里外宝鸡以西（可能是甘肃东部）的地方运来的。可见当时交换的物品种类已是很多的[2]。

甘肃、青海一带距今 5000 年至 4000 年的马家窑文化表明，当时交流的范围进一步扩大，装饰品的质料更多是由远方交换来的。早在秦安大地湾仰韶晚期遗址中就已出土了用绿松石制成的半圆形饰片，在马家窑文化的墓葬和遗址中，也发现了各种绿松石饰品。此外，东乡林家的马家窑类型遗址、兰州花寨子、景泰张家台等处的半山类型墓葬，都出土了用绿松石制成的坠、珠和管。青海省乐都县柳湾马厂类型墓葬出土的绿松石装饰品的样式多达 16 种，共 204 件。但是甘肃并不出产绿松石，我国的绿松石产地不多，集中出产于秦岭主脉的南侧一带，且质地较细，与甘肃、青海原始文化遗址中发现的纹理较粗的绿松石不同。元末明初的陶宗仪在《辍耕录》一书中，列举我国绿松石来源有三处。一为襄阳，即湖北省西北部。另两处都在伊朗的东部，一在内沙布尔（Nishapur），另一处在克尔曼（Kirman），这里产的绿松石又称河西甸子。甘肃仰韶晚期和马家窑文化

---

[1] 参见中国社会科学院考古研究所宝鸡工作队：《一九七七年宝鸡北首岭遗址发掘简报》，《考古》，1979 年第 2 期。

[2] 参见中国科学院考古研究所、陕西省西安半坡博物馆《西安半坡》（原始氏族公社聚落遗址），《中国田野考古报告集》，《考古学专刊》丁种第 14 号，文物出版社，1963 年。

的绿松石来源至今不清楚，因此并不排除来自西部的可能性。

在甘肃、青海的马家窑和马厂类型墓葬中，还发现了产自东南沿海的海贝。如青海大通上孙家寨马家窑类型墓葬中就出土有海贝，青海民和核桃庄的另一座马家窑类型墓葬中也出土了一些海贝。甘肃兰州土谷台马厂类型遗址中发现6枚海贝（1977年，张学正和我调查土谷台马厂类型遗址所得），土谷台马厂类型遗址、玉门火烧沟和民乐东灰山等地的四坝文化墓葬中出土的海贝，经兰州大学生物系唐迎秋副教授鉴定，属环纹货贝，产于台湾海峡和南海。青海省乐都柳湾马厂类型墓葬中共出土了15件海贝，还出土了6件以大理石制成的仿海贝的石贝（图1）。由此可以看出这里不仅有海贝品，而且还用其他材料来仿制海贝。因此，甘青地区马厂类型出现的贝壳装饰品可能已成为进行流通和交换的中介物，反映出当时甘肃一带的交换活动已有一定规模。

我们对甘青地区古文化海贝传入的情况进行考察后，就可以判断出当时在甘肃一带海贝的流传路线和发展过程。比马厂类型年代较晚的齐家文化发现了更多的海贝，柳湾发掘的齐家文化墓葬比马厂类型墓葬少得多，但出土了36件海贝，而且含有海贝的齐家文化遗址也愈来愈往西移，在河西走廊的武威皇娘娘台齐家文化遗址也出土了海贝。晚于齐家文化的四坝文化，距今约3700年，主要分布在河西走廊西段，并且向西延伸到新疆哈密一带。在玉门火烧沟四坝文化墓葬中

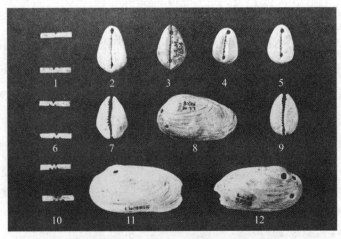

图 1 青海柳湾出土的马厂类型海贝等装饰品

出土了上百枚海贝，有的墓葬中还出土了长串的海贝。在民乐东灰山四坝文化遗址中还出土了闪蚬，这类贝壳产于陕西以东的地区。从甘肃一带的海贝、蚌壳的传播情况来看，被视作珍罕的海贝经过间接交换，从东南沿海经贵州、四川而传入青海，又进入甘肃中部，并折向西去进入河西走廊。这条由东向西延伸的海贝流传之路，可称为海贝之路。绿松石等珍贵的玉石装饰品有可能由甘肃以西传入甘肃，有的专家认为存在着一条由西向东延伸的玉石之路^①，与从东向西延伸的海贝之路在甘肃一带相会，这就孕育了丝绸之路的雏形。

✦◆✦ 青铜时代初期甘肃一带的农业文化与西北草原文化的交流 ✦◆✦

甘肃是我国最早产生青铜的地区之一。在距今 5000 年的东乡族自治县林家马家窑类型遗址，发现了一把保存完整的青铜刀，还发现了炼铜所余的铜渣。永登县连城蒋家坪马厂类型遗址也出土了一把青铜刀，因此可以认为马家窑文化已经进入了铜石并用时期。

西亚和中亚的铜器产生的时间较早，约在公元前 6000 年西亚就进入了铜石并用时期。在甘肃西北方位于南西伯利亚叶尼塞河中游和阿尔泰地区的阿凡纳谢沃文化，其年代为距今 5000 年左右，出土器物中也有打制的铜刀，但仍为红铜器。此外，还有红铜打制的耳环、手镯、针、锥等。^② 由于阿凡纳谢沃文化略早于马家窑文化，两者的地理位置又比较接近，彼此的铜器存在着什么关系是值得注意的。

镶嵌细石器作刃的骨刀柄，其发源和传播路线成为考古学者感兴趣的课题。在亚洲，年代最早的镶嵌细石器作刃的骨刀发现于中亚土库曼地区的哲通文化，骨刀出现的年代在距今 8000 年至 7000 年间。^③ 位于甘肃正北方属俄罗斯贝加尔

---

① 参见杨伯达：《甘肃齐家玉文化初探》，《陇右文博》，1997 年第 1 期（总第 3 期）。

② 参见《阿凡纳谢沃文化》，《中国大百科全书·考古卷》，中国大百科全书出版社，1986 年，第 2 页。

③ 参见《哲通文化》，《中国大百科全书·考古卷》，中国大百科全书出版社，1986 年，第 647 页。

湖以西的安加拉河流域的伊萨科沃新石器时代墓地，年代距今约6000年。在这里出土了刃部嵌有石叶的骨矛和骨柄刀。在我国，年代最早的镶石叶骨柄刀发现于甘肃秦安大地湾仰韶中期遗址，为距今5500年的遗物。马家窑文化发现了更多镶石叶的骨柄刀，东乡林家马家窑类型遗址还发现了两侧镶石叶的骨矛。在兰州花寨子半山类型墓葬，发现了两侧镶石叶的骨匕首。从已发现镶石叶骨柄刀的年代序列来看，甘肃新石器时代中晚期出现的镶石叶的骨柄刀、矛和匕首，可能是由中亚经西伯利亚中南部传入的。

马家窑文化陶器的器形以大型的壶、罐、瓮类的贮盛器为主，反映出当时人们过着农业定居生活。但是，发展到马家窑文化晚期，陶器的样式受到北方草原文化的影响，出现了用来盛液汁的单肩耳的小型陶器。在宁夏回族自治区海原县菜园村切刀把墓地，发现了一种具有特色的新石器时代晚期文化，称作菜园文化。这一文化主要分布在甘肃一带秦长城以北的地区，年代相当于马家窑文化的半山类型中期至马厂类型和齐家文化早期。切刀把墓地出土的器物共1300多件，其中磨制的石器仅一件，是捕鱼用的线坠。石器的数量很少，为打制细石器，是用于剥制兽皮类物品的。从生产工具来看，农业生产的气息很淡薄，出土器物大部分为陶器，以盛液体的单耳器比例较大，尤以颈部印有两排小圆凹点和腹部饰竖画纹的单耳罐具有特色，这类单耳罐可能是用作贮盛乳汁的饮食器。这些方面，都反映出菜园文化含有强烈的草原文化因素。具有菜园文化特点的陶器在甘肃中北部也有发现，景泰县张家台半山类型石棺葬中出土了一件单耳罐，其器形和纹饰都与切刀把墓地出土的单耳罐相同，只是腹部的竖画纹是用红彩纹画出的。半山类型晚期陶器中单耳器的增多，明显受到了来自北方草原文化的影响。切刀把早期墓葬已出现的单耳筒状杯，在河西地区马厂类型陶器中成为流行的样式，但陶器一般较小，有的安着四个器耳，是用于携带时系绳的，这与流动的生活方式有关。以上这些方面表明，甘肃新石器时代晚期的原始文化与北方草原文化的交往愈来愈密切了。

距今4500年至3500百年的齐家文化，主要分布在甘肃、青海东南部、宁夏南部，是黄河农业文化与西北草原文化最早相交融的古文化，也是古代东方和西方文明最早发生接触的古文化，在东西方文化交流史上占有重要位置。齐家文化能够成为东西方文化最早的会合点绝不是偶然的。首先，齐家文化是已知的中国最早驯养马匹的古文化之一。在甘肃、青海的一些齐家文化遗址中出土了马的骨骼。马的驯养使之成为人们的交通工具，这就大大加速了交往的频率和速度，并且使游牧经济得到发展。骑马民族的出现使古代东方和西方的交流成为可能，也就是说古代东方和西方是以骑马民族为中介来连通的。甘肃一带的齐家文化的地理位置，正处于黄河农业文化向西延伸和西北游牧文化向东南延伸的会合点上。

铜器的生产和使用，是齐家文化划时代的科学技术成就。在齐家文化的遗址普遍发现了铜器，已达一百多件。除去红铜器外，青铜器的数量也不少，制作方法除了锻造，已出现了单范和合范铸造，样式有刀、锥、镰、凿、钻、泡饰、镯、钏、臂筒、空首斧、匕、矛、镜、指环、鼻环、耳环等。齐家文化的铜器要比中原地区二里头文化的铜器早四五百年，但是齐家文化铜器中主要是装饰品、武器和小型生产工具，没有发现容器，更多地带有草原文化的特色。其中又以铜镜引人注目。广河齐家坪石祭台遗址出土的一面铜镜的镜背是素面的。在甘肃临夏地区发现了一面在镜背饰有两个多角星纹的铜镜，应属齐家文化，现藏于中国历史博物馆。青海贵南县尕马台齐家文化墓地第 25 号墓的死者胸部上置有一面铜镜，镜背饰放射状的七角星纹，角形纹中还饰有并行斜线纹；铜镜边缘有两小孔，孔之间有凹形细绳纹痕，在发掘清理此镜时还发现了木质镜柄的残迹，应是一面安有木柄的铜镜，边缘的两小孔是用来系绳固定木柄的（图 2）。这个铜镜经中国社会科学院考古研究所实验室用快中子放射分析法鉴定，铜和锡的比例为 1∶0.096，属于青铜器。① 甘肃省博物馆曾在广河县齐家坪遗址和相邻的排子坪遗址

图 2　青海贵南尕马台出土的齐家文化铜镜

① 参见赵生琛、谢端琚、赵信：《青海古代文化》，青海人民出版社，1986 年；任晓燕：《尕马台遗址发掘散记》，青海省政协学习和文史委员会编《青海考古纪实》，1998 年 11 月。

征集了一批齐家文化的遗物，其中铜器的数量较多，铜镜有三十多件，有的也在镜边缘穿有两个小孔，亦应是用来系绳以固定镜柄的。

中亚的安诺文化，在距今 6000 年至 5000 年间就出现了红铜制作的镜。齐家文化的铜镜，可能是受到中亚的影响而产生的。但是齐家文化制镜的技术有所发展，出现了饰有复杂纹样的青铜镜，有的铜镜还带有木柄，而中亚已发现的带柄铜镜的年代都较晚，是否从齐家文化传播到中亚是值得进一步研究的问题。齐家文化各种样式铜镜的出土，为研究中国铜镜的起源和发展提供了珍贵的实物资料。

甘肃积石山县新庄坪齐家文化遗址出土了一些铜制的环和手镯，其中有一端尖另一端平的耳环，还有两端皆扁平的铜环则是鼻环。铜鼻环装饰品不见于我国东部的农业民族，而有草原民族浓郁的风采。1998 年在广河县齐家坪齐家文化遗址发现了一对金耳环，这是迄今为止中国发现的最早的金器之一（图 3）。而西亚土耳其一带和俄罗斯南西伯利亚远在 5000 年前就已有了一端尖的铜或金制的耳环和手镯，这类金属装饰品的样式可能是由中亚游牧民族传入甘肃的。在广河齐家坪石祭台遗址出土了一件红铜空首斧，其形制与分布和俄罗斯叶尼塞河中游 4000 年前的奥库涅夫文化铸造的红铜空首斧相近似，并且比我国中原地区铜空首斧出现的时间要早。[①] 从齐家文化这些铜器样式中，能够看到来自西北方草原文化的影响。

在青海西宁市马坊乡沈那齐家文化遗址的第 74 号灰坑中，出土了一件圆銎宽叶倒钩青铜矛，矛身长 61.5 厘米，宽 19.5 厘米。左右两侧有双面刃的片状

图 3　广河县齐家坪齐家文化遗址出土的金耳环

① 参见《奥库涅夫文化》，《中国大百科全书·考古卷》，中国大百科全书出版社，1986 年，第 23 页。

翼，圆銎与叶状矛身的交接处有一倒钩，下端圆銎旁有单系纽。这件大型青铜武器使用了合范铸造法，显示出铸造工艺已达到了较高的水平。[①] 齐家文化不仅是我国早期青铜器重要的产地，而且能够合范铸造大型铜器，这为中原地区农业文化铸造器形和纹饰复杂的铜容器提供了良好的铸铜技术。

齐家文化陶器中带有管状流的盉和鬶，明显地受到来自东方龙山文化的影响，呈现着农业文化和草原文化相交融的面貌。齐家文化具有特色的夹砂彩陶圆底罐，在流动的生活中是既当饮食器又当炊器的两用器皿，是适应游牧生活需要而制作的器物。甘肃是陶鬲发源的地区，早在马厂类型就出现了陶鬲，齐家文化的陶鬲又进一步增多。早期陶鬲的样式，仿照了游牧民族使用的三个皮囊联结在一起的样式，许多陶鬲上能够看到仿照皮囊缝合的折痕及连接处的穿孔和线脚。此外，齐家文化的一些红陶鸟形器，和同时期的西亚古文化的红陶鸟形器十分相似，而菱格纹彩陶罐和西亚古文化的同类彩陶罐也很相似。因此，齐家文化的陶器除有自身的特点外，既有来自东方也有来自西方的因素。

齐家文化的玉器，则反映出甘肃和东南沿海交流的情况。广河齐家坪、武威皇娘娘台、定西等齐家文化遗址中出土了玉琮。玉琮，是长江和钱塘江下游地区的良渚文化具有代表性的玉器，却远至万里传到甘肃，而玉璧却是甘肃一带齐家文化具有代表性的玉器，也向东传播，直至东南沿海。

综上所述，齐家文化从多方面显示了古代东方和西方文化在甘肃一带的接触和会合，揭开了东西方文化交往的序幕。

分布在河西走廊西段的四坝文化，碳素测定年代为距今 3700 年。从四坝文化的内涵中，更鲜明地反映出东方和西方文化在这一地区交会产生的影响。首先四坝文化的产生与马厂类型、齐家文化有着密切的关系，从玉门市火烧沟四坝文化墓地发掘的三百多座不同时期的墓葬来看，早期墓葬出土的双肩耳彩陶小罐与马厂类型同类彩陶器是一脉相承的，偏早时期的墓葬中出土的双大耳高领彩陶罐明显受着齐家文化的影响。

---

① 参见《沈那遗址的考古发掘》，青海省政协学习和文史委员会编《青海考古纪实》，1998 年 11 月。

但是四坝文化含有十分复杂的因素。四坝文化铜器中的青铜比例增大，而且铜器的样式也增多了，空首斧是四坝文化铜器的主要样式之一。火烧沟四坝文化墓地出土的一些弯背小铜刀，有的还带着环首，这是北方草原文化特色的铜器。特别要提及的是火烧沟墓地出土了用质地细腻的黑或白色大理石制成的杖头，还出土了一个塑有四个羊首的铜杖头，更能说明西亚文化对四坝文化的影响。埃及和西亚的首领执掌着安有杖头手杖的习俗早已有之。1988 年在日本奈良举办的丝绸之路大文明展上，展出了叙利亚出土的公元前 1775 年的短柄手杖，杖头的形制和短木杖柄的长度，都与年代相同的火烧沟墓地出土的短柄手杖相同。因此，在公元前 1700 年时，河西地区和西亚地区之间便有着往来和联系。同时，河西地区与中原地区以及东南沿海也有相当规模的交流，民乐县东灰山四坝文化遗址出土了一件铜戚，形制与同时期的河南洛阳二里头早期遗址中出土的铜戚相同。火烧沟墓地出土的一些铜刀，其形制也与二里头早期遗址的铜刀相同。火烧沟墓地中的许多墓出土了海贝，有的是用数十枚海贝串成的佩链。民乐东灰山四坝文化遗址出土的海贝，鉴定为产自台湾海峡和南海的环纹货贝。并且四坝文化遗址出土的海贝的数量比马厂类型遗址出土的海贝更多，表明来自东面的农业文化的影响，在距今 3700 年左右，已经达到了河西走廊的西段，与中亚骑马民族传递的西亚文化相会合。

甘肃一带冶铁的出现和养马业的发展促进了丝绸之路的形成

甘肃一带虽是冶铜业兴起较早的地区，却因为草原畜牧经济具有的流动性，冶铜的经验难以积累。中原和关中地区一直以农业定居生活为主，在夏商周三代，冶铜技术飞快发展，并且达到青铜文化的巅峰。虽然青铜文化中心东移，但甘肃又成为我国早期冶铁业的重要地区之一，在永昌县三角城沙井文化遗址中出土了铁锸、铁犁等农具。永昌三角城沙井文化遗址一共测定了七个碳素标本，年代为距今 3095±180 年～2630±135 年（经树轮校正）。中亚的早期铁器时代开始于距今 3000 年左右，与甘肃出现铁器的年代大体相当。

在甘肃东部，陆续发现了一些春秋早期的铁兵器，如灵台县的一座春秋早期墓中出土了一把铜柄铁剑，而在环县出土的一把包金双兽首柄铁剑，也属于春秋时期。1998 年 5 月，在礼县圆顶山发掘的一座先秦墓葬中，出土了一把铜柄铁剑，铜柄保存较好，柄上镂空雕刻着交错的纹饰，还镶嵌着十多颗绿松石。可见秦人使用铁兵器较早。而秦人的铜铁兵器之精良在古文献中就有记载，《御览》卷 191 指出："秦金精坚，故秦俗亦坚。"而《诗经·秦风·驷驖》中的"驖"字即是"铁"字，该诗中的"輶车鸾镳"的"镳"，为马口上含的金属衔具，今称马口铁。在陕西凤翔发掘的秦景公大墓中发现了十多件铁质工具。铁兵器和铁工具的率先使用，成为秦人兴起的重要原因。

在甘肃还出土了春秋战国时期种类繁多的车马饰。1998 年，甘肃省博物馆在广河县征集到战国墓地遗址出土的数百件车马饰，而且样式很多。在平凉、广河等地都出土了饰于马面上的铜当卢，有的铜当卢上还饰有浮凸的兔头像。从国内发现的铜当卢来说，这些铜当卢的年代是较早的。广河县出土的一件春秋战国之际的铜牌上饰有走马的浮雕，也是我国雕刻中较早地出现马的形象的一件艺术品，表明了甘肃在先秦时期对良马的重视。甘肃出土的马具的种类和数量要超过中原和东部其他地区，也可以看出在先秦时期甘肃地区养马业的兴盛。

在礼县圆顶山发掘的先秦墓葬中出土了一件青铜四轮车。四轮车是车的早期样式之一，当时流行于中亚地区，在中国却十分罕见。中亚特有形制的马车模型在甘肃先秦墓中发现，说明了甘肃在先秦时期已成为东西方交通往来的枢纽之地。

从甘肃一带出土的先秦文物可以约略地看出，秦国的发展得力于养马业的发展、骑兵的强盛、铁铜兵器的尖利和兵车的精良，使秦国成为联结中原和西部戎狄之间的中坚力量。秦国发展的过程，也就是丝绸之路东段疏通的过程，秦国也由此得益于戎狄等西北各族，拥有以战车骑射为主的强大的武装力量，为统一六国奠定了基础。但是，秦长城北面的强大的匈奴骑马民族，仍然阻隔着中国内地和西域的联系。驱走匈奴和拓通丝绸之路的壮举，有待汉武帝和他的将军使臣们去完成。

由五坝山西汉墓壁画
论我国早期山水画

我国山水画有着源远流长的发展历史。自中古时期以来，山水画成为我国绘画的一个主要画种，以其特殊的审美观念和表现形式而著称于世。但是关于我国早期山水画的文献记载极其零散，而又失之简略，出土的实物资料更属凤毛麟角。因此，对于我国早期山水画的起源问题众说纷纭，莫衷一是，至今存有争议。

1984年夏，我应甘肃省文物考古研究所之邀，赴武威市五坝山墓地考古发掘现场，临摹刚发现的一座西汉末期墓室中的壁画。壁画表现了宴享庖厨、神兽仙灵等题材，而其中的大幅壁画《山林猎牧图》是一幅较有独立性的山水画，对于研究早期山水画，是十分难得的实物资料。本文拟通过对五坝山西汉墓室壁画的分析，进而对我国早期山水画的产生和形成的问题略作探讨和论述。

五坝山墓室壁画的年代和内容

五坝山墓地位于武威市以南的祁连山麓，傍依杂木河，两岸是汉晋时期武威郡的一处较大的墓地。河的对岸为曾出土过仪礼简等珍贵文物的磨咀子汉墓群。在五坝山墓地清理发掘的这座壁画墓，为横穴式土洞墓。在这座壁画墓上面又埋着一座东汉晚期的墓葬，并且将壁画墓的墓室上部破坏。在清理壁画墓时，发现了绘着衔环铺首的陶壶，其形制与王莽时期的陶壶相同，根据其他出土器物判断，这座壁画墓的年代应属西汉末期。

这座壁画墓为单室墓，墓室平面呈长方形。墓顶、墓上部和门道已遭东汉晚期墓破坏，从残存的墓室下部来看，四壁都抹着一层薄如蛋壳的细黄土，再施加了一层石绿色作铺衬的底色，在上面满绘着彩色的壁画。壁画的色彩丰富而鲜艳，涂色较厚，绝大部分是矿物质颜色，有头绿、浅绿、石黄、石青、朱磦、白等色。由浅绿色作底衬构成基调，以黑色粗线勾出轮廓线和结构，又有白、黄等亮色闪耀其中，给人以柔和轻快的感觉。在墓室四角，以绿、白、青三色的复合竖条纹作为四壁壁画的分界线。

迎着墓门的正壁，是较狭的一壁。壁画宽 2.03 米，残高 0.93 米。壁画正中以流畅而弧曲的宽线条画一白虎，虎身满饰条纹。虎目圆睁，眼球用鲜亮的绿色绘出，黑眼珠悬于其中，由黑线勾出的上眼眶之下，又衬以一道黄线，益显出虎目的灼灼光彩。双圆耳耸起，耳孔为黑色圆点，亦以黄色线条围镶黑点周边。虎颊两侧长着黑和白色的髯毛。额上有近于"王"字形的斑纹。牙龇露，以黄和绿色勾出张大的嘴唇。在面部还满饰圆圈形斑纹。自虎背至举起的长尾的外廓，以一条强健有力的长弧线画出，又着意夸张了翘举的虎尾，尾长超过头和身加在一起的长度，增强了猛虎的威势。虎的四足撑开，虎爪用石绿及白色画成。在猛虎身后，有一直干大树，上部已残。树干上有复道黑色弧线和黑

图 1　白虎图

点组成的树皮纹。树左侧，绘有三女，上身俱残失。最左边的一女作跪坐状，穿青裙。树左傍，站立二女，白色长裙曳地。树右侧，仅残存跪坐着的一女，上衣为绿色，裙亦为青色，但用白和绿色勾边（图1）。从站立二女曲腰的动态来看，似作舞蹈状。壁画上跪坐女子的动态，又颇似五坝山隔河对岸的磨咀子第48号西汉墓中漆樽上的舞蹈图中跪坐舞女形象，因此这幅壁画上表现的应是舞蹈形象。关于这幅正壁壁画的含义，据主持五坝山墓地发掘的何双全同志考证，虎与树的图像为《山海经》中的开明兽与不死树。《山海经·海内西经》载："开明兽身大类虎而九首，皆人面，东向立昆仑上。""海内昆仑之虚，在西北，帝之下都。……面有九门，门有开明兽守之，百神之所在。"可证开明兽是镇守天门的状如虎的神兽。《海内西经》又载："开明（兽）北有……不死树。"李善注《文选·思玄赋》引《山海经》曰："昆仑开明北有不死树，食之长寿。"《淮南子·墬形篇》亦云："不死树在其（昆仑）西。"因此不死树也是昆仑仙虚中的神树。由此考证壁画中的虎与树即为神话中的开明兽与不死树，正壁壁画中的这些图像是表现昆仑仙虚的景象。

甘谷县的一座东汉墓中，出土了一棵铜摇钱树，下为神山。树端有西王母，在树叶上有仙女作舞，也是描写昆仑仙虚的景象。《山海经·大荒西经》载："西海之南，流沙之滨，赤水之后，黑水之前，有大山，名曰昆仑之丘。有神，人面虎身，有文有尾，皆白，处之。……有人，戴胜，虎齿，有豹尾，穴处，名曰西王母。"开明兽和西王母都是昆仑仙虚上属于虎族的神兽和仙人，五坝山壁画和甘谷铜摇钱树上都有仙树和作舞的仙女，这可看作是汉代流行的升仙思想的反映，以此寄寓墓主人妄想在死后羽化升天的意念。正壁壁画中的虎形图像，无论释作开明兽或是虎的形象，都同样起着驱邪的作用。《周礼》载："方相氏葬日入圹驱罔象。"据《封氏闻见记·卷六·羊虎条》引《风俗通义》逸文："人家不能常令方相立于侧，而罔象畏虎与柏，故墓前立虎与柏。"因此正壁画上的虎与树（树干似柏树），亦是为墓主人升仙而驱逐鬼魅所设。

右壁壁画宽4.3米，残高1.23米，大半已遭破坏，仅存下部的少半。右侧保存较好，绘一仙人，脸、手臂和脚皆作白色，脸上部已残，眼的画法极简略，仅用两黑点表示。嘴上有两片飘动的长须，额下有一排短髭。左手托一黄色珠状物，上面飘绕着绿色飘带。赤足，作向前奔走状。身穿石青色的短羽衣，下露白和绿色的羽条，腰部系有饰着白圆点的宽带。在仙人前面，有四个长裙曳地的立女和一小童，女子分别穿深绿、浅绿和紫色衣裙，还用黄和绿色线条勾出衣纹和轮廓。后随的小童全身穿白衣。右壁中部残损尤甚，似为两人相对跪坐，一穿绿裙，应是女性，一穿黑袍，当是男性。两跪坐者的中间，有一站立的青衣人。据画面分析，应是宴居的场面，跪坐的男女二人可能是墓主人，中间站立者则是侍者。右壁左侧的壁画较模糊，隐约地辨认出绘着肉架的图像，架上挂着一排以白色画成的肉条，挂肉的钩以黄色画成，外以绿色勾廓。肉架左侧站立一人，回首望着宴坐的主人，头顶无发，似为髡首，留有长须。身穿饰有绿色袖缘的黑衣和白裤，着黑鞋。总观右壁壁画，可分左右两大部分，左上部为羽人，当和正壁壁画上部的仙人联成一体，皆是描写仙界的神灵异兽。中部和左部画的是堂室中的宴享场面，描绘了墓主人燕居享乐和随奉左右的男女侍者。

墓门内侧两边的壁画已被晚期修建的墓破坏殆尽。左壁壁画宽为 4.3 米，残高为 1.14 米。左壁中部破坏较严重，从残存的壁画来看，描绘的是庄园外部和山野的景物。与右壁左侧上方画仙人的位置相对称，在左壁右侧上方也画一人，上身已残失，仅存白裤和黑鞋，作行走状。右侧下部画一坞宅，坞墙上耸有碉楼，宅外还有一圈土围式的建筑。

左壁的中部和左部画《山林猎牧图》，这是五坝山墓室画中最重要的一幅画面。这幅画面中以黑色的奔动的粗弧线勾勒出层叠的山冈外廓，或在黑线山廓外复置一道绿线；或在黑线山廓内渲染一片浅白色。而且还沿着山形的内廓，用宽刷类的阔笔斜列或横列地进行皴擦，这些艺术处理手法使山峦增加了厚度。在山峦上又写意地表现着松柏类的树木，以黑色画挺直的树干、叉开的树根、左右伸展的树枝和点状的叶，在用黑色点出的叶上再覆盖着更多的绿色的点，以示山林的翠郁。在山林的右下部，用黑色画两头家畜，呈影像效果。前立的牲畜为一有长角的公牛，后立的牲畜的头部已残损，从体形上看，似为驴马类的牲畜。壁画中部的下方，绘一老虎，其形象基本上与正壁上的虎形开明兽相同，唯眼睛作横点，露出的门牙作绿色（图2）。左部描绘了山林中狩猎和畜牧的场面，有一个头戴一梁冠的骑绿色骏马的猎人，身穿系有腰带的黄袍，正引弓挽射。《后汉书·舆

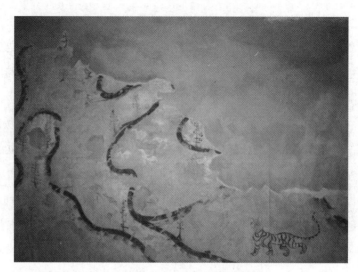

图2　山林狩猎图之局部

服志》载："进贤冠……自博士以下至小史私学弟子，皆一梁。"图中的骑马猎人应是墓主人的写照，据当时舆服制度，头戴一梁冠的墓主人的身份，当为六百石以下的小史。在猎骑的前方，有一向前奔逸的鹿，鹿的头部已遁入隐没在山峦间。在奔鹿的上方，还有用白色画成的四只站立的羊。再往前的山峦中，画一骆驼，昂首嘶鸣，作行走状。隔山另有一骆驼，仅露出头部和前身，也作昂首嘶鸣状。根据五坝山对岸磨咀子的具有相同墓室形制的汉墓来看，墓室至顶部的高度为1.6米左右，除去顶部的高度，壁高约为1.5米，而《山林猎牧图》上残存的层山的高度已达1.14米，据此可以推知图中的层叠的群山是布满全壁，而人和动物只是山林景色中的组成部分，这幅《山林猎牧图》可谓是独立的山水画了。

五坝山墓室壁画反映的社会思想和艺术价值

墓室壁画是时代风尚的镜子，尤其反映了作为上层人士的墓主人生前的权势享受和死后寄托于迷信的虚无妄想。王莽当政的时期，阶级矛盾和民族矛盾非常激烈。王莽是一个狡诈而内心又十分空虚的伪君子，先为篡位制造舆论，以后又为了安定动乱的人心，愈来愈依靠图谶符瑞之类的迷信邪说。王莽还竭力推崇神仙之道，曾下书遵引《紫阁图》曰："太一、黄帝皆仙上天，张乐昆仑、虔山之上。后世圣主得瑞者，当张乐秦终南山之上。"王莽又听传说黄帝时建华盖以登仙，于是也建造高八丈一尺的九重华盖，载以秘机四轮车。王莽出行时，令车在前，三百力士皆身穿黄衣帻，齐声高呼："登仙！"①王莽崇尚神仙的迷信思想，对当时的社会习俗必然产生相当的影响。五坝山墓室壁画中的羽人、玉女、神兽和仙树，也正是王莽时期盛行的升仙思想的反映。作虎形的开明兽是镇守昆仑仙虚天门的神兽。又据东汉应劭著的《风俗通义》的记载："虎者，阳物，百兽之长也，能执搏挫锐，食鬼魅。"因此神虎又能辟恶食鬼，故在壁画中作为一个主要形象绘于正壁的中央。而正壁中的虎形开明兽的形象，与左壁上的《山林猎牧图》中虎的形象完全一样，说明壁画的画工是根据已经定型化的虎形范本来画出的。因此，五坝山壁画墓的墓主人虽只是一个小吏，壁画中反映的是当时盛行的神仙迷信思想，壁画的作风亦能反映出当时流行的画风，所以五坝山墓室壁画对于研究西汉的绘画仍具有较高的价值。

五坝山墓室壁画，在色彩的运用和艺术处理方面是颇具特色的。以大面积的石绿色作衬底，形成画面的基本色调，其中分散地点缀着鲜亮的黄、白、石青和浅石绿等小色块，又起着丰富活跃的作用。壁画中以不同的颜色线条来勾勒物象的轮廓，或以没骨法用不同的颜色画物体形象，这些处理手法和已知的西汉绘画中不设底色和仅以黑线勾勒轮廓的画法是不同的，从而增强了画面的色彩感和层次感。

但五坝山壁画中的色彩，并不是对生活中具体物象真实色彩的摹绘。如绘虎睛和虎唇施用绿色，墓主人的乘骑也绘绿色，都不是自然界色彩的如实反映。五坝山壁画的色彩只起标示和象征作用，可随作者的臆想和画面的需要而主观地配置色彩，这种施彩方法和晋代以后的随类赋彩的方法相比，则是概念而缺乏具体个性的。但是这种施彩方法可视为西汉时的一种流行的风格，因为西汉时期对色彩的观念首先受到阴阳五行思想的影响，当时所谓的五色是与五行相配属的。如王莽即位时，提出"火德销尽，土德当代"，"赤世计尽，黄德当兴"。因此"易

①　参见《前汉书·王莽传》。

服色"，"服色配德上黄"。① 壁画中猎骑上的小吏身穿黄色官服，正是王莽时期服色尚黄的反映。正壁的白色虎乃标示着西方的位置。因此，当时人们运用色彩着重于表意，而不是对真实景物的写生，不受制于自然界真实的色彩，壁画上的色彩则是主观设计的理想化的色彩。

现存的西汉墓室壁画为数很少。在甘肃，西汉时期的壁画墓尚属首次发现，是研究甘肃早期绘画的重要的实物资料。五坝山壁画的风格着重于气势，对细节的刻画很简略，如人物的脸部五官只用几个圆点表示。而磨咀子汉墓中的漆器图纹和木板画上的人物脸部五官也是用几个点来表示，这不仅表示当时当地有统一的画风，而且壁画和漆画、木板画的制作者都是专业的画工。

以山林景色为主体的《山林猎牧图》，是五坝山墓室壁画中最富艺术价值的画面。《山林猎牧图》以主要的篇幅描绘了层嶂叠岭，猎人和动物若隐若现地出没在山林之中，图上的山岭和人物、动物的比例较适当，因而山岭不是作为陪衬人物的背景出现的，而是被描绘的主体，从这意义上讲，已是独立的山水画。唐张彦远《历代名画记·论画山水树石》载："魏晋以降，名迹在人间者，皆见之矣。其画山水，则群峰之势，若钿饰犀栉，或水不容泛，或人大于山。"张彦远当时见到的上古画迹已经很少了，所以他发出了古代绘画因"年代寝远，失坠弥多"的叹息。因此，张彦远见到的为数不多的画有山水的作品，可能不是独立的山水画，山水只是作为人物的背景，为了突出作为主体的人物，所以出现了人大于山的现象。如相传的东晋顾恺之《女史箴》以及《洛神赋》摹本，描写的是人物故事，人大山小而不成比例。虽然魏晋以前的山水画是很幼稚的，但是未必魏晋前就没有相对独立的山水画。五坝山西汉壁画《山林猎牧图》的发现，就进一步地提供了在魏晋以前就有相对独立的山水画的实物资料。先前发现的山西平陆枣园村汉墓壁画中的《山野农运图》和四川成都扬子山汉墓画像砖中的《山村煮盐图》，也是山水和人物浑然一体，山水和人物的比例是协调的。因此在汉代这类相对独立的山水画中，山水和人物的比例并不失调，对于山水画起源的时间，无疑要上溯到西汉时期。

---

① 参见《前汉书·王莽传》。

《山林猎牧图》画山峦时已运用了皴擦技法，这是我国山水画史的又一重要的发现。宋代米芾在《画史》中说："宗室仲仪收古《庐山图》一半，几是六朝笔，位置寺基，与唐及今不同。石不皴，林木格高。"所以过去认为在魏晋时期的画中的山石尚未出现皴法，这是由于自宋代以后，已看不到魏晋和更早的山水画迹的缘故，因而对皴法始起于唐代的看法沿袭至今。

《山林猎牧图》的山石皴法，只是依山峦的外廓进行皴擦，而且皴擦的笔法作均匀排列，缺少粗细和疏密的变化，表明在西汉末期的山石皴擦技法尚处于萌生阶段，但已能用皴擦技法来增强山的厚度，这是山水画技法的重要发展。其实，五坝山西汉末期壁画上的山石皴擦技法的出现并不足奇，因为在年代更早的洛阳西汉墓室壁画中，作为背景出现的山峦已运用了沿山的外廓进行烘染的技法。平陆枣园汉墓壁画中的层山，也同样运用了沿山形进行烘染的技法。而皴擦的出现，只不过是将原先用湿笔烘染转换成干笔皴擦而已。由于五坝山壁画中山石皴擦技法的发现，使我国山水画皴擦技法产生的年代可以上溯至西汉末期。这也就使我们要对早期山水画史作新的认识。

由五坝山壁画论早期山水画

早期山水画的样式，是取决于当时人们对山泽的特定观念而形成的，这种对山泽的观念，不仅在早期山水画中，而且在当时所有的艺术中都反映出来。

五坝山壁画中的《山林猎牧图》，在山峦中有各种兽畜出没，又有树木散列其间。相邻接的正壁壁画上，又画着昆仑仙丘上的神兽和仙人，从而显示出我国早期山水画是以山、林、兽、仙组成的特点。我曾两次登临西汉霍去病墓的顶端，追思霍去病墓的原貌，宛然看到一幅立体的早期山水画。据司马迁《史记·卫将军骠骑列传》记载，在骠骑大将军霍去病死后，"为冢象祁连山"。因此，为霍去病营建的墓丘是象征祁连山的。由霍去病墓顶远眺，茂陵和四周的墓丘上都无山石，唯霍去病墓上既植有树木，又布列山石，原先以巨石雕刻的仙人异兽是杂列于山石树木之间的，共同构成了营建者理想中的祁连山的群体，充分体现出西汉时人们对山岳的审美观念。傅抱石先生曾敏锐地指出，从汉代博山炉上部的重叠的山峰能看出汉代山水画的情况，这在河北满城西汉刘胜墓出土的错金银铜博山炉上表现得格外明显，在炉的上部刻着数重山峦，在群山之间杂有仙灵异兽，若于炉内焚香，烟气缭绕上升，俨然是仙山的图景。在许多汉代的陶尊、陶壶和一些陶器的博山形盖部上，都雕刻着杂有仙兽的山林图像。在壁画内容中有山、有树、有仙灵异兽的这种山水画格式，在魏晋南北朝时期仍然沿用着，如酒泉丁家闸十六国时期墓室顶部四周的仙山壁画，敦煌莫高窟北朝石窟中一些窟顶壁画分布于四周的山水图像，亦都是动物和仙灵半隐半现地出没在山峦间。因此，五坝山壁画的山林布局形式，可视作我国早期山水画的一种主要格式。

我国早期山水画的有山、有树、有兽、有神（后来发展到有仙）的组合形式，反映着我国远古人民对山川特有的观念。如主要部分成书于战国时期的《山海经》，在记叙名山时，先言山名，再言山中的神、兽、鸟、木、草和出山之水。兹以《山海经·西山经》中的昆仑之丘的描述为例："西南四百里，曰昆仑之丘，是实惟帝之下都，神陆吾司之。其神状虎身而九尾，人面而虎爪；是神也，司天之九部及帝之囿时。有兽焉，其状如羊而四角，名曰土蝼，是食人。……有鸟焉，其名曰鹑鸟，是司帝之百服。有木焉……名曰沙棠，可以御水，食之使不溺。有草焉，名曰薲草，其状如葵，其味如葱，食之已劳。河水出焉……赤水出焉……洋水出焉……黑水出焉，而西流于大杅。是多怪鸟兽。"《山海经》中对名山的描写格式，也正是我国早期山水画常见的模式。

汉代的苑囿也是按照有山、有林、有池、有珍禽异兽的模式来设计的。如东汉张衡在《西京赋》中对上林苑作了概括的描写："上林禁苑，跨谷弥阜。……植物斯生，动物斯止。众鸟翩翩，群兽驰骎。"亦以山为主体来铺陈万物。晋画中的池苑山水也是按照这个模式描绘的，《历代名画记》载有顾恺之评《清游池图》："不见金镐，作山形势者，见龙虎杂兽。虽不极体，以为举势，变动多方。"顾恺之对这幅山水画的描述，也与五坝山壁画的山林图像是非常相符的。可以说，我国早期山水画几乎都采用了全景式的格局。

通过对五坝山西汉墓室壁画等汉代至南北朝时期绘画作品进行分析，归纳起来看，我国早期山水画有如下特点：

第一，早期山水画多为全景式。采取全景式的构图，是与远古时期的先民对山岳的观念和审美意识直接相关的。最早，原始社会的各氏族多以山岳为中心进行狩猎和采集活动，虽然后来移居在平原、河谷从事农业生产（居住干栏式房室的湖泽地区居民除外），但仍视山岳为宗祖的发祥地，而且各区域的各部族都有自己崇拜的山岳，并对山岳进行祭祀。部族人们心目中的山岳，即是部族以山岳为中心进行物质生产和精神活动的无所不包的综合场所，因而是从宏观的角度去看待山岳的。所以，专门描写殊方异物的著作《山海经》，是以各方名山为中心来展示山的各个方面，是全方位整体地表现山，成为我国早期山水画的一个重要特点。这种全景式的山水画一直延续发展，到了宋代才出现描写角隅小景的山水画。

第二，与全景式山水画相关，采取了移动视点的构成法。产生游动地巡视山岳的观念，是和山峰即当时人们理想中的仙圣之地分不开的。诸山是各族的发源地，因此有山岳崇拜，先称山上有神，后来演化成山上有仙。随着战国以来神仙家思想的逐渐流行，不少人妄想死后升仙，遨游于仙山之间。于是，有一大批游仙的诗赋产生，这些游仙诗赋亦是仙山图的蓝本。现存的早期山水画，也有许多是仙山图。酒泉丁家闸十六国时期墓室壁画和敦煌莫高窟的一些北朝石窟窟顶壁画中的山水画都是仙山图。晋人孙绰《游天台山赋》中提到有天台仙山之图像，而这首游天台山赋也是游仙山赋。东晋顾恺之所著的《画云台山记》，亦是仙山图的文字设计稿，在天界神山中仙游的内容，在当时的文艺作品中比比可见，都是铺陈在四方遨游中所见的景物，而仙山图等早期山水画当然也采用游视移动的方法构成。

第三，早期山水画上的造型简约而概念，着重气势，缺乏富有个性的细节描写。五坝山壁画所画的柏树是写意的，树的枝干都作伸臂布指状，姿态基本没有变化。嘉峪关魏晋墓室壁画中的树木仍是很概约，树干多作竖立的帚状，上画一些条状点来表示树叶，只是晚期壁画墓所画的树木姿态才出现了变化。相比起来，酒泉丁家闸十六国时期墓室壁画中描绘的一棵大树要细致得多，但墓顶壁画中仙山上的树木仍还是画得非常简单，山峰的形状却各自不同，皴法与五坝山壁画不同，是由峰顶向下散开地进行皴擦，还用淡赭或淡墨色进行烘染（图3）。从甘肃地区现存的古代绘画实物资料来看，山水画由粗及细、由简单到具体、由概念到具有个性特征的转折期，应在南北朝时期。天水麦积山石窟有北魏景明三年（502年）题记的第115窟的壁画中，画着羽人遨游其中的仙山和林苑，树木有

图3　酒泉丁家闸壁画墓墓顶壁画中的仙山图

柳、竹等五种不同的品种。还分别运用了勾勒、勾填和没骨画法，已能较细地表现出形状不同的树叶。永靖炳灵寺石窟第6窟中的猴王本生故事壁画，为北周时期的作品。在南壁绘有仙山图，图中的山峰形貌各异，有的陡峭，似炳灵寺四周的险峻的山崖；有的平缓，为重重层叠的山坡。还绘有喜鹊等不同姿态的鸟，或栖息于树上，或飞翔于谷间，已是较细致具体的山水画。中原地区出土的一些有关北朝山水画的实物资料中，也能看到由粗到细的变化。洛阳出土的北魏画像石棺上的《孝子图》，是以繁密的山水树石作背景的，图上有柳、槐、梧桐等十余种不同种类的树木，还有鸟、猴、鹿、犬、鱼等动物错杂其中，人物与山木树石配置得十分协调，组成了人物与山水等量齐观的长卷画。在南朝的绘画实物资料上也同样透露出这种变化，南京、丹阳的南朝大墓画像石上的《竹林七贤图》中，也具体地描绘了各种各样的树木。因此，从汉代到魏晋十六国时期，可视作山水画的产生阶段。从南北朝时期起，直至唐代，山水画和其他门类的绘画一样，也发生了由粗简向精微的变化，可认为是山水画的发展阶段。我们可以看出，早期的山水画是发展较慢的，在东晋以前已经经过了长期的发展过程。五坝山西汉墓室壁画中的山水画虽然简单稚拙，但已初具我国山水画的基本样式。过去不少人认为山水画产生于东晋南朝之际，与当时的士大夫阶层的避世隐逸思想有关，山水画和田园诗是同时产生的孪生物，其实并不妥切。因为像陶渊明的"采菊东篱下，悠然见南山"之类田园诗的境界，是以特写手法来描写景物，由此是难以产生早期山水画全景式的格局。现存的早期山水画的实迹，也说明了这一问题。

五坝山西汉墓室壁画中山水画的发现，使我们能够进一步确切地认为我国山水画产生于汉代，其审美特性的形成始于山岳崇拜，进而受到神仙家以及道家思想的影响。至两晋以后，由于士大夫阶层的兴起，作品的个性因素增强，整个时代的艺术风格发生了由概念到具体的转变，山水画也不例外，逐渐向格体精微发展，进入了飞跃发展的阶段。因此，五坝山西汉墓壁画，是研究早期山水画的不可多得的珍贵实物资料，在山水画史上占有重要的地位。

雄浑简洁的武威汉代木雕①

汉代雕塑代表着一个时期的风格，在中国雕塑史上占有突出的地位。无论是大型的霍去病墓的纪念碑群雕或小型的各种形象的陶、石、铜、木俑，都表现出雄强豪迈的气概和质朴简练的艺术手法。

在汉代雕塑中，俑的数量是最多的。"俑"是一种明器，随葬在墓中用以象征人或物的器物。我国古代厚葬风气很盛，人死了以后，要把生前日常用品和爱好的东西一起下葬。远在新石器时代，就用石、陶、骨器等随葬。产生阶级以后，不但以生活用品随葬，还用活人奴隶来殉葬，殷代奴隶主的大墓往往用数人至数十人殉葬，以供墓主人死后役使。随着社会的发展，作为劳动力的奴隶逐渐不再用来殉葬，于是削木像人做成"俑"，以俑代替活人殉葬。据现有考古资料看，至少在殷代就有了俑。到了汉代，厚葬风气更加盛行，"良田造茔、黄壤致藏。多埋珍宝、偶人车马"②。从各地汉墓中出土了大量的俑，也说明了当时以俑为明器的做法是很普遍的。

在汉俑之中，由于木俑容易朽烂，不如石、陶、银俑容易保存，所以保存好的木俑在各地发现不多。汉代木俑中，尤以武威磨咀子汉墓群出土的木俑数量较大，而且题材丰富、风格鲜明、造型生动，堪称汉代木雕的代表。

武威位于甘肃省河西走廊的东段。在汉武帝前，河西走廊为匈奴驻牧地。元

---

① 本文与吴怡如合著。
② 参见王符《潜夫论·浮奢篇》。

狩二年（前121年），武帝战胜匈奴，占有河西，建立武威郡。从此，武威成为河西重镇，为凉州的郡治所在，也是中西交往的丝绸之路上的必经之地，因而武威曾出土了许多重要的汉代文物，如闻名中外的"铜奔马""仪礼简""医方简"等，这里出土的汉代木桶也是珍贵的文物，具有重要的艺术价值。

武威磨咀子汉墓群处在武威东南的祁连山麓，位于地势较高的二层台和最高台地上。由于这一区域降雨量稀少，墓地的土质干燥，墓群中出土的近200件木俑大多保存完整，有的质地如新，使人难以置信它们在地下埋藏了长达一千八九百年的时间。

从磨咀子清理的72座墓出土的器物形制来看，这些墓葬的年代由西汉末期延续至东汉中期（前74年～167年）。西汉末年阶级矛盾日益尖锐，内地大部分地区战乱频繁，更始时窦融为"张掖属国都尉"，他"抚结雄杰，怀辑羌虏，甚得欢心，河西翕然归之。……河西民俗质朴，而融等政亦宽和，上下相亲，晏然富殖"①。因而，作为河西重镇的武威，这期间的经济仍然得到了发展。在磨咀子发掘的汉墓，多为单室土洞墓，除少数的墓主为小官吏外，大部分为豪强地主的墓，出土的木俑主要反映了地主庄园的生活。而在其他一些地方出土的汉代木俑多出自官吏的墓，因此木俑绝大部分是侍吏或仆从。

武威汉代木俑的题材多与生产活动有关，这在别的地区的汉木俑中是少见的。武威得祁连山雪水之利，水草丰美，而且地广民稀，所以有"凉州之畜为天下饶"之称，出土的汉木俑大量是与农牧有关的动物俑，尤以家畜、家禽为多，可谓六畜齐备。在这些汉墓俑中，有栖息于架上的鸡、浮游于水面的鹅群、忠实看守的狗、昂立嘶鸣的骏马、匍伏的肥猪、温顺的羊和躁急的猴，各种家畜家禽的神态，无不刻画得生动传神，充满了浓郁的生活气息。尤其是反映农业生产和运输的拽犁耕作的牛俑和负载辎重的大轮牛车俑，在汉俑中更为罕见，反映了内地的农业技术已传入河西，牛耕已经普遍，大轮车则是河西地区主要交通工具之一。河西地处沙漠戈壁，轮小易陷而不便于行动，因此至今河西还相沿使用着大轱辘高轮车。武威汉代木俑中，也有少量的俑反映了墓主人奢侈享受的豪华生活。

---

① 参见《后汉书·窦融传》。

如木辎车俑宽达 130 厘米，但制作精巧，像这样组合复杂的大型木雕俑，在汉代木俑中是仅见的。而雕绘细致的六博俑和形体概括的舞蹈俑，也是处理手法不同的优秀艺术作品。以上这些木俑，反映出当时河西豪强大族的富足的庄园经济生活。

此外，在木俑中还有木杖上的鸠和镇墓兽。鸠杖是赐给三老的，汉代的三老是乡中帮助县官推行政令的，以鸠为杖首，是因鸠在食时不噎，寓高年长寿之意。镇墓的独角兽俑，身上有翅，是一种辟邪的神兽。我们可以看出武威汉代木俑的题材非常广泛，不仅为我们研究汉代政治、经济、文化提供了形象资料，也是丰富多彩的艺术珍品。

武威汉代木雕中大件的车、马、牛俑的头、身、尾等部分，都是分别单独制造的，然后嵌合或粘接而成的。小件的多用一块木头雕成。雕刻的方法是先大刀阔斧地砍削出木俑的外廓和概约的动态，刀法熟练简洁，仿佛一气呵成，造型的分面肯定而明确，有很强的立体感和酣畅明快的艺术作风。然后又对具有特征的细节进行入木三分的精细刻画，使木俑既有鲜明的整体感和强烈的动态气势，又有画龙点睛似的对细节的描写，艺术表现上的虚与实的关系处理得恰到好处。

汉代的俑多在器表施加彩绘，这种雕刻与彩绘相结合的方法，也出色地运用在武威汉代木雕俑上，表面多以白粉或红、黑等色作底，再以黑、白、红、黄等色勾画眉眼、发须、毛羽、斑纹、舆服上的装饰和纹样等。一般是在黑、红等深色底衬上用白、黄等浅色勾纹样，在白、黄等浅色底衬上用黑、红等深色勾纹样。木俑的明快的色彩与简洁的造型浑然一体，富有更强烈的艺术魅力。而在雕塑上加以彩绘的装饰手法，以后也相沿发展，成为我国古代雕塑艺术的传统表现手法。

汉代艺术不仅写实的技巧有了提高，而且更善于把握事物的典型特征，不原样地模拟物象的自然形态，而是用理想化了的审美观念和标准去刻画生活中的各种形象。这种理想化的审美观念和标准，是对于生活深入观察后加以提炼概括的升华。汉代艺术的这一特点，在武威木雕马俑等作品上反映得尤其明显。武威汉代木马俑与秦皇陵陶马俑的造型是不同的，秦陶马俑虽然对马的形体做了归纳和概括，但整体比例很接近真马，对马的各个部分如前倾的耳、小而圆的眼、斜缓的唇、均匀的腿与腕跌、下垂的尾等的塑造是很逼真的，基本上是依生活中的马来造型的，显示出纯熟的写实技巧。但武威汉木马俑表现的不是生活中一般的马，而是集优点于一身的良马，是用夸张而明确的艺术造型以求本质地体现良马的形象。汉代马俑按良马造型，是有其深刻的社会原因。汉代对于良马的重视可谓空前绝后，因为西汉王朝面对善于骑战的匈奴强敌，必须十分致力于良马的蓄养。武帝曾按良马式样铸马于宫门外，此宫门因此得名为金马门，以此向天下宣扬朝廷对良马的重视。为了推动对良马的培育，西汉时还制定了蓄养良马的政策和措施。对于良马的重视在东汉依然如故，多年活动在甘肃的东汉名将马援曾向皇帝进铜马式。而武威所在的凉州，在诸马苑中占有重要的地位。因此在武威地区经常有汉代的依照良马标准而作的马俑出土，可以说不是偶然的。

图1　木立马

　　武威磨咀子汉墓出土的一批木马俑，有着明确的造型意图，也就是按照良马应该具有的形体要求去设计造型（图1）。如马头的造型方而高峻，头部多骨而少肉，棱角分明，像剥出的兔头一样，用利刃削出的体面很明显。马的上眼眶如弓一样弯曲，下眼眶较平直，目像悬铃似的饱满，是认为这种鼓突的眼睛意味着心脏是强壮的，而有着这种眼睛的马可以矫健地从早奔驰到晚。这些木马的鼻孔张大，上唇方而努起，意味马的肺活量大而气势强盛。耳的形状小而锐，如削斩的竹筒。马耳取这样的造型是认为耳小则肝也小，这样的马容易驾驭使唤。马喉都是曲而深的，更衬托出圆而扁的颈部厚又强的感觉。胸边的两块大肌肉像双凫似的正准备张开，根据良马的式样认为这样的马是善走如飞的。马的脊背平而广，则可骑乘平稳和负重致远。马尾都是高举的，而且尾基大，显得很强劲。马的四肢为叉开直立状，大腿圆而厚，后脚上曲下直，前膊大而短，膝骨突起，蹄厚而大，像石头般坚实，这些都表现出马的四肢是刚劲有力的。因此，依据良马式雕刻的木马，不是原封不动地照搬生活中马的自然形态，而是用鲜明的艺术语言来表现被深刻理解过的良马特点，提高到哲理的高度去认识，从而将生活中的一般性的常见形象提炼成理想化的简明的形象，这是汉代木雕表现方法的一个重要特点。

如果雕刻的匠师只是机械地依照成规去制作木俑，那么只能产生缺乏生气的概念化的作品，但匠师能以自己的生活感受突破成规的限制去求变创新，以新颖的构思和完美的艺术形式使作品具有生气。对于那些不受成规约束的题材，匠师们根据在生活中的细致观察，活泼自如地进行艺术处理，即使表现同一题材的物象，雕刻师也善于捕捉物象在运动过程中承上启下的瞬间动作，刻画出在不同情节中的不同神态和特征。如立马俑是静态的，容易处理得板滞，但高明的雕刻师抓住了站立的马正欲行走那一富有表现力的情节，生动地刻画了立马两腿叉立、胸两边大肌紧张地鼓起、目突鼻张地嘶鸣、双耳耸竖、尾巴高举的形象，有力地捕捉住正欲企步千里的骏马的昂扬神态，静中寓动，蕴有内在的力量，引人发出"千里之行始于足下"的联想。而本书选入的狗俑，就有五种以上的不同姿态：有的匐卧歇息，有的低头觅食，有的正在跃起，有的准备前扑，守卫的狗显得警觉机敏（图2），小狗却活泼天真。这些对于不同的木狗俑的各种姿态的曲尽其妙的刻画，令人不由地赞叹雕刻师深刻观察生活和把握事物特征的能力。

武威汉代木雕对体、面、线的运用，有着锐敏的理解和卓越的技巧。首先能够针对不同的被表现对象用不同形态的体面去造型，以特定统一的艺术造型构成木俑的强烈的整体感。如木狗俑多以三角形体面构成，以显示狗的锐敏勇悍。低头觅食的小木狗，只用了三个三角体的木块构成。三角体的锐角的指向，亦是三角体运动的方向。由大三角体作的身子和小三角体作的头的运动方向则是贯连相承的，是由身子后部向前运动。竖起的尾巴为一个长三角体，与身子的后部相齐，基本上成为略前倾的垂直线，由于尾尖

图2　木卧狗

向上而力点下垂，与身子形体的运动方向连贯，使各部分形体的运动方向都集中于嘴部。身上还刻有两道向前伸的斜线，更加强了运动感。因此，这件小木狗的造型虽然极其简洁，但有一气贯穿的运动方向，把小狗嗅着找食的动态和特征，刻画得绝妙生动。而木牛俑是以长方体为基本造型，来表现牛的敦厚朴实的性格。但

图3　木牛

刻画牛的不同部位是用凹凸不同的长方体去体现的，使统一的造型寓有变化。牛身为略向外凸弧的长方体，显得形体饱满，表现出牛身的魁健。牛头的造型为略向内凹的长方体，形体的棱角较分明，表现牛头的多骨而少肉。尤其将牛嘴截为整齐的平面，增强了牛头方拙的感觉。而且缩短了牛腿，既增加了腿的力量感，又增强了身躯的厚重感（图3）。而木猪的造型更为简洁，仅用一块长方形木块刻成，只对头部略加雕凿，却鲜明地体现出肥猪的形象。各种木鸡俑的身子，都由较平的三角形体面来构成，有的甚至以木板削成三角形的身子，夸张地表现出鸡的平扁的体形。公鸡俑则夸张锯齿状的大冠和下垂的长尾。母鸡俑则缩小头和尾，而身体增大，尾却上翘。用不同的造型反映出公鸡和母鸡各异的特征。鸠和鸡虽同属禽类，造型却不同，鸠的身子则以弧圆的形体构成，身躯显得丰满，以表现鸠的性善合群的特点（图4）。由上例举的木俑作品中看出，这些不同的木俑形象是用不同的具有个性的造型来雕造的，木雕俑的变形夸张是基于

图4　木鸠

对生活准确深刻的认识，把凡是能影响整体感的细节进行大胆的省略，显出雕刻师对形体处理有高度的概括能力和雄大的魄力，即使是一件小木雕，也同样表现

出奇伟的气概。

武威汉代木雕在体、面、线相结合的艺术处理上有独到之处，能够根据题材情节的需要，既注意到形体的和谐统一，又能有对比和变化。如图版中的木狗俑，为表现狗在匍伏歇息时静止的形态，整个木雕的体、面和彩绘的线条都统一在平行形中，唯双耳耸立，竖突于平行形体上面，以相反方向的造型对比，刻画出守卫的狗在休息中仍保持警觉的神态，这种静中有动的造型组合，是与表现主题紧密相扣的。

武威汉代木俑在不同形状的体与面的配置方面也是相当成功的。如图版中的鸠俑，小圆球体的头部和小扁圆体的颈部与长圆体的身子和长扁圆体的尾部，一圆一扁地间隔配置，使各部分形体互相呼应而达到和谐统一，又由于形体大小的变化而具有节奏感。雕刻师还善于运用由切分块面的大小不同而形成的不同的形体感觉，来表现具有不同造型特点的俑，如木牛的体面处理就大而方整，显得形体结实而庄重。而木羊的分面则小而圆缓，显得形体饱满而和顺。马和独角兽的身子的分面大而饱满，而脸部的分面小而尖锐，表现出不同的质感。

武威汉代木雕对形体的艺术处理是从大处着手而精处入微的，对各部分形体的刻画不是平均地对待，而集中地刻画最主要的部分。对头部大多雕刻得精细具体，而对其余部分处理得简略。如木雕小花狗，四肢处理得十分简略，而着意刻画歪着的大脑袋和张大的充满稚气的双眼，头部的神态被衬托得很突出，这种以虚显实的艺术手法，更鲜明地表现出物象的主要特点，起着舞台上的聚光灯的作用，将观者的注意力吸引到作品最重要的部分。雕刻师还很注意木俑的木纹与形体结构的和谐，图版中的鸠俑，木纹的排列与鸟羽的构造是非常吻合的。木纹与鸟的形体结构配置得十分谐调完美，可谓巧夺天工。图版中的跃立正欲前扑的狗，风掣般的顺畅的木纹，加强了狗的毛鬃奋动的正欲前冲的动态。在武威木雕的许多作品中，都能看到木纹和造型自然而巧妙的浑然一体的结合。

武威汉代木雕大部分的木俑都是施彩绘的，但值得注意的是凡是要用细线来表现的纹样，一般不采用在木俑上刻成线纹的做法，而是用彩绘的线与点来绘出。由于饱满的形体立体感强，相反地，内凹的形体立体感弱，因此阴刻的线与点过多时，会削弱形体的立体感，而彩绘的线与点不仅不影响形体的立体感，运用恰

当还会加强形体的运动感。如以
火焰状的彩纹来烘托出独角兽的
威猛气势。又如用复道的斜线与
弧线彩纹来加强公鸡俑的三角形
和弧形的外形线。但不同题材的
木俑上彩绘的繁简是不同的，对
贵族的衣饰绘得较华丽，而奴仆
身上的纹饰绘得简朴。鸡、斑鸠、
独角兽的彩绘比较复杂，而羊、
牛、猪俑只对眼睛作简单的勾画。

图5　木六博俑

六博俑是彩绘与雕刻成功相结合的作品。两个对坐博弈的老者，雕造的外形非常
简洁，用大块的体面明快地表现出人物的动态，因而人俑的立体感很强。人俑的
细部都是用色彩画出的，白色的脸和手，黑色的头发和衣服各部分的缘边，灰色
的袍服，形成了黑、白、灰色的三大层次。而在白脸上以黑色画五官和须发，灰
袍上复绘着白线纹，这就增添了色彩层次的变化。六博俑的彩绘主要以浅灰和白
色构成素静的色调，这与博弈者深思的神情气氛相切合，彩绘与雕刻取得了相辅
相成的艺术效果（图5）。武威木雕的彩绘除去表现厚重的造型使用深色外，大多
采用浅淡的色彩。浓重的色彩会影响木雕的立体感。浅淡的颜色既能显出立体感，
也具有明快的色彩感。武威汉代木俑成功地运用了雕刻与彩绘相结合的手法，而
彩绘雕塑这一传统的表现手法，在今天也是值得我们研究和借鉴的。

　　武威汉代木雕虽然对各类题材运用了不同的处理方法，但有着共同的雄浑简
洁的艺术风格。简洁，来自对生活的深刻观察和对被刻画事物特征的有力掌握，
是对复杂的自然形态经过深思熟虑地理解其本质并加以归纳的结果。雄浑，基于
造型的完美的整体感和饱满的立体感，是强烈气势与内在力量的有力结合，因此
具有强劲的生命力。武威木雕俑以高度概括的雕刻手法而不同凡响，是汉代木雕
艺术的重要流派，是汉代雕塑的精粹之一。武威汉代木雕杰出地体现了雕塑的艺
术规律，它独具一格的雄浑简洁的雕刻艺术，是传统雕塑艺术的一枝奇葩，也是
我国古代美术的宝贵遗产，它的艺术精华是需要我们学习和继承的。

雷台墓考古思辨录

1969 年 10 月，武威市雷台发现了一座规模宏大的古墓，墓中出土了铜奔马、铜车马仪仗等珍贵文物。随后，甘肃省博物馆会同武威市文化馆对该墓进行了清理，我有幸参加了这次清理。由于这是我经历的第一次考古活动，虽时隔数十年，当时清理雷台墓的一些情景仍经久未忘。

雷台墓是农民挖地道发现的，墓中的主要文物已被农民取出，这些文物在墓内的位置只能根据当事人的回忆来估测，对考证造成了诸多困难，并因此论说不一。我曾参与合写雷台墓的车马组合和墓主人的考证文章①。为了进一步澄清雷台墓研究的一些悬疑，我将清理时的感受和思考做简要的记述，并将研究中被忽略的一些细节问题提出讨论，资供雷台墓研究者参考。

雷台墓的年代

雷台墓的发掘报告从出土文物和墓葬形制等方面进行考证，认为该墓是属于东汉晚期的墓葬，主要有三个理由：一是随葬铜马的身上刻有"守左骑千人张掖长"，武威郡设张掖县和左骑千人官为东汉时期特有的建制，最晚在西晋被撤除；二是雷台墓的墓葬形制与河南、陕西等地的东汉晚期纪年墓相似；三是墓葬中出

---

① 参见初师宾、张朋川：《雷台东汉墓的车马组合和墓主人初探》，《考古与文物》，1982年第 2 期。

土铜钱二万多枚，多为东汉五铢，其中有"四出五铢"钱，这种钱被认为铸于汉灵帝中平三年（186年），可以作为雷台墓年代的上限。以上这些理由基本上是成立的。

雷台墓随葬铜钱多达二万多枚，是已发掘的汉墓中随葬铜钱最多的墓葬之一。而对雷台墓出土铜钱的鉴定，对其年代的判断尤为重要，也为鉴定提供了丰厚的基础。以中平三年铸造的"四出五铢"钱为雷台墓的年代上限是无可争议的，但年代下限仍需要进一步研究，因为不能排除下限从东汉晚期下延的可能性，而且嘉峪关新城魏晋墓群出土的钱币，也为判断雷台墓的下限提供了新的思路。在嘉峪关新城3号、5号、7号、8号墓中出土的有内郭的小五铢（这种五铢有的专家认为是蜀五铢），在雷台墓中没有发现，据《嘉峪关壁画墓发掘报告》的考证，在新城出有"蜀五铢"的这几座墓中以5号墓最早，属曹魏晚期[①]。因此，雷台墓的年代可定为汉魏之际的墓葬。

至少有两套铜车马仪仗队

雷台墓中出土了阵势浩大的铜车马仪仗队，其中武士俑17件，奴婢俑28件，铜马39件（其中马身上有铭文的8件），铜车14辆（其中斧车1辆、轺车4辆、"小车"2辆、辇车3辆、大车3辆、牛车1辆），还有铜牛1件，凭几（原报告作凳）1件。通常将这些铜车马和俑排成一列浩大的仪仗队。

实际上这些铜车马仪仗俑被发现墓的农民们先行取出，原本的排列情况已不详。根据参与其事的农民回忆，这些铜车马仪仗俑分别置于前室和前室南耳室内[②]，因此至少有两套铜车马仪仗俑。前室的南耳室长1.9米，宽1.8米。铜马车的通长为50厘米左右，车的幅宽为40厘米左右，因此在前室南耳室中最多只能放置9辆铜马车。雷台墓中共出土铜马39件，分作甲乙两种形状微异的类型。甲型马制作较精，头部清秀而棱角分明，耳较长而后倾，尾部为折角状，收尾处

---

① 参见《嘉峪关壁画墓发掘报告》，文物出版社，1985年。

② 参见甘肃省博物馆：《武威雷台汉墓》，《考古学报》，1974年第2期。

图1 雷台墓甲型铜马

细长（图1）。乙型马造型较粗厚，头部浑朴，耳较短而前倾，尾部近于片状，收尾处为三角形的片状（图2）。在39件铜马中，乙型马有8件，马的胸前都刻着隶体铭文，分别为："冀张君骑一匹，牵马奴一人。""冀张君小车马，御奴一人。""冀张君夫人辇车马，将车奴一人，从婢一人。""守张掖长张君郎君阿郦骑马一匹，牵马奴一人。""守张掖长张君前夫人辇车马，将军奴一人，从婢一人。""守张掖长张君后夫人辇车马，将车奴一人，从婢二人。""守左骑千人张掖长张君骑马一匹，牵马奴一人。""守左骑千人张掖长张君小车马，御奴一人。"雷台墓的铜俑中有刻有"从婢"铭文的女俑四件，与乙型马铭文上的从婢总数相同，应该就是乙型铜车马仪仗中的随从婢女。另有刻有"张氏奴"铭文的将车奴和牵马奴各三人，还有御奴二人，奴婢俑共计十二件。雷台墓出土铜小车二辆、铜辇车三辆，与乙型马身铭文上的小车和辇车的数目相同。由文吏及其眷属和奴婢随从组成铜车马仪仗，需占的面积与前室南耳室的面积相当，因此可以推论在前室南耳室中放置的铜车马，即为这批乙型的铜车马和奴婢俑。

图2 雷台墓乙型铜马

乙型铜车马和奴婢俑又可分为两组：一组为"守左骑千人张掖长张君"的仪仗，包括郎君阿郧、前夫人和后夫人的车马和随从；另一组为"冀张君"的仪仗，相从的只有夫人的车马和奴婢。"冀张君"和"守左骑千人张掖长张君"都有各自的小车马和御奴。"守左骑千人张掖长张君"还另有坐骑和牵马奴。我们在《雷台东汉墓的车马组合和墓主人初探》文中就已指出"冀张君"和"守左骑千人张掖长"分别是两人，乙型铜车马如果能推定置于前室南耳室的话，显然是处于从属的地位。

甲型铜车马则应分布在前室，而且不应排作一长列的队形。我们可对照与雷台墓的年代和地区较接近的嘉峪关新城魏晋墓壁画的出行队列，文武官吏的出行队列和舆服是有明显区别的。嘉峪关新城魏晋3号、5号和7号墓壁画描绘的是武官出行队列，都是以骑吏和手执矛戟的武装骑士为导从的，队列的前面为骑吏，骑马的武官位于队列的中部。后面随从的骑士的人数比前导的骑士略多一些，也有骑吏率领。

以嘉峪关魏晋墓室壁画中的武官出行队列为蓝本，雷台墓的甲型马和骑士俑，可依此排出一组完整的队列。前导是由一位骑吏率领7位手执矛戟或幢旄的骑士组成。中间由墓主人乘坐的主骑和4匹备用的从骑组成。后从是由1位骑吏和手执矛戟的8位骑士组成。或者前导为5位骑士，后从为10位骑士。另一组是以甲型铜车马和俑人组成的出行队列。以斧车为前导，紧随属吏乘坐的3辆轺车，最后是以4位伍佰（缺一位）开道的墓主人乘坐的主轺车。

这两组仪仗队列，都表示墓主人具有高级武官的身份。而且这两组队列也可以并列在一起，组合成浩大的武官出行仪仗队伍。如内蒙古和林格尔东汉晚期墓室壁画中的"使持节护乌桓校尉"出行场面，就是以前面有导车的车马队列与武官和执有武器的骑士队列并行前进。因此，作为高级武官出行时，可以具有车马队列和骑士队列相结合的仪仗形式。

目前，将甲型铜车马和俑人都排在一直列中，其中有很多与汉代舆服制度相矛盾的地方。而以车马队列为主，并列地以骑士队列为辅从，更符合当时武官出行的舆服制度。因此，置于前室的甲型铜车马和武装骑队是具有高级武官身份的墓主人的仪仗队伍。置于前室南耳室的分别为"冀张君""守左骑千人张掖长张君"乘舆队列的乙型铜车马,乃为与墓主人有亲密关系的属吏的出行仪仗。

❧❦ 墓主人的身份 ❦❧

当我们弄清了雷台墓铜车马仪仗队的不同类型的组合和分布情况后,才能正确地解决墓主人的身份问题。当前对雷台墓主人的身份主要有两种不同的看法。一种看法认为墓主人为比二千石或二千石的将军,在甘肃省博物馆的《武威雷台汉墓》清理报告和我们合著的《雷台东汉墓的车马组合和墓主人初探》文章中都阐明了持有这种看法的理由。另一种看法认为墓主人为秩比六百石的"守左骑千人张掖长",依据仅是乙型铜马身上的铭文。但是,如上文所述,乙型铜马上的铭文只是表明置于前室南耳室中乘舆者的身份,就是墓主人的族门属吏的身份,而不是表明墓主人的身份。这就排除了墓主人身份问题上的相互矛盾之处。

雷台墓中出土的甲型铜车马和其他出土文物,都表明墓主人是位居高职的武官。其中最直接的证据是墓中出土了四枚龟纽银印,一枚印章的印文是"□□将军章",另一枚印章的印文是"□□□军章"。《汉书·百官公卿表》记载:"凡吏秩比二千石以上皆银印青绶。"由此可以确切地认为墓主人是屡任秩比二千石以上将军职位的高级武官。

特别要提出的是在一件铜壶上刻有"臣李鐘"三字,由于雷台墓发掘报告中将铜壶上篆书铭文的"臣"误认作"巨",因此这件能表明墓主人身份的重要文物被忽略了。铜壶铭文中的"臣",应指的是家臣,因此墓主人应具有列侯的身份。

饰有獬豸形鎏金铜华蚤的贴金铁伞檩股是另一件被忽略的文物,现存三股檩叉长约74厘米,与当时车上实用的伞檩股的高度相同,应是生活中实用的器物,而这件伞的盖和杠则在古时被盗墓人掠取。据汉代舆服制度,伞盖上的金华蚤为皇亲国戚才能享用。《后汉书·舆服志》记载:"太皇太后、皇太后法驾……黄金涂五末、盖蚤。""皇太子、皇子皆安车,朱班轮,青盖,金华蚤。"因此,墓主人可能与当时最高权贵有着相当于亲属的关系。

特别要指出雷台墓随葬的铜钱达二万多枚，不仅是甘肃古墓葬中埋钱最多的，也是全国发掘的汉墓中埋钱最多的之一。尤其在汉魏之际，由于战乱频仍，钱币短缺，甚至出现以物易物的现象，因此这一时期的墓葬中随葬钱币较少。如嘉峪关新城发掘的魏晋壁画墓的3号、6号、7号墓都是三室的大墓，3号墓只随葬12枚铜钱，葬钱最多的7号墓也不过只有275枚。由此可见，雷台墓随葬铜钱之多在当时是十分显赫的，绝不是一个六百石的小官能拥有的。

关于雷台墓主人的身份是秩比二千石的将军的考证很多，所以本文不再复述，只是对某些方面做了强调和补充，进一步论证了雷台墓主人为屡封秩比二千石的将军，并且位至列侯，还与当时最高权贵有亲属关系，籍贯为武威郡人，而且姓张。其卒年在汉魏之际。

据此，我们认为具备以上这些具体条件的只有张绣。据《三国志·张绣传》记载："张绣，武威祖厉人，骠骑将军济族子也。""以军功稍迁至建忠将军，封宣威侯。"曹操"为子均取绣女，拜扬武将军。官渡之役，绣力战有功，迁破羌将军。从破袁谭于南皮，复增邑凡二千户。是时天下户口减耗，十裁一在，诸将封未有满千户者，而绣特多。从征乌丸于柳城，未至，薨，谥曰定侯。"张绣三次封将军，又封宣威侯，与雷台墓出土四枚龟纽银印（其中两枚为将军印章）相合。张绣之女嫁曹操之子，与权倾当朝的曹操有亲属关系，故能特享金华蚤青盖车。魏晋之际，虽天下损耗，唯张绣恩宠有加，食邑二千户，俸禄在诸将以上。雷台墓葬铜钱二万有余，有此财势者，非张绣莫属。张绣为武威豪门，又封有侯国（封宣威侯，宣威县属武威郡），死后又赐封定侯。张绣卒于东汉末朝，恰合雷台墓的年代。根据以上考证，进一步表明张绣可能是雷台墓主人。

雷台墓门上的阙门为天门的象征

《武威雷台汉墓》清理报告中提到："墓门上砌照壁，高出墓道上口约一米。""照壁面上涂粉墨，黑白相间。中间绘门、柱、梁、枋和斗拱，两旁绘折形花纹，构图简练。"据我在实地观察，在砖砌的门扇之上和阙柱之间有一排微突的横砖，是代表门檐。雷台墓是在墓门上较早出现砖砌连檐阙门的，与雷台墓年代大致相当的陕西潼关吊桥杨震墓的墓门上也有砖砌阙门[1]。以后,在河西地区的魏晋时期的大型墓室墓门上,多有高大的照墙,上面有砖砌的彩绘连檐阙门,在阙门两旁分别饰有牛首人身像和鸡首人身像的浮雕砖,这种做法愈演愈烈。

那么墓门上再饰有连檐阙门的含义何在呢? 在甘肃成县的一座汉墓中,出土了一件鎏金铜棺饰,上面有线刻的阙门,阙门上方刻着"天门"二字。在四川巫山县东汉墓发现的七件鎏金铜牌饰上,刻着带有"天门"榜题的阙门图像。四川简阳县鬼头山东汉岩墓中,有一具刻着阙门图像的石棺,阙门旁也刻着"天门"榜题[2]。通过以上汉墓中刻有"天门"榜题的阙门图像,可以推知河西地区汉末至魏晋时期墓门上的砖砌阙门就是天门的象征。

神话中的天门在西北方,《河图括地象》载:"……西北为天门。"《神异经·西北荒经》载:"西北荒中有两金阙……中有金阶,西北入两阙中,名曰天门。"在四川简阳鬼头山东汉岩墓出土的画像石棺上,在阙门图像右侧刻一猛虎,旁刻"白虎"二字。与此相同,在嘉峪关新城魏晋壁画墓墓门上砖砌阙门的门扇上,也都画有一对白虎。在四灵中,白虎代表西方,守护着升仙必经的天门。由于天门位于西北,所以汉末、魏晋墓室墓门上砖砌天门的做法得到了发展。而雷台墓正是河西地区这种做法的滥觞。

雷台墓墓门上象征天门的砖砌阙门,是墓主人死后升仙的入口,表明在河西地区神仙思想方兴未艾。在河西魏晋墓中墓门砖砌天门的做法进一步发展,反映了神仙思想在这一地区相当长的时间内占主导地位。

雷台墓陶塔楼与凉州早期佛塔之关系

雷台墓出土了一座雄伟的陶塔楼模型,这件陶塔楼通高 105 厘米,中间矗立方形塔楼,分为五重。每层之间和塔楼顶部有四面斜坡式檐。塔楼四周围有坞壁,

---

① 参见陕西省文物管理委员会:《潼关吊桥汉代杨氏墓群发掘简记》,《文物》,1961 年第1 期。

② 参见赵殿增、袁曙光:《"天门"考——兼论四川汉画像砖(石)的组合与主题》,《四川文物》,1990 年第 6 期。

坞院呈长方形。坞壁正中开门，上有两层门楼。坞院墙四角设有两层的碉楼，门楼和四角碉楼之间连有飞栈（图3）。

自汉代以来，出现了多重塔楼的建筑形式，塔楼的兴起可能与汉代流行的神仙思想有关。《史记》载："方士言武帝曰：'黄帝为五城十二楼，以候神人'。帝乃立神明台、井榦楼，高五十丈，辇道相属。"《赖乡记》曰："老子庙有皇天楼、九柱楼、静念楼，皆画仙人云气。"并有"仙人好楼居之说"。

河西地区自东汉以来，神仙思想颇盛，也兴起了塔楼建筑。河西汉魏墓中相

图3　釉陶碉楼

继出土了陶塔楼模型。除了雷台墓出土的陶塔楼外，武威赵家磨东汉墓也出土了形制类似的陶塔楼，只是院墙正中为连檐阙形门。张掖郭家沙滩东汉墓中出土了中央为三层塔楼的陶楼院，院门也为连檐阙形门。河西地区汉末魏晋时期楼阁式塔楼的兴起，必然影响着这一地区早期佛塔的样式。

甘肃河西地区位于西域通往内地的咽喉要冲，成为东传的佛教在中国兴盛最早的地区之一。在前凉时，凉州佛事渐兴。《魏书·释老志》载："凉州自张轨后，世信佛教。敦煌地接西域，道俗交得其旧式，村坞相属，多有塔寺。"由于凉州是当时东西方文化的交会之地，因此，凉州的塔寺不仅是兴起较早的，而且塔寺的发展反映出中西文化交融的特色。在河西的武威、酒泉、敦煌都出土了楼阁式的石造佛塔，敦煌莫高窟第254窟北魏壁画中也画有三层的楼阁式塔。这些塔身的形制基本上与武威雷台墓陶塔楼相同，只是顶部多了从印度窣堵坡演变来的塔刹。因此，武威雷台墓的陶塔楼的这类样式可视作楼阁式塔的母体，而塔楼的文化载体由神仙交替为佛。

河西出土的汉晋绘画简述

我国两汉和三国、西晋时期的绘画资料，无论是传世品、出土物还是文献都是较少的，因此对深入研究汉晋期间绘画上的一些重大问题带来了一定的困难。自从新中国成立后，尤其是 20 世纪 60 年代中后期以来，在甘肃省河西地区出土了大批两汉至西晋期间的绘画。河西走廊是丝绸之路的必经要道，在这个东西方进行文化交流的重要地区，汉晋间各阶段的绘画能较完整地保存下来，真可谓难能可贵。这些珍贵文物的遗留，不仅对研究汉晋绘画的发展变化，探讨以敦煌壁画为代表的佛教石窟寺绘画艺术的渊源问题，提供了一批重要资料，而且对研究汉晋期间河西地区的政治经济文化和民族关系等方面，也是珍贵的形象资料。

西汉时期的绘画

居延木简、木板画

木板画　1973 年居延肩水金关出土。画面高 20 厘米，宽 25 厘米，由两块木板组成，两侧用线绳连接。画用墨绘成，右方为一大树，树下系一黑马，马的画法是用墨线勾出轮廓，中用枯墨干笔填实，呈影像效果。马后站立一人，侧脸，微须，着长袍。树上似攀缘二人，树左上方有一蓬发人。树上有栖立的鸟，还有正飞来的鸟。据同处所出汉简来看，该木板画当为西汉遗物。

木简画　1972 年居延查科尔帖出土。在一木简两面用墨线绘画，简微残，残长 17 厘米，宽 3 厘米。简的一面上方画一佩剑的官吏，侧脸，微须，头戴着

图1　居延破城子木板画车马出行图

前高后低的冠，身穿长袍。下部竖画着一匹鞍马，似为上部官吏的乘骑。木简另一面上方也画一官吏，侧脸，微须，穿长袍，有方格纹的袖缘，袍下露出黑靴。简下部画一人，拱手于胸前，头戴黑帻。此简为汉代何期尚待考订，但绘画风格与上述肩水金关西汉木板画大致相同。

木板画　1974年居延破城子出土。木板上部已残，从现存画面来看，内容为车马出行。画面残高3厘米，宽13.2厘米，尚存马车和四乘骑的下半部，四马皆黑色，乘骑者穿红和黑袍（图1）。据同地所出的木简来看，此木板画为西汉遗物。

木板画　1974年居延破城子出土。画面高6.6厘米，宽9厘米。画一站立的带翼白虎，身姿矫健，线描劲细有力，运笔注意停顿起落，有节奏感。据同地所出木简，此木板画为王莽时期至东汉初期间所作。

以上居延木简、木板画，有的可能为驻守人员的随意之作，画风简略粗约，亦不定型，似不受程规的约束。

武威磨咀子48号墓漆樽上的漆画

舞蹈图[①]　画一男扬带，二女旋绕起舞，身后以粗简的几笔画一大树（图2）。

车马出行图　残宽10厘米，画一奔马，拉着辂车，车上的御者戴黑帻，主人戴进贤冠。由于漆的性能较黏，适合画弧状线，此漆画熟练地运用了富于运动感的弧线，又以逗点状的墨点散列其中，更增强了画面的活泼飞动。另一特点是用几个形状不同的点子，来画脸部的五官与胡子，并在脸的半侧施以浅灰色，产

---

① 参见甘肃省博馆：《武威磨咀子三座汉墓发掘简报》，《文物》，1972年第12期。

图 2　武威磨咀子漆樽舞蹈图

生了明暗光影的效果，这种处理手法在河西晚些时候的其他绘画上还能看到。此外，由于黑漆调出了浓淡深浅不同的层次和笔上蘸色多寡的不同，因此色调变化较丰富。据发掘简报所述，此漆画为西汉时作。

❧ 东汉时期的绘画 ❧

武威磨咀子东汉墓群中墓铭旌上的日月等图像

4 号墓铭旌[①]　铭旌上端两角画日、月图像，日月中隐约能看出动物形，下部接续画虎，再下全为云纹。

23 号墓铭旌　上部为日月图像。日中画一三足黑乌，乌周围填以红色。月中的动物在《武威汉简》书中解释作龙，安志敏同志已有文指出其误，笔者又经过复原临摹，更可看出在月中除了蟾蜍外，还有玉兔。蟾蜍经过夸张和变形，头部加大，突出了蟾蜍的嘴和眼睛（图 3）。

54 号墓铭旌[②]　铭旌上端两角画日月图像。日中画三足乌和九尾狐。月中画蟾蜍和玉兔。系先涂底色，后以墨线勾勒，用笔准确，简洁有力。

---

① 图见甘肃省博物馆、中国科学院考古研究所：《武威汉简》，图版二三。
② 图见安志敏：《长沙新发现的西汉帛画试探》，《考古》，1973 年第 1 期。

图 3　武威磨咀子 23 号墓铭旌

　　这些铭旌都是画面朝下，覆盖在棺盖上，内容多画日月图像和云气，以象征天空，意指墓主人死后升天。

武威磨咀子东汉墓群中的木板画

　　72 号墓木板上之少数民族图像　木板长 36 厘米，宽 8.5 厘米，中有断裂。木板上用墨线画一少数民族，有须，披发，左衽，穿短袍，袍下部有缘边，并画出针缝的线脚，中系腰带，袍下露出裹腿，着鞋。左手下垂，右手举起，做招呼状。此画用笔简洁，比例恰当，人物显得很有神气。从此画人物之"披发左衽"的习俗，和东汉时期羌族在凉州与汉族共居和活动的情况来看，可能为古代羌族的形象。

　　53 号墓出土的木屋上的绘画　木屋四壁涂了一层薄薄的白粉，在前后及左壁上有用墨线绘的画。前壁木板下部微残，现存高 10.5 厘米，宽 27.5 厘米。左侧画有门，门的右边有一男，手中持棍，正在喂狗。狗站立，吐舌于外（图 4）。后壁木板高 10.3 厘米，宽 28.5 厘米，画一女子在喂猪（图 5）。女子身穿长裙，猪仅用飞舞的几笔画成，鬃毛耸立，尾巴卷曲上举，表现出猪的健壮。在木屋之左壁，画一用桔槔提水之水井。

　　武威磨咀子 5 号墓之木板画　木板高 14 厘米，宽 50 厘米。上涂一层白粉，图用黑、红二色画成。画女主人站立，身穿白衣，红裙曳地，左手扬起，做指示

图 4　武威磨咀子 53 号墓出土的木屋前壁之喂狗图

图 5　武威磨咀子 53 号墓出土的木屋后壁之喂猪图

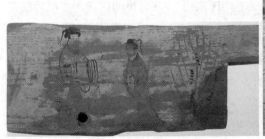

图 6　武威磨咀子 5 号墓木板画妇女图　　图 7　武威磨咀子 5 号墓木案背面画稿

状。女婢拱手而立，上着红衣，下系红裙。女婢身后有树，画法很简单，用红色以几笔画成扫帚状的枝干，在枝干上点些墨点表示树叶（图6）。

武威磨咀子5号墓之木案画[①]　木案长53.5厘米，宽40厘米，中以白色作底，用黑和土红两色绘一朱雀。画面四周为深灰色，深灰色下隐约透出以墨线勾出的底稿。木案背面还有用墨线画的朱雀、仙鹤、云纹、松鼠等图像。这些图像随意杂列在一起，可能是绘画的底稿（图7）。

武威雷台之墓室装饰画（东汉晚期）

墓顶莲荷图案[②]　前、中、后室墓顶均为复斗式，顶上方砖长宽各为35厘米，上绘一莲荷图案，由黑、红、灰、白、浅红等色绘成，中有莲实，四层重瓣，瓣头略尖，瓣上着色采用渲染法。比雷台墓可能稍晚的武威西门乱葬岗古墓的莲荷图中，同样应用了渲染法[③]。这是我国发现较早的绘画上的渲染法，渲染法的出现加强了绘画表现立体感的能力。以后，渲染法在佛教艺术中大量应用，虽可能有外来的影响，但它的发展和运用始终带着中国特色，并不强调因光线造成的明暗，而是表现物体固有的凹凸和色彩，这个特点在武威东汉晚期的莲荷图中早就体现出来了。

墓道两壁的装饰图案[④]　"墓道两侧壁上，在有间距的对称部位"，有用朱红色画的直线贯通上下，中部伸出灯盏状物，可能为柱状连枝灯图案。

➣➤❦ 魏晋时期的墓葬绘画 ❧❰❮

　　河西地区在曹魏至西晋初的半个多世纪的时间里，经济和文化都有较大的发

---

①　图见党国栋：《武威县磨咀子古墓清理记要》，《文物》，1958年第10期。

②　参见《考古学报》，1974年第2期，图版二。

③　武威西门乱葬岗古墓在1974年发现后，由武威县文管会清理。莲荷画在墓顶特制的方砖上，为二重花瓣，花瓣用渲染法分出深浅，中为莲实。墓棺上覆盖帛画，惜已朽，似有花叶等图案。墓壁上用黑色画成菱形图案，与东汉末期的武威雷台墓相似。这种在墓顶画莲荷图的，在武威皇娘娘台也有发现。

④　参见《考古学报》，1974年第2期，89页。

展，这从绘画里也可以看出。在这一时期，河西绘有壁画的大型墓室很多。这种壁画墓，东起永昌，经酒泉、敦煌，直至新疆吐鲁番都有发现[①]，其中多处为壁画墓群，保存了大批珍贵的魏晋绘画资料。这里选择典型作品，做简要的介绍：

嘉峪关市牌坊梁壁画砖墓

墓位于嘉峪关城楼下东南三公里处，为双室墓[②]。前后室中都绘有壁画，画面用色有黑、土红、浅灰、浅石绿等色。

前室左壁第一层为一块画砖，画女主人宴饮，主宾对坐，二侍婢随坐，中置酒器。第二层共二块画砖，一为切肉烤肉图，绘一男在案上切肉，旁有一童手持长柄铁叉，上串肉块，一女持铁叉在釜中烤肉（图8）。另一绘烹调场面，一女持勺在案上罐中盛取调料（图9）。第三层共三块画砖，一为炊厨，一女在灶下烧火，一女在缸中操作炊事；一为揉面做食，一女在缸中揉面，一女在圆案前做面食；还有一画内容亦为厨事，墙上挂着肉条，一女将食物放在案上。

图8　嘉峪关牌坊梁壁画墓之切肉烤肉图

---

① 新疆吐鲁番地区阿斯塔那和哈拉和卓的西晋墓中发现了一些壁画和纸绘画稿，如《新疆出土文物》图册中的晋朝《纸绘地主生活图》（图版47）。新疆吐鲁番地区的这些壁画、画稿的内容和装束，基本与河西魏晋墓室壁画相同。

② 嘉峪关市牌坊梁壁画墓，1972年由嘉峪关市文物管理所清理。墓室砌法为四平一竖，前室左右壁各有六块壁画砖，后室中仅有一棺，人骨架为女性。随葬品有铜环、银簪等。壁画上只画女主人宴享，因此墓主人为贵妇人。

图 9　嘉峪关牌坊梁壁画墓之烹调图

前室右壁第一层为一块画砖，画着一座坞楼，在坞前大树下停放着一辆带棚车。第二层共二块画砖，一为畜牧图，中有横线将画面分割为二，上层为三只羊，下层画一牧童。牧童臂下挟鞭，前画有三只羊，在羊之间都用树作间隔。另一块为耕种，一男驱赶双套牛犁地，后随一女播种。第三层共三块画砖，一为耕种，一男驱赶双套牛耱地，后随一女播种。另一为宰羊，羚羊倒悬，一男持刀宰割。还有一画为坞楼，在坞前大树下系一马。在后室有画砖数块，画着布帛、蚕茧和丝束。

牌坊梁墓室壁画的画法较朴拙，衣服袖肩处的衣纹用连弧状的线条来表现，人物造型较短矮，这些与嘉峪关新城 1 号墓的画法相同[①]。壁画中的畜牧图，保留着在石刻构图中常见的横割分层排列法，人物和羊分别散置而不叠盖，而且用树木作间隔，这当是一种较早的作风。

嘉峪关市新城魏晋壁画墓群

嘉峪关市新城的戈壁滩上，古墓众多，1972 年至 1973 年发掘了八座，其中六座为壁画墓，共保存壁画六百余幅。关于嘉峪关新城魏晋壁画墓有专文介绍，故不多述[②]。这里只提出嘉峪关新城魏晋壁画墓的时代顺序，以作衡量河西其他壁画墓时期的尺度：嘉峪关新城 1 号、2 号墓为曹魏时期，5 号、4 号、3 号和 6 号、

---

①　参见《嘉峪关新城魏晋墓室壁画的题材和艺术价值》，《文物》，1974 年第 9 期；《从嘉峪关魏晋墓壁画看河西地区实行的法治措施》，《文物》，1976 年第 2 期。

②　同上。

7 号墓的年代都为西晋，其中 6 号、7 号墓较晚，而 7 号墓则有可能晚至前凉时期。

在壁画内容方面，仅就壁画中的少数民族形象提出来略作探讨。3 号墓后室壁画中男主人为髡首，后脑留发。前室壁画在穹庐中的人物亦为髡首，后脑留发，蹲坐，穿毳毛衣 [1]。这种装束和习俗见于乌丸、鲜卑 [2]。但乌丸势力未达河西，因此 3 号墓壁画所绘少数民族当为河西鲜卑。而在 6 号墓中，有采桑的少数民族妇女形象，垂发至项，短衣窄袖，赤足 [3]。据《晋书·西域传》载："（龟兹）男女皆剪发，垂项。"此壁画中采桑妇女可能与新疆一带少数民族有关。

酒泉石庙子滩壁画墓

石庙子滩壁画墓位于酒泉东面，于 1974 年被发现。在墓的前室东西壁上绘有壁画，共三十余幅，有的画面上有"酒罍""麦千石""粟千石"等旁题。东壁壁画主要画有男女墓主人的宴享、出行、狩猎、粮堆、庖厨等；西壁壁画内容为生产活动，有耕犁、播种、耙耱、畜牧、畜群等画面。石庙子滩壁画的题材和布局，大致和嘉峪关新城壁画相同，其中猎犬追兽的构图和用黑色影像来表现猎犬的手法，与嘉峪关新城 7 号墓尤为相同。

石庙子滩壁画以白土作底，设色多用淡黄，构图疏朗，线条匀细，人物造型清癯，因此艺术风格具有清俊的特色。

永昌县东四沟画砖

永昌县双湾东四沟墓室壁画砖，是 1957 年当地居民在打井时发现，现尚存两块。砖面为方形，高 39.5 厘米，宽 37.5 厘米，以白土作底，土红色框边，砖面中用土红色线横贯划分为两个画面，其用意是欲在方砖上保留两个长方形的砖样。在其一方砖的上部，画有站立着的五个女人。下部同样画着站立的四个女人。

---

① 图见《文物》，1972 年第 12 期，41 页，图 36、37。
② 《三国志·乌丸鲜卑东夷传序》注引《魏书》："（乌丸）以穹庐为宅"，"以毛毳为衣"，"父子男女，相对蹲踞，悉髡头以为轻便"。《三国志·鲜卑传》注引《魏书》："（鲜卑），其言语习俗与乌丸同"，"髡头饮宴"。
③ 图见《汉唐壁画》，外文出版社，1974 年，图 58。

上身有的穿红衣，下部皆穿多褶长裙，裙褶以红、绿色相间。由此种装束来看，很可能为少数民族的妇女形象。另一画砖，上为青龙，下为白虎，周围满画流动的云气。青龙、白虎的形象与嘉峪关新城6号墓相同。

酒泉下河清1号画砖墓①

该墓壁画以一块砖为一个画面，共有64块画砖，画的内容以人物为多，有宴享、耕作、采桑、猎鸟等题材，但也有一定数量的珍禽异兽和神仙灵怪等题材。

下河清1号墓的墓室结构和出土器物的形制有晚于汉代的特征②，应为魏晋时期的墓葬。壁画色彩有黑、灰、土红等，还有的用土红色作底，与嘉峪关新城3号、5号墓有的壁画相同。但是此墓壁画风格又与嘉峪关新城壁画有所不同，线描遒细均匀，近于铁线描，笔法较工整谨严，不似新城壁画线描的迅疾飞动和顿挫分明。

此墓壁画中有"采桑图"，画一女在树下持筐采桑（图10），画面与嘉峪关新城5号墓之采桑图相同，但在发掘简报中误作携灯人③。日本讲谈社编《世界美

图10　酒泉下河清壁画墓之采桑图

---

① 参见《酒泉下河清第1号墓和第18号墓发掘简报》，《文物》，1959年第10期。

② 酒泉下河清1号墓，墓口上有门楼式照墙，上有砖雕斗拱和托梁熊，墓室砌法为四平一竖，四壁明显内收成弧壁。前中两室为四面结顶之复斗式，平面近方形，后室室顶为券拱形，平面为长方形。墓室中有铺地花纹方砖，出土器物中有金花树等。这些特征不同于河西东汉晚期墓（以武威雷台墓为代表），而与嘉峪关新城魏晋墓相同。

③ 参见《文物》，1959年第10期。

术大系》中选用此画，在画的解说中也将采桑女的高髻误为冠，将持筐误作为提灯，有必要加以说明。

酒泉下河清五坝河画砖

1971年修建水利时发现此墓，酒泉县宣传站立即进行清理，但大部分画砖因水浸而颜色剥落，现择画砖中清楚完整者，记述于下：

1. 两个少数民族武士在操练习武。二人皆高鼻，蓬发，着青绿色交领短衣，束腰，下穿横纹裤（或为裹腿）。一人作半蹲式，手中持戈。一人站立，引弓射箭（图11）。据《通典·边防八·西戎四》焉耆条记载："嚈哒国，大月氏之种类也……头皆剪发。"秦汉之际，月氏族大部迁往新疆西部，称大月氏；小部留在祁连山区，称小月氏。图中的人物蓬立短发，其发式与大月氏、嚈哒和焉耆同，或是小月氏，或与新疆少数民族有关。

2. 画三女站立。皆为高髻，着左衽衣，脸部和上衣粉黄色，下穿长裙，不着色。

3. 画有四羊，一大羊，三小羊（以上三砖皆高16厘米，宽32.5厘米）。

4. 半块残砖，上画一女，服式发束同上。

图11　酒泉下河清五坝河壁画之习武图

敦煌县佛爷庙翟宗盈墓

该墓为魏晋墓[①]。在墓门的门楼式照墙上有六十多块画砖，内容以珍禽异兽为主。在照墙上部画有二人，髡首，一在操琴，一匍拜在地，当为少数民族。

由墓中镇墓罐上文字，得知墓主人为翟宗盈，翟氏为敦煌世家大族。此墓下限亦有可能晚至十六国时期。壁画的技法较熟练，线条粗豪奔放，所画人物和动物用飞舞的寥寥几笔画成，都很准确生动。

酒泉崔家南湾1号、2号墓

崔家南湾古墓群位于酒泉东面20公里的戈壁滩上，1973年酒泉县宣传站清理了三座，其中两座为壁画墓。从壁画内容、风格、墓室结构和出土器物来看，可能为西晋时期墓葬，亦可能晚至前凉[②]。

1号墓形制为三室墓，在墓门照墙上和前、中室皆有壁画砖，能辨认画面的计有四十余块，题材以珍禽神兽为主，大致可分为如下几种：一是白虎。画在阁门上，为相向的一对，以土红为底色，形象雄健有力。二是凤鸟。也为相向的一对，用笔飞动潇洒，生动地刻画了凤鸟展翅欲飞的姿态。三是飞廉。为鹿首龙身，身上有翅。四是守门吏卒。皆画于墓门照墙上，守门吏戴黑帻，为正面，只画了半身。守门卒有单手托颌、双手托颌和双手抱头等数种姿势，皆半身，戴赤帻，胡子翘起，身披铠甲，骼膊上饰以斑纹。这类守门卒，也见于嘉峪关新城5号、6号墓。

2号墓为双室墓，墓门照墙上也有彩色画砖，惜已剥蚀不清。

---

① 参见夏鼐：《敦煌考古漫记》（一），《考古通讯》，1955年第1期。

② 酒泉崔家南湾1号墓，墓门和门楼式照墙高达12.35米，是酒泉一带迄今发现的壁画墓中最高大的一座照墙，上面有壁画砖、雕刻的托梁侏儒和熊。墓室的前、中室的平面皆为正方形，四面结顶为复斗式，后室室顶为券拱形，平面为长方形，墓室砌法为三平一竖。墓室中有铺地花纹方砖，并出土有传为董卓时的无字小钱。

2号墓上也有门楼式照墙，墓门和照墙的高度为6.42米，也有壁画砖和雕刻砖，墓室砌法和结构与1号同。墓中出土龟纽银印一枚，文为"神将军印章"，使我们得知墓主人的身份。铺地方砖的花纹，中间为莲花，四周为四神，四神的形体比嘉峪关新城7号墓的铺地花纹砖的四神要瘦长，这种清瘦的造型是晚些的作风。

崔家南湾壁画风格与敦煌翟宗盈墓相同，线条粗豪奔放，健壮有力，画动物尤为纯熟。

以上所列魏晋墓室壁画的发现，填补了我国美术史上三国至西晋时期的空白，找到了衔接汉画和北朝佛教绘画之间的一环，为探讨魏晋美术的变革和发展过程，探讨以敦煌壁画为代表的佛教石窟寺绘画艺术的渊源，探讨魏晋时期如何在传统艺术基础上吸收外来艺术，提供了大量的重要资料。

结　语

河西的汉晋绘画的发展过程，大致可分为西汉、东汉、魏晋三个阶段。西汉绘画大部分见于居延木简，其内容多为反映居延地区将士的兵马生活。这些画的大部分，可能为当时驻防人员所画，画法比较自由，亦不定型，线描较稚拙。从河西已发现的西汉绘画来看，线描的粗细变化不大，人物画的脸部绝大部分采取正侧面，个别有正面的，其他角度的未发现。河西地区所发现的东汉绘画，多为明器、铭旌或墓室的装饰画，因此对绘画的题材有一定的限制，虽有反映现实生活的画面，但日月、灵兽、云气等题材占了一定比重，这是墓主人幻想死后能得以升天的表现。由于这时的绘画仍常作为附属于其他物件上的装饰，画工须在不同的质地上——如石刻、木器、铜器及丝织品上作画，因此绘画本身受着被装饰物的质料的制约，这一点在河西汉代绘画中有明显的反映。如受画像石的影响，造型多散置的平面形象，注意对外形的刻画，对轮廓内的如脸部五官、衣纹等则画得很简略，同时还受着漆画的影响，线条多作圆弧状。另外，在东汉绘画中还发现了画稿。画稿的使用，首先是装饰美术品的大量生产的需要，有了现成的图稿，则能画得迅速而准确，同时这又是画工师徒相传绘画技艺的一种方法。画稿的使用亦使画风趋向定型，如画脸部都采用四分之三侧面的角度，这与正面和正侧面相比，是表现脸部较好的角度。画风由不定型到定型，这在当时是一种进步，是画工们不断积累经验、掌握绘画规律的结果。

汉末至魏晋时期的河西绘画和中原地区一样，发生了巨大变革，这是无数民间画工长期实践创造的结果。这些壁画取材广泛，而且以表现现实生活为主，其中很多是生产劳动的画面，艺术作风简练、活泼、鲜明，画法是以奔放飞动的线描为主，填以土红、朱红、黄等色，构成了热烈明快的色调。绘画技术在这时有了很大的发展，并有很多创新：绘画的独立性加强，渐渐摆脱装饰趣味。构图由横分割的分层排列，发展为独幅画式的单层排列，由不分远近的散置表现方法，发展为有前后远近的多种角度的画法来体现。描绘事物也由简略到深入细致，如画人物脸部的五官，河西汉代绘画多用几个点来表示，而在魏晋墓室壁画中刻画脸部五官的技巧有了很大的提高，眼睛画出上下眶、珠，鼻画出梁、翼，嘴画出上、下唇，脸的轮廓也不像汉代那样简单地画成蛋圆形，而能显出脑门、颧骨和下巴，并且注意画出人物的神气。衣纹的画法也有了显著提高，如在居延西汉木简画上人物的服装是不画衣纹的，磨咀子木板画上开始出现了在衣服上画几条平行的弧线以表示衣纹，而在魏晋壁画中，衣纹就已经具体而多变化，有的画还能根据人物关节的运动方向将衣纹分成组。

树木的画法也有所进步。河西汉代绘画中所画树木的枝干，如布列掌指，树叶是在干上点些小黑点来表示，而魏晋壁画中的树木，在枝上还分出丫杈，而且有各种姿态。树叶的画法也复杂得多，是先以土红色作底再点以墨团来表示叶丛。

河西魏晋壁画的线描技巧有了很大提高，能够在描绘不同的对象时采用粗细快慢不同的笔法，如对表现动态和外形的主线画得稍粗一些，画奔马、跑兽等运用迅疾如飞的笔法。线描的种类也增加了，从我国传统绘画线描技法上看，可分三个类型：有嘉峪关新城墓室壁画的顿挫分明、粗细变化较大的线描（后来把这类线描称作兰叶描），也有酒泉下河清、石庙子滩墓室壁画的劲细如铁丝的线描（新疆吐鲁番地区西晋和前凉墓的壁画和画稿的线描风格亦属这个类型），还有敦煌佛爷庙、酒泉崔家南湾的粗豪奔放的线描。这种风格的多样，反映了魏晋时期绘画技术方面的发展与提高。

从西晋到前凉这一阶段，河西墓室壁画的题材，随着社会风尚的转变，反映现实生活的题材衰退，拟撰的仙灵异兽的题材增加，描绘的是虚无缥缈的神幻世界。艺术形式也有相应的变化，绘画作风趋向精细，造型渐变为秀长，色彩由热烈转为清冷。与此同时，佛教逐渐兴盛，墓室中莲花纹饰的增多，提供了早期佛教美术发展的一些情况。

甘肃河西自古是多民族聚居的地区，在河西魏晋墓室壁画中还描绘了汉族和少数民族（包括新疆的少数民族）水乳交融地共同劳动创造的生动景象，有很多汉族和少数民族在一起屯垦、采桑、放牧的画面，这是非常珍贵的史料。

河西地区的汉晋绘画，从艺术风格和题材来讲，往往多来自中原，这样的例子不胜枚举，比如，河西居延木简、板画上的古拙画风和东汉铭旌上的日月图像，皆与洛阳西汉墓壁画相同；河西魏晋壁画的动物画法与河北望都汉墓壁画相同，都是用粗壮的一笔勾出脊背的外形，表现身上的兽毛都用平行的几笔弧线画成。尤其是河西魏晋墓室壁画与洛阳八里台魏晋墓室壁画的作画方法很相似，都是"先用笔好像风驰电掣般地把人物的轮廓画好……再用浓厚的以朱色为主的彩色画在砖面的粉地上"[①]。至于题材方面，河西的魏晋壁画着重于对生活风俗的描写，有出行、宴享、庖厨、狩猎、井饮、畜牧、耕作等内容，这又和河南密县打虎亭，内蒙古和林格尔、托克托，辽宁辽阳等地的汉墓壁画相同。以上例子都说明了河西汉晋绘画与中原地区是一致的，从中原、河西而至新疆，不仅是政治和经济方面，在文化方面也是统一的整体。

由于河西地区绘画源于中原，因此河西汉晋绘画的演变通常晚于内地，比如内地壁画墓的大量出现是在东汉晚期，而河西地区的壁画墓到魏晋时期才盛行。并因为从三国到南北朝的一个多世纪的时间内，中原战乱频繁，而河西却相对安定，一些人也从中原避居到河西，中原文化的某些方面在河西得到继续发展，这为河西魏晋壁画的长期盛行，创造了有利的条件。而河西魏晋画的兴盛和与此相应地有着众多的画工，为敦煌壁画艺术的兴起打下了基础。

河西魏晋墓室壁画，在时间上正处于石窟寺艺术产生之前，为研究我国石窟寺艺术渊源提供了重要资料，使我们了解了我国石窟寺艺术是在传统艺术基础上吸收外来文化发展起来的，如河西的敦煌、金塔寺石窟和永靖炳灵寺石窟中十六国和北魏壁画中的各种线描画法，都能在河西魏晋墓室壁画中找到。敦煌石窟北魏壁画中动物的画法和造型，是明显地承袭河西魏晋壁画的，如第249窟和第428窟壁画中虎的形象，和嘉峪关新城5号、6号墓，酒泉崔家南湾1号墓墓门

---

① 参见傅抱石编：《中国的绘画》上辑，图版说明，第30页。

照墙上的对虎造型相同，尤其画虎头的角度都是采用正侧面，而眼睛的角度都位于四分之三侧面[①]。其他如奔马、猪、凤、鸟等动物的画法都是一样的。又如敦煌早期洞窟壁画中在神兽的四周布满流动的云气的表现方法，与永昌东四沟墓室壁画白虎图相似。还有敦煌北魏第272窟、第175窟、第257窟的壁画有用土红色作底的画法，而这种画法在嘉峪关新城、酒泉下河清和崔家南湾魏晋壁画墓中早已出现，并且河西魏晋墓室壁画和敦煌石窟北魏壁画作画的初步，都是先用土红色的线描起稿。像敦煌有的早期洞窟在两面开阙形龛，上为复斗形顶，四角绘兽头，平面近正方形，四周呈明显弧壁，这都很像河西魏晋壁画墓墓室结构，可以说河西魏晋壁画墓的连檐阙形龛，是敦煌北魏窟阙形龛的前身。此外，从雕刻上施彩绘和图案花纹的某些方面，河西石窟寺艺术与魏晋壁画墓也有继承发展关系。最堪注意的是敦煌早期洞窟和炳灵寺西秦洞窟壁画中的供养人及世俗题材的艺术表现方法，与河西魏晋墓室壁画相同或接近，而画从外传入的佛教题材时，两者表现方法则有所不同，这一点在炳灵寺第169窟的西秦壁画中表现得很明显。看来当时画工在处理不同的题材时运用着不同的表现手法，而且逐步地将外来技法吸收融合在祖国传统艺术中。从以上这些方面可以看出，北朝佛教绘画艺术是在继承祖国艺术传统基础上，吸取外来技法之长向前发展的，绝不是国外某些人所鼓噪的"中国石窟寺艺术纯系西来"，而是魏晋时期河西壁画的兴盛，为敦煌等地佛教壁画艺术进一步发展奠定了雄厚的基础。

---

① 图见敦煌文物研究所：《敦煌壁画》，文物出版社，1959年，图25。

嘉峪关、酒泉魏晋十六国
壁画墓发掘追忆

在嘉峪关和酒泉之间的北面，有一片地势略高的戈壁滩，北至嘉峪关的野麻湾，南至讨赖河北岸，南北长二十余公里，在这片戈壁滩上分布着千余座古墓。自 1972 年至 1977 年，甘肃省博物馆与嘉峪关市文教局、酒泉地区文教局在这里共同发掘了一系列的魏晋十六国时期的壁画墓，从而揭开了河西地区魏晋十六国壁画墓考古的序幕。

嘉峪关魏晋壁画墓的发掘

嘉峪关市新城乡观蒲村位于这个古墓群的中部偏东处，1972 年春，当地村民在修干渠时发现了两座古代砖室墓。嘉峪关市文教局闻讯后，立即组成嘉峪关市文物清理小组，由文教局干部宋子华带领对这两座墓进行清理发掘，按发掘顺序编为 1 号墓和 2 号墓。由于在 1 号墓内发现了壁画，需要保护和临摹，嘉峪关市文教局邀甘肃省博物馆派人协助。省博物馆派吕思齐和我前往，分别对壁画进行化学保护和临摹工作。

4 月下旬，我们来到发掘现场，在广袤的戈壁滩上，一阵又一阵风从古墓封土上吹过，扬起的尘土像旋动的烟柱，使人格外感到春寒料峭。1 号和 2 号墓同在一个方形茔圈内，两墓主应为亲族关系。1 号墓的规模比 2 号墓略大，墓门上有高达 4.2 米的门楼式照墙，这是以往发掘的汉代砖室墓未发现过的，在墓门上有一连檐阙门，阙斗上绘着星云纹，在阙柱左右各有浮雕的牛首人身或鸡首人身的守护神，表示着阙门是象征着天门。阙门之上还雕刻或彩绘着异兽、奇禽、雷公、力士等仙灵。这种在墓门上建造饰有天门和仙灵神兽的高大照墙，则是以后在嘉峪关新城发掘的壁画墓共有的特点。1号墓的墓道只清理了墓门的一段，我们由此进入墓内，墓有前后室，前室两侧各有一个小耳室，在前室四壁都有以一块砖为画面的多层壁画，大部分绘着壁画的砖已被嘉峪关市文教局清理小组卸下，后室只在后墙饰有壁画，画着墓主人享有的绢帛丝束等物品。

嘉峪关市文教局腾出一个办公室作为我们的工作室，我们对分期分批从1号墓中拆下的壁画砖进行临摹和化学处理保护。我根据刚打开墓时对前室四壁分别拍摄的照片，对拆下的壁画砖逐一编号，当时共编了57个号。1号墓的部分壁画有朱书榜题，分别为"耕种""牧畜""井饮""坞"等。在一幅壁画上绘着坐在榻上的墓主人，墓主人两侧分别题着"段清""幼挈"，应是墓主人的姓名和字号。1号墓有的壁画中的人和物作上下两层排列，这是汉画常见的构图方式。在画上标有榜题，也常见于汉代壁画和画像石。当时甘肃很少发掘过魏晋十六国时期的墓葬，而1号、2号墓出土的钱币为"半两""货泉"和"五铢"铜钱。由此，当时认为1号、2号墓是属于东汉晚期的墓葬。

1972年6月1日，嘉峪关市文物清理小组又开始发掘新城3号和4号墓，参加发掘的有宋子华、宁笃学、司有为等人。至6月下旬，3号和4号墓的墓门相继启开，并对墓室中的随葬品进行清理。4号墓也是一座双室墓，墓中也绘有壁画，壁画分布格局与1号墓差不多，仍以一块砖面为一幅画面，逐次编号，共63幅壁画。4号墓壁画的绘画笔法较熟练，寥寥数笔就描绘出轻灵的托盘婢女活泼的行进姿态，还生动地表现了树下奏乐、驱车携子归来、用木榔头碎土和播种等场景。

3号墓是一座三室的大型砖墓，在前室左右两侧各有两个耳室，耳室明显变小而近于壁龛，在各耳室上部分别用朱书题写着"车庑""臧内""炊内""牛马箘"。还在小门龛上分别题写"中合""各内"，四壁中部还有用砖砌出的挑檐，并用红色粗线画出椽条，这些都象征地表现墓主人的厢房院宅。3号墓的前、中、后三室都绘着壁画。在前室中有五幅大型壁画，是在多块砖面上涂着掺胶的细泥，然后抹平作画。北壁东侧和东壁上部画着由三幅大型壁画组成的"武官出行图"，从出行的仪仗和舆服来看，墓主人是官居千石之位的武官。另一幅为"屯营图"，表现了当时军营屯扎的布局，为迄今发现的最早描绘军营的形象资料。还有一幅为"屯垦图"，难得地表现了汉魏以来在河西实行屯田开垦的情景。3号墓壁画中的"坞堡""穹庐""伎乐""良马配种""酿造""饲猪"等画面都是题材新颖而具有特色的。

3号墓的壁画当时编号的有79幅，后来将阁门上和三角形边饰上的画面也计算在内，共计有122幅壁画，在新城壁画墓中这是壁画数量较多的一座墓。由于3号墓中有多幅大型壁画，拆卸壁画砖来进行保管的方法已不可取，只能采取就地保护的方案。因此，对3号墓壁画的临摹工作也只能在墓内进行。为了保证能够持续地在墓中临摹壁画，我们必须在3号墓的就近处居住，但发掘工地在戈壁滩上，距离最近的村庄也有三公里。我们与发掘工地最近的水管所联系，找到一间废弃的没有门的牲口房，用一条麻袋作挡风的门帘，就这样住了下来。自己起伙立灶，粮和菜蔬都从嘉峪关市运来。由于临摹的量很大，又请甘肃省博物馆派张清翔来参加临摹工作。墓里的临摹条件很差，靠柴油机发电，灯光很微弱。封土距墓底的深度达十米以下，上了水色的纸一下不会干，有时不得不用电灯的热度将染水色的纸烤干。有的壁画距地面很近，人坐在小凳上还要伏下身子，才能面对壁画进行临摹，有的壁画高达2米多。回想起来当时的工作和生活条件都很差，但大家克服了许多困难，还是尽可能仔细地进行了记录、测绘、摄影和临摹，取得了基本的考古资料。

我还参加了3号和4号墓的文物清理工作，在整理出土铜钱时，发现了两枚带有内廓的制作比较精致的小五铢，这种形制的小五铢为以往发掘的汉墓所不见。我手头的古钱币参考书只有一本彭信威著的《中国货币史》，书中认为这种铜钱为"蜀五铢"，并附有"蜀五铢"原大照片，与3号墓出土小五铢样式相同，而蜀五铢应是三国时期的钱币。因此，我们对新城已发掘的四座墓葬的年代重新思考和审议，在整理2号墓的出土文物时，有一件写有朱书文字的灰陶壶，大部分文字漫漶，起首的文字为"甘□二□"，按常例应写的是年号，以"甘"字作头的年号只有"甘露"，自西汉至十六国前秦，以"甘露"作年号共有四次，从墓葬形制和出土文物来看，以三国魏高贵乡公曹髦的"甘露"年号的时代特征最符合，曹魏甘露二年为公元257年。2号墓还出土了两把骨尺，长度为23.8厘米，要略晚于东汉的尺度。此外，已发掘的墓室壁画中的官吏的乘舆已不是汉代习用的马车，已改用牛车，而魏晋以后才流行用牛车。从这些方面看，新城发掘的这四座墓葬应略晚于东汉。

从地面上看，有一座墓的封土与3号墓的封土相邻，这座墓以后编为5号墓。3号墓的后室中有一个盗洞通往5号墓，由于好奇心使然，我们决定通过盗洞进入5号墓，以探究竟。盗洞很小，我和市文化馆担任摄影的骆宏奎身材较瘦，就由我们两人由盗洞先行进入该墓。5号墓为双室墓，在前室有两个盗洞，盗洞下的流沙和淤土把前室西壁下部掩埋住了，但其他部位露出的壁画十分精彩，而且画面表现的内容互不重复，尤其东壁北侧下部有一幅大型壁画《武官出行图》，场面宏大，色彩绚丽，笔法生动，是新城壁画墓中艺术水平较高的作品。我们当即将5号墓中一些壁画拍摄下来，并由宁笃学和我整理新城已清理的四座墓（包括5号墓的部分壁画）的发掘简报。根据壁画中的舆服制度、出土文物和墓葬形制，我们将嘉峪关新城的这四座墓的年代定为东汉晚期至魏晋，在简报送交后的编审过程中，有关人员可能认为墓葬下限定为魏晋时期的根据不足，在《文物》杂志发表的简报题目改为《嘉峪关汉画像砖墓》。

嘉峪关新城壁画墓的发掘，引起了国家文物局领导的关注，王冶秋局长认为嘉峪关壁画墓很重要，并将意见告诉了当时甘肃省负责文物工作的王毅先生。于是甘肃省博物馆又派出张宝玺、萧亢达、谢骏义，加强嘉峪关新城墓地的考古发掘力量。1972年10月底，对5号墓正式进行发掘。在戈壁滩中发掘墓道十分不易，墓道的填土内多为砾石，而且土质坚硬，要用鹤嘴锄一点点地刨。墓门口的底部距地表深达8米多，墓道两侧的砾石会松动掉下来，一旦击在人的头上就会造成严重伤害，因此，测绘人员和发掘工人须戴上藤编安全帽。经过艰辛的发掘，5号墓的墓道全部被清理出来，墓道长30米，下宽为1.45米。作为双室墓，墓道显得又长又宽。5号墓前室的淤土也清理干净，墓门上门楼和前、后室共有壁画75幅，其中有犁地、耙地、耱地、打场、扬场等一系列反映当时农业生产活动的场面，还描绘了采桑、果园、饲养家畜、少数民族放牧、狩猎等场面。前室北壁东侧绘着"驿传图"，是表现古代邮驿的珍贵的形象资料。

随即，我们又进行了6号墓的发掘。6号墓的墓道非常长，达32米，墓道底宽达2.34米。这样长而宽的墓道很少见于汉墓，是魏晋墓的形制特点。6号墓墓门上的照墙也特别高大，残高达 4.25 米。刚清理出的照墙上的砖壁画色彩十分艳丽，这种高大的门楼式照墙成为嘉峪关壁画墓形制的重要特点。6 号墓为三室墓，前、中、后室都绘有壁画，共有 137 幅。壁画保存较好，黑和红彩仍很浓艳。在中室西壁和南、北壁西侧有一排以七块砖面组成的"文吏出行图"，犹如一幅展开的长卷画，从图中出行队列的前后有执笏和捧剑的从吏来看，墓主人具有千石以上的身份，然而乘坐的是牛车，这是始自魏晋才成为时尚的乘舆。6 号墓壁画中有一幅"牵驼图"，留着胡子的牵驼人戴着尖顶高帽，是目前中国绘画中最早出现的牵驼人形象。该墓壁画中的"胡女采桑""博戏""屠夫击牛""宴享"等场景也具有特色。

发掘 7 号墓时，已至 12 月，戈壁滩上寒风凛冽，考古发掘的条件日益艰苦。7 号墓也有长而宽的墓道，墓门上的照墙是已发掘的新城壁画墓中最高大的，残高达到 6.6 米，上面满饰雕刻彩绘，显得格外壮丽。7 号墓为三室墓，前、中、后室也都绘有壁画，共 150 幅，也是新城发掘的墓中壁画最多的一座。但该墓在古时曾进过水，壁画因浸泡而褪色。在前室有一排由砖画组成的《武官出行图》，从仪仗的规格来看属于中级的武官。墓中出土了一枚碳精石私章，印文为"王霱印信"，由此可知墓主人的姓名；还出土了 30 枚蜀五铢铜钱，一件双提耳桶形铜罐，为魏晋时期西北地区出现的铜器样式。在此之前，6 号墓出土的酱色釉小壶和漆槅（亦称多子盒），也为晋墓中带有时代特征的器物。因此，新城 6 号、7 号墓已明显地呈现出魏晋墓葬的特点。

至 1973 年 1 月中旬，7 号墓的清理、摄影、测绘、临摹等工作全部结束，此时已是严冬，嘉峪关新城墓地考古发掘工作告一段落，我们参加发掘的人员都返回兰州。9 月，甘肃省电视台拍摄嘉峪关新城壁画墓专题片，为了拍片需要，又在 7 号墓侧发掘了一座小型墓，即 8 号墓。这是一座双室墓，墓内似乎没有来得及画壁画，仅在几块砖上画了几笔树。墓中出土了蜀五铢、漆槅，还有一面直书铭文"位至三公"铜镜，为魏晋时期的典型器物。

自 1972 年 4 月至 1973 年 9 月，陆续在嘉峪关市新城发掘了八座墓，是甘肃首次大规模发掘的魏晋墓群，其中六座为壁画墓，共有壁画 620 幅，为魏晋墓室壁画最大宗的发现，充实了原本很缺乏的魏晋绘画实物资料。

酒泉丁家闸十六国墓葬的发掘

    酒泉丁家闸十六国时期壁画墓的发掘，是继嘉峪关魏晋壁画墓之后美术考古的又一重大收获。

    1977年6月，甘肃省博物馆与酒泉地区文教局举办考古学习班，先后在酒泉果园乡丁家闸村发掘了四座晋墓，由甘肃省博物馆吴礽骧主持发掘工作。其间，我曾去酒泉丁家闸考古发掘现场。根据地方志记载，西凉国王李暠的墓葬在酒泉之西，大致应在西锋、丁家闸一带。于是吴礽骧和我在酒泉市博物馆冯明义的引导下，对这一带的古墓遗迹进行勘察。先在西锋考察了一座大墓，这座墓的墓道痕迹长达三十多米，但墓道与封土相连处及封土后部有明显塌陷，在历史上曾不止一次被盗。在放弃了这处墓后，我们在丁家闸已掘的四座墓的南面，发现一座封土保存较好而墓道较长的古墓，于是决定发掘这座墓葬，也就是丁家闸5号墓。8月初，我在兰州接到吴礽骧由酒泉传来的信息，墓道已挖开，并清理至墓门处，墓门两侧和上面的门楼抹有草泥墙皮，上有彩绘，推测是一座壁画墓，要我携带临摹壁画的材料去考古工地。我赶到5号墓发掘现场时，墓门的封门砖尚未开启，但墓门两侧和上方的壁画已模糊不清，隐约能辨出树的枝叶形状。

    启开墓门后，墓室的格局和我们预想中的嘉峪关壁画墓的模式并不相同，墓为双室墓，前室自下而上至四顶满绘大幅壁画，后室的后壁绘大幅壁画。壁画的场景宏大、境界壮阔，为河西地区墓室壁画中规模最大的。

    前室壁画分天、地、人间三个境界，四顶按方位画东王公、西王母、天马、白鹿，云气间有身穿羽衣的仙女遨游其间，四顶的下部绘一圈仙山，整个顶部象征着天上的仙界。前室四壁的壁画分作三层，上两层绘墓主人的宴享、伎乐、庖厨、车舆和农、桑、牧、林等场景。位于前室西壁（为迎着墓门的正壁）的《燕居行乐图》已改变了汉魏绘画简洁的风格，描绘物象趋于精细入微，把奏着各种乐器的乐师和歌舞杂耍的伎人的姿态神情刻画得惟妙惟肖，显示出娴熟精妙的绘画技巧，为全墓壁画的代表作。前室南壁下部的《树下裸女图》，颇引人注目，对其含义也有不同的解释，可能为阳虎噬旱魃的场景，是为墓主人顺利升仙而进行的驱鬼活动。图中大树的树枝姿态富有变化，四顶下部的一周仙山已是相对独立的山水画。5号墓壁画的这些方面的发展变化，显示出十六国时期画风的特点。

墓室清理完毕后，我立即开始了壁画临摹，省博物馆参加发掘的闫渭清留下做一些辅助工作。丁家闸壁画墓比嘉峪关新城壁画墓的墓内湿度大得多，宣纸染了水色后在墓中经久不干，只好用日光灯管对湿纸进行烘烤。在临摹条件较差的情况下，我花了一个月的时间临摹完《燕居行乐图》。当时正值夏秋之际，天气变化异常。一天，山洪突然暴发，洪水顺着墓道夹着沙土冲进墓内，墓中积起40厘米厚的淤土，我的画箱和颜料等绘画用品都埋在其中。为了加强临摹力量，我们一面请民工清除墓内淤泥，一面请敦煌文物研究所关友惠和甘肃省博物馆张清翔来酒泉参加临摹。经过近两个月的工作，将墓室全部壁画临摹完毕，共临摹壁画约50平方米。

经过对发掘文物的整理和对墓葬形制、壁画中舆服制度的研究，丁家闸5号墓的年代定为十六国时期，墓主人为公侯级的高级官吏。

之后，《嘉峪关壁画墓发掘报告》由萧亢达整理资料和编著，《酒泉十六国墓壁画》图录由吴礽骧和我编写，皆已由文物出版社出版。嘉峪关新城魏晋壁画墓和酒泉丁家闸十六国时期壁画墓的发掘，使我们逐步认识了河西地区魏晋十六国时期墓葬的特点，并且与汉墓相区分。由于曹魏、西晋至十六国时期的大量墓室壁画的发现，不仅填补了中国绘画史在这一时期绘画实物资料的空白，而且以年代接续的壁画考古资料，系统地展现了由汉画发展演变为晋画的过程。在这一认识的基础上，以后在敦煌、嘉峪关、酒泉、民乐、高台等地又相继发掘了十余座魏晋十六国时期的壁画墓，反映出魏晋十六国时期河西地区绘制壁画的风气十分盛行，这为河西以敦煌石窟为代表的佛教壁画的兴起创造了良好的条件。另一方面，嘉峪关、酒泉墓室壁画主要表现社会现实生活，涉及面广，形象地再现了河西地区这一时期的政治、军事、经济、文化、民族和民俗状况，具有珍贵的历史价值。可以预计，河西地区还保存着大量的魏晋十六国时期的壁画墓。以嘉峪关、酒泉壁画墓的发掘为起点，河西地区巨大的地下壁画艺术宝库的面貌将逐渐展示在世人面前。

嘉峪关魏晋墓室壁画的
题材和艺术价值

在甘肃省嘉峪关市东北 20 公里的戈壁滩上，散布着千百座古墓。1972 年，嘉峪关市文物清理小组发掘了墓群中的 1 号至 4 号墓[①]；1972 年 10 月至 1973 年 1 月，甘肃省博物馆和嘉峪关市文物清理小组又共同发掘了 5 号、6 号、7 号墓，1973 年 9 月发掘了 8 号墓。这八座墓的墓室结构、出土器物和壁画题材大体相同，可认为属于同一历史时期。根据这些墓的墓室结构、壁画上的舆服制度，以及出土器物中带有内廓的小五铢、直书铭文"位至三公"双兽式镜、漆果盒，双耳绛色釉陶小壶等，初步判断这八座墓葬的年代似当为曹魏至西晋时期[②]。其中 1 号、2 号墓的建造略早一些，6 号、7 号、8 号墓略晚一些，嘉峪关魏晋壁画墓另有发掘报告，本文仅从壁画的题材和艺术价值方面，做粗浅的探讨。

壁画的题材和反映的社会思想

这八座墓中，六座是壁画墓，共保存壁画六百余幅。墓室壁画的内容都是描绘当时的现实生活的，这是嘉峪关魏晋墓室壁画题材的重要特点。壁画所反映的生活面包括政治、经济、文化、阶级关系、民族关系等方面，内容有农桑、畜牧、

---

① 参见《嘉峪关汉画像砖墓》，《文物》，1972 年第 12 期。

② 1 号至 4 号墓发掘清理完毕，根据墓内随葬器物的形制，曾初步判断这几座墓为东汉晚期墓葬；5 号至 8 号墓发掘后，根据更多的出土物综合判断，这八座墓属同一历史时期，似应为魏晋时代的墓葬。

井饮、狩猎、林园、屯垦、营垒、庖厨、宴饮、奏乐、博弈、牛马、出行、坞壁穹庐、衣帛器皿等，多方面地表现了魏晋时期河西地区的社会生活。

嘉峪关墓室壁画的题材和东汉绘画、石刻中常见的题材不同。东汉壁画和石刻画像，如山东武梁祠石刻、内蒙古和林格尔壁画墓、山东沂南画像石墓、河南密县壁画墓等，充满着儒家标榜的帝王、忠臣、孝子、烈女、节妇等封建"圣贤"图，以及连理木、黄龙、甘露、白兔等宣扬儒家天命论的"瑞应"图像。东汉绘画石刻中这些常见的题材，是当时居于统治地位的儒家思想在艺术中的反映。

与之不同，嘉峪关魏晋墓除去墓门照墙上的青龙、白虎等图像外，墓室壁画的取材全部是现实生活，从中可以看出在嘉峪关魏晋壁画中儒家思想的影响减弱了。嘉峪关魏晋墓室壁画题材上的这种特点，是当时的社会思想，尤其是统治阶级思想的反映。汉末，豪强士族和人民之间的矛盾激烈尖锐，爆发了黄巾农民大起义，起义军"燔烧官府"①，"毁坏神坛"②，猛烈地冲击了汉代的传统制度和习俗，儒家的礼教被打得落花流水。曹操经过长期的战争统一了中国北方，奉行的是法家的路线和政策。他掌权以后，重刑名，行法治，实行革新，遭到儒家的激烈反对。曹操杀掉了孔融、杨修等儒家反对派，代表豪强士族利益的儒家思想受到严重打击，汉代儒家旧的一套在统治阶级内部也被"每所非笑"③。这就是嘉峪关魏晋壁画中儒家影响削弱的时代背景。

但是魏文帝、明帝却向豪门士族让步，结果，造成了曹魏王朝的灭亡。儒家遭受了打击，产生了崇尚"无为"的魏晋玄学。魏晋玄学所谓"无为"，对一部分封建统治者来说，就是要在激烈的统治阶级内部斗争中"明哲保身"，在生活上抱着尽情享乐的态度。魏晋人伪托的《列子·杨朱篇》中宣扬的"既生则废而任之，究其所欲，以俟于死"的观点，就集中体现了魏晋豪门士族的尽情享乐的思想。

嘉峪关壁画形象地再现了豪门士族纵情淫乐的生活，这在略晚的6号、7号墓的壁画中表现得更为明显：宴饮和庖厨的画面增加了，以大量篇幅描绘了"中

---

① 参见《后汉书·皇甫嵩传》。
② 参见《三国志·魏书·武帝纪注》。
③ 参见《三国志·魏书·卫觊传》。

厨办丰膳，烹羊宰肥牛"，"归来宴平乐，美酒斗十千"的场景（图1、2、3）。壁画中的墓主人享乐生活，正是《列子·杨朱篇》中豪门士族所追求的"丰屋、美服、厚味、姣色"这些享受的写照。

图1 杀鸡烫鸭

图2 宴享

图3 烤肉串

嘉峪关壁画内容主要是反映墓主人的权势和享受。根据这些墓中的出行图来看，墓主人是些中小官吏。在1号墓墓主人画像旁标有"段清"姓名，据《晋书·段灼传》所载：河西段氏"世为西土著姓"。由此可见，1号墓的墓主人既是官吏，又是豪门大族；既有政权，同时又是庄园主，占有大片土地，居住在四周有着高墙碉楼的坞壁中。既然壁画要描绘这些官吏兼庄园主的权势和享受，就要画在庄园中从事各种劳动的劳动者，由于这个原因，壁画以大量的篇幅描绘了劳动人民的各种生产活动，形成了嘉峪关魏晋墓室壁画的又一重要特点。在嘉峪关六百余幅墓室壁画中，描绘劳动阶层活动的达二百余幅，其中农桑畜牧等生产活动又占了多数。在壁画中表现了从播种到扬场的一整套的

农业生产过程（图4至图9）。犁地时不仅有双套牛，而且由于改进了犁铧而使用着单套牛。壁画中的耙和耱，是迄今发现的这两种农具的最早的形象资料。最早载有耙耱的资料，见于北魏时的《齐民要术》，壁画中的耙耱要比《齐民要术》所载早一百多年。这一批有着各种农业生产活动的壁画的发现，是研究我国古代农业史的珍贵形象资料。

壁画中还画有蚕茧、绢帛、丝束等，由此推知画着妇女在树下作采撷状的为

图 4　耕种

图 5　犁地

图 6　耙地

图 7　耱地

图 8　打场

图 9　扬场

采桑。《晋书·张轨传附张天锡传》载有："会稽王道子尝问其西土所出，天锡应声曰：'桑葚甜甘，鸱鸮革响，乳酪养性，人无妒心。'"前凉时张天锡在河西割据称王，可见至少在西晋时河西地区已有桑树的种植。值得注意的是，在采桑的妇女中有头为断发的少数民族，采桑女光着足，连鞋也穿不上，而那些贵族妇女却"不蚕而衣"，穿着华丽的衣服。

河西地区在汉代时畜牧业就很发达，据《汉书·地理志》引："自武威以西……地广民稀，水草宜畜牧，故凉州之畜为天下饶。"河西地区重畜牧的特色也反映在壁画中，牧养的家畜、家禽计有马、牛、羊、猪、鸡、狗、骆驼及猎鹰等。画中牧人有汉族，也有少数民族，还有长途跋涉在丝绸之路上的牵驼人。

嘉峪关壁画形象地证明了历史是劳动人民创造的。我国古代各族人民共同发展了河西经济，在戈壁滩上开拓良田，兴修水利，种桑造林，牧养牲畜。这些描绘劳动人民生产活动的画面，与墓主人宴饮享乐的画面相对照，形成了鲜明的阶级对比。

绘制这些壁画的画工，和其他工匠一样同属劳动人民，他们世代服役于官吏豪强，遭受深重的压迫。如东汉末崔实所著的《政论》中就有这样的记叙："今官之接民，甚多违理……作使百工及从民市，辄设计，加以诱来之，器成之后，更不与值。老弱冻饿，痛哭道路，守阙告哀，终不见省。"画工们自身受压迫，熟悉和同情劳动人民的生活，壁画刻画的许多古代劳动人民的形象都是愁容满面，他们劳作的沉重和遭受着残酷压迫的苦况，盈然壁上。尤其是古代劳动妇女的形象，无论是播种拔麦的农妇，还是提筐采桑的桑女，都画得纯朴而有力。墓主人的脸相大都画成凶狠的样子，而那些执笏捧剑的小吏，却是一副十足的奴才相。这些可能是处于被压迫地位的画工突破统治者对壁画所加的种种限制，曲曲折折地流露出了他们的爱憎。

壁画的艺术价值

魏晋时期，由于封建经济的加强，艺术分工日益精细，画工的技艺也随着飞快提高，绘画处于继往开来的变革期。这时，绘画的独立性加强，卷轴画兴起，统治者将绘画直接掌握在手中，出现了文人的专业画家。经过南北朝时期，又吸收了随着佛教传入而带进的某些外来艺术表现手法，产生了更为成熟的唐代绘画。

在绘画史上这样一个重要的发展阶段，遗存的绘画却极少。之前，曹魏至西晋的绘画实物资料，仅发现辽阳的数座魏晋壁画墓和敦煌魏晋翟宗盈墓门上的彩绘画砖，绘画并不多，有的也剥蚀严重，而且这一时期关于绘画的文献记载又非常简略。现在已发掘的嘉峪关新城魏晋墓中，发现的壁画达六百多幅，数量既多又保存完好，为研究魏晋美术提供了珍贵的资料。又由于这是众多的壁画墓组成的壁画墓群，而其中墓葬的年代略有先后，对研究魏晋绘画的变革过程，以及研究甘肃北朝石窟艺术与传统艺术的关系，提供了实物依据，找到了衔连汉画和北

图 10　宰牛

朝佛教壁画之间的重要一环，填补充实了绘画史上魏晋时期的空白，是我国绘画史上的一个重要发现。

嘉峪关壁画有着朴实雄健、豪迈奔放的艺术风格，而且这种艺术风格又是与反映现实生活的题材相一致的。由于绘画的题材是反映现实生活的，表现手法也相当写实，但又不是烦琐地照抄生活，而是将与主题无关的部分尽量删略，突出表现最主要的部分。如《猎犬追捕花狐》，画上并没有将草密密地画满，只用红色的强劲斜线画了几簇草，使画面显得热烈而紧张；大胆地省略了猎犬身上的兽毛之类的细碎描写，而用黑色的影像突出猎犬奔腾追逐的飞动的外形，效果非常强烈。

画工很熟悉他所描绘的事物，观察生活很细微，如《宰牛图》（图10），描绘将要被宰的老牛，四脚痉挛，不肯向前。画工用红色来画牛的眼睛，以示老牛的眼睛都急红了，确有"点睛"之妙。又如《骆驼图》，大骆驼挣脱了缰绳，自由自在地吃着树上的叶子，而小骆驼伸长了脖子也够不着树叶，焦急地张大了嘴，瞪大眼睛望着。画工抓住了这些瞬息的生动的细节，使壁画具有浓厚的生活气息。

嘉峪关壁画的线描起笔收笔明显，波磔分明，粗细变化很大。线描奔腾豪放，多用富于弹性的圆弧线，运动感很强。壁画能运用线条的顿挫粗细快慢来加强对物象的描绘。如《宰猪图》，用飞舞的线条画出宰猪人的敏捷，伏在案上的猪背的外形是用粗壮的线条画的，以表现肥猪的丰厚。

壁画的线描都是以笔的中锋绘画，线条劲挺凝练，由于画得很娴熟，所以运笔很快，信手挥洒。如 7 号墓的《射猎图》，运用了风趋电疾般的线条，有力地表达了狩猎时奔腾追逐的紧张气氛。又如《吏传图》用笔很简练，仅几笔就勾画出奔马的形象。

唐代张彦远所著《历代名画记》中形容东晋画家顾恺之的用线是"紧劲联绵，循环超忽，调格逸易，风趋电疾，意存笔先"。这种特点是和嘉峪关壁画的运笔很快的弧线相一致的，也和辽阳魏晋墓室壁画和洛阳八里台古墓画砖的线描相同，这为研究魏晋时期线描风格和顾恺之的画风，提供了深入探讨的资料。

嘉峪关壁画的设色以赭石和红色为主，用色单纯，色彩的总体效果热烈而明快。壁画染色时，由于毛笔的各部分含水含色的不同，自然地分出了深浅层次，显出光影的效果。在 1 号墓中，有的画上用朱红色染出妇女脸上的红晕，这可以认为是晕染的雏形。

嘉峪关新城的 1 号至 8 号墓的建造年代略有先后，因此，经过比较后可以看出壁画的发展变化情况。在较早的 1 号墓中，还没有摆脱汉石刻惯用的分层平列构图，物象各不叠盖而散列着。而稍晚的 6 号、7 号墓中已不采用分层平列构图，物象排列已有叠压，有疏有密，并且有用同排上的多块砖面组成连续性的画面，好像是一种长卷画的形式，开始显出由装饰性绘画向独立的卷轴画发展的趋势。

1 号墓人物的脸部和衣纹的处理简单而概念化，而 6 号、7 号墓人物脸部和衣纹的处理愈来愈具体，树木画法也趋向复杂。这些使我们清楚地看到魏晋绘画的巨大变革，是无数民间艺术工匠长期实践的结果，绝不是顾恺之等几个文人画家的凭空创造。

嘉峪关魏晋墓室壁画的发现，为研究河西石窟寺的艺术渊源问题提供了珍贵的资料，它的发现说明了河西地区在南北朝佛教壁画兴盛前，传统的壁画艺术已有了成熟的面貌。如果试将敦煌石窟与嘉峪关壁画墓进行比较，我们可以看出敦煌早期石窟中这样一些方面：壁画的动物造型，室内装饰满而密的手法，彩塑形式的运用，以及铺地花纹方砖等方面都是继承和发展了魏晋的艺术传统；嘉峪关壁画这一新资料的发现，对深入研究河西石窟寺的艺术渊源是非常有用的。

酒泉丁家闸古墓壁画艺术

甘肃河西地区发现的魏晋南北朝时期的绘画资料，在很大程度上填补了汉画和北朝佛教壁画之间的空白。1977年，酒泉丁家闸5号墓十六国时期大型壁画的发现和清理，是继嘉峪关新城魏晋壁画墓之后的又一重要收获。由于墓主人具有诸凉小王国中王侯一级的身份，因此墓室壁画规模宏大，艺术水平也比较高。

丁家闸5号墓的前室壁画，是该墓壁画的主要部分。前室壁画以土红色宽带间隔分成四层，画天、地、人间三个境界的景物。壁画既表现了墓主人生前的奢华生活，也反映了他的愚妄迷信，将"天地、品类、群生"等不同境界的浩繁事物都广蓄于宏伟画面中，展现了包罗万象而气势磅礴的壮阔图卷。

壁画结构繁复，规模宏大，各部分的描绘技巧亦有高低粗细之分，显然不可能是出于一人手笔。壁画以《燕居行乐图》的绘艺最精，为全墓壁画的代表作。《燕居行乐图》位于前室西壁（也就是迎着墓门的正壁）中部通往后室过道门的上端。此图可分两大部分，过道门北上侧画墓主人燕居生活。在朱屋中，墓主人端坐榻上，身穿黄地朱纹彩衣，右手执麈尾，左手凭几，正注目观赏伎乐。墓主人身后侍立一女一男。侍女粉面朱唇，长裙曳地，手执华盖。侍男双手捧盒，胡须向上卷翘，显得很有神气（图1）。过道门的南上侧画歌舞伎乐的场面。南端上部为一支跪坐演奏的乐队，领首的乐师慷慨激昂地弹奏秦筝，后面排坐的三个乐女也正全神贯注地演奏乐器（图2）。南侧下部画杂技表演，两个赤足穿间色彩衣的女伎人，敏捷地跃身腾空，在长毯（或席）上倒翻着跟头，使画面呈现热烈活跃的气氛。在画面中部偏南的歌舞部分，是全画的高潮之所在，中间的舞女

图 1　宴享　　　　　　　　　　　　　　图 2　乐伎

转着双扇，回旋而舞，彩裙飘动，连头发都飞扬起来。左边的舞女侧身跃起，举双手，应拍击掌，且舞且歌（图3）。过道门之上为此画的中部，在曲足方案左右分立一女童和男仆，案前画一男舞人，一手持鼓槌，一手摇鼗鼓。女童、男仆和执鼓舞者左右顾盼，则将两侧的宴享和伎乐的画面呼应连接起来，构成一幅完整的图画。

《燕居行乐图》继承了汉魏简洁明快的绘画传统，但也有很大的发展，已基本具备了绘画"六法"的要求。东汉晚期的构图，已逐渐摆脱装饰性的均匀平列形式，而经过魏晋进一步的变革，十六国时期的丁家闸壁画的画面很注意开合聚散的变化，《燕居行乐图》就具有这种独幅画的构图特点。歌舞着的二女伎是全图的中心，一正一侧，此起彼伏，显得舞姿多变而生动。两端的观赏者和伴奏者的目光都交织集中于舞伎身上，并以他们密集的相对平和的坐姿，来衬托出舞伎的激越奔放的舞蹈动作，通过动静、疏密的穿插和对比，更突出了全画的高潮。整个画面虽分燕居和伎乐两大部分，但画面中部人物的回顾呼应，起着将两部分衔接起来的桥梁作用。

《燕居行乐图》能够运用不同的笔法表现不同的事物，画舞伎飞动的衣裙时，是用顿挫分明而富有节奏感的"一波三折"的线描；而画男侍的衣袍，为表现质地的厚重，则运用粗阔凝重的宽笔。画师对各种笔法都能操纵自如，或以均匀柔和的细线描绘人物的面部，或以轻妙灵逸的用笔画墓主人飘拂的长须。画案桌器皿，用笔粗直刚挺；画活跃的杂技表演者，则用飞舞的弧线。

图 3　舞伎

　　在全墓壁画中，以《燕居行乐图》的色彩种类最多，有红、黄、粉黄、白、石绿（大多已脱落）、赭石、浅赭、黑、灰等色，并能根据不同对象而"随类赋彩"，恰如其分地体现出各种人物的身份和器物的质感。如以侍从们灰暗的简朴衣服，陪衬出墓主人的饰有红、黄彩纹的华丽盛装。描绘热烈的舞乐场面，用朱红、石绿、粉黄、赭石和白等鲜明的色彩，间隔地并置在一起，显得缤纷绚丽。表现厚重的器物，多以平涂的黑色画出影像式的外形，画摆动的树木枝干和火焰时，也不以线勾外廓，而用平涂的朱红或土红色。因此，图中色彩的浓和淡、亮和暗、虚和实，都是根据不同类型事物的特点去处理的，虽然用色区区数种，却给人以丰富的感觉。

　　与河西地区的汉魏绘画相比，《燕居行乐图》比较注意对个性的刻画，能抓住不同人物的特征和表情，墓主人、伎人、舞女、乐师，无不刻画得惟妙惟肖。图中对一些细节的描绘已能精细入微，人物的"点睛"部位恰当且准确，画出了各种人物凝视和顾盼的眼神，收到"传神阿堵"的艺术效果。画人物动态不仅注意外形的刻画，还注意描绘不同动作引起的衣褶变化。不同人物的鬓发或胡须画得各有样式，连墓主人唇下的三撮微须，都精细地画出。可以看出，这时的绘画已经注意到了刻画不同形象的长短、刚柔、深浅、广狭，与点睛之节，上下、大小、浓薄等细微变化。

绘画"六法"的准则，正是魏晋时期绘画的巨大变革在理论上的总结。嘉峪关魏晋壁画大体上还承袭着汉代简练奔放的画风，画人物时着重外形轮廓的描绘，绘画布局和人物形象的处理还带有装饰性。嘉峪关新城壁画墓群中较晚的6号、7号墓的壁画，已逐渐摆脱汉画的影响，绘画风格由简略变为精细，从装饰性的平列散置的构图，向着富于变化的独幅画构图发展，丁家闸十六国时期墓室壁画则已趋于"格体精微"的成熟阶段。魏晋以来画风变革的过程，是无数画工通过长期的艺术实践，不断丰富发展我国绘画传统的必然结果，这些事实充分说明早在西晋画家卫协之前，民间画工们已在努力促成了画风的转变。画史上所以有"古画皆略，至（卫）协始精"的说法，只不过因为卫协是士大夫阶层的知名画家，才被史家标举出来，作为开一代画风的代表人物。事实上，那些数量巨大而无名的画工，正是魏晋绘画的真正的革新者。

除《燕居行乐图》外，丁家闸壁画中的仙山，是另一重要的发现。这是我国目前所发现的较早的山水画实物资料。仙山图位于前室墓顶下部的四周，有白鹿、天马、青鸟驰骋翔回，又有神仙、怪兽栖息居游于其中。一般画法比较程式化，在形状大致相同的峰峦上，簇举着树木。这与张彦远在《历代名画记·论画山水树石》中所述"魏晋以降……其画山水，则群峰之势，若钿饰犀栉，或水不容泛，或人大于山，率皆附以树石，映带其地，列植之状，则若伸臂布指"的画法是相合的。也与顾恺之在《魏晋胜流画赞》中论及《清游池山水图》中的"作山势者，见龙虎杂兽，虽不极体，以为举势，变动多方"的情况相同。丁家闸壁画中山水的这种稚拙的画法，仍是早期山水画萌起时期不成熟的表现，但是已经分出远近层次，峰头还有简单的皴法，与东汉时期山西平陆和内蒙古和林格尔墓室壁画中的山石只画一条简单的山形外廓线相比，已有了很大的发展。在麦积山北魏景明三年题记的115窟，敦煌莫高窟北魏第257窟、第254窟，西魏第249窟、第285窟，北周第428窟、第290窟，炳灵寺北周第6窟及文殊山北魏石窟中，都有类似丁家闸壁画中仙山的山水画，而麦积山第115窟和敦煌第249窟、第285窟壁画的仙山上的云空中，也都画着羽人或东王公、西王母等神仙灵异，显然也受着神仙思想的影响。从文献记载来看，东晋孙绰所作《游天台山赋》是我国单独地以山水为描写对象的文章，在这篇赋的序中提到以仙山图为绘画题材在当时已经兴起。而稍后的顾恺之《画天台山记》一文，实际上就是这类仙山图的文字设计稿。丁家闸壁画中所出现的仙山，也是和当时酒泉一带所流行的神仙思想相关的，嘉峪关新城1号墓的棺盖内画有伏羲、女娲，酒泉下河清魏晋1号墓壁画中亦画有羽人、麒麟等。这些出土的魏晋绘画表明河西地区佛教盛行前，神仙思想有很大影响，到十六国时期也还没有衰竭。酒泉城南的祁连山主峰，即为传说中的西王母居地，自前凉至西凉期间，统治阶级对山上的西王母祠，曾不断举行祭祀并加以维修。魏晋南北朝时期，士大夫阶层逃避现实的出世思想与神仙家如出一辙。传说中的仙山往往也是士大夫"隐士派"隐居的地方，于是山水画逐渐成为士大夫画家显示清高而"抒发性灵"的工具，这使得山水画由人物活动的景衬，终于发展成为独立的画种。可以说，两晋十六国时期，统治阶级颓废空虚的避世思想和升仙求道风气的盛行，是山水画产生的重要原因。

丁家闸壁画的大部分内容，是为墓主人服役的劳动人民的各种生产劳动场面。壁画对劳动生活有细致的描写：树下的采桑女，各有不同的姿态和动作；各族的部曲和奴婢，有不同的容貌和装束。壁画的各种车舆，尤其是墓主人乘坐的牛车，虽结构复杂，但形制准确，层次井然。而画动物能以简练的笔法，描绘出各种禽畜的神态。画中的鸡，有的夺食，有的静立，有的引吭高啼，有的振翅欲飞，而其中的一对斗鸡更是精彩，寥寥几笔，就传神地刻画出雄鸡羽毛怒耸、举喙相啄的紧张战斗场面。又如画马，造型和用笔都继承了汉画的优良传统。前室北壁西侧最下层处的《二马槽食图》，虽然位于低偏的角隅，妨碍操笔，但画工仍能以雄健有力的笔画出马匹的生动形象，这显然要具有熟练的绘画技术。画中的神马，昂首长嘶，红鬃飞扬，三足腾空，一足蹬地，造型与著名的武威雷台墓的东汉铜奔马颇为相似，但这又绝不是出于偶合。如今这种奔走时具有对侧步的骏马，仅见于河西走廊所产的岔口驿走马。这里神马奔跑的姿态，正是摄取了当时凉州走马的特点，加以概括和夸张处理，因而造成了强烈的艺术效果。

就目前古代绘画艺术的考古发现来说，丁家闸十六国时期壁画上承嘉峪关魏晋壁画，下接敦煌北朝佛教壁画，为我们提供了反映河西地区魏晋南北朝时期绘画发展演变线索的一组珍贵实物资料。如果说嘉峪关魏晋壁画和敦煌的石窟壁画的艺术风格连接得还不十分紧密，那么十六国时期的丁家闸壁画和敦煌北朝壁画明显地有许多接近之处，如丁家闸壁画墓和敦煌千佛洞第249窟、第285窟的顶部结构都是带有弧度的覆斗式，顶部壁画都是画天上的仙境，都有东王公、西王母、羽人、日月、白鹿等神仙异兽，室顶下部四周也都环绕着鸟兽出没的仙山。对于现实生活场面的艺术处理，也有许多共通之处。如牛、马、猪等动物的造型，脚蹄的画法，都很相似。又如敦煌西魏第285窟中的《斗鸡图》与丁家闸壁画非常近似，可以看出明显的承袭关系。敦煌许多北朝洞窟中精细入微的画风，遒劲而轻妙的线描、卷轴画式的构图、清秀挺拔的造型，都和丁家闸壁画的传统艺术风格一脉相承，雄辩地说明了即使在魏晋南北朝时期佛教艺术兴起时，处于甘肃西部的墓室壁画和石窟寺壁画也都是在深厚的传统艺术基础上，不断地吸收和融合外来艺术的优秀成分而加以发展和创新的。

由丁家闸壁画的发现，可进一步探讨十六国和北朝时期我国北方绘画风格的主流问题。在壁画风格方面，丁家闸十六国时期墓室壁画和敦煌翟宗盈墓砖壁画、酒泉崔家南湾十六国时期墓室壁画、新疆吐鲁番地区的十六国时期的墓室壁画（包括绘画纸稿），都看不出佛教艺术的成分和外来文化的影响。河西走廊西部敦煌等地的早期洞窟中，有的主要是采用传统的画法，但大多数窟中传统画风和西域画风是共存的。所谓西域画风，指的是我国新疆一带少数民族融合汉族画风与犍陀罗画风同时具有当地鲜明特色的一种画风。有趣的现象是，画佛像多是西域画风，而画供养人却是汉晋以来的传统画风。发展到北朝晚期，敦煌壁画中的西域画风逐渐融入传统画风，而两种画风互不协调地生硬结合的现象逐渐消失。甘肃中部的永靖炳灵寺第169窟西秦壁画风格和酒泉十六国壁画相同，是以线描为主，乃是汉晋以来的传统画法。从迄今发现的十六国和北朝的非佛教题材壁画来看，都是采用传统画法，诸如中原地区邓县墓的壁画和画像砖，大同司马金龙墓的漆屏风画，还有辽宁北票县北燕冯素弗墓中的壁画及漆棺画都是如此。例如羽人的鬓、眉间、脸颊同样都装有红点，而且都穿着间色裙。酒泉与辽宁虽远隔万里，而这两墓的绘画作风竟仍是一致的。这就使我们得以在辽阔的区域内连贯地全面分析十六国和北朝时期的绘画发展情况，可以证实这时我国的北方绘画即使在接受西域画风较多的河西诸凉地区，仍是以传统画风为主流的。

由丁家闸十六国时期壁画的发现，还可进而探讨我国当时南北方的绘画风格问题。如将丁家闸壁画与现存的东晋和南朝的绘画相比，它们的画风虽稍有差别，但基本面貌是相同的，都由汉画的简略转为精细，人物形象也都变得清秀挺拔。如丁家闸壁画中的《燕居行乐图》与传为顾恺之作的《女史箴图》及江苏的一些南朝大墓砖刻画的人物脸型是相同的。但是新中国成立前的中国绘画史多夸大南北绘画的差别，认为当时北方多为少数民族统治，于是北方绘画落后于南方，甚至认为由此形成所谓绘画上的"南北宗"，这当然是缺乏根据的。丁家闸壁画的发现，说明尽管当时国家处于纷乱和分裂的局面，但经过千余年发展的祖国传统艺术，始终深深植根于人民之中。南北之间的人口流动频繁，规模很大，如建都酒泉的西凉国就安置了数万江南移民。当然，河西地区和南方的文化交流也是密切的，任何暂时的分裂和地域上的差别，都不能阻碍相互之间的学习和共同提高。当时汉族和少数民族的绘画工作者一起，在传统艺术基础上创造和发展了魏晋南北朝的绘画，完成了我国绘画史上的一次重大变革。

湟中、平安画像砖墓内容
和年代考订①

在青海省东部的平安县和湟中县，先后发现的古代画像砖墓的画像砖皆模印而成，砖的尺寸大致相同，长 17 厘米至 20 厘米，宽 17 厘米至 18 厘米。两处画像砖的内容稍有差异，但基本面貌相同，属于同一时期的墓葬。这两个画像砖墓被发现时，墓葬结构遭不同程度的破坏，给断代带来困难。在报道发表时，曾分别被认为是汉代和魏晋时期的墓葬。

这些画像砖有着独特的内容题材，并且地域特点和时代气息较为鲜明，具有一定的历史和文化价值，为墓葬年代的分析提供了线索。本文在现有材料的基础上，对这些画像砖的内容进行初步的考释，并对墓葬的年代做进一步的考订。

平安县画像砖墓是 1982 年发现的，共保存 134 块画像砖，内容题材有 6 种，分别饰于墓门和通道两边、墓室四壁②。2000 年夏天，我们在湟中县博物馆清理画像砖的墓室中，多次做了实地考察。湟中县的画像砖墓为单室墓，墓室平面呈方形，顶已遭破坏，四壁基本保存完好，上面满镶着画像砖，分作五层排列（图 1）。在墓室门楣、甬道的两边和地面也铺着画像砖（图 2）。该墓画像砖共有 8 种内容题材，其中的菩萨、力士、凤鸟和兽面等 4 种画像砖，从内容到画面形象与平安县画像砖相同。湟中、平安两处墓室画像砖的题材内容共有 10 种，下面分别对这些画像砖的内容进行介绍和考释。

---

① 本文与李汉才合著。

② 参见青海省文物处、青海省考古研究所：《青海文物》，文物出版社，1994 年，91 图至 96 图。

图 1　湟中画像砖墓墓壁　图 2　湟中画像砖墓甬道　图 3　平安画像砖墓菩萨像砖
　　　　　　　　　　　　　　　　地面画像砖

菩萨　为一头戴宝冠的立像。大耳，嘴上隐约有胡子。着汉式斜衽袈裟。脚呈八字形分开，臂部和肩上披有缭绕的长飘带。右手持长颈净瓶，左手上举托着弯月。与月亮对称的另一方的上侧，为内有金鸟的圆日（图3）。在湟中和平安的画像砖墓中，此种刻有托月立像的画像砖，都位于墓室四壁画像砖的最上排。而甬道两边和地面上则不铺这种托月立像画像砖，可见托月立像具有天神的崇隆地位。

　　该立像的站姿，与北魏太和初年（477年左右）《比丘法恩造佛坐像》背光后部的浅雕菩萨立像相似（图4）。画像砖立像的身上披挂着由身后转到臂弯而下垂的长飘带，与敦煌莫高窟第249窟西魏壁画中的菩萨立像身上披着的飘带样式相同。画像砖中的立像先前被称作"仙人""女娲"，是不够确切的。由于立像有着头戴宝冠、手持净瓶、身披长带等菩萨的基本特征，因此画像砖上的立像可定名为"菩萨"。如进一步分析，该菩萨右手托弯月，头左方为圆日，应是与月亮及太阳相关的菩萨。如敦煌莫高窟西魏第249窟西坡壁画上，绘着身披飘带的阿修罗立像，身后高举的双手各托着日月，左手也托着弯月（图5）。花剌子模

图 4　北魏太和初年比丘法恩造佛坐像
背光后部菩萨立像

图 5　敦煌莫高窟西魏第 249 窟壁画
阿修罗像

出土的银盘上，刻有手捧圆日和弯月的娜娜
女神①（图 6）。在日本奈良东大寺，有天平
时代的月光菩萨立像。该菩萨立像究竟属于
哪一种月神菩萨，尚须更深入的研究。

　　对坐供养人像　在屋脊饰有鸱吻的屋
中，两个供养人对坐在带有牙子的榻上，供
养人头戴毡帽，上身的半边袒露着，为少数
民族的习俗。二人各伸出一臂，置于二人间
的小几上。在二人中间的正上方，有插着忍
冬花叶的宝瓶。榻前跪坐一人，身前置细颈
宝瓶（图 7）。

图 6　花剌子模银盘娜娜女神像

　　自北魏至北周期间，佛教艺术作品中，常有供养人对坐、中置宝瓶或香炉、
敬奉供佛的场景。北朝石刻中不乏与画像砖的对坐供养人相似的图像。如西魏大
统年间的《坐佛五尊碑像》，上刻对坐的供养弟子像，在供养弟子二人中间，置

---

　　①《青海文物》图录中将平安县出土的画像砖的年代定为汉代。

图7　平安画像砖墓对坐供养人砖　　图8　湟中画像砖墓莲花纹砖　　图9　平安画像砖墓对凤纹砖

有高足香炉。香炉正上方有对称的忍冬花叶，与对坐供养人画像砖上宝瓶中的忍冬花叶完全相同。此外，西魏恭帝元年《薛氏造佛碑像》、北周保定五年《王永建造佛立像》等石刻上，都有近似的对坐供养人敬佛的图像，这都证实了画像砖上表现的是一对供养人正在敬佛。供养人头戴毡帽，袒露半边身子，应属以畜牧为主的少数民族。

莲花　湟中县画像砖墓中印有莲花纹的花砖，饰于墓室四壁上的第四层（自下而上共五层）。莲花花心较小，有两重花瓣，上面一层为主花瓣，共六个花瓣，瓣首较尖，花瓣由中间分为两片。在各主花瓣之间，又重叠着露出的小花瓣。花砖的四角为忍冬花叶纹（图8）。类似的莲花纹，见于南京博物馆藏的北魏正光年间（520年～525年）的石造像碑上。这种样式的莲花纹还延续了很长时间，敦煌莫高窟隋代第407窟藻井上的重瓣莲花，也与湟中画像砖上的莲花图案相同。第407窟藻井四边的忍冬纹，也与湟中莲花画像砖四角的忍冬纹近似。湟中出土的画像砖上的莲花纹，还与敦煌莫高窟铺地方砖的重瓣莲花纹很相似，瓣头都较尖，皆由中间将花瓣分为两片。

湟中画像砖墓的甬道两侧的二层台的角沿上，还饰有带状的复瓣莲花砖雕，莲花花瓣也是由中间分作两片。这种复瓣莲花的样式，基本上与日本大阪市立美术馆收藏的隋代开皇六年释迦三尊石造像莲座的复瓣莲花相同。因此这类莲花纹的下限可以到隋代。

对凤　对凤纹画像砖的位置与莲花纹画像砖相同，都饰于墓室四壁的第四层。画像砖上的凤鸟纹相对而立，凤冠呈"∽"状，鸟嘴中含有宝珠，作展翅欲飞的姿态（图9）。这种含珠的凤鸟纹见于河南邓县南北朝画像砖墓中。在日本大仓集古馆藏的北魏太和二十三年（499年）《桓氏一族供养石佛立像》，其背光上有和画像砖相似的对凤纹。新疆阿斯塔那北朝墓出土的"对凤团窠纹绮"，不仅与画像砖的对凤纹的构成样式相似，而且冠羽都呈"∽"形，绮上的对凤纹足下的忍冬花叶纹，与湟中、平安画像砖上的忍冬花叶纹相同。这种对凤纹还受到波斯文化的影响，如青海都兰热水出土的北朝至隋代的《联珠对孔雀对羊锦》中的孔雀纹，也与湟中画像砖上的对凤纹的构成样式相似。都兰出土的唐代织锦中，也有类似的对凤纹。敦煌壁画中也有许多凤鸟纹，与湟中画像砖的对凤纹相近似，如莫高窟西魏第285窟龛楣上的对凤纹图案、隋代第380窟凭台上的对凤纹图案，都能看出这种波斯样式的对凤纹应用在佛教艺术中。

胡人牵驼　画面主体为一双峰骆驼，驼峰间置有鞍具。驼前有一牵驼胡人，头戴扁矮的帽子，脚穿长靴，右手举起执缰绳，左手握长巾，身着窄袖短袍。画面上部有一排起伏的山峦。

胡人牵驼的图像始见于嘉峪关新城6号墓的西晋壁画中，到北朝末至隋代流行起来。青海都兰热水墓中出土了约为隋代的《胡人牵驼锦》。新疆吐鲁番也出土了隋代的《"胡王"牵驼锦》，值得注意的是这几种牵驼图中的骆驼都没有驮载货物。到了唐代，胡人牵驼的形象大量地出现于三彩俑中，而且成为甘肃河西地区画像砖墓中的流行题材，在敦煌、酒泉、山丹等地，都相继出土过胡人牵驼的画像砖。敦煌佛爷庙、新店台等处的唐墓中，出土了三种胡人牵驼纹画像砖，驼峰间有鞍架或货物，货物上有的站着鸟或犬。唐代的胡人牵驼纹比隋代要精细复杂一些，湟中画像砖上的胡人牵驼纹更接近隋代的风格。

骏马　与《对坐供养人》《胡人牵驼》同列于第三层上。骏马的左前足抬起，作举步行走状。马颈有披下的长鬃毛，马尾长而下垂。在骏马的上方有一厩屋，以静止的房屋衬托走动的骏马。在敦煌唐代画像砖中也有牵马图，马尾长而下垂，但骏马饰有马鞍。

兽面　饰于第二层上。兽面纹的头顶为一排耸起的尖角。双眉宽阔，向上翻卷。双目凸睁，双耳上尖而乍起。鼻端尖，两颊鼓突。胡子向两边分开而向下卷曲。嘴中露出一对大獠牙和一排上牙，嘴下有分开的细须（图10）。

图 10　湟中画像砖墓兽
面纹砖　　　　图 11　平安画像砖墓托梁力
士纹砖　　　　图 12　平安画像砖墓持矛武
士纹砖

在敦煌莫高窟西魏第 285 窟的藻井四面为双层垂幔，四角绘着衔有流苏的兽面纹，与湟中画像砖上的兽面形象相近似。而江苏镇江东晋隆安二年画像砖墓中的兽面纹，也与湟中画像砖兽面纹较相似。1982 年，在敦煌市飞机场隋代墓葬中，出土了一组彩绘的泥塑兽面，无论从宽阔的眉、分开而下卷的胡子，还是嘴中的獠牙和上牙造型来看，与湟中画像砖兽面纹都很相似。

托梁力士　饰于墓壁下部第一层。力士作双手举起托梁状，头上有一对小尖角，脸部现出用力的神态，双目紧锁、暴凸，鼻翼鼓张，龇嘴露牙，须毛怒发，表情生动。上身裸露，胸前的肌肉发达。穿紧身裤，显出深凹的脐眼。双腿作蹲踞状（图 11）。

在汉代画像砖中就有托梁力士的形象出现了。嘉峪关新城魏晋壁画墓的墓门照壁上也有托梁力士雕刻砖，只是人物脸部的形象较写实，头上戴着帻巾，像是兵士的装束。山西大同石家寨村北魏太和初年的司马金龙墓出土的石棺床，在腿部刻一托梁力士，为胡人相貌，也是上身裸露，双腿蹲踞。江苏常州戚家村南朝晚期画像砖墓中的托梁力士，与湟中画像砖上的托梁力士非常相似。力士脸部已变得怪异，所不同的是戚家村画像砖上力士的左右腋下各长有三道长毛。

持矛骑马武士　平安画像砖墓出土。武士戴着头盔，身穿甲衣，右手持长矛。马头上饰有扬起的雄胜，马作行走状，长尾后曳（图 12）。平安画像砖上的戴盔披甲的武士与敦煌莫高窟西魏第 285 窟和北周第 296 窟的《五百强盗成佛图》壁画中的武士装束很相像，骑乘的马也是头饰雄胜，马的长尾向后拖曳（图 13）。

图 13　莫高窟北周第 296 窟壁画中的骑马武士

它们应属同一时期的作品。

通过对湟中、平安古代画像砖的内容考释，画像砖题材中的菩萨、供养人、莲花、力士等属于佛教艺术的范围，这在古墓葬中是不多见的。

对于湟中、平安画像砖墓的年代有不同的看法，平安画像砖墓起初被认为是汉墓[①]，湟中画像砖墓则被认为是魏晋时期的墓葬[②]。我们将这两座墓中画像砖的题材内容、造型、艺术风格，与其他有年代可考的同类艺术品进行比较，认为这两座画像砖墓的年代上限为北朝晚期，下限可至唐代初期。这里特地补充两条供作考证墓葬年代的参考材料。一是在湟中画像砖墓的相同座向的同排的不远处，发现了一座保存较好的砖墓，墓室上部为攒尖顶，墓室四壁上部饰有菱角牙子，这是唐墓特有的形制。湟中的画像砖墓和相邻唐墓的甬道中，都置有一具牛头骨，说明这两墓有一定的联系。此外，在清理湟中画像砖墓的墓道时，在填土中有"开元通宝"铜钱一枚，由于地层关系不明，只能作为参考材料。

两墓画像砖上的供养人像，头戴三角形小帽，一侧肩膀袒露，为少数民族的

[①]　《中国文物报》2000 年 6 月 21 日第 49 期第一版发表的湟中画像砖墓的报道中，初步将该墓的年代定为魏晋时期。

[②]　参见施安昌：《火坛与祭司鸟神》，紫禁城出版社，2004 年，第 27 页。

装束。画像砖上的牵驼人像，头戴扁圆小帽，袒右肩，亦为少数民族特殊的习俗。因此，我们认为这两座墓的墓主人是北方少数民族的贵族。如果两墓的年代为北朝晚期至初唐的断代无误的话，根据当时吐谷浑族在此地势力强大，自540年至663年，以青海湖西北为中心，建立了"有地方数千里"的吐谷浑国，湟中、平安一带也在其中。据此分析，墓主人的族属当为吐谷浑。

中国石窟寺艺术设计

中国石窟寺的概况

中国自 3 世纪起，进入了宗教发展的时代。在魏晋南北朝，尤以佛教为盛。佛教自印度传入中国，很快遍及中华各地。佛教寺院成为以艺术形式向广大公众宣示佛理的场所。中国早期佛教的传播路线主要是由印度经西域传入内地，因此，印度佛教依山凿窟的寺院样式，首先对新疆、河西和中原一带的早期石窟寺产生了很大影响。

中国石窟寺的产生约在 3 世纪，兴于东晋十六国南北朝，盛于唐，以后渐趋衰落。由于石窟寺特有的宗教性质，在北方地区最早兴起的石窟寺艺术就具有神圣性、出世性和神秘性的特点。以后，随着时代的变化，中国石窟寺的艺术设计也随时代而异。佛教的多样性使之具有随遇而安的适应力，中国本土的儒教和道教又具有一定的宽容性，使中国在石窟寺艺术的发展过程中，融入了儒教和道教的文化，并且受到南朝玄学的影响。石窟寺艺术极大地丰富了中国固有的传统艺术样式，经过长期发展以后，中国化的佛教艺术和受佛教艺术影响的中国传统艺术，逐渐缩小了彼此间的界限。因此，对石窟寺艺术设计的研究，不仅是对一种宗教艺术载体设计的研究，也是对中国古代艺术设计中一个不可缺少的重要领域的研究。

❦❧ 石窟寺的选址安排 ❦❧

"故知栖神幽谷，远避嚣尘，养性山中，长辞俗事，目前无物，心自安宁。从此道树花开，禅林果出也。"[①]

魏晋南北朝时期，战乱频繁，生灵涂炭，人们对现世悲观，不由寄希望于来世。苦持修行来世的佛学应时而盛。作为僧侣坐禅修行和佛教徒朝圣的场所，要远离尘嚣，须选择超凡脱俗的清静之地，寺庙要具备修行、举行宗教仪式和居住等方面的综合功能，因此清幽、神奇、便适成为寺庙选址的理想标准，依山傍水凿造的石窟，成为我国北方早期佛寺最主要的形式。

新疆是我国佛教传入较早的地区，著名的克孜尔千佛洞约开凿于 3 世纪，位于拜城县东南六十余公里。石窟营造在渭干河北岸陡峭的石崖上，背依明屋塔格山，南望雀尔塔格山。窟前绿树成荫，石窟在山环水抱之中。库木吐喇石窟也位于渭干河岸，开凿在如层石叠砌的断崖上。

敦煌莫高窟为乐僔和尚于前秦建元二年（366 年）创建修窟。《敦煌录》记载："（沙）州南有莫高窟，去州二十五里，中途石碛带山坡，至坡斗下谷中，其东即三危山，西即鸣沙山；中有自南流水，名之宕泉，古寺僧舍绝多。"行人长途跋涉于戈壁沙碛中，顺坡而下，忽见到隐于谷内绿树丛中的莫高窟，如仙境突现，令人神往。莫高窟唐碑描述了作为佛教圣地的莫高窟的环境氛围："西连九陇坂，鸣沙飞井擅其名；东接三危峰，滋露翔云腾其美。左右形胜，前后显敞，川原丽，物色新。仙禽瑞兽育其阿，斑羽毛而百彩；珍木嘉卉生其谷，绚花叶而千光。……前流长河，波映重阁。……更澄清净之趣。"在大漠中犹如世外桃源的莫高窟，致使远行至此的乐僔和尚驻足不前，在金光顿现中，感悟有千佛，于是在此开凿了莫高窟的第一个洞窟。

炳灵寺石窟是面临大河依山凿窟的杰出范例。炳灵寺位于甘肃省永靖县西南35 公里，坐落在黄河与下寺沟的交汇处。这里原为黄河渡口，也是小积石山最陡峭雄奇之处，四周奇峰兀起，千姿百态。笔者在刘家峡水库修建前曾去炳灵寺石

---

① 参见《楞伽师资记》卷一。

窟，在寺沟口对岸三坪，乘坐羊皮筏子横渡黄河。湍急的黄河冲向号称"阎王匾"的巨屏式的崖面，激荡起翻卷的巨浪，因其浪高有"九级浪"之称。终于登上对岸，迎面是秀丽峭拔相傍而立的"姐妹峰"，这才惊魂始定。转过山崖，忽然见到高达 28 米的唐代石胎泥塑大佛，大佛安坐，面带微笑。仰望大佛头顶两侧的巨大窟室，宛若仙府天宫，使人有出世之感。石窟氛围之神奇应首推炳灵寺石窟。

天水麦积山石窟以幽深奇丽而著称。《方舆胜览》记载："麦积山在天水县东南百里，状如麦积，为秦地林泉之冠，上有姚秦所建寺。……千崖万象，转崖为阁，乃秦州胜景。"麦积山明代碑记描述该寺景观："林壑幽峭，松桧阴森，有瀑布泻出苍崖之间，天然奇景色。"五代人所著《玉堂闲话》概括地写出麦积山形势："麦积山者，北跨清渭，南渐两当，五百里岗峦，麦积处其半，崛起一石块，高百万寻，望之团团，如民间积麦之状，故有此名。"麦积山湿润多雨，三面如削的高崖上密布石窟，如同天上梵宫。林幽、泉响、松涛、山奇、花艳、雨媚构成了麦积山石窟仙界似的氛围。

唐代盛行摩崖造像，以洛阳龙门奉先寺大型摩崖像龛为代表。龙门石窟位于洛阳城南 13 公里处，为北魏孝文帝迁都洛阳时选址龙门山依山凿窟。伊水从对峙如双阙的山崖中流过，龙门因而也称为"伊阙"，石窟便修在伊水两岸的东、西山上。奉先寺大卢舍那像龛为唐高宗和武后开凿，有卢舍那佛、弟子、菩萨、天王等 11 尊雕像，主佛高达 17 米，连背光通高约 20 米。主佛坐像居中，形体较其他造像要高出一截，两旁的造像如众星拱月般呈内凹的半圆形排开。奉先寺大卢舍那像龛设在半山腰，面临伊水。顶礼膜拜的信徒需从山下拾级而上，在仰望中一步步地看清这一佛像的全貌，举目看到高大的主佛含着微笑垂视的目光，顿时感到佛的慈祥，产生敬仰之意。

面临江河开凿的摩崖大佛以乐山大佛最为壮观。这尊在四川乐山市凌云山山崖修筑的唐代大型石刻佛像，坐落在岷江、青衣江、大渡河的交汇处。大佛为坐像，通高达 71 米，是古代最高大的石刻佛像之一。瞻仰者可乘船在江上从多个角度巡视大佛，给人以神秘而崇高的感觉。

如果对我国主要的石窟寺遗址环境进行分析，并将这些石窟寺与城市的距离、水源情况、凿窟条件列成一览表（附表），可以看出这些石窟寺的位置都是经过精心选择的。一是石窟与城镇的距离要适中。早期的石窟寺的坐落位置既不能离城太近，也不能过于偏远，既不能使朝拜的信徒感到行程很轻易，又不能造成严重的不便利。二是环境要比较清幽，是可以长住修炼之地。如麦积山在茂密的森林中。肃南的马蹄寺和金塔寺都在祁连山深处的松林之中，石窟寺的山后有终年积雪的山峰作映衬，显得圣洁幽静。三是景观奇特，山崖怪异。如炳灵寺石窟位处小积石山，黄河两岸陡峭的红砂石崖从水中拔起，山形各异，如众峰朝圣，气象万千。甘肃武山县拉梢寺石窟位于鲁班峡响河沟北，鲁班峡因山石怪异如鬼斧神工而得名。拉梢寺摩崖十分陡峭，高达 60 余米，而且崖面向内倾斜，小雨时水珠如帘，串联而下。摩崖刻北周时期修造的一佛二菩萨和狮子、鹿、象等高浮雕的石胎泥塑像，整铺摩崖造像通高 42 米，造像之上还有 20 米高的绘着说法图、飞天、胁侍菩萨和千佛等内容的彩色壁画。浮雕造像和壁画通高 60 米，制作宏伟，又由于崖面前倾，使观者有威逼感，觉得目眩神迷。四是生活便利，离水源较近。大多数石窟寺都面对江河，就最低程度而言，石窟寺的附近也有常年不涸的清泉。而且要具备一定的交通条件，离交通要道不太远，通往石窟寺的道路，可容车轿骑乘到达。五是从风水上看是宝地。如伊水从龙门石窟的东、西山中流过，石窟寺进口处，伊水两岸山峰对峙如阙门，俨然有皇家气度。

兴起于魏晋南北朝的早期石窟寺，按照清幽、超凡、便利和具有神圣感的要求去选址，都经过精心选择，而且根据当地山崖的石质决定石窟的营建方式。如西北的石窟寺多修建在崖面高阔而陡峭的红砂岩体上，开凿的石窟为多层排列，各层石窟之间用飞栈相连，人攀缘飞栈去登临绝壁上的石窟，不由自主地生出上天梯的感觉，仿佛已与天国相近，顿时看破红尘。在中原一带的石窟寺，多半离大城市较近，有的石窟寺就离帝都所在地不远，是崇信佛教的皇家和贵族的礼拜场所。因此，其所在形势，要有雍容大度的气象，而不追求险峻，像大同云冈石窟、洛阳龙门石窟都属这种类型。

盛唐时期，社会相对安定，经济繁荣，甚少于偏远处新开石窟，而在原有石窟所在增做大佛。在这时期，新修石窟并且营造大佛的地址大多选在离城镇不远的地方。至元代以后基本上不再另选地址新开石窟，城市和名山成了佛教寺院集中的地方，曾经香火鼎盛的石窟寺渐渐被人遗忘。

❦ 石窟寺形制和布局的设计 ❧

佛教发源于古印度，约在公元1世纪，佛教通过丝绸之路经由西域传入我国内地。在东汉时期，佛教通常依附于道术而传播，佛教真正大规模地传入中国，是以西渐的石窟寺的兴建为标志。位于我国境内丝绸之路西段的新疆，成为我国最早出现石窟寺的地区，这也和石窟寺的形制原创于印度有关。印度的支提窟兴起于公元前一二世纪，普遍认为与中国早期石窟寺的形制有着渊源关系。支提窟由覆钵式塔将石窟窟室分为前后两个部分。前室较大，是用来礼佛的场所。后室置塔，由信徒自右绕塔巡礼（图1）。新疆早期洞窟集中在古龟兹地区，拜城克孜尔石窟存有公元4世纪修建的窟室，是我国现存最早的石窟。克孜尔早期窟中的中心柱窟，是由印度支提窟演变来的，又因地制宜而有所发展。由于龟兹地区的山岩疏松，如窟室深大而无依托，就容易坍塌。于是将支提窟后室的覆钵式塔，改为连顶立地的方形中心柱。由中心方柱把窟室分为前室和后室两部分，前室高大宽敞，在前壁凿有方形和长方形的明窗，使前室显得明亮，在前室券顶中脊处壁画以天象图为主，绘着日天、月天、风神等图像。前室券顶左右侧和券顶以下

图1　古印度支提窟形制

的左右壁的壁画，主要表现释迦生前和在世的本生故事及因缘佛传故事。中心柱位于后室，形成左右和右甬道，使后室显得低窄阴暗，甬道的壁画则绘着释迦涅槃像或荼毗焚棺图，表现释迦去世的情景。利用窟室前后的明暗和宽窄的不同，描绘有不同氛围的壁画内容。

敦煌莫高窟北魏时期的中心塔柱窟的形制有所发展和变化，窟内的布局是围绕塔柱为中心来设计的。由于莫高窟的北魏窟吸收了汉式木构建筑的样式，不仅窟室前部的顶部为塑出椽子的起脊人字披，而且中心塔柱变成汉式的方形楼阁式塔，在中心柱的四面开龛，在塔柱的正面开一龛，开凿在一米多高的塔座之上的塔身中，这正是迎门和对着前壁明窗的最明亮和最显眼的位置，因此塔柱的正面龛内放置主尊佛的造像。人在进入洞窟时，最先看到的就是塔柱正面龛内的造像，并且自下而上地仰观佛造像，不由自主地产生崇敬感。在方形中心柱的四面龛中分列着释迦坐禅、苦修、降魔、说法的"四相"造像，以使信徒绕塔柱观像修行（图2）。前室壁画的主要题材为佛传故事和本生故事，但构图形式与新疆克孜尔石窟不同。克孜尔石窟的佛传和本生故事被分段地列于菱形山峦中；莫高窟北魏中心柱窟壁画上的佛传和本生故事，主要采用横带式构图，依信徒在窟中巡礼的走向横向地展开故事情节。后壁位于中心柱后面，光线很暗，多绘顶天立地的密布的千佛，千佛重复地组合出现，给人的视觉以强烈的冲击感。莫高窟中心柱窟的"北魏壁画在总体设计上既分出前后两段以突出不同功用，又以上下两条装饰带贯通四壁使全窟效果完整统一，显示出敦煌画家把握全局的杰出能力和敦煌风格壁画全窟一体的特征"[①]。

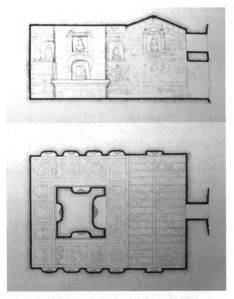

图2　莫高窟十六国时期第254窟形制
（引自宁强《敦煌佛教艺术》）

---

① 参见宁强：《敦煌佛教艺术》，高雄复文图书出版社，1992年。

敦煌早期洞窟形制还来源于印度的毗诃罗式石窟，窟室一般较小，其中还有供僧人打坐禅定做修行的禅室。敦煌莫高窟第268窟属十六国时期晚期的洞窟，窟室是由窄长的通道式主窟和左右侧壁均有两个作为禅室的小支洞组成。这种窟形与印度阿旃陀的毗诃罗窟相似，更与新疆拜城克孜尔和库车苏巴什窟形相似，可看出自印度东渐发展的关系。第268窟迎面的后壁，在长方形通道的尽头，后壁的正上方开一尖楣圆券形龛，内塑作为主尊的交脚弥勒像，位于人们进入石窟后所见的最显眼的位置。由于全窟的主要壁面为平面的壁画（即使该窟的左右侧壁原来或有塑像，但从进门处看去，侧壁的塑像也只能看到侧面），这使位于后壁正上方的立体的交脚弥勒塑像非常突出。在静坐的交脚弥勒的两侧，为土红色作底的壁画，相对地绘着飞天、伎乐天等具有动感的图像，而且这两侧图像的动作姿态都是朝向中间的交脚弥勒塑像。后壁最下排绘的供养人像，也是分为左右两列而面向中间。壁画的图像都是以朝向主体的佛像来设计的，犹如众星拱月，衬托出作为主体的交脚弥勒像。

　　莫高窟第275窟也是十六国晚期石窟，窟平面也呈长方形，除了在后壁塑有一身坐于方座上的交脚弥勒像外，还在左右侧壁的上部各开一个阙形龛，龛内也各有一身交脚弥勒塑像。汉晋时常以阙门来代表天门，石窟修造者以汉族的传统手法来表现弥勒天宫，更易被数量众多的汉族佛教徒所接受，使他们增强了对佛教信奉的亲和力。

　　莫高窟十六国时期的禅窟和北魏时期的中心柱窟的窟室空间都较狭小，使人觉得局促压抑。壁画中的佛本生和佛传故事画中，多为尸毗王割肉、萨埵太子舍身饲虎、毗楞竭梨王让劳度叉在身上钉千钉等惨烈悲壮的内容。加上画中人物多呈扭曲弯动状，画面色调又浓重沉郁，对于当时饱受战乱苦痛的人们来说，确实是感同身受，企盼能早日脱离苦海。因此，敦煌早期石窟以动态的平面壁画来衬托静态的立体佛像，这种设计引发信徒们乱中求定而皈依佛门的心理，成功地营造了身居乱世而修行礼佛的环境氛围。

　　由于我国西北地区的石窟寺所处的山石质地较疏松，因此兰州以西的石窟寺以彩塑和壁画并重，形成有机统一的整体。兰州以东的石窟寺向东逐渐地以佛造像为主体，在石窟寺的布局设计方面也有所不同。尤其在北魏孝文帝迁都洛阳后，南朝的艺术风格对北方产生了很大影响，这也反映在石窟寺的佛像雕塑上。龙门宾阳中洞是龙门石窟北魏时期的代表性洞窟，佛像面貌由胡相变成汉风的秀骨清像，服饰也成汉式的褒衣博带。而且改变了以往石窟寺中佛像分别散置的表现方法，出现了佛像组合群体的展示形式，以正壁主佛为中心，正中为释迦坐像，左右侍立二弟子和二菩萨。在左右壁各有一尊略小的立佛像，各在左右侍立二菩萨像。这种佛像组合群体对窟室空间的需求，有别于早期禅窟和中心柱窟仅作绕行观像，着重于修行的狭窄空间，而是将窟室作为顶礼跪拜和举行宗教仪式的场所。一方面要铺排如真人大小的佛像组合群体，一方面能容纳更多的佛教徒，让佛教徒近距离地如面对真身进行参拜，加强了佛教徒在礼佛时面对面的情感交流。

麦积山北魏时期的第142窟，为麦积山造像内容最丰富的代表性洞窟，以三世佛为主尊，并以正壁坐佛为主尊，坐佛为释迦说法相，高1.82米。坐佛左右各侍立一菩萨。左壁塑一坐佛和一弟子，坐佛高1.58米；右壁塑交脚弥勒和一弟子，弥勒像高1.60米。这左右两壁的佛造像在体量上要小于正壁的佛造像，显出他们之间的主次之分。在前壁的左右侧各有力士一身（左侧力士已毁），作瞪目状，已显现出后来的一佛、二弟子、二菩萨、二力士的佛像组合的固定格局的雏形（图3）。麦积山石窟的西魏时期的佛造像进一步世俗化，佛像不再高居上方，脸上也一改冷漠的表情，而是面带微笑，春风满面，身子微前倾，关怀地

图3　天水麦积山北魏第142窟佛像

倾听面前的佛教徒的倾诉，充满了温暖和煦的气氛。如麦积山西魏时期的第44窟正壁龛内的坐佛，笑容可掬，是一位充满人情味的慈祥长者。

强盛繁荣的唐王朝展现出前所未有的盛世风貌，文化艺术高度成熟，佛教兴盛发展，大乘佛教中的净土宗在唐代广泛流行，成为当时中国佛教的主要流派，对石窟寺艺术产生了重大的影响。这鲜明地反映在敦煌莫高窟有着贞观十六年（642 年）题记的第220窟的初唐壁画中。宽540厘米、高342厘米的巨幅《阿弥陀净土变》和《药师净土变》壁画，描绘了净土世界的琼楼玉宇、奇花斗妍、乐舞曼妙的升平景象，一扫北朝石窟壁画中的惨烈动乱的场景。

莫高窟的唐代彩塑佛像进一步世俗化，塑像的尺寸与真人等身，用写实的手法表现出塑像的肌肉和服饰的质感，再施加华丽精美的彩绘，显得栩栩如生。莫高窟唐代洞窟的佛像组合已形成固定的格式，常作一佛、二弟子、二菩萨、二天王和二力士的以佛为中心的左右对称排列。莫高窟第45窟是复斗形顶方形窟，是莫高窟唐代洞窟的主要窟形之一，其唐代彩塑佛像是代表作品。在迎门的左壁龛内以佛为中心，左右分列弟子、菩萨、天王各一。佛像坐姿端直，面相慈祥，与北朝佛像睁眼的样子不同，盛唐佛像的上眼皮下垂，作居高临下的俯视状。佛两旁的弟子、菩萨、天王，并不朝向佛，而是向外作45度角而立，并且头部都微向前下方倾斜。当信徒跪于佛龛下叩拜，在抬头观看龛内造像时，眼光首先与正面佛像的垂视相交接。在左右观看弟子、菩萨、天王造像时，同样也是目光交接，从而感受到弟子的虔诚、菩萨的亲和、天王的威猛。在窟的龛外两侧各有一土墩，原在墩上各有一力士塑像，应是双目圆睁、孔武有力的模样，有的还作扭头回望状，也正与龛前跪拜的信徒扭头相望的目光相接。因此信徒眼睛的位置成为龛内外造像的视线聚集的中心，可以看出龛内外佛教造像的陈列，是根据龛前跪拜的信徒抬头作扇形转动时的视线来进行设计的（图4）。

莫高窟还有两座建于唐代的"涅槃窟"，以表现释迦的涅槃为主题。中唐时期的第158窟，与作为窟中主体的呈涅槃相的卧佛塑像相适应，将窟形开凿成平面呈横长方形的箱体状。在迎面的正壁设一长方形大台，台上塑有16米长的大型的微作向外侧卧的释迦牟尼像。释迦面部的神情安详，眼睛微睁，人们从台下瞻仰释迦涅槃像时，总觉得释迦的目光仍在关照注视着下面的众生，使人们觉得

图4 莫高窟盛唐第 45 窟佛像

释迦并未真正地死去，而是从尘世解脱和再生。在涅槃塑像的身后和两侧的壁面上，画着众多的弟子、菩萨和各国君主、王子举哀的场面。浩大的巨幅壁画，位于壁画下排靠近涅槃像头部的举哀的弟子们，有的举臂号啕，有的捶胸顿足，有的放声悲哭。在涅槃像足端的北壁西侧的壁画上，绘着举哀的各国殊方的君主和王子。他们虽然在服饰和容貌上各自相异，但都表露出痛不欲生的哀伤之情，或割耳，或刺腹，或剖胸，或悲号。壁画上弟子和君主、王子们的激昂举哀，衬托出了释迦涅槃塑像从容安卧的脱俗的神圣，高贵优雅的佛涅槃大型彩塑与大气磅礴的《举哀图》壁画，达到完美的结合和统一。

由于年代、地域和自然环境的不同，重庆市大足宝顶山的南宋时期的释迦涅槃巨型摩崖造像有着不同的表现方法。在宝顶山大佛湾密布的佛像中，释迦涅槃像是最大最精致的雕像，长24米，开凿在悬崖的岩壁上，头朝北，向外（右方）侧卧，对下半身采取了"虚"处理，隐没在岩面之中。在摩崖涅槃雕像的前方，有一股清溪源源不绝地流过，人们驻足清溪之前，隔水瞻仰佛涅槃像。这应和了佛教典籍的记载：如来以神力化作大河，以止住为佛寂灭而相从号送的人们，将哀思寄予绵延不尽的流水。在宝顶山释迦涅槃巨像下部的前方，雕刻着一排半身的弟子、帝王和护法的组合立像。还别出心裁地用一莲花鼎升出毫光中的九身女性雕像，从中间打破横卧的释迦涅槃像的平板格局，显示出巧妙的穿插变化。

唐代石窟寺的窟形还出现了大佛窟，是以伟硕的大佛而量体营造的。这些大佛窟大多修建于盛唐时期，如敦煌莫高窟内有称作北大像的第 96 窟，始建于延载元年（694 年），内塑高 33 米的弥勒佛。第 130 窟中，有称作南大像的弥勒塑像，建于开元年间，高 26 米。类似莫高窟的大佛窟，还有安西榆林窟、武山木梯寺、甘谷大佛寺、彬县大佛寺等。从洛阳龙门奉先寺、永靖炳灵寺等处大佛背壁上残留的木桩孔来看，在窟的前部为木构建筑，只是以后被毁去了。一般来说，这些大佛窟内大佛像前方的空间并不大，人于地面昂首上望大佛像，有高山仰止的感觉。莫高窟和木梯寺的前壁中部还修有面对大佛像上部的阁道，在大佛像前方上部开有透光的窗孔，光线照亮佛像的头部和上身，使观像者的目光不由自主地被佛像的面容特写所吸引。

从以上中国石窟寺各类形制和布局设计来看，传承关系，周围的人文和自然环境、石窟寺的岩质、宗教观念都会对石窟寺设计起作用。但具体来讲，不同发展阶段的石窟寺要营造特定的艺术氛围，或酷烈，或清峻，或温煦，神秘，或华美，或崇高，使人们通过在石窟中观像看画的活动获得感悟，受到当时流行的宗教观念的熏陶。

石窟寺窟内造像和壁画的位置和比例，充分考虑参拜者在特定的活动路线和拜佛处的空间视觉效果，主体佛像一定放在迎门的正中方位上。早期石窟寺的中心柱窟的窟室平面空间形成回字形，参拜者是绕塔柱作巡礼式的观瞻。又因为窟内前部亮而后部暗，因此将佛传和本生故事为题材的壁画设于窟室前部，壁画中重要的部分置于与巡礼者视线平行的位置，能够根据参观者在流动的线路中经过不同的宽窄空间和光线下的视觉来进行布局设计。唐代石窟寺以整窟佛像为主体，在佛像前留了较大的场地，供信徒们跪拜和僧人诵经做法事。因此，不同身份的佛像的排列位置，是围绕着跪拜者的固定位置的视线角度去设计的。

中国石窟寺艺术讲究整体设计，不是突出肖像化的造像。从佛家看，凡一切"像"皆是虚妄，即便是佛也有三世相。虽然石窟寺的造型设计具有共性化，然而由于年代、地域和民族的不同，中国石窟寺的设计风格是丰富多彩的，已成为中国传统艺术的宝贵组成部分。

附表　　　　　　　　　**中国石窟寺地理环境一览表**

石窟寺名称	建窟年代	地点	地理环境	造像材质	
					西北地区
克孜尔石窟	4~8世纪	新疆拜城县东南60余公里	开凿在渭干河北岸悬崖上，背依明屋塔格山，南望崔尔塔格山。绿树成荫，山环水抱	泥塑造像	
库木吐喇石窟	约5~7世纪	新疆库车县西南30公里	分布在渭干河东岸的山麓和断崖	泥塑造像	
森木塞姆石窟	4世纪	新疆库车县东北30公里	开凿于库鲁克达山口季节河的河岸砂石崖上	泥塑造像	
莫高窟	4世纪	甘肃敦煌县东南25公里	开凿于鸣沙山东麓的断崖，前流长河（古名宕泉）	泥塑造像	
榆林窟	4世纪末	甘肃安西县南76公里	祁连南山山谷峭壁上，踏实河从峡中流过，两岸榆树成林	仅存清代泥塑造像	
昌马下窖石窟	4世纪末	甘肃玉门镇东南90公里处	在祁连山麓，在距地表40至50米的崖壁上开石窟，前有昌马河流过	泥塑造像	
文殊山石窟群	4世纪末	甘肃酒泉15公里处	位于祁连山主峰下的文殊山山谷中。面临溪流，绿树掩映	泥塑造像	
金塔寺石窟	4世纪末	甘肃肃南县祁连山境内临松山西面	越过大都麻河，通过灌木密林，耸立于高达60余米的红石崖壁上，崖后是终年积雪的祁连山峰	泥塑造像	
马蹄寺千佛洞石窟	5世纪初	甘肃肃南县祁连山境内，南距张掖市62公里	位于马蹄河西岸的陡峭的崖壁上。周围地势开阔，芳草如茵		
炳灵寺石窟	4世纪末，有西秦建弘元年（420年）题记	甘肃永靖县西南35公里	位于黄河与下寺沟交汇处，在下寺沟南岸的小积石山红砂岩崖壁上，四周奇峰兀起，千姿百态。窟前摩崖大佛高28米。唐贞元十九年（803年）修	有泥塑、石胎泥塑和石雕造像	
大像山石窟	北朝晚期	甘肃甘谷县西南2.5公里	面临渭河，在文旗山上开窟，圆拱形大窟内有盛唐修大佛，高23.3米	石胎泥塑造像	

石窟寺名称	建窟年代	地点	地理环境	造像材质	
					西北地区
拉梢寺石窟群	北周	甘肃武山县东北鲁班峡深山峡谷中	在 60 余米宽的悬崖上,崖上刻一佛二菩萨浅浮雕像,佛像高 42.3 米。峡谷中有清泉	石胎泥塑和泥塑造像	
云崖寺石窟	北魏	甘肃庄浪县东 35 公里	位于密林中的云崖山西崖,山前为云崖河	石胎泥塑	
麦积山石窟	4 世纪末	甘肃天水市东南 45 公里	林壑幽峭,群山围绕,中起一峰,状如麦积。山体三面峭壁上开凿石窟,高处洞窟下距地面六七十米。下有清泉长流	泥塑造像、石胎泥塑	
王母宫石窟	北魏	甘肃泾川县西 0.5 公里	位于汭河和泾河的交汇处,屹立于西岸的宫山脚下	石雕造像	
罗汉洞石窟	北朝	甘肃泾川县东 15 公里	位于泾河南岸高 30 余米的崖壁上。面对泾河,背依大山	石胎泥塑	
文八寺石窟	北朝	甘肃泾川县东 15 公里	位于泾河北岸	石胎泥塑	
南石窟寺	北魏	甘肃泾川县东 7.5 公里	位于泾河北岸	石雕造像	
北石窟寺	北魏	甘肃庆阳县西峰镇西南 25 公里	位于蒲河和茹河交汇处,石窟营建在红砂崖上。寺山崿形如覆钟,称覆钟山	石雕造像	
石空寺石窟	宋	甘肃镇原县东 2 公里	在茹河北岸高约 8 米的山崖上	石雕造像	
石拱寺石窟	北魏	甘肃华亭县南 25 公里	凿于秀水河北岸红砂山崖	石雕造像	
主林寺石窟	宋	甘肃庄浪县西 25 公里	位于陇山山麓云崖河右岸高约 50 米处	泥塑造像	
陈家洞石窟	北魏	甘肃庄浪县东北 30 公里	位于密林中的峡谷内龙眼山崖上,窟前有清溪流过	石雕造像	
保全寺石窟	北魏	甘肃合水县东北	位于平定川源头西岸,在高约 10 米的山崖上	石雕造像	
莲花寺石窟	唐	甘肃合水县	开凿在平定川口西岸的红砂崖山坡	石雕造像	

石窟寺名称	建窟年代	地点	地理环境	造像材质	
大佛寺石窟	唐	陕西彬县西 12 公里	依清凉山开凿，下临泾河	石雕和石胎泥塑造像	
					北方地区
巩县石窟	北魏	河南巩县东北 7.5 公里	开凿在洛水北岸大力山麓	石雕造像	
龙门石窟	北魏	河南洛阳市城南 13 公里	分布于伊水两岸东、两山上。两山对峙如阙，称为"伊阙"，亦称"龙门"石雕造像	石雕造像	
天龙山石窟	东魏	山西太原市西南 40 公里	位于天龙山东、西二峰的腰部	石雕造像	
云冈石窟	北魏	山西大同市西 16 公里	位于武州川北岸，在武州山南麓依山开凿	石雕造像	
响堂山石窟	北齐	河北邯郸市鼓山	在滏阳河左岸	石雕造像	
万佛堂石窟	北魏	辽宁义县西北 9 公里	开凿于大凌河北岸	石雕造像	
					西南地区
千佛崖石窟	北魏	四川广元县西 4 公里	开凿于嘉陵江西岸崖壁上，最高约 40 米	石雕造像	
皇泽寺石窟	北朝	四川广元县西 1 公里	开凿于嘉陵江西岸摩崖上	石雕造像	
夹江千佛崖石窟	唐	四川夹江县西南 3 公里	开凿于青衣江畔悬崖峭壁上	石雕造像	
附：乐山大佛	唐	四川乐山市东	大佛位于岷江、青衣江、大渡河交汇处的栖鸾峰下的崖面上，大佛通高 71 米	石雕造像	

砖雕砌成的甘肃历史文化长廊

砖雕艺术是中国传统艺术中的一枝奇葩。甘肃的砖雕起源很早，而且各时代的砖雕有着不同的表现题材和艺术风格，从中可以看出位于丝绸之路枢纽位置的甘肃的各种文化交流的情况，这些不同风采的砖雕砌连成甘肃历史文化长廊。

甘肃是砖瓦产生较早的地区

甘肃早在 4000 年前就出现了印有装饰纹样的陶瓦，灵台县桥村和镇原县庙渠齐家文化遗址出土的饰有篮纹、绳纹和附加堆纹的陶瓦（图 1）是世界上较早的瓦。位于河西走廊的民乐县东灰山四坝文化居住遗址中，还发现了距今 3700 年前的土砖，为中国已发现的最早的砖。由于甘肃是制作砖瓦较早的地区，这为甘肃砖雕艺术的发展奠定了良好的基础。

图 1　灵台桥村齐家文化绳纹红陶瓦

千年相沿的铺地花纹砖

甘肃保存了自东汉至西夏王朝的千余年间的各时代铺地花纹砖。甘肃发现的东汉到隋代的铺地花纹砖，多铺设于砖室墓的墓室和墓道的地面。酒泉、张掖等地的东汉墓的铺地方砖上，饰着回纹、菱格纹等四方连续几何形花纹，具有繁密均匀的风格（图2）。张掖和临泽的东汉墓的铺地方砖还饰有柿蒂纹或大泉五十钱纹和四神相结合的纹样（图3），地砖上的钱纹象征着金钱铺地，墓主人享有富贵和殊荣。

嘉峪关和酒泉的魏晋墓流行铺地花纹方砖，穿壁云气纹是这时期墓室铺地方砖时尚的纹样，反映着当时河西走廊崇奉的升仙思想（图4）。当穿壁纹方砖作四方连续铺排时，四砖角相连处的直角弧边纹连成一个整圆，形成中心大圆和四角小圆、穿壁的斜线和砖边直线的对比变化（图5）。穿壁四神纹方砖在魏晋时期继续沿用，风格变为秀丽，四神的身子趋于细长。有的砖面的中心纹样以莲花纹替代了穿壁纹，是砖雕中出现的早期莲花纹。这种早期的莲花纹，特点是莲瓣瘦尖，莲瓣之间隔有空隙。莲花纹在铺地方砖上出现，或与佛教在魏晋时期传入甘肃相关。随着佛教的发展，莲花纹渐成为甘肃十六国时期至隋代的铺地方砖上的主要装饰纹样。砖面由莲花的单独纹样占满，莲瓣丰清，花瓣紧连，并在大莲瓣外间有小莲瓣。

唐代的铺地纹方砖发展到繁盛阶段。在敦煌莫高窟唐代窟和苏家堡等处的唐墓中，保存了各式各样的精美的铺地花纹方砖，说明当时在地面建筑和墓室中都使用着铺地花纹方砖。花纹方砖以中央置一大团花纹、四角饰三角形小角花为主

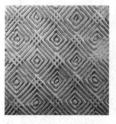

图2 张掖东汉菱格纹方砖　　图3 张掖东汉四神纹方砖　　图4 嘉峪关魏晋穿壁云气纹方砖　　图5 嘉峪关魏晋四神纹方砖

图 6　敦煌唐代花卉纹方砖

要的图案格式，除此还有四方放射式、方形的适合纹样等格式。方砖上的主体纹样有重瓣和卷瓣莲花纹、宝相花纹、石榴花纹、唐草纹等（图 6）。有的莲花纹莲心的外圈饰着连珠纹，是受波斯艺术的影响。唐代的花卉纹方砖，纹样多以小弧线组成，结构严密复杂，呈现繁丽柔美的艺术风格。

　　在西夏王朝，敦煌的墓葬和石窟中继续使用铺地花纹方砖，砖面花纹以火焰宝珠纹为特色，图案格局常为左右对称式。此后，甘肃建筑中使用铺地花纹方砖的做法遂告衰歇。

东汉至宋、金、元时期壁面砖雕

　　甘肃的画像砖墓出现的时间要晚于黄河中、下游地区，只零星发现了东汉晚期的画像砖墓。在临夏的一座东汉墓的墓室壁面上，镶着浮雕的马车等图纹的画像砖，图纹有着单纯、简洁的特点（图 7）。

　　自东汉末至魏晋十六国时期，河西走廊流行在墓门上砌砖雕门楼。出土了著名的铜奔马的武威雷台东汉墓，在墓门上就有砖雕组成的象征天门的阙形门楼。魏晋墓墓门上的砖雕门楼变得高大和复杂。这时期的墓门上的砖雕门楼一般高达4 米以上，嘉峪关新城 7 号墓的砖雕门楼高达 6 米多。这些砖雕门楼的下部为阙形天门在阙门两侧饰着浮雕的戴帻守门卒（图 8）和分别有着牛首和鸡首的人身像，在阙形天门上多饰砖雕的托梁熊、力士、雷公、饕餮等神灵异兽。敦煌新店

图 7　临夏东汉模印马车纹砖　　　　　图 8　嘉峪关魏晋守门卒雕像砖

台晋墓的砖雕门楼上还饰有平凸浮雕的青龙、白虎图像。砖雕门楼由天门和天上的仙灵异兽组成，象征着重霄九天之上的虚无缥缈的神仙世界，这与魏晋墓铺地砖上的云气纹一样，都反映了当时河西地区崇尚的升仙思想。

　　甘肃遗存的隋唐时期的墓室和石窟壁面的砖雕较多，以人物和动物为主要的表现题材，并且出现了佛教内容的砖雕。在敦煌莫高窟第 367 窟的窟前发掘中，于一座土墙基部发现了隋代雕刻着蹲狮图像的方砖。狮子不产自中国，狮子的图像主要由西亚随佛教东传而来。雕砖上的狮子，三足蹲地，一前足伸抬，颈部鬣毛作波状披垂，与莫高窟隋代的第 303 窟北壁的狮子座的蹲狮形象相同。这件隋代蹲狮图像砖雕应是佛教建筑上的装饰雕刻。甘肃省博物馆收藏的一件初唐时期的龛形佛像砖雕，中间是坐在狮驮莲花座上的文殊菩萨，两侧上方各为两个站立的胁侍菩萨。这件砖雕的菩萨的造型奇诡，风格独特，是为数不多的唐代佛教题材砖雕中的重要作品（图 9）。

　　唐代壁面砖雕的图纹趋于写实，风格变得精细柔美。敦煌莫高窟第 112 窟甬道口出土的模印浅浮雕方砖上，逼真地塑造着两个马夫牵骏马的情景。骏马头部的剽悍，身躯的丰圆，为典型的唐代骏马形象（图 10）。在敦煌和靖远的唐墓壁面上，都饰有牵驼图像雕砖，敦煌出土的牵驼图像雕砖的骆驼身上还驮载着货物。牵驼人头戴尖顶帽，身穿圆领衣，为中亚一带的商人装束，生动地表现了跋涉于丝绸之路上的外国商旅的形象（图 11）。靖远唐墓中的骑马图像模印砖，以浅绳纹做底，骑马人物为浅浮雕。人物头上有发髻，脑后垂发，为女性形象。鞍

图 9　唐代文殊菩萨像雕
刻砖　　　　　　　　　图 10　敦煌莫高窟唐代骏马
　　　　　　　　　　　图雕刻砖　　　　　　　图 11　敦煌唐代牵驼图雕刻砖

马一足抬起，作起步状。通过富有表现力的轮廓，塑造出贵族妇女乘马冶游的悠闲情态（图12）。靖远唐墓中还有模印浮雕的执矛武士、仕女和青龙等内容的砖雕（图13），这些砖雕被饰于棺座的四周。在酒泉的唐墓中，墓室壁面镶嵌着雕有演奏箫、笛、琴、箜篌等乐器的伎人和出行等图像的条砖，有较强的生活气息。可以看出唐代壁面砖雕以反映世俗生活为主，而且写实的表现手法占主流的位置。

此外，敦煌老君堂唐和五代建筑遗址中，出土了印有天马、飞凤、翼龙的雕

图 12　靖远唐代妇女出行图模印砖

像砖，以舒展的弧线造型，呈现圆熟生动的风韵（图14、图15）。

在北宋和金、元时期，甘肃和中原地区一样，出现了仿木构建筑样式的砖室墓，墓中盛行砖雕装饰，除去仿木构的斗拱、窗棂等砖雕外，有完整构图的砖雕的题材内容可作三类。第一类为墓主人的享乐生活和从事劳役的侍女。陇西宋墓中有以数块砖雕组成宴享伎乐场面，栩栩如生地刻画出演奏各式乐器的伎人的姿态。武山宋墓中的砖雕侍女像，虽略有残损，仍不失为甘肃砖雕人物的佳作。两块砖雕上的侍女，分别作侧身执壶和回首托盖状，选取了富有表现力的不同姿态（图16）。除此，甘肃北宋和金代墓中，除去侍女图外（图17），还有表现婢女舂米、推磨等生产劳动场面（图18、图19）。并且采用了多种表现手法，有的图像以线刻而成；有的在浮雕图像上再拖彩绘，又用线描勾勒出细部，更丰富了砖雕的表现力。

图13　靖远唐代执矛武士图模印砖

第二类题材为孝子故事图。孝子图的大量出现，与宋代兴起的理学所提倡的伦理秩序相关。砖雕上常见的孝子图有王祥卧冰、孟宗哭竹、郭巨埋儿等（图20、图21）。画面注意穿插和疏密变化，显得自由活泼。

第三类题材为花卉装饰图案。砖雕上的花卉多以单独纹样出现，常见的花卉有缠枝牡丹、芍药、石榴等（图22、图23）。写实的花卉纹样成为宋代砖雕新兴的题材，这与宋代花鸟画的兴起是分不开的。在甘肃的元代墓室砖雕中，花卉题材增多，占了重要的位置，但仍沿袭着宋、金砖雕花卉纹样的样式和风貌。

图 14　敦煌唐代天马图模印砖

图 15　敦煌唐代凤鸟图模印砖

图 16　武山北宋托盏侍女图雕刻砖

图 17　渭源北宋侍女图画像雕刻砖

图 18　北宋舂米图雕刻砖

图 19　北宋推磨图雕刻砖

图 20　北宋王祥卧冰图
雕刻砖

图 21　北宋孟宗哭竹图　　　图 22　北宋芍药纹模印砖　　　图 23　北宋花卉纹模印砖
雕刻砖

近现代的大型砖雕

　　自清代至民国期间，砖雕多饰于照壁、墙面、门楣和基座。砖雕的幅面愈来愈大，有的达六七平方米，与以前大批生产的模印砖雕不同，这些大型砖雕饰于官宦宅居、花园、寺院等不同的场所，因此是根据特定环境决定的特定主题而专门雕刻的，所以这些大型砖雕的技艺精湛，题材多样，构图富于变化。兰州市的白塔山、五泉山和隍庙等处保留着清代晚期至现代的砖雕。在白塔山半山的山墙两侧，有清代晚期的饰着大型砖雕的照壁，右侧照壁上刻着高153厘米、宽205厘米的砖雕《福积满堂图》，上刻丰满的佛手、盛开的海棠、果实累累的葡萄，隐喻着"福""满堂""累积"。上有光绪甲午（1894年）的年号题款（图24）。左侧大型砖雕为《博古图》，也是同时期的作品，不仅注意整体的安排，同时也注意细节的刻画（图25）。隍庙后殿大门两边各有刻满花纹的大型瓶形砖雕，具有鲜明的地方特色。

　　临夏回族自治州是明清以来回族聚居的地区。在临夏市红园和大拱北寺中保存着清代的回族高手周声普等人刻制的精美的大型砖雕，表现出精镂细刻、点线结合、疏密有致的特点。大拱北寺影壁上的大型砖雕《山水图》，风格秀丽，气韵生动，堪称临夏清代砖雕的杰作。

　　以临夏为基地的马步芳，历时十余年，精心经营了以砖刻装饰为特色的豪华宅院"东宫馆"，触目遍是玲珑剔透的精美的砖雕。过道门的砖雕别具特色，两

图24　兰州清代《福积满堂图》砖雕照壁　　　　图25　兰州清代《博古图》砖雕照壁

图26　临夏民国东宫馆瓶花状砖雕拱门

侧为瓶形柱，由两瓶口伸展出精雕细刻的波折形带状花束，以繁花密叶相连成精丽的尖拱形门楣，具有鲜明的回族砖雕的特色（图26）。饰有对称卷叶纹的圆形雕刻柱头则受着罗马式柱头的影响。临夏回族喜爱的牡丹和葡萄，成为砖雕中流行的题材。散点团花与细密窗格组成的繁花铺锦式的窗棂亦别具一格。而砖雕图纹中的洮砚等器物，则反映了当地特有的工艺品。

1958年，在兰州白塔山公园新建殿堂上的大型砖雕，除了继承传统纹样外，也有麦子、谷子、葵花等新创纹样。至今，甘肃各地的砖雕艺人叠有新作，进一步丰富了砖雕艺术，甘肃成为中国继续发展砖雕艺术的几个地区之一。

甘肃是中国砖雕艺术发展较早的地区。甘肃的汉代至魏晋时期的砖雕艺术突出反映着升仙思想。自十六国至唐代，甘肃砖雕中逐渐增多了佛教艺术的因素，并吸收了外来的表现技法。从唐代起，反映现实生活的题材逐渐增多。到宋、金、元时期，甘肃砖雕艺术发展到繁盛阶段，砖雕技法由粗变精，砖雕题材中以人物活动为主，理学的兴起导致了这时期的砖雕中孝子题材的出现，而且砖雕的写实技巧趋于成熟。直至近现代，甘肃不仅保留了砖雕艺术传统，砖雕的规模和技术也都有新的发展，风格由厚重简朴变为活泼精巧。而且有民族特色的临夏回族砖雕也为甘肃砖雕增添了异彩。如今，源远流长的甘肃砖雕成为中国砖雕的一支重要流派，使砖雕构成的甘肃历史文化长廊更加富丽堂皇。

陇上名园（二则）

西北名园五泉山

西北有名园，园在五泉山。

兰州因城东南的皋兰山而得名，五泉山就在皋兰山的北麓。在无边无际的苍黄的土山中，唯五泉山独翠，翠得水灵灵，像滴在黄土高原上的永恒的绿色惊叹号。兰州是世界上黄土最深厚的地方，居然在山中涌出五泉，格外令人神往，也就有了充满豪情的传说：在汉武帝元狩二年（前121年），23岁的大将军霍去病率领万骑讨伐匈奴，鏖战于皋兰山下，将士久战困乏，饥渴难忍，霍去病挥鞭奋击山石，石破天惊，涌出五泉，众将士顿时解渴，一举大败匈奴。英雄精神化泉水而永远流传，五泉山也以山泉而闻名遐迩。

山不在高，有泉则灵。于是有人居，有人游。山上梵钟传来，山下炊烟袅起。唐宋以来，五泉山的寺观屡建屡毁，屡毁屡修，五泉山始终是兰州人心目中的人间仙境。1924年夏，号称五泉山人的名士刘尔炘先生多方筹集巨资，历时五年半，对五泉山全面进行整修，拓通道路，增设门户，使五泉山各处名胜连为一体，奠定了园林格局。1955年设立五泉山公园，经过数十年精心营造，成为陇上第一名园。

穿过夹道的百年老柳，顺坡步上五泉山公园，进牌楼，入山门，过中庭。眼前水池波映，耳边泉水声盈。溯泉流而上，可逐一探访五泉。诗如掬月泉，可映十五之月，泉高月浮，仿佛举手可掬。润如甘露泉，大旱不涸，华露不绝，沁人心田。梦如摸子泉，乃洞中之泉，泉中糊涂去摸石，不分皂白认成子。清如惠泉，惠山惠地，惠树惠人。幽如蒙泉，此泉沏茶，茶有幽香，人有幽情。山有五泉若此，亦清，亦润，亦幽，亦诗，亦梦，足以使人心驰神往。

五泉之上，东西各有龙口，垂泻瀑布而下。西山谷豁达而有气度，泉如吟。东山谷跌宕而有韵致，泉如歌。一唱一和，相得益彰。

中峰巍立于东西山谷之间，依山形起伏，庙宇楼阁层见叠出而上。由西路登石级，进入院墙，即可见到形制古朴的戏楼，建于光绪年间，楼前有可站立千余观众的广场。曾听旧时戏楼上，秦腔吼出，豫调亢扬，豪气冲天，迥别于江南堂会的绕梁雅曲。故人曾为此戏楼作长联："数十年，九曲河边，听鼙鼓，唱刀环，喜头上弦歌，武乐奏完文乐起；亿万世，五泉山下，扮公侯，演将相，愿眼前豪杰，后人争作古人看。"颇有警世之意，惜不见悬挂。

进浚源寺，见金刚殿，殿为明代初年所建，是五泉山中年代最早的古刹。金刚殿原以殿内有四大金刚塑像而得名，如今金刚像已不存，现在殿内正中矗立着大型接引佛铜像，为明代洪武三年铸造，通高约5.3米，重约5000公斤，为现存较大的明代铜像。佛像端立，左手托莲，右手垂直，掌式作接引状。头微前倾，面容慈祥，双目低垂，恰与跪拜仰佛的信徒目光相接，从而生有感应，接引佛可算是众佛中最有人情味的。

大雄宝殿为五泉山寺殿中形制最大的，自民国初年以来，屡经修缮，现已彩绘一新，内有兰州雕塑家参照敦煌石窟佛容，重塑如来金身，颇为不俗。又有赵朴初先生题书"大雄宝殿"匾额，更添佛寺祥和之气。

嘛呢寺院位居西谷的西岩之巅，不知创于何时，为清代同治年间重建，自成院落。有楼轩二十余列，人坐楼室中，泉声随风掠进，绿色夺窗透入，此处声色最为宜人。寺中的楼、轩、亭、门、径、园皆有佳称，有迎绿轩、飞黛庐、拜云隅、听泉筱、瞰霞楼和延月楼，从瞰霞楼、延月楼下，经"依依径"，过"仄仄门"，达"曲曲亭"。又入"重重院"，履"叠叠园"，进"巧巧斋"，这些赋予建筑的雅称，是对曲径通幽的山中院、院中园、园中斋的生动写照。

东山麓下有荷花池，夏日彩莲吐艳，垂柳拂水，池水清冽。池后屏立的五彩琉璃壁辉映其中，不绝流注池中的五泉，汇来江南般的秀色。

由荷池西上，有中山堂，为民国早期所建，是西北为数不多的孙中山纪念堂之一。堂前有当时建立的孙中山站姿铜像，距今已有大半世纪的历史，瞻仰者一直络绎不绝。

山麓之东，有长廊沿山而上，或曲折迂回，或高下起伏，矫如龙跃。长廊因山而得气势，山借长廊而显雄姿。人由长廊登山，览雄姿而长气势。

长廊尽处，见一砖砌方亭，亭中悬挂大铁钟一口，钟高 2.8 米，重约 5 吨，为金章宗泰和二年（1202 年）铸造，简称泰和铁钟，为甘肃省级保护文物。钟身上饰有三圈方框形纹和一圈圆形莲花纹，还刻有铭文和作钟施主的姓名。钟的下缘呈活泼的波折形，使巨大的铁钟不显笨重。铁钟音色洪亮，击钟时，声播四方，山谷回应，五泉和音，令人心旷神怡。

人至中山，山势渐陡，亭台楼阁依山形错落而建。窄处设关，宽处立坊，平处建楼，幽处藏院。上下以长廊相连，左右有短亭点缀。建筑布局有收有放，一气贯连。五泉山以山为园林之基，游人逐层登高，意象愈增阔远。

上得高处，有卧佛殿，殿内卧佛为释迦牟尼涅槃像，长约 9 米。大佛安卧，呈超然出世相。由卧佛殿居高俯瞰，万树皆低，人如在天上云霄。

出得卧佛殿，更上东岩顶。烟云间，千佛阁凌虚竦立，此佛阁已是五泉山上最高的寺观。凭栏远眺，兰州城区尽收眼底，高楼林立，黄河如带，北山似屏，气象万千。山下泉声渐远，延出一片园林。

民族之花盛开的红园

中国众多的园林中，临夏红园汇聚着多民族的文化，体现出西北民族地区特有的风采。

临夏回族自治州位于甘肃省中南部。临夏城临大夏河，因此得名。古为枹罕郡，曾为西秦的都城，历来是多民族聚居的地区，汉、回、藏、东乡、土、撒拉、保安等民族在这里共同开发，创造了绚丽多彩的民族文化，在红水河畔构筑了风情万种的红园。

红园是将多处古建筑拆迁而设计营建的园林，始建于 1958 年，集中地搬移了城隍庙等古寺庙和商行会馆的清末民初的建筑，经汉、回、藏各族的能工巧匠精心修缮，各具特色的民族工艺兼蓄荟萃，使红园形成了建筑别致、砖雕精美、花卉繁丽的独特景观。

穿着形形色色服装的各种民族汇成的人流，漫步走过五光十色的民族工艺品一条街，来到市区西北的红园。迎面是一座风格特殊的对列亭式大牌楼，这座牌楼是由老城隍庙拆迁来的，成为红园的第一道门。分列牌楼左右的三角形亭子，将中间有两层檐的坊顶支起，檐角高高翘起，似凌空展翅状，使整个牌坊呈飞动之势。

进牌楼门，过广庭，面对着一字形排开的清晖轩，这是由门楼和左右两边的长廊和角亭组成的长条形建筑，总长60余米，整体呈弓形，中部微向前突出，像挺胸张臂迎接游客。呈一字形条状的清晖轩，将不同形制的建筑组织得错落有致，主门楼高大堂正，两侧长廊低回曲折，两端亭楼飞檐昂起，寓有生动的起伏变化。以条形的组合建筑，来代替呆板平直的隔墙，是富于创意的巧妙设计。

穿越清晖轩的第二道园门，来到红园的前院，过西侧石拱桥，竦立着气势轩昂的风林阁，原先这是一座楼阁式戏台，由商行会馆迁来，在后楼的左右各加出一间，前后楼互相错开的两对高扬的檐角，仿佛双双展翅，比翼齐飞，使典雅的戏楼增添了活泼的风致。

由古老的会馆迁来和加以改建的团结堂、怡乐厅，都是砖木结构的殿堂式建筑，分别在建筑的各个部位，装饰着精美繁丽、自然生动的木雕、砖雕和建筑彩画，融合一体地展示出多民族的工艺成就。

在殿堂木梁架各部分的迎面处或连接处，因地制宜地装饰着各种样式的木雕，额坊和格窗饰玲珑剔透的镂空雕花，花板上饰浮雕图案，向外突出的柱头、雀替和斗拱中间饰立体雕刻，活灵活现地刻画描绘出神话中的人物和仙禽异兽。以镂空、浮雕、立体雕刻不同层次的造型，构成了完美的木雕艺术世界。

红园木雕有与众不同的装饰手法，立体雕刻的整组莲荷的花、蕾、叶，别开生面地装饰在柱头上，木雕表面用鲜丽的彩色浓妆，红荷绿叶，娇艳动人。惟妙惟肖地雕刻出翻卷的荷叶和张开的莲瓣，敏锐地捕捉住荷花在风中摆动的形态。在柱子上部和额坊之间的雀替上的龙形雕刻，三角形底盘上饰浮雕龙身，向外延伸出圆雕的龙头，龙身盘升，鳍鬃飞动，龙头昂扬，出神入化地刻画出龙腾的威势。

斗拱的中间，迎面雕刻着神话中的孙悟空等形象。雀替和花板上雕满各种花卉，栩栩如生，充满活力。这些精美的木雕饰于建筑木构的接合部，不仅巧妙地掩盖了木构件的接痕，而且增加了美观，使静态的建筑显得生气十足。

位于后院的"团结堂"楼殿，满而密的藏式彩绘，把建筑装扮得富丽堂皇，厚重浓郁的石青、石绿与耀眼的金色形成强烈的对比，用金碧辉煌的彩绘把形体复杂、雕镂精美的建筑木构件统一起来，宏丽精美的殿堂，正是汉、回、藏各族文化的结晶。

红园后院有清碧的大水池，水池上横跨着双联亭式桥，水池周边设置着水榭和曲折高低的过廊，倒影投池，相映成趣。池中小舟荡漾，波浮影动，宛如江南秀色。隔池北望，遥见万寿山塔影，意境格外深远。

红园处处能见到精美的砖雕，临夏回族砖雕艺术源远流长，至迟在清代乾隆年间，甘肃、青海、宁夏的清真古寺中，就已出现了工艺精湛的砖雕。红园中砖构的障壁、门楣、基座、墙面、墀头上，装饰着各种样式的砖雕。最著名的是清晖轩两侧障壁上的成组大型砖雕，为清代末年回族砖雕名家周声普率徒所作。在大型砖雕《五松图》中，以灵动细腻的雕刻手法，表现出五松盘结，劲枝凌风，"怀风音而送声，当月路而留影"的清幽境界。清晖轩障壁上还有巨幅山水图砖雕，重岭叠嶂，丘壑弘深，气概雄远，为大手笔的鸿篇巨制。红园一侧的大拱北寺照壁上，饰有大型砖雕《莲荷图》，为周声普所制砖雕代表作，细致入微地表现了芙蓉出绿波的娇媚姿态，宛似天成，体现出伊斯兰艺术对真实自然的崇尚。

在红园的墙上，开着各种形状的玲珑剔透的砖雕花窗，每一格窗中精雕细刻着不同的花卉，于是墙不只是隔断空间的冷漠建筑，而有了文采，每一格花窗透出了生命，幻成了红梅、翠竹、黄菊，摄入了绿荫、朱阁、蓝天。红园的建筑砖雕永驻了自然界美好的景物，砖雕上有流不走的春水，飘进来的夏云，四季不败的花朵，千秋凝聚的匠心。走遍红园，就是巡游了一座砖雕艺术馆。

临夏人爱花，红园又是花的都会，到处是花。星星点点的花儿，线线串串的花儿，满满堂堂的花儿。盆中、苑里、架上、池内，都是花儿。还有雕刻的花儿，漫歌的花儿。俊牡丹，俏芍药，美月季，艳芙蓉。红花复花红，红园是临夏各族人民精心培育的园林，红红火火的民族之花永远盛开在红园。

第三部分
鉴识纵横

从敦煌写经和壁画看中国卷轴
书画格式的起源和形成

千余年来，卷轴书画一直是中国传统书画的主要形式，规定和制约着中国传统书画的平面布局和格式。探讨中国卷轴书画格式的起源和形成，对于研究中国书画形式的发展有一定意义。一些学者曾从不同角度研究和阐述过这一问题，但多从文献入手，没有充分利用现存的晋唐文物资料，因此显得简略。敦煌莫高窟藏经洞中发现了大量的晋唐写经，莫高窟中还保存着许多屏风式壁画，这为研究卷轴书画格式的起源和形成，提供了丰富的实物资料。本文以莫高窟的有关文物作为基本材料，上溯汉简，下连唐宋卷轴书画，对卷轴书画格式的起源和形成过程做初步的探讨。

手卷的形式源于简册

在上古时期，简牍是中国主要的书写材料。单一的竹木片叫作简，将简编连起来则为册（策），简册制度始于殷商，盛行于汉代，格式也逐步完备。至东晋末年，厚重的木简才被轻薄的纸代替。简册制度延续了1800多年，因此人们对简册的形式习以为常，成为习惯的样式，并且对后来的书画形式产生了深远的影响。

简册的形式包括尺度、书写方向、编排次序等方面。以汉简为例，汉简通常的长度为当时的1尺，因此有"尺牍""尺书"之称。古代尺度由短变长，从出土的汉尺来看，绝大部分的简长为23厘米至24厘米，简的宽度为0.75厘米至

1.2厘米（表1）。一枚汉简的长度和宽度，构成了书写的狭长尺幅，成为汉代最常用的书写幅面，并由此形成了汉隶的字形略扁、横笔道细、竖笔道粗和波磔顿挫被挤于两边的书法特点，还决定了书写的直行形式。

简册的编连有着统一的形式，从居延、悬泉等地出土的较完整的汉代简册来看，将简编排成册的方向是自右向左地横列。书写完的简册，为便于保存和收藏，由左向右卷起，成为一卷。因此，卷的形式产生于简册。至东晋以后，木简册之"卷"被纸之"卷"代替，但简册的书写形式和格局仍遗存下来，只是纸张可以相互续接，纸卷能不断地延长，从而出现长卷的形式。

表1　　　　　　　　　　汉代简牍形制一览表

名　称	规格（厘米）			每行容字	木质	备注
	长	宽	高			
武威磨咀子王杖诏书令简	23.2~23.7	0.9~1.1		4~35 字	松木	现存 26 简
武威旱滩坡医药简	23~23.4			25~34 字	松木、杨木	现存78简
武威旱滩坡医药牍	22.7~23.9			最多为34 字	松木、杨木	现存14 简
武威磨咀子王杖简	23~24			最多为36 字	松木	现存10 简
连云港海州网疃衣物牍	23	6.7		一般为25 字	木	现存2 牍
临沂银雀山《孙子兵法》《孙膑兵法》简	27.6	0.5~0.9	0.1~0.2	一般为28 字	竹	现存4942 简
连云港海州网疃庄霍贺墓遣策牍	22	6.5			木	现存1 枚
大通上孙家寨《军事》简	25	1	0.2	一般为47 字	木	现存400 编号简
居延破城子"相利善剑刀"简	23	1.2		一般为40 字	木	

敦煌莫高窟藏经洞保存的晋唐佛教写经纸本手卷，明显地承袭了简册的形式。汉简的长度约相当于1汉尺。从前凉到北魏时期的敦煌写经的纸张，纵长为24.9厘米至27厘米，约相当于当时1尺的长度。敦煌写经手卷多以深灰色细线作为竖写字行的界栏，每行上方和下方留出的天头和地头较窄。如前凉升平十二年（368 年）的《道行品法句经第三十八、泥洹品法句经第三十九》，纸的纵长24.9厘米，字行的纵长22.6厘米，留出上边和下边的长度仅有1.15厘米。敦煌北朝写经每行的纵长19.6厘米至24.6厘米，留出的上边和下边为1.6厘米至1.8厘米，与一枚汉简的纵、宽的尺度基本相当（表2）。因此，敦煌北朝写经每直行的长度和宽度是沿袭了一枚汉简的尺度。但每张纸书写的容量比每个简册要多，每

纸最少写 22 行，最多达 32 行，每纸的行数远多于每册汉简的枚数。

表 2　　　　　　　　　　汉唐纸规格一览表

时代	名　称	纸质	每纸规格（厘米） 纵	宽	每行容字	每行字规格（厘米） 纵	宽	备注
西汉	内蒙古肩水金关纸	麻	21（残）	19（残）				同层出土汉宣帝甘露二年纪年木简
东汉	内蒙古额济纳书	麻	约 24					
魏晋	新疆楼兰纸文书	麻	22.5（残）	6.5（残）	最多为 13 字			
西晋	陆机《平复帖》		23.8	20.5				
东晋	《三国志·吴志·步骘传》卷	白麻	24.6	41.7	18、19 字	21.6	1.6	
东晋	王珣《伯远帖》		25.1	17.2				
前凉	《法句经》卷	黄麻	24.9	42.3	16~24 字	22.6	1.6	卷尾有升平十二年、咸安三年题款
北凉	新疆吐鲁番阿斯塔那纸文书		26	24.2	14 字	26		有缘禾十年题款
北魏	《大慈如来告疏》卷	黄麻	21.7	37.2	18 字（残）			有兴安三年题款
北魏	《摩诃般若波罗蜜经》卷	白麻	24.4	42	18 字	22.2	1.68	
北魏	《大般涅槃经》卷	白麻	27.5	45.5	17 字	21.7	1.7	
北魏	《维摩诘所说经》卷	白麻	27.6	29	16~26 字	24.6	1.68	有天安二年题款
北魏	《佛说灌顶》卷	白麻	26.7	12	15 字	22.3	1.76	有太和十一年题款
北周	《入楞枷经》卷	麻	28	41.8	20 字	19.6	1.62	有戊寅年题款
隋	《优婆塞经》卷	黄皮	25.6	52.5	17~20 字	19.2	1.5	有仁春四年题款
隋	《文选运命运》卷	麻	28.3	42.5	17 字	20.6	1.5	
唐	《妙法莲华经》卷	黄麻	26.2	47.4	17 字	20.6	1.5	有咸亨三年题款
唐	《大般涅槃经》卷	黄麻	26.2	49.5	17 字	20.3	1.71	
唐	《佛说大药善巧方便经》卷	黄麻	25.1	50	17 字	19.4	1.77	有上元癸酉年题款
唐	《佛经》卷	黄麻	25.5	49.3	17 字	20.3	1.75	武周时写
唐	《大般涅槃经》卷	黄麻	25.8	51	17 字	21	2	有武周久视元年题款
唐	《大骁骑张君义等加勋墨敕》卷	白麻	27	155				有景云二年题款

而且纸张薄而轻，还可以续接，因此厚重的竹木简册被纸卷所代替。纸卷由

于续接而出现长卷的形式，横向地扩大了书画的幅面，并且长卷成为传统书画的主要形式之一。从这个角度说，纸本手卷是简册的延续和伸长。

从敦煌写经卷子看卷与轴的结合过程

敦煌藏经洞保存的晋唐时期的纸质长卷，绝大多数都是用于书写的。为了便于纸本长卷的收藏，在纸卷中间加一根轴杆，使纸卷不被压扁而折皱。从甘肃省博物馆藏品中的敦煌写经来看，至少在北周时期的纸本写经中已经出现了轴杆。一卷北周戊寅年（558 年）书写的《入楞伽经》，是由 19 张纸相接而成的长卷，卷长达 808.5 厘米。纸本卷尾对称地裁去上下角，使尾部微收。轴杆用松木制成，杆的断面为圆形，杆长 32 厘米，纸纵长 28 厘米，轴杆比纸要长，杆从手卷两头各伸出 2 厘米。杆身刷一层浅棕色薄漆，轴的两端各刷 3.4 厘米长的较浓的黑漆。轴杆与收小的卷尾相粘连，这种卷与轴的简单的结合样式，已具备了卷轴书画的基本特征（图1）。

甘肃省博物馆藏有一件北朝晚期的敦煌写经，经卷的轴端部分做了改进，在轴杆的两端裹有一层红漆布，使轴杆的两端要略厚一些，正好卡住轴身连接的纸本经卷，这也孕育着轴杆上出现套接的轴头。另一件隋朝仁寿四年（604 年）书写的《优婆塞经》，轴杆仍沿用了原来的形制，在杆的两端施有 2.5 厘米长的浓亮的黑漆，并在杆端的顶部施朱漆（图2）。

从唐代的敦煌写经来看，卷轴书画的形式已臻于完备。甘肃省博物馆藏的唐代武周久视元年（700 年）的纸本写经《大般涅槃经》，卷本以 17 张纸连接而成，卷长 857.5 厘米。该卷起迄完整，保存了原装裱的形式。经卷的开始部分有包首，包首的做法是将卷首的纸向内折叠，包首宽 1.5 厘米，中间裹衬着细长的竹片，使卷首结实而柔韧，在展开卷子时，卷首可以减少损坏，从而经久耐用（图3）。在包首中部穿有锦绦带，用来提拉展阅经卷。在包首上端题写经名。该经卷还加有天头，天头是另加一纸与写经连接而成。在立式围屏的屏风画上，天头的形式出现较早，写经手卷的天头形式可能移植于屏风画。

该经卷的纵长为 25.8 厘米。卷尾配有轴杆，杆长于经卷，总长 28.8 厘米。

轴杆两端插装着活轴头，轴头长2.3厘米，上施有稀薄的赭色漆（图4），因此这件经卷的卷轴形式已基本上完备，并且形成了定型的格式。

　　甘肃省博物馆收藏的另一件出于敦煌藏经洞的唐代《大集经》，也是一件有着完整卷轴形式的写经，有竹制的天杆、包首、绦带、包首和天头（图5）。在卷尾也有装着活轴头的轴杆（图6），轴头的装饰十分华丽，轴头上施浅棕色漆，轴头鼓凸的圆形顶端中，用螺钿镶嵌出有着六个花瓣的白花，在花心中镶一绿色翠玉，在各花瓣之间的空隙中，间隔地镶嵌着红和绿色的小圆玉，显示出精湛的镶嵌工艺技术（图7）。唐代张彦远《历代名画记·论装背褾轴》中记载："……

图1　北周《入楞　　图2　隋《优婆塞　　图3　唐武周久视元年　图4　唐武周久视元年
伽经》卷尾之轴杆　　经》卷尾和轴杆　　《大般涅槃经》之包首　《大般涅槃经》之卷尾

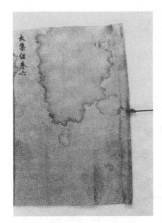  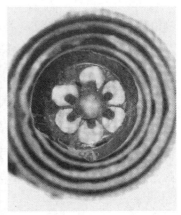

图5　唐《大集经》卷首　　图6　唐《大集经》卷尾　　图7　唐《大集经》的镶玉轴头

以镂沉檀为轴首……大轴杉木漆头，轻圆最妙，前代多用杂宝为饰"，正是描述这类镶有杂宝的早期轴头。

过去对史籍记述书画装潢中的"竹界"的含义不甚了然，有的认为是指天杆①。而在敦煌写经的包首中，衬以竹片作为软杆，这可视作天杆的最初的样式之一，而这种竹片做成的软杆，应就是"竹界"，为了解天杆的形成提供了实物依据。

虽然敦煌远离中原，敦煌写经不能完全反映当时书画卷轴的发展水平，但敦煌写经中的部分经卷，是帝王贵戚和中原的豪门送来供养的，因此也能反映出当时书画卷轴的特定格式。如敦煌写经沿用了简册以竖行自右向左地排列、自上向下书写的格式。写经手卷所用纸的纵长，基本上同于汉代简册的纵长。在敦煌唐代写经中出现了包首和软天杆，有的包首上还系有绦带。并且在卷子开首留有空白，是承继了汉代简册的开篇前有两根不写字的"赘简"的做法，而且开启了"引首"的先河。

在经文的上方和下方都留有小边，早期卷轴书画画心的上方和下方也留着小边。

敦煌写经的卷末早就有了简单的题跋，如前凉升平十二年（368年）的《法句经》，卷末就写着写经的时间、抄经和诵经人的姓名。以后，写经的题跋内容愈来愈多，如甘肃省博物馆藏的北周《入楞伽经》的卷尾，署有写经时的年月日，抄经的名称和数量，还写有发愿文。唐代写经的一些跋尾已很复杂，如敦煌市博物馆藏唐代《妙法莲华经》，跋尾的内容详尽，已成独立的部分。

以上列举的敦煌写经，概约地反映出卷轴书画格式形成的情况，展示了轴的产生和卷轴结合的发展过程：最初以两端长于手卷的平直的轴杆，与卷尾的纸相粘连。以后，轴杆的两头变得略大，能卡住手卷。在卷动手卷时，能控制手卷的上下扯动。最后在轴杆的两端安有活轴头，还出现镶嵌着贵重材料的轴头。由卷轴的演变来看，自东晋以来，手卷的形式不断完善和发展，至唐代，书画卷轴的格式已臻于成熟。在唐代定型的书画卷轴手卷的基本格式，一直沿用至今，形成

---

① 参见王以坤：《书画装潢沿革考》，紫禁城出版社，1991年，第12页。

了中国书画特有的横向延续的长卷形式，成为中国卷轴书画的主要样式之一。

立式卷轴书画等样式源自屏风

从出土文物来看，虽然在长沙马王堆等西汉墓中出土的帛画已出现了用于悬挂的木轴，但大规模出现书画立式挂轴的时间，可能要略晚于手卷式的卷轴。有许多例证表明，书画立式挂轴的形式乃是源于饰有书画的屏风。屏风是中国古代特有的屏障遮风的器具。早在西周，已有绣着斧纹的织物做成的屏风出现。屏风盛行于汉朝，在湖南长沙马王堆西汉墓中出土的"遣策"上，就记载着"木五彩画屏风一，长五尺，高三尺"。并且在马王堆西汉墓中出土了一件带有两个支座的长方形木屏风，屏风的两面彩绘着龙纹、云纹、璧纹和几何纹等图案纹样，表明在西汉时，已有在屏风上绘画的风尚。屏风中的插屏出现较早，除去木质的彩绘插屏外，还有外周为木质框架，内以绢布绘画为屏面的插屏。在甘肃嘉峪关新城魏晋墓中，出土了一件木架布画屏风模型，惜木架已朽。残存的屏风布画，以白粉作底，上面以五彩绘宴享场面。在武威王景寨的魏晋墓中，也出土了一件木架绢面屏风，在木屏架上彩绘着忍冬花纹，屏架内的绢质屏面已腐朽。这些魏晋墓中出土的屏风模型，说明了绢布类的屏风画在魏晋时期已流行。

围屏产生的时间可能相对较晚。遗存最早的围屏实物，是山西大同北魏司马金龙墓出土的漆绘围屏，该围屏现存屏风板五块。屏风的两面以黄、白、朱等色绘人物故事画。在甘肃天水市发现的一座初唐时期的墓中，出土了一副石雕围屏床，是依照生活中实物的原大制作的。在这件石床的左、右和后边，围着11扇石质雕刻屏风，上面雕着出行、狩猎、宴饮、园林、亭榭等图像组成的长方形画面。每扇围屏高84厘米，宽29.5厘米至46.3厘米。画面高与宽的比例为2:1左右。此外，在宁夏固原北周李贤墓中，绘着屏风式壁画，李贤墓中还出土了一件绘有伎乐仕女的屏风画。这两件屏风画的画面，高与宽的比例也为2:1左右。在新疆吐鲁番阿斯塔那唐墓群中，分别出土了纸或绢本屏风画，画面高与宽的比例大体为2.1、2.4、2.5、2.6:1。

日本奈良正仓院保存的我国唐代鸟毛立女屏风，为六扇的屏风。画面高与宽的比例大体为 2.4:1 (表3)。

表3 　　　　　　　　　　　**北朝、唐代屏风画规格略表**

时代	名称	内容	格局	规格（厘米）高 × 宽	比例
北魏	大同司马金龙墓漆屏风	《列女传》人物故事	现存5扇屏	80 × 20	4:1
北周	固原李贤墓屏风画	伎乐女击鼓图		残高 162 × 84	约2:1
北周	固原李贤墓屏风式壁画	武士		188 × 83	2.2:1
初唐	天水砖墓雕刻石床围屏	出行、园林、宴享等图像	11扇屏	84 × 29.5~46.3	约2:1
唐	日本奈良正仓院鸟毛屏风	树下仕女图	6扇屏	135.7~136.5 × 56~56.5	2.4:1
唐	新疆吐鲁番阿斯塔那纸本屏风	树下男者图		149 × 57	2.6:1
唐	新疆吐鲁番阿斯塔那纸本屏风	树下仕女图		138 × 54	2.5:1
唐	新疆吐鲁番阿斯塔那188号墓绢本屏风	侍马图	8扇屏	53.5 × 22.3	2.3:1
唐	新疆吐鲁番阿斯塔那230号墓绢本屏风	舞伎图	6扇屏	46 × 22	2.1:1

　　敦煌莫高窟壁画中，有一批唐、五代时期的屏风式壁画。这些屏风式壁画是围绕着佛像配置的，基本上有两种布局：一种是中央置佛床，床上有坐佛，佛床后面和左右两面置屏风画。另一种是在佛床和窟的四周壁画的下部，绘并排的屏风画。这两种布局也有在同一窟中并用的。笔者在莫高窟对屏风式壁画曾做短暂考察，知至少在12个洞窟内设有屏风式壁画，最早出现在盛唐窟中，这种画在晚唐、五代尤为盛行。

　　盛唐时期，以莫高窟第77窟的屏风式壁画为代表。该窟中置佛床，上有坐佛。佛身后有屏风式壁画4条，左右两侧各有1条。每条屏风画中各绘一棵大树，树下绘人物和小树。屏风式壁画每条画面高140厘米，宽70厘米。高与宽的比例为2:1。

　　中唐时期，以莫高窟第158窟和第231窟的屏风式壁画为代表。在第158窟的东壁下部，绘有一排屏风画，共8条。在北壁窟门两侧的下部绘佛经故事。每幅画面高140厘米，宽75厘米。高与宽的比例为1.86:1。

　　在第231窟，于西壁中部开龛造像，台座上置一佛二弟子，佛与弟子身后为 5 条屏风画，两侧各有 3 条屏风画，为 11 条屏风画组成的围屏，在围屏上绘佛本生故事。围屏的每幅画面大致高 145 厘米，宽 70 厘米。高与宽的比例为 2.07:1。在南壁和北壁下部，都绘有成排的屏风画，主要绘经变故事。这些屏风画高与宽的比例大致为 2.1:1。屏风画的四周为赭色底白色菱花的花边，应是对实际生活中屏风画四周围着的有花纹的绫边的模仿。该窟屏风式壁画的各扇屏风之间，在上下方绘着连系各屏风的合页，是对屏风实物合页部件的如实摹绘，也确切地得知这些条屏式的壁画就是屏风画。

莫高窟各时期壁画中的屏风画，以晚唐时期为最多。在第 12 窟、第 14 窟、第 85 窟、第 156 窟、第 196 窟、第 236 窟、第 237 等窟室中都有表现。这些屏风式壁画，有的以佛床上的围屏形式出现；各扇绘画屏风之间都画着连系的合页。屏风画的高与宽比例大体为 2:1。莫高窟晚唐洞窟中屏风式壁画的增多，一方面是因为这时期壁画中经变故事和佛本生故事等内容更加流行，这类故事情节连续而又自成单元，适合于以组画的形式表现。此外，也可能是因为当时屏风画的形式更加广泛流行，从而反映到莫高窟晚唐壁画中。

直至五代时期，莫高窟的屏风式壁画仍有一定数量，其中以第 61 窟和第 98 窟为代表。第 61 窟为大型石窟，在南北两壁西侧和西壁下部，共有屏风画 32 条，为莫高窟晚期窟中内容最丰富的联屏佛传故事画。在第 98 窟的南、西、北壁的下部，以屏风画的形式绘贤愚经变等经变故事。该窟屏风画的画面高 110 厘米，宽 70 厘米。高与宽的比例为 1.57:1。

从敦煌莫高窟壁画中大量的唐、五代时期的屏风画和北朝、唐代墓葬中的屏风式壁画以及遗存的北魏至唐代屏风画实物来看，每扇屏风画的画面均呈长方形。大多数屏风画的尺寸：高约 140 厘米，宽约 70 厘米。高与宽的比例大体上为 2:1（表 4）。

表4　　　　　　　　　　　敦煌莫高窟屏风式壁画略表

窟号	时代	布局	内容	规格（厘米）高×宽	比例
77	盛唐	佛床上、中为佛像。佛后有屏风画4条，左右各有屏风画1条，共有屏风画6条。	每幅各绘一棵大树，并绘小树和人物。	140×70	2:1
158	中唐	窟东下部有屏风画8条，门北下部有屏风画8条。	佛经故事	140×75	1.86:1
231	中唐	佛床上、中为佛像。佛后有屏风画5条，左右各有屏风画3条，共有屏风画11条。	佛本生故事	145×70	2.07:1
12	晚唐	南壁下部和北壁上部各绘一排屏风画。	经品故事		约2:1
14	晚唐	北壁下部绘一排屏风画。	菩萨、弟子像		约2:1
85	晚唐	窟内下部绘屏风画	佛经故事	130×75	1.73:1
156	晚唐	佛床上、中为佛像。佛后有屏风画4条，左右各有屏风画4条，共有屏风画12条。	中间和左边屏风画"十二大愿"。右边屏风画"九横死"。	145×65	2.2:1
196	晚唐	南壁和北壁下部各绘屏风画15条，共有屏风画30条。	菩萨像		约2:1
236	晚唐	佛床上、中为佛像。佛后有屏风画4条，左右各有屏风画3条，共有屏风画10条。	佛本生故事、经品故事	85×40	2.02:1
237	晚唐	佛床三边、中间绘屏风画5条，左右各有屏风画3条，共有屏风画11条。窟内的壁下部绘屏风画。	经变故事	140×70（佛床屏风） 100×60（窟壁下部）	2:1 1.66:1
61	五代	南壁和北壁的西侧下部、西壁下部共有屏风画32条。	佛本生故事	140×100	1.4:1
98	五代	南、西、北壁经变画的下部，共绘屏风画42条。	《贤愚经变》经品故事	110×70	1.57:1

表5　　　　　　　　唐、五代、北宋立轴画规格简表

时代	名称	质地	规格（厘米）高×宽	比例
唐	李思训（传）《江帆楼阁图》	绢本	101.9×54.7	1.9:1
五代	荆浩《匡庐图》	绢本	185.8×106	1.7:1
五代	关仝（传）《关山行旅图》	绢本	144.4×56.8	2.5:1
五代	关仝（传）《山溪待渡图》	绢本	156.6×99.6	1.5:1
五代	巨然《层丛树图》	绢本	142.7×54.8	2.6:1
五代	巨然《秋山问道图》	绢本	156.2×77.2	2:1
五代	贯休（传）《十六罗汉图》	绢本	92.2×45.4	2:1
五代	卫贤《高士图》	绢本	135×52.5	2.5:1
五代	《丹枫呦鹿图》	绢本	118.5×64.6	1.8:1
五代	《秋林群鹿图》	绢本	118.4×67.8	1.7:1
北宋	郭熙《山村图》	绢本	109.8×54.2	2:1
北宋	范宽《溪山行旅图》	绢本	206.3×103.3	2:1
北宋	崔白《双喜图》	绢本	193.7×103.4	1.8:1

唐代遗存下来的立式挂轴画的实物非常少，从现存为数不多的五代时期的立轴绘画来看，虽然已不是原裱，但作为画心的画面仍保持原状，大多数画心的高与宽比例接近于 2:1。一些北宋的立轴画，画心的高与宽比例，仍大致为 2:1（表5）。可见之后的中国立轴画画心的高与宽比例，大体上沿用了屏风画的格局。除从画心的比例看出立轴画源自屏风画外，从立轴画的装潢形式上也能找到相互承袭的痕迹，如屏风上部的"惊燕"（又称寿带），也移植于立轴画的天头上。

但立轴画的其余装潢样式又来源于手卷的卷轴形制。王以坤先生在《书画装潢沿革考》一书中，对这一点作了颇有见地的论述："唐代的挂轴形制是从卷轴形制演变而来，二者之间有许多相似相同之处，唐代挂轴可以看成卷轴的竖挂，只不过略短而已。卷轴有天头，挂轴也有天头，并天杆用竹料；卷轴有拖尾，而挂轴则用地头代替。"在敦煌莫高窟藏经洞发现的唐代写经中，有着天杆、天头、拖尾和带轴头的地杆，为立轴画的一些装潢样式源自手卷的卷轴形制的看法，提供了可贵的实物依据。

结　语

以敦煌莫高窟的写经和屏风式壁画为代表的实物资料，是研究中国卷轴书画起源和形成过程的重要第一手材料，我们可以依此向前追溯其发展的轨迹。

在纸本卷轴书画产生之前，木质的简牍是书画的最主要材料，由于简的特定的狭长尺幅，决定了中国书法采用直行书写的格式。为便于保存，将简串联成册，为了放置方便，简册由左往右卷起，产生了卷的形式。汉代已有纸的发明，但很少用于正规的书写。由于简册较为厚重，不便保存和携带。作为大量应用的书写材料，逐渐被轻巧简便的纸所代替。《晋书》记载了在元兴三年（404 年），桓玄下令用纸代简："古者无纸，故用简，非主于敬，今诸用简者，宜以黄纸代之。"标志着以纸为主要书写材料时代的到来。

敦煌莫高窟藏经洞是系统地保存东晋十六国至北宋期间的纸本书写手卷最多的宝库。藏经洞保存最早的写经是前秦苻坚甘露元年（359 年）写的《譬喻经》。

国内所存最早的敦煌写经是前凉升平十二年（386 年）的《法句经》。这些敦煌早期写经手卷，承袭了汉代简册的竖行书写格式，每行高与宽的尺寸基本相同，写经也是自左向右地卷收，这些都表明了纸本写经手卷的格式是源于简册。

在东晋时，可能已出现卷与轴相结合的形式，唐代张彦远《历代名画记》记载："昔桓玄爱重图书……每出法书，辄令洗手。人家要置一平安床褥，拂拭舒展观之。大卷轴宜造一架，观则悬之"，表明了当时手卷与立轴的展示方式。

敦煌藏经洞的早期写经中，保存了最早的手卷与轴杆相结合的实物资料。从笔者掌握的有限材料来看，至少在北朝时期就出现了卷与轴相结合的敦煌写经。甘肃省博物馆藏的北周《入楞伽经》，在卷尾安有轴杆，表明当时在偏远的敦煌，已经流行带着轴杆的手卷样式。

据唐代张彦远编撰的《法书要录》等书记载，刘宋时的手卷不仅安有轴杆，而且杆的两端还安有轴头。唐代的敦煌写经中，较多地出现了安有轴头的轴杆，而且还有镶玉和螺钿的装饰华丽的轴头。竹片做成的天杆，卷首有系着色带的包首、天头，卷末还有写题跋的拖尾，表明在唐代书画卷轴形式已基本定型，臻于成熟。

根据对出土的北魏以来的联屏式屏风画和北朝墓室中的屏风式壁画进行分析研究，证明垂挂式的立轴画格式主要源于屏风画。古籍表明，在唐代屏风画很流行，名家绘的屏风画价值可达万金。《历代名画记·论名价品第》记载："董伯仁、展子虔、郑法士、杨子华、孙尚子、阎立本、吴道玄屏风一片，值金二万，次者售一万二千。"表明屏风画是唐代的主要画种之一。

敦煌莫高窟集中地保存了大量的唐代、五代的屏风式壁画，是对现实生活中的屏风画的如实模仿，为研究者提供了一系列屏风画的高与宽比例的数据。大多数屏风画的尺寸：高约 140 厘米，宽约 70 厘米。因此，这些屏风画高与宽的比例大致为 2:1，并且形成了长方形的画面，这也是中国立轴画普遍的比例和格局。现在的四尺宣的标准尺寸是高 133 厘米，宽 66.6 厘米，高与宽的比例为 2:1，幅面大小和高宽比例与屏风画差不多，可看出与屏风画的承袭关系。

我们通过敦煌莫高窟等处的唐代、五代的屏风画，并结合传世的唐宋立轴画进行分析，在唐代，立轴挂件主要用于绘画，在独幅的立轴上用于书写并不多。

手卷式卷轴的发展则不同，在东晋和南北朝，手卷式卷轴主要用于书写，手卷式卷轴画也渐有增多。将手卷式卷轴画竖挂，则成为立式卷轴画，除画面的高与宽的比例沿用条幅式屏风画外，其余格式从手卷式卷轴套用而来。另外，通景屏和十二条屏、八条屏、四条屏等条屏画，都是从不同格式的屏风画演化出来的卷轴画的不同样式。

通过延续时间长和数量众多的敦煌写经和屏风式壁画，可以看出中国卷轴画的形成和发展过程，由简册和屏风画这两个源头衍生和相互影响而形成的中国卷轴书画，是以立轴和手卷为基本形式，并且成为中国书画的主要形式。手卷式卷轴可以很大程度地横向延展，而且使中国绘画富有特色的散点透视构图得到充分的发展。又由手卷式卷轴发展出横披的样式，从而摆脱了简册书法匀称而密集的竖行排列的格式。

立式卷轴由于适合在各类堂室悬挂，逐渐成为中国卷轴书画中最普及的品种样式。立式卷轴的长方形画心，形成了中国书画经营位置方面特殊的构图形式，但又对中国卷轴书画的装潢形制和布局，带来了相对固定的框架模式。作为中国书画主要种类的卷轴书画，经历了一千多年的发展历史，并且传播到日本、韩国等地，至今仍为这些地区的主要画种之一。

中国古代书写姿势演变略考

中国书法在漫长的发展过程中，有过多次重要的变化。影响中国书法演变的有诸多因素。为了书写或刻制字的方便快捷，从而简化变易书体；因木简、纸等书写材料的变换，改变了书写的平面空间；由于书写工具的发展，丰富了用笔的形态；凭借书法家的具有典范性质的创意，更新了一代书风。以上这些影响中国书法的因素，已或多或少地有过论述。除此以外，还有一个重要的因素，就是写字姿势的改变对中国书法也有着深刻影响。

由手执写简到伏案写纸

自战国、秦汉至唐代，人们写字时采用席地跪坐的姿势，就是以两膝着地，脚背朝下，臀部置于脚踵上，以左手执简，右手握笔书写。湖南省博物馆藏有西晋永宁二年（302 年）对坐书吏青釉瓷俑，真实地表现出书吏跪坐着书写的姿态。其中的一书吏作跪坐状，身子微前倾，两上臂紧贴上身两侧，左手执简，右手执笔，毛笔和简的相交角度为 45 度斜角，写字时是以手指的转动为半径。对面坐着的另一书吏，手中捧着简册。对坐书吏的中间，置一低矮的小案，上面放着简册等物品（图 1）。书吏俑执笔的姿势是将笔握于手中，可能由于瓷俑的制作简略，没有细致表现出执笔的指法。

由战国到东晋，竹木制成的简牍一直是最主要的书写材料。简的长度基本上为汉代的 1 尺，长 23 厘米至 24 厘米，宽 1 厘米左右。因此每根简的书写尺幅较小，每根简的竖行仅容 20 字左右，每个字的长和宽度各在 8 毫米左右，在书写简牍上的小楷时，用笔的幅度很小，只需运用指头的转动就足以写出小字。

书写汉简的毛笔是一种硬毫短锋笔。甘肃省博物馆保存着刻有"白马作"铭文的汉代毛笔，该笔长 23.5 厘米，合汉代的 1 尺。笔头短而端尖，以较硬的黑紫色兔毫毛作注，外表覆有一层黄褐色毛。用这种硬毫在简上书写隶体

图 1　西晋对坐书吏青釉瓷俑

小字时，用现在的执笔法是不宜的。现在时兴的执笔是由大指和食指、中指对向执住笔杆，笔杆下以无名指和小指并排抵住。以这样的握笔法，在手持的木简上书写时，毛笔与木简呈垂直的角度，处于毛笔悬提的状态下，必然是用毛笔的中锋在木简上书写。如以这种执笔法在狭长木简上写隶书小字，会十分吃力，尤其写横笔的燕尾和斜笔的捺脚时，很难达到圆缓地进行转折，容易妄生圭角。其实只要仔细观察汉简的隶书墨迹，是以偏锋、中锋并用，而且大部分是以偏锋行笔的。如横道的蚕头燕尾式的波折，起笔时用搭笔，运用偏锋呈"∽"形运行，很自然地顺势而成。

如果换用另一种握笔方法，即用大指和食指执笔，以中指和无名指并抵于笔杆下，在手持的木简上书写时，毛笔和木简的角度呈 45 度角相交，这与西晋对坐书吏俑书写时的毛笔和木简的角度相同。以这种握笔法能得心应手地使用偏锋，在写横笔时，起首处会自然地上翘为蚕头形，运笔时顺势而生波磔，收尾处笔锋转而提收为凤尾形，还能写出汉隶以侧锋拂"点"的特色。

其实，这种握笔方法曾经主导汉唐书坛，这在唐代以来的写字图像中可得到验证。安西榆林窟第 25 窟北壁壁画《弥勒下生经变》中的写经图，是中唐大历十一年至建中二年间（776 年～781 年）的作品。笔者曾去榆林窟仔细地观察该图，图中绘着书吏写经的场面，戴着幞头的书吏端坐于椅上，正操笔在置放于桌面的经卷上书写。左手抚经卷，右手握毛笔，握笔姿势是以大指和食指执笔，其

余三指抵于笔下。这是已知的这种握笔姿势有着确切年代的最早图例①（图2）。

敦煌莫高窟藏经洞的纸本画卷《佛说十王经图》，从人物的冠帽服饰来看，应为五代时期的作品，其中《过五道转轮王》中武士装束的冥王，坐于凳上，身前置铺桌布的长桌，桌上有打开和卷好的书卷，手中执着毛笔，也是以大指和食指执笔，其余三指抵于笔下（图3），与上述的写经图中书吏的握笔姿势相同②。

另一幅是藏于北京故宫博物院的五代周文矩作的《文苑图》③。在画面的右侧，绘一伏在大石上的文人，右手的肘部靠着石面，手掌支着右下颔，并且以大指和食指

图2　安西榆林窟唐代壁画《弥勒下生经变之写经图》（摹本）

图3　五代《佛说十王经图·过五道转轮王》

---

① 东晋顾恺之《女史箴图》（可能为隋唐之际的摹本），图中画一站立的女子，执笔欲向左手托着的纸上书写。由于笔者所见该画印刷品的画面小而模糊，图上女子执笔的指法看不清楚，似也是用大指和食指执笔。

② 参见马明达、由旭声编：《敦煌遗书线描画选》，甘肃人民出版社，1985年，第88页。

③ 画上有宋徽宗的"韩滉文苑图丁亥御扎"题记。

相对执笔，其余三指抵于笔下，和上述唐和五代绘画中写字者的执笔法一样（图4）。

今天的日本人在写字时，仍然使用这种执笔法，这是因为日本人保留了中国唐宋时期的握笔方法的缘故。在日本京都泉涌寺保存了一幅宋代的绢画，绘的是中国的元照律师像。元照律师是杭州的高僧，殁于宋徽宗政和六年（1116年）。画上的元照律师端坐在椅子上，左手持经卷，右手握笔，也是以大指和食指执笔，其余三指抵住笔杆①（图5）。由此，可见日本人握笔法的渊源。

美国波士顿博物馆藏的宋代人物画中，画有一些手执毛笔者。北宋无款（旧传阎立本）《北齐校书图》中，一群老者正执笔校书。有一老者左手执纸，右手提笔书写（图6）；另一头梳双髻的老者，悬腕提笔在纸上书写；还有两位老者持笔作沉思状（图7）。他们的执笔姿势都是以大指和食指握笔，以中指、无名指和小指并拢抵笔。南宋周季常画的《五百罗汉图轴》中的《应身

图4　五代周文矩《文苑图》局部

图5　宋代《元照律师像》绢画

图6　北宋无款②《北齐校书图》局部

图7　《北齐校书图》局部

———————————

① 参见日本奈良国立博物馆编：《日本佛教美术源流》，1978年。

② 图6至图9，刊载于美国波士顿博物馆、日本国大塚巧艺社发行的《中国古画精品图录·唐至元代》第6图、第33图、第37图、第40图。

图 8　南宋周季常《五百罗汉
图轴·应身观音图》局部

图 9　南宋无款《辰星像轴》局部

图 10　南宋金处士《十王图轴·秦广王》
局部

图 11　南宋金处士《十王图轴·变成王》
局部

观音图》，画一手中提笔的身穿赭色直裰的长者，仍沿袭北宋画中人物的执笔法
（图 8）。南宋无款（旧传张思恭）《辰星像轴》，图中辰星坐于小榻上，左手执纸，
左腿搭起垫纸，右手执笔欲书（图 9）。南宋金处士（旧传西金居士）《十王图
轴·秦广王》图中，一冥王在黑案桌上摊纸书写（图 10）；《十王图轴·变成王》
图中，一冥王右手执笔，置于桌上的左手抚纸，正欲书写（图 11）。南宋这些画
中的道释人物的执笔法仍是大指和食指执笔，其余三指抵笔。这种握笔姿势延续
很久，至少明代早期还在使用着。

甘肃省永登县连城妙应寺万岁殿的过廊中，有明代宣德年间绘的佛传故事壁画，其中画有学堂的老师在教授学童的场景，老师手中握着毛笔，也是以大指和食指相对执笔、其余三指抵于笔下的握笔法。

汉唐以来作为主流的大指和食指执笔法，什么时候被大指和食指、中指执笔法所代替了呢？这是经历了几次重大的演变才发展而成的。由于书写条件的变化，使书写姿势也相应地发生变化，并且对书法的格局和风格产生影响。

书写条件的第一次重大变化发生在东晋时期。这期间，用于书写的材料发生了根本的变化。原先，以竹木制成的简牍是主要的书写材料，由于成册的木简厚重而又占体积，并且不易保存，故逐渐被轻薄的纸张所代替。东晋末，桓玄下令用纸代替木简，于是纸就成为主要的书写材料，使书写的平面空间发生了很大的变化。原先，一支纵长 23 厘米至 24 厘米，宽仅 1 厘米左右的汉简，每简约写20 字，每字长和宽为 0.8 厘米左右。改用纸书写后，从传世的著名东晋墨书法帖（包括摹本）来看，每张纸的纵长大多为 25 厘米至 26 厘米，由于纸可以连接而能尽量延长横宽，这就突破了汉简窄长的书法空间的限制，增强了书写的随意性，为行书和草书的发展提供了便利，并使行书和草书中各字的大小粗细显有变化。东晋法帖中最大字的纵和宽多在 3 厘米左右，而且出现了纵行中二字或三字连笔而下的情况（表 1）。这使得运笔的舒展、回旋、提按有了充分的余地。

由于纸的质地薄而柔软，起初出于习惯捧于手中书写，后来将纸平铺于几案上进行书写，就要改变原先将书写材料持在手中书写的姿势，需要将笔伸到案面的纸上，上身就要朝前倾斜，书写时笔和纸的角度就会近于垂直，相应用笔的方法随之调整，加大手腕的转动幅度，以适应在纸上书写的更高的用笔要求，并且丰富了用笔的技巧，也促使了东晋书法家对用笔技巧和执笔方法的重视。卫夫人还著有《笔阵图》，对用笔做了专门的阐述，当时也出现了多样的执笔方法。唐代书法家孙过庭在《书谱》中，对魏晋出现的变异的执笔法有所评议："代有笔阵图七行，中画执笔三手，图貌乖舛，点画湮讹。顷见南北流传，疑是右军所制。虽则未详真伪，尚可发启童蒙。既常俗所存，不藉编录。"可见魏晋南北朝时期的执笔法虽有变异，但并未发生根本性的变化。

表1 　　　　　　　　晋代墨书法帖形制一览表

时代	名称	字体	各行字连笔情况	每纸规格（厘米）纵	宽	每行容字	最大字规格（厘米）纵	宽	备注
西晋	陆机《平复帖》	草书	各字不连	23.8	20.5	9~12 字	2.3	1.5	共 9 行 84 字
东晋	王羲之《姨母帖》	行书	各字不连	26.3	53.8	1~10 字	约 3.4	约 2.6	唐人摹本
东晋	王羲之《神龙兰亭序帖》	行书	各字不连	24.5	69.9	11 字左右	约 3.4	约 2.7	唐神龙年摹本共 28 行 324 字
东晋	王羲之《上虞帖》	草书	2、3、4字相连	23.5	26	10 字左右	4.4	1.9	唐人摹本共 7 行 58 字
东晋	王羲之《寒切帖》	草书	2 字相连	25.6	21.5	最多 14 字	3.9	1.8	唐人勾填本共 5 行 30 字
东晋	王羲之《快雪时晴帖》	行书	2 字相连	32	38.6(双联页)	10 字	约 4	约 2.9	
东晋	王羲之《远宦帖》	草书	2 字相连	26.1		10 字左右	约 2.8	约 2.8	
东晋	王献之《廿九日帖》	行书	各字不连	26	11	11 字左右	3.9（最末字）	1.8	硬黄纸本。共 3 行 30 字
东晋	王珣《伯远帖》	行书	2 字相连	25.1	17.2	9~10 字	2.4	2.6	共 5 行 47 字

桌椅的产生和执笔法的改变

桌椅的产生使书写姿势发生第二次重大变化，人们由跪势书写变为垂足坐势书写，并且因此调整了执笔方法。

最早的扶手椅见于敦煌莫高窟第 285 窟北披的西魏壁画《禅修图》中，但禅僧仍跪坐在椅子上。上文提到的安西榆林窟中唐时期壁画中的写经图，是较早的写字的人坐于椅子在桌上书写的形象资料。

敦煌莫高窟藏经洞有许多绢本和纸本的《十王图》，每一位阎王都坐在凳椅上，身前置有长桌，桌子都蒙有桌布，桌面上有打开或卷好的书卷，有的放着笔和箕形砚台。桌面都不宽，仅能容下一个书卷。

五代周文矩《重屏会棋图》中绘一屏风，屏风上又绘一个设有围屏的床，床前置一较高的案桌，桌面的两端翘起，桌上放着书和写卷，桌面长而不宽，这种书案的样式一直流传至今。

自东晋至唐代，大量的书写是用于手卷上，这种长方形书案就是根据当时书写的实用要求而制作的，因此桌面都不宽，能容下写卷的纵长即可，所以这时期的书写格局主要是横向发展的。自东晋至五代的法书，纵长没有超过30厘米的，只有手卷和帖页的形式。所谓的大字楷书，每字一般也不过5厘米见方，在写字时只要运用腕部就足以纵横了，因此旧有的执笔方法仍可继续使用。

至北宋时期，汉族已不再席地跪坐，而是垂双足坐在较高的凳椅上。随着人的坐姿的抬高，高大的桌子代替了矮小的几案。河北钜鹿出土的北宋木桌，桌高85厘米，桌面长88厘米，宽66.5厘米，桌面的宽度比以前增大了一倍。与此对应，北宋法书的纵长也相对增加，大多超过30厘米。文彦博《行书三札卷》的纵长为43.6厘米。书法空间的扩大，相应地使书法中单字的字形也增大。

对北宋产生影响的另一个因素是长锋软毫的出现，笔锋具有松软虚散的特点，这使侧锋写字的难度加大，容易将字写得臃肿，这就促使写字人增加对毛笔中锋的使用。采用大指和食指、中指握笔，以无名指抵笔的执笔法，能随意运腕使用中锋书写，因此这种执笔法在这期间逐渐兴起。

北宋四大书法家之一的黄庭坚尤为注意笔法，他大力倡导以大指按笔、食指与中指勾住笔管、无名指抵笔的执笔法。黄庭坚在《跋与张载熙书卷后》极力推崇这种笔法："凡学书欲先学用笔。用笔之法欲双钩回腕，掌虚指实，以无名指倚笔，则有力。"又在《论写字法》中阐明这种执笔法的优越："凡学字时，先当双钩，用两指相叠蹙笔压无名指，高提笔，令腕随己意左右。"但是这种执笔法的推广尚需相当长的时日，从宋代法书的用笔分析，当时应是两种握笔法共存的时期。

❧ 悬笔中锋写巨幅 ❧

大幅立轴书法作品的流行，使书法作者还采用了悬笔中锋书写的姿势。

由于大量的纸写本被雕版印刷品所代替，书写的实用意义逐渐减弱，书法的重点转移到观赏性强的艺术作品方面。而且，受到风行多时的立轴绘画的影响，到了南宋时期，开始出现专供陈列观赏的条屏或立轴书法，至今留下了吴琚书写的行书七言绝句立轴，纵长为 98.6 厘米，这对书法格局来讲，是由横向变为纵向的转折。

　　明代嘉靖、万历年间，江南地区士大夫中有财力者纷起营宅造园，并且在高大的厅堂中悬挂大幅中堂字画，适合在厅堂悬挂的立轴字画得到充分的发展，与原先流行的手卷平分秋色。而且立轴的纵长不断增加，到嘉靖、万历年间，书法立轴的纵长达到空前的高度，祝允明、文徵明、陈道复、徐渭等一代书法大家，写就了一批巨幅的皇皇大作，3 米高的书法立轴屡见不鲜，祝允明的草书立轴纵长达到 363 厘米，徐渭《草书白燕诗》立轴纵长竟达到 421 厘米（表 2）。要书写 3 米以上的巨幅立轴，不仅要悬腕、悬肘，而且要站立着，以悬笔中锋来书写。由于适应坐写和站写的需要，到明代中期，以大指和食指、中指的执笔法已成为主流。

表 2　　　　　　　　　　　　　明代巨幅书法立轴略表

作者生卒年代 （或作品年代）	名称	纵 （厘米）	横 （厘米）	收藏单位
1460~1526 年	祝允明《草书七律诗》	363.5	111.2	上海博物馆
	祝允明《草书杜诗》	363.9	111.1	上海博物馆
1470~1559 年	文徵明《行书七言诗》	348	91	常州博物馆
1483~1544 年	陈道复《草书王维诗》	351.1	98.5	上海博物馆
1521~1593 年	徐渭《草书白燕诗》	421	29.6	绍兴市博物馆
	徐渭《行书雨夜剪春韭诗轴》	306.6	104	上海博物馆
1555~1636 年	董其昌《行书临各家诗》	290.8	25	上海博物馆
	董其昌《行草书唐人诗》	340	97	上海文物商店
1570~1628 年	米万钟《行草书五言两句》	336.5	98.5	河北省博物馆
	刘重庆《行草七绝诗》	353	103.3	石家庄文物管理所
万历十四年（1586 年）作	詹景凤《草书王建宫词》	356	104.4	上海博物馆
万历二十七年（1599 年）作	詹景凤《草书杜诗》	315	103.5	广东省博物馆
	朱之蕃《行书咏白燕梨花诗》	347	101	山西省博物馆
崇祯十四年（1641 年）作	王铎《行书七律诗》	301	51.5	山西省博物馆
崇祯十六年（1643 年）作	王铎《行书舟中望黄鹤楼诗》	315	48	广东省博物馆

　　明代中期的画家张路在《人物故事图卷》中，画着一位手握毛笔的老者，就

是以大指和食指、中指执笔，并以无名指和小指抵笔。使用这种执笔方法，能以肘部贴着桌面作为支点，用上臂为半径来书写。并且，还进一步把肘悬起，以整个手臂为半径，用大指和食指、中指捉住笔端，毛笔垂直于纸面，以中锋进行书写。清代高凤翰《文选楼草赋图》的图中，绘着一位长者端坐椅上，肘部悬起，以大指和食指捉住笔端，用直笔中锋进行书写。到了清代，以中锋写字已成习尚，甚至使用中锋书写，成为判断书法优劣的标准。至此，以大指和食指、中指对握的执笔法被普遍使用，运笔时能尽到最大幅度，得以左右开弓，纵横自如。而使用了一千多年的以大指和食指相握的执笔法，虽然在少数人和少数场合还在使用，但已退出执笔法的主流位置。

器理与书画之道

——工具材料的演变
和中国书画艺术发展的关系

用于书写绘画的工具材料的改进和演变，对中国书画艺术的发展产生了不可低估的影响，甚至导致书画艺术形成新的时代风格。书画工具材料的变化会推动书画艺术发展的潮流，出类拔萃的书画家则是书画时潮的弄潮儿。

自宋代以来，书画的工具材料习惯地分作笔、墨、纸、砚四大类，称作文房四宝。本文所指的工具材料是人们为进行书画活动而特意加工或制造出的物品。从它们的使用功能来看，可分作三大类。一为用作施加书画的不同质料的底子，也就是书画的载体。二为将书画刻、绘于底子上的工具。三为用于书画的颜料及研磨颜料的器皿。这三类书画工具包容的范围，要比文房四宝的范围大得多。从中国书画工具的发展情况来看，其中作为书画底子的绢帛和纸、作为书画工具的毛笔得到了充分的发展，而作为绘画用的颜料在古代没有得到充分的发展。这三类书画工具材料交错地发展演进，在不同时期对书画的格局和样式起着不同的影响，并促进了中国书画特色的形成。

石器是最早用于装饰和标记符号的刻画工具

在旧石器时代晚期，那时人们的大脑已和现代人脑基本一样，已经具有抽象思维的能力，因此有了原始艺术的萌生。山西朔县峙峪旧石器时代晚期遗址出土的石器中，有小型的雕刻器，不仅能用来对石器进行雕琢加工，而且还能在骨质材料上刻出纹样，峙峪遗址就出土了具有刻画痕迹的骨片。我国目前发现的最早的符号是刻于龟甲上面的。河南舞阳县贾湖裴李岗文化遗址属于新石器时代年代较早的遗址，距今8000多年[①]。贾湖遗址出土了三件刻有符号的龟甲，在一件完整的有着系孔的龟腹甲上，刻有"◁▷"形符号，与甲骨文中的"目"字的形状相同。另一件饰在腹甲碎片上，刻着"曰"形符号。还有一件饰在背甲碎片上，刻着"矢"形符号[②]，可视作在甲骨上契刻具有原始文字性质的符号的最早实例。中国人很早就将龟视作通灵的灵物。安徽含山县凌家滩新石器时代遗址出土了一件玉龟，是由背、腹甲组成，内夹一块饰着"式图"纹样的玉片，已具有占卜的性质。

甘肃武山县傅家门仰韶文化晚期（石岭下类型）遗址中，出土了六件卜骨[③]，天水市师赵村仰韶文化遗址中出土了三片刻有符号的肩胛骨。可见在新石器时代已经用甲骨进行原始占卜，并在甲骨上刻着符号，甲骨在商周成为占卜刻录文字的载体，是有其悠久渊源的。也有在骨器或骨片上刻图纹的，如距今近7000年的浙江余姚河姆渡遗址，就出土有刻着"双凤载阳纹"的骨匕柄和"双凤朝阳纹"的象牙饰片。

用石雕刻器在甲骨质料上刻符号和纹样，只宜刻短线，不宜作长线，更不适合刻大型的纹样，有很大的局限性。

❧ 早在新石器时代就出现了毛笔 ❧

毛笔是我国具有特色而又得到充分发展的书画工具。毛笔的出现虽然比用于契刻的石器要晚，却比原先认为产生毛笔的年代早得多。毛笔是以杆部和毛类头部组合而成的，它的出现应在复合工具产生之后。在旧石器时代晚期，作为复合工具的弓箭已经出现。将带铤的箭头嵌入箭杆端部的凹孔中，复合成完整的箭，这类箭的构成形式和毛笔的构成形式差不多。浙江余姚河姆渡新石器时代遗址

---

① 参见河南省文物研究所：《河南舞阳贾湖新石器时代遗址第二至六次发掘简报》，《文物》，1989年第1期。

② 同上。

③ 参见谢端琚：《中国原始卜骨》，《文物天地》，1993年第6期。

中，出现了卯榫结构的嵌入式的复合木器。浙江吴兴钱山漾新石器时代遗址出土了两件棕刷，刷的上端用麻线紧紧捆扎的方法一样。这种棕刷的后部如固定于握杆，那就是毛笔的基本形状了。因此在这时期产生毛笔的技术条件已经具备。

中国新石器时代的彩陶艺术十分兴盛，而彩陶又是彩绘纹样与立体造型相结合的工艺品。彩陶上的彩绘纹样是用什么工具绘上去的呢？有的彩陶纹样是否已经运用原始型的毛笔来绘成呢？为此，我曾对甘肃一带的新石器时代不同时期的彩陶的笔触进行过观察。甘肃秦安大地湾一期文化遗址中，出土了一批7000多年前的彩陶，多在圜底钵的口沿处画一圈红色宽带纹，宽为2厘米至2.5厘米。钵沿内还绘一圈均匀的红色窄带纹，宽为0.4厘米至0.5厘米。红色宽带纹看不出重复描出的痕迹，应是用宽刷状的笔绘出。口沿处的红色窄带纹需用细笔才能绘成。

从彩陶花纹看，距今6000年左右的半坡类型的毛笔有了长足的进步。半坡类型彩陶上的鱼纹主要以细线绘成，一些鱼身纹的细线长达20厘米以上。秦安大地湾半坡类型1号房基出土了两件鱼纹彩陶大盆，口径为50厘米，盆腹绘着一圈并列的两条鱼纹，鱼身外廓线以一笔绘成，线条长达30多厘米，线描浑圆而遒劲有力。笔者曾在陶坯上多次做过模拟绘制试验，未烧制过的陶坯尽管经过打磨，仍有吸水性，没有含水量较多的毛笔是绘不出长达30多厘米的线条的。用于彩绘的黑色颜料，据化验为矿物的二氧化锰，即使经过精心研磨，用软毫笔绘制时，仍是运笔滞碍。我曾用多种笔去摹绘彩陶鱼纹的长线，效果均不佳，唯有用瓷厂专用的长锋硬毫笔方能达到摹绘的要求。但从半坡类型彩陶花纹的线条的收笔来看，很少露有尖锋，表明当时毛笔的聚尖力还不够强。

仰韶晚期的石岭下类型的彩陶，不仅能画出纹样流畅的长线，而且还有顿挫起伏变化，线条的收尾部分大都显有尖锋。如甘肃甘谷县西坪出土的鲵鱼纹彩陶瓶，纹样的线描有粗细变化，顿挫有力，应是用硬毫的尖锋毛笔绘成的。从大量彩陶花纹的绘制痕迹来看，我国远在五六千年前的新石器时代已经出现了毛笔，发展到新石器时代晚期，毛笔已具有较好的性能，并在彩陶上绘出了优美多姿的线描。

甲骨文——以甲骨为载体的契刻文字

在商代和西周早期出现的甲骨文，是中国最古老的文字之一。甲骨文已有成熟的字形结构，并且有一定的布局格式，可视作中国最早的书法艺术。

甲骨文的应用范围很窄，它是宫廷和贵族内部占卜问事所记录的文辞，被刻于龟甲和兽骨上。龟甲分背甲和腹甲，占卜多用腹甲。骨指牛羊等兽骨，常用牛的肩胛骨。甲骨经整治后呈片状，在甲骨背面凿圆形槽，槽侧凿穴，经钻凿的槽穴变薄，在占卜施灼时，槽穴的底部会发生爆裂，爆裂出的兆痕被限于钻凿的范围内，按一定方向显现兆纹。据兆纹来进行占卜，以此沟通人神。占卜过的甲骨，多在正面的兆纹附近刻着文辞，内容多为占卜的时间、贞人的名字、问事的内容以及占验的结果。除卜辞外，还有一些记事刻辞。

每次所卜的刻辞，其卜字的横枝和该卜的兆枝的方向一致。卜辞长者多达近百字，少的只有三四字，多数为二三十字。甲骨文的行款很严格，基本上依龟甲中脊的纵向和兽骨的竖向以及兽骨的竖向纹理去排列，自上而下地竖列书写。这基本上与后来的书写行款相同，确定了中国长达几千年的竖行书写的格局。但排列方式有不同，或自右向左，或自左向右，是以龟甲中脊为轴，左右对称地刻写。

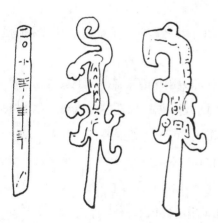

图1 安阳殷墟出土的铜和玉雕刀

在甲骨上用刀契刻文字，受到甲骨幅面较小和刻刀的限制。契刻的文字多以短直线构成，弧线较少，而且曲折处显得较方，竖画一般长于横画，收尾处露出尖锐的刀锋痕。从总体上说字形偏长，给人以挺拔方直的感觉。在河南安阳殷墟发现了用于契刻的刀具，有夔形青铜雕刀二把和碧玉雕刀一把（图1），做工讲究，应是王室中使用的刀具，可用来契刻文字。[①]

据董作宾"新获卜辞写本后记"记述，有一穿孔的龟甲上面刻着"册六"两字，甲骨卜辞也有"再册""祝册"等词，因此可能有将龟甲串联成册的。在《史记》中有《龟策传》，"策"与"册"字通用，这也可以作为佐证，由此可追觅到书籍的雏形。

金文——铸刻在青铜器上的铭文

青铜彝器上的铭文，又称金文、钟鼎文。商周青铜器的铭文一般是铸成的，将铭文先刻在陶范上，然后再铸于铜器上。至春秋时期开始有刻或錾的青铜器铭文，由于当时出现了铁兵器，能以坚硬锋利的刃部在铜器上錾刻。

商代铜器上的铭文很少，少则一二字，多则四五字。由于铭文是铸造出来的，具有雄浑的特点。如后母戊鼎上的"后母戊"三字，为铸出的阳文铭识，构成奇伟，笔画圆浑，气势雄强。西周是铭文发展时期，出现了记述贵族接受周王训诰和典礼的长篇铭文，一般铸有数十字。西周早期的大盂鼎，上有铭文291字，分19行，排列整齐，大多每行为15字，字行自右向左排列。从西周的金文看出，已确立了长篇文字自右向左竖行排列的格式（图2）。

西周金文与商代甲骨文相比，契刻刀法的锋芒减弱，毛笔的柔润意味加强，字形增添了弧曲的成分，笔画逐渐变得柔美。

甲骨文也好，金文也好，都是费时费工刻意制作的文字，应用范围也只限于统治集团最高层的小圈子里。甲骨文和金文的载体也决定了文字的篇幅不能过长，这些原有的文字载体已经不适应文字应用范围不断扩大的需要。

---

① 参见北京大学历史系考古教研室商周组编著：《商周考古》，文物出版社，1979年，第126页。

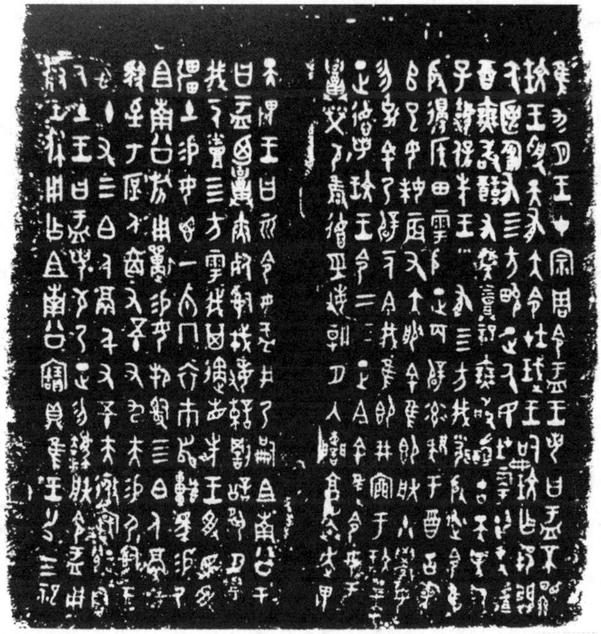

图2 西周大盂鼎铭文

战国时期书写的推广和简牍、毛笔的兴起

春秋战国时期，学术思想活跃，诸子立说，百家争鸣。书写者的人数和书写的应用面迅速增大，要求有快捷便利而又容载文字量大的书写载体，于是竹木简册和经过改进的毛笔应运而生。

简牍为写有文字的竹简和木牍，主要是以竹木为材料。目前发现的最早的简牍实物为战国时期的。战国简牍已有多处发现，但绝大多数为楚简。湖北随县曾侯乙墓的竹简出土地虽属曾国，但也和楚国相邻。因此，楚国是简牍最重要的产生地。楚国盛产竹材，漆木器的制作工艺出类拔萃，有利于楚国的竹简和毛笔的制作。各处出土的楚简的长宽和编组道数各不相同，每根简上写的字数也相差很多，表明当时尚未形成规范的简牍格式。

保存下来的最早的毛笔实物也出土于楚墓。1954年在湖南长沙左家公山楚墓中，出土了一支毛笔，笔杆以竹管制成，笔头用野兔箭毛以麻围扎于笔杆下端而成，麻丝表面髹以漆汁，增其牢固。笔杆长 18.5 厘米，笔头长 2.5 厘米。笔锋尖细挺拔，富有弹性，适合用来书写简牍上的小字。河南信阳长关台楚墓中也发现了一支毛笔，形制基本与左家公山出土的毛笔相似。

楚国毛笔实物的发现，比文献中记载的秦国大将蒙恬造笔的时间要早，但秦笔却被当作始创被称道，是有其缘由的，因为中国毛笔的定型是在秦代。在湖北云梦睡虎地秦墓出土的毛笔中，有的将竹制笔杆的端部凿出用来藏纳笔头的空腔，毛笔外还有竹制的绘有黑红彩漆纹的笔筒，秦笔的基本形制一直沿用至今。

当时没有桌椅，人们书写时席地而坐，左手持简，右手执笔悬腕而书。楚和秦简上的书体多为篆书，是在金文基础上演进的。秦代小篆为了书写便利，字体作了简化，但是笔画粗细均匀，有如铁丝。在狭长的简上书写篆书时，用笔的力量要始终如一，写字的速度仍然提高不了，因此需在书写和书写工具等方面做进一步的改进。

❧ 隶书和汉代文房用具 ❧

秦始皇统一六国后，对各地的文字进行了统一，但仍未摆脱篆书屈曲圆转的长行字体。由于政令频繁地颁布和书法应用面的不断扩大，书写的抄写量急剧增大，为了加快书写速度，改进书体已势在必行。西晋卫恒《四体书势》阐述了隶书的成因："秦既用篆，奏事繁多，篆字难成，即令隶人佐书，曰隶字。汉因用之，独符玺、幡信、题署用篆。隶书者，篆之捷也。"

隶书的产生也与简的书法幅面有关，简为窄长的条形，篆字的形体较长，影响了每支简所写的字数，如战国信阳楚简每支简一般写 10 字左右。为了在每支简上多写字，必须压扁字行，其结果是造成了横画细而竖画粗，改变了屈曲均匀的篆书笔画，以简捷的方直笔法替代，更加实用的隶书也应运而生。

汉代的简册有了统一的尺度规范，普通用的简册的长度为汉代的一尺 [①]。我

[①] 据孙机著《汉代物质文化资料图说·文具Ⅱ》引述：《后汉书·北海靖王传》及《蔡邕传》，李注引《论文》谓牍"长一尺"。古书札称"尺牍"（《汉书·陈遵传》）；簿籍称"尺籍"（《汉书·冯唐传》）。

曾发表过汉代简牍形制一览表①，一般的简长为 23 厘米至 24 厘米，宽为 0.75 厘米至 1.2 厘米。汉代的简牍渐以隶书风行，每支简上写字多达三四十字，每个字的一般宽度为 0.8 厘米至 0.9 厘米，长度为 0.6 厘米至 0.8 厘米，主要在简牍上书写，可称作小字流行的时代。从甘肃武威磨咀子西汉晚期墓出土的《仪礼简》来看，横画已呈蚕头燕尾状，隶书已有成熟的面貌（图 3）。关于古代执笔姿势我前面已有专文论述②，在唐代以前多用大拇指和食指执毛笔，在简上写线条均匀的篆书小字时，是用毛笔的尖锋。陈槱《负

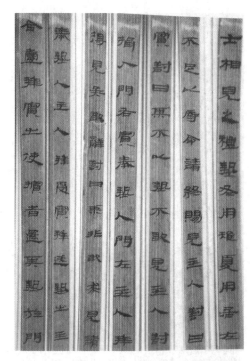

图 3　武威磨咀子出土的西汉晚期《仪礼简》

喧野录》指出："余闻之善书者云：'古今作篆，率用尖笔。'"写隶书时往往中锋和侧锋并用，如写蚕头燕尾式的横画时，起笔时是中锋，右行拖笔时用的是侧锋，收尾时笔逐渐提起而转为中锋。写汉隶时中锋和侧锋并用的笔法，为晋代书法家沿用。朱和羹《临池心解》说："正锋取劲，侧笔取妍。王羲之书兰亭，取妍处时带侧笔。"姜夔《续书谱》也有类似的看法："晋人挑剔或带斜拂，或横引向外，至颜、柳始正锋为之。"以正锋、侧锋并用写字，对毛笔的功能有更高要求。

秦以前的毛笔主要用来写篆书，重在使用笔头的尖部，只要笔毛坚挺即可。转为写隶书时，笔画有粗细变化和波磔起伏，旧式笔已不适用了。至少在西汉晚期已对毛笔作了改良，在武威磨咀子西汉墓、居延破城子、敦煌马圈湾和悬泉等

---

① 　参见张朋川：《从敦煌写经和壁画看中国卷轴书画格式的起源和形成》，《文物》，2000 年第 8 期。本书第 246 页。

② 　参见张朋川：《中国古代书写姿势演变略考》，《文物》，2002 年第 3 期。本书第 258 页。

图4 武威磨咀子出土的
西汉"白马作"铭文毛笔

汉代遗址，都发现了数量不等的汉代毛笔。武威磨咀子西汉墓出土的两支毛笔笔杆上，分别刻着"白马作""史虎作"的款识，为制笔者的名字，表明当时有知名的专业制笔工匠。磨咀子汉笔的笔头中含长毫，有芯有锋，外披短狼毫，更能蓄墨，小大由之，而且更耐用（图4），比秦笔的制作又有改进，可视作"兼毫"的雏形，这对隶书书法艺术的发展有所助益和推动。

最早的墨和砚都发现于云梦睡虎地秦墓中，砚为圆饼形，墨呈圆柱状，尚是形制简单的研磨器具。汉代的砚渐有多种材料和样式，东汉还出现了三足带盖圆石砚，有利于研出墨汁的保存。

绢帛也用来供作书画，长沙战国楚墓就出土过多件帛画和帛书。汉代帛画和帛书有进一步发展，幅面增大了许多，湖南长沙马王堆、山东临沂金雀山、甘肃武威磨咀子等地汉墓出土的帛画，多覆盖于棺木上，长达2米多。马王堆西汉墓的帛书用近50厘米的整幅帛或半幅帛来缮写，有的用朱砂在帛上画出0.7厘米至0.8厘米的界格，书写形式基本与汉简相同。帛画和帛书虽然具有质地轻、篇幅大的优点，但由于帛价格较昂贵，因此难以普遍地应用。

纸的改进推广和楷书、行书、草书的发展

汉代纸的发明和改进，开拓了书画发展的新天地。在甘肃天水放马滩西汉早期墓就发现了绘有墨线地图的残纸页。居延肩水金关、敦煌马圈湾和悬泉、扶风中颜等西汉遗址中均发现了西汉麻纸。东汉蔡伦将树皮、旧渔网加入造纸原料，改进了纸的质量，使之适于书写。由于纸具有质地轻柔、色泽明洁、便于携带保

管和成本低廉的优点，在这些方面远胜过原先使用的简牍、缣帛等书画材料，因此用纸书写的风气在东汉晚期逐渐流行，三国、西晋是纸张渐而代替简牍作为书画材料的过渡时期。甘肃武威旱滩坡魏晋墓出土的木牛车棚上有糊纸①，纸为精心加工的麻纸，结构紧密，残存的纸上写着带隶意的小楷，可见当时用质地较好的纸进行书写已是普遍的事了。

东晋元兴三年（404年），桓玄下令以纸代简，标志着简牍书写时代的结束。纸本可以粘接或裁减，在篇幅尺寸上限制较小。将许多同型的纸张续接起来，即成为长卷的形式。晋唐的书法手卷承袭了汉代简册的书写格式，自右往左地竖行排列，每行字的长宽与普通汉简的长宽差不多。北魏晚期至唐代，正书手卷每行字数多为17字，字形渐趋方正，字的横画和竖画的粗细也近于平衡，这种变化反映出由隶书向楷书发展的过程。

纸张作为书写材料使书写人可以自由灵活地用笔，由于书写时用笔制约的消失，草书得到进一步的发展，突破了汉代章草拘泥于直行的格式。并且字行中的二三字相连绵，形成今草。晋人在书写信札便笺时，用笔遒媚飘逸，书风游移于真书与草书之间，形成了行书的风格面貌，以王羲之、王献之父子的行书书法艺术成就最高。《宣和书谱·行书叙论》鞭辟入里地剖析了行书的成因："自隶法扫地而真几于拘，草几于放，介乎两间者行书有焉。"归结起来，纸作为书法材料的出现是造成隶书衰退最直接的原因，并且由隶书演变出放逸的草书、规整的真书和介于真草之间的行书。

东晋以来，由于士大夫专业书画家在艺术上的精意追求，对文房四宝倍加重视。南朝宋的书法家王僧虔在《论书》中提出："夫工欲善其事，必先利其器。伯喈非流纨体素，不妄下笔。若子邑之纸，研染辉光；仲将之墨，一点如漆；伯英之笔，穷神静思……若三珍尚存，四宝斯觌，何但尺素信札，动见模式，将一字径丈，方寸千言也。"这也推动了南朝人士对文房四宝的改良，宋明帝"乃诏张永更制御纸，紧洁光丽，耀日夺目。又合秘墨，美殊前后，色如点漆……

---

① 甘肃河西地区发掘的大量魏晋墓的考古资料表明，当时官吏豪门以乘坐牛车为时尚。出土旱滩纸的墓葬年代原定为东汉晚期，笔者近年参观武威地区博物馆时，该馆根据这座墓的出土文物综合分析，将墓葬的年代定为魏晋时期。

胶漆坚密；草书笔悉使长毫，以利纵舍之便。兼使吴兴郡作青石圆砚，质滑而停墨，殊胜南方瓦石之器。缣素之工，殆绝于昔"①。自南朝以后，确立了文房四宝——笔、墨、纸、砚——在书画工具材料中的首要地位。

屏风书画的兴起与立轴书画的产生

立式卷轴书画等样式源自屏风的观点，前面已有专文做过论述。②需要强调的是折叠围屏对立轴式书画的样式影响最大，在东汉已有三扇屏拼合的曲屏。但是多扇折叠书画围屏的兴起是在南北朝时期，与书画用纸的产生有关。用纸和绢作为屏风的屏面，比木质屏风轻便得多，纸和绢更适于用来书画，也容易更换，比漆绘屏风有许多优越性。迄今发现的最早的围屏实物，为山西大同北魏司马金龙墓出土的漆绘围屏。除此还发现有山东临朐北齐崔芬墓屏风式壁画、西安北周安伽墓贴金彩绘围屏石榻、宁夏固原北周李贤墓屏风式壁画和甘肃天水初唐墓贴金彩绘围屏石榻。以上例证，都表明了当时已流行彩绘围屏。南朝梁陶弘景《上武帝论书启三》提到："《太师箴》《大雅吟》，用意甚至而更成小拘束，乃是书扇题屏风好体。"可知当时屏风上除去绘画外，还有书写的诗文。

唐代在屏风（包括围屏）上施以书画的风气更盛，许多著名画家都绘制屏风画。新疆吐鲁番唐墓出土了一批绢和纸质的屏风画，有阿斯塔那230号唐墓的绢画舞乐图屏风、188号唐墓的绢画牧马图八扇屏风、187号唐墓的绢画弈棋仕女图屏风、开元至天宝年间唐墓纸本树下人物画屏风。阿斯塔那的一些唐墓中还绘有屏风式的壁画。敦煌莫高窟也集中地保存了大量的唐代和五代的屏风式壁画。

大多数的屏风画和屏风式壁画的高与宽的比例约为2:1，常用的尺寸是高130厘米至150厘米，宽65厘米至75厘米。屏风上的画可按规格贴上。米芾《画史》记载："慈圣光献太后于上温清小次，尽购李成画，贴成屏风。"屏风画

---

① 参见虞龢：《论书表》。

② 参见张朋川：《从敦煌写经和壁画看中国卷轴书画格式的起源和形成》，《文物》，2000年第8期。本书第245页。

也可以退换，再改为立轴画，这在宋代已为常事。米芾在《画史》中还述及宋朝画院有退换旧屏风画的做法："苏子美黄筌《鹡鸰图》，只苏州有三十本，更无少异。今院中作屏风，尽用筌格，稍旧退出，更无辨处。"南宋李廌《德隅斋画品》鉴识一幅南唐钟隐《棘鹞拓条铜嘴图》，认为："当是金陵霸府中大屏之一扇，或大图之一幅。或闻今宁远军节度使高公公绘钟隐图，亦止三幅，笔墨相若，而景物与此连属，疑为此画之旁轴，惜乎不能观其全也。"可知屏风书画散出后，可成为单幅卷轴画。因此，屏条式立轴书画的格式源于围屏屏风画的条屏、四条屏、八条屏、十二条屏以及通景屏，都是由不同格式的屏风书画深化出来的卷轴的不同样式。

笔毫硬软的改变与书画风格的演化

由于唐朝科举制度的兴起，书法的优劣也成为取士的重要标准。《新唐书·选举志下》："凡择人之法有四：……三曰书，楷法遒美。"姜夔《续书谱·真书》指出："唐人以书判取士，而士大夫字书，类有科举习气。颜鲁公作《干禄字书》，是其证也。翙欧、虞、颜、柳前后相望，故唐人下笔应规入矩，无复魏晋飘逸之气。"因此，可以说唐代是楷书兴盛的时代。

然而，唐代的楷书风格自晚唐以后有明显的变化。柳公权是晚唐书风变化的代表人物，以提笔中锋写字，转折处顿挫分明，被称为"柳体"。柳公权书风的变化，与他用的毛笔择选柔毫中锋相关，梁同书《笔史》文中引柳公权帖："近蒙寄笔，深慰远情，但出锋太短，伤于劲硬，所要优柔，出锋须长，择毫须细，管不在大，副切须齐，则波掣有凭，管小则运动有省力，毛细则点画无失，锋长则滋润自由。"米芾对柳公权的楷书不以为然，讥为"丑怪恶札之祖"，认为"自柳世有俗书"。梁同书为清朝乾嘉时期书法家，曾学柳字，对使用羊毫笔颇有心得，对柳公权的软毫书法作高度评价："柳诚悬（公权）《玄秘塔碑》是极软笔所写。米公斥为恶札，过也。笔愈软，愈要拨得直，提得起……柳公云'心正笔正'，莫作道学语看，正是不得不刻刻把持，以软笔故。设使米老用柳笔，亦必如是。"又说："笔要软，软则遒。笔头要长，长则灵。墨要饱，饱则腴……人人喜用硬笔，故枯，若羊毫便不然。"提笔用羊毫中锋书写，在清朝中晚期已蔚成风气。

颜料的发展和唐代工笔重彩画的成熟

在魏晋以前，中国绘画以矿物质颜料为主。楚国漆器上图案纹样的色彩以黑、红为主。"红色多为朱砂，黑色则是烟炱。""金、银、黄、褐、绿、暗红、灰蓝等各色油漆也见于家具上的花纹。"① 汉代漆器施用的色彩却减少为黑、红二色。汉代壁画使用的颜料绝大部分为矿物质颜料，赭石、朱砂为绘画中常用的色彩，还少量地使用白、石黄等色，汉代墓室壁画呈现暖色调，壁画的色彩是象征性的概约表现。战国、汉代的染织颜料，除朱砂以外，多使用蓝草、茜草等植物颜料。

在东晋十六国、南北朝和隋朝，佛教艺术和波斯艺术对中国绘画应用的颜料和色彩表现方法有很大的影响。敦煌早期石窟壁画显示出这期间赋彩的变化，段文杰先生指出："北凉、北魏时代，土红涂底，色种较少，形成了单纯、明快、浑厚、朴实的暖色调。西魏、北周，主题画以粉壁为地，色彩日益丰富起来。《淮南子》里说：'白立而五色成矣。'在粉壁上施青绿朱紫显得格外清新爽朗和绚丽。隋代色调开始进入金碧辉煌、豪华壮丽的阶段。"唐代张彦远在《历代名画记·论画六法》文中也指出至隋代绘画的色彩变得丰富绚丽，认为东晋顾恺之、陆探微为代表的"上古之画，细密精致而臻丽"，还认为唐代初期绘画的色彩更加丰富多彩，形容"近代之画，焕烂而求备"。

《历代名画记·论画体工用拓写》中还叙述了当时对颜料和胶料的精心鉴选和制作："武陵水井之丹，磨嵯之沙，越巂之空青，蔚之曾青，武昌之扁青，蜀郡之铅华，始兴之解锡，研炼、澄汰、深浅、轻重、精粗。林邑昆仑之黄，南海之蚁铆，云中之鹿胶，吴中之鳔胶，东阿之牛胶，漆姑汁，炼煎并为重采，郁而用之。古画不用头绿、大青，取其精华，接而用之。百年传致之胶，千载不剥。"唐代绘

---

① 参见张吟午：《楚式家具概述》，《楚文化研究论集》（第四集），河南人民出版社，1994年，第618页。

画追求色彩的富丽，赋彩方面采用了"以色貌色"的写实表现方法，由先前概念的象征性色彩变为如实地表现物体的固有色。由于中国画的各种颜料在唐代基本齐备，这为形象写实、描绘细致、色彩绚丽的工笔重彩画的产生创造了条件。在初唐和盛唐时期兴起的工笔重彩画和楷书相互辉映，构成了庄重华贵的艺术风貌。

笔、砚、绢、纸的改进与草书、放笔画的发展

唐开元、天宝间，草书和放笔画先后兴起，这与笔、砚、绢、纸的改进不无关系。草书虽然早已有之，但"自唐以前，多是独草，不过两字属连"[1]。究其原因，一是刚从简牍格局脱出，仍还拘谨。二是笔芯中有柱毫，含墨量不高，书写多字连绵的草书，墨枯难以为继。唐代宣州诸葛氏创制的散卓笔对此做了改进，去掉了笔芯中的柱毫，将笔毫参差散扎，并把笔头的大部分纳入笔管中。这种笔不仅含墨量多，而且软硬皆宜，收放自如，尤适于行书、草书。散卓笔的制作技艺得到宋代诸葛氏后裔作传承，因此亦称诸葛笔，这种笔被称为海内第一[2]。

唐代，砚也在蓄墨功能上做了改进。汉代的砚在研墨时要以研棒相助，因此砚面是平的。在晋代以后，出现墨质优良的墨锭，可由墨直接在砚面上磨研发墨。南北朝的砚基本上仍循汉代的平式砚面，如南朝褐釉十足瓷砚的砚面中央微隆起[3]。唐代由于书法应用面的推广，需要加大砚面的盛墨量，约在唐玄宗时，风字形砚应运而生，广东韶关张九龄墓中出土了一件刻着张九龄之子张拯的"拯"字的风字形陶砚。张九龄在唐玄宗朝中任中书令，卒于740年。因此，风字形砚产生的时间大致在开元年间。风字形砚平面作"风"字形，砚面朝砚额方面倾斜，大大增加了蓄墨量（图5）。唐代书法家十分注重砚材的质地，石砚逐渐流行，并且对砚石质地的优劣进行品评。柳公权推崇青州红丝石砚，在《论砚》文

---

① 参见姜夔：《续书谱·草书》。

② 叶梦得《石林避暑录话·上》："笔盖出于宣州，自唐惟诸葛一姓世传其业。治平、嘉祐前，有得诸葛笔者率以为珍玩，云一支可敌它笔数支。"

③ 参见罗宗真主编：《魏晋南北朝文化》，学林出版社、上海科技教育出版社，2000年，第六章，图37。

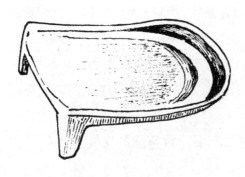

图5　唐代张九龄墓出土的风字形砚

中认为"蓄砚以青州为第一"。山东省博物馆藏有唐代风字形红丝石砚，石质坚而细，具有下墨利、研墨细、发墨好、蓄墨多、久用不乏的优点。米芾在《画史》中，论述了唐凹心砚利于书画用笔的圆润："古书画皆圜，盖有助于器。晋唐皆凤池研，中心如瓦凹，故曰'研瓦'，如以一花头瓦安三足尔。墨称螺制，必如（加）蛤粉，此又明用凹研也。一援笔，因凹势，锋已圆，书画安得不圜？"米芾根据实践深刻地阐述了唐砚利于用笔蕴墨的道理。

唐代时，用以作书画的绢和纸也做了改进，变得坚实匀细。米芾《画史》指出："古画至唐初皆生绢，至吴生（吴道子）、周昉、韩幹，后来皆以热汤半熟入粉，槌如银板，故作人物精彩入笔。"唐纸除了沿用麻纸外，还用楮皮做楮纸。特别是创制精良的硬黄纸，它以黄檗和蜡涂染，质地坚韧而莹澈透明。由于唐代绢纸的改良，使书写圆润流畅、设色匀净艳丽，加上笔、砚的改进，为草书的兴盛和放笔画的兴起创造了物质条件。

张旭是盛唐草书的代表人物，自谓书法之妙得益于纸笔的精良，他经常说："或问书法之妙，何得齐古人？曰妙在执笔，令其圆畅，勿使拘挛……其次纸笔俱佳。"可见张旭对纸笔性能的重视。

笔砚和纸绢的改良，促进了书画用笔的解放。如果说草书是对楷书的放逸，那么放笔淡彩画则是对工笔重彩画的变异。盛唐草书的兴盛，带动了放笔淡彩画的兴起。吴道子是放笔淡彩画的创建人，他早年向张旭、贺知章学书法，后又攻画，创造性地将草书的迅疾笔法带入画中，开启了走向写意绘画的大门。

宣纸制作工艺的发展和水墨写意画的兴起

宣纸是中国书画纸的主要品种之一。宣纸的产生至少可上溯到唐代，唐纸中有以熟宣染色做成的硬黄纸。当时的生纸尚未正式用来作书画，张彦远《历代名画记》提到书画装背时"宜用莹白滑漫薄大幅生纸"。到了南唐，后主李煜令剡道监造出一种质地精良而宜于书画的宣纸，这种纸光滑莹白、坚洁细润，长者可达50尺，首尾匀薄如一。李煜深爱此纸，特藏于澄心堂内，因而名为澄心堂纸。澄心堂纸深为宋代书画家喜爱，明代屠隆《纸墨笔砚笺·宋纸》记载："有澄心堂纸极佳，宋诸名公写字及李伯时画多用此纸。"当时澄心堂纸十分名贵，达百金一幅。

宋朝时，雕版印书籍得到自上而下的推广，书写的实用功能大为减弱，书法的欣赏意义趋强，始于唐朝的各种笺纸五光十色地发展起来。

至明朝晚期，商品经济的发展促成了商业城市的繁华，在苏州、徽州等商业城市中出现了职业画家，书画市场的多种需求使书画的材料和格式变得多样化。也有官场仕途失意的文人，欲借书画抒发沉郁，寻求能一泄为快的书画形式和相应的书画材料。徐渭为这类狂士的代表，他善用生宣的晕墨性能，创作了大量的水墨写意画。徐建融先生评析了徐渭使用泗水的生宣作画的意义："徐渭第一个自觉地在'生纸'作画，并充分利用生纸的渗水晕墨的特点……极大地丰富了传统水墨画的表现技法。"[1]自此，生宣上作写意画的画风不断发展，近代中国画的重要流派逐渐形成。

结　语

早期书法的甲骨文、金文都是契刻而成，是硬笔书法。甲骨文、金文的书写空间相对狭窄，所载文字数量不多，书写空间不定型，但自右向左地竖行排列的格式已逐渐固定。

楚国以毛笔绘漆画和帛画，也用来写竹简。竹木简的使用，使书写的主要幅面定为长条形，并且毛笔书写文字迅速代替了契刻文字。

---

① 参见徐建融：《明代书画鉴定与艺术市场：笔底明珠无处卖——徐渭艺术批判》，上海书店出版社，1997年。

纸被用作书写材料，使书写从简牍的狭长幅面解脱出来，压扁的隶书字体渐变为正方的楷书字体，行书、草书也有了足够的发展空间。纸、绢和笔、墨、砚成为书画共用的工具材料，文房四宝的地位从此确定。

唐代的科举制度以书法优劣作为取士标准之一，书法是否严正规范关系到士人的仕途前程，因此士人心目中将书法的地位列于绘画之前，往往是书法笔法的改变导致绘画笔法的改变，书画以用笔而联为共同体，文房四宝中以笔的地位为高。

科举制度也决定了中国士人重道轻器的倾向。元明清时期，诗书字画成为士人区别于其他人的文化标志，这也导致了文人书画家重笔墨、轻色彩的审美取向，这也成为中国绘画的颜料制作技术发展缓慢的重要原因。

在现代社会，多媒体的使用和推广对中国书画艺术会产生重大的影响。书写的实用功能已极大降低，书法将成为主要供欣赏和装饰的艺术品种。中国传统绘画的材料和格式，随着人们生活方式和审美趣味的改变而做出调整，而外来的各种绘画品种纷至沓来，新的绘画工具和材料不断涌现。从宏观上看，中国绘画工具材料的多样化已是大势所趋。

《易·系辞·上》："形而上者谓之道，形而下者谓之器。"道进得力于器理，器理顺则书画之道畅，得器理和书画之道者，则能贯通道理，取形上下而不惑，当蔚为大成。

试论书画"中堂"样式的缘起

"中堂"是悬挂于厅堂正中的巨幅立轴字画，为明代晚期以来在中国书画陈设中一种占主体位置的样式。"中堂"与其相配置的"堂联"产生的原因和兴起于何时何地，本文试作探讨和论述。

屏风是汉代至明代的书画展示的主要载体

中国古代建筑以木构框架为特点，北方建筑多为泥墙或板墙，南方建筑则以板墙为主。古代的厅堂正面没有墙，两侧有墙。在明代以前，一些大宅的厅堂建筑一般不分间，有的厅堂两侧安着可拆装的长窗，冬天安上，夏日除去。因此，厅堂两侧通常不悬挂书画和大型装饰物。

明代中期以前，屏风是展示书画的主要载体。在屏风上绘制图案有很久远的历史，西汉早期的长沙马王堆1号墓中出土了绘有云龙纹和穿壁纹的漆屏风。《后汉书·宋弘传》记载："弘当燕见，御坐新屏风，图画列女，（光武）帝数顾视之。弘正容言曰：'未见好德如好色者。'帝即为撤之。"可知在东汉初期已有在屏风上绘人物图画的做法。

书画屏风的兴起是在南北朝时期。山西大同北魏司马金龙墓出土了一件彩漆列女图屏风，陕西西安北周安伽墓中还出土了浮雕加彩绘的描写人物宴享起居的石榻围屏。唐人裴孝源《贞观公私画史》记载了北齐画家杨子华画的"杂宫苑人物屏风本"一卷。南朝同样也盛行书画屏风，梁陶弘景《上武帝论书启·三》：

"《太师箴》《大雅吟》，用意甚至而更成小拘束，乃是书扇题屏风好体。"[1] 表明当时已形成题写屏风的书体。南齐时期还产生了一位擅长画屏风的将军董伯仁，他绘制的"屏障一种，无愧前贤"[2]。可见南北朝同时流行使用书画屏风。

唐代更加流行书画屏风，名家画的屏风炙手可热。宋代嗜好书画屏风的风气益盛，郭熙、郭思著的《林泉高致》中的《画记》详尽记载了在宫殿中绘制的数量众多的形形色色的屏风。米芾在《画史》中提到"今院中作屏风，尽用（黄）筌格，稍旧退出，更无辨处"。这些从屏风退出的字画也可裱成卷轴，现藏于台北"故宫博物院"的辽画《丹枫呦鹿图》和《秋林群鹿图》，画幅的尺寸分别为纵 118.5 厘米，横 64.6 厘米和 118.4 厘米，应是同一屏风中的两片画，后来被分别裱成了两幅立轴画。

从遗存的宋画来看，书画屏风的放置主要有两种形式。一种是在厅堂内后部中央设一书画通景屏或三叠屏，在屏前置床榻、座席或座椅。如张择端《清明上河图》中"赵太丞家"毗连宅院的正厅内置一书法屏风，屏前置一太师椅。南宋院画《女孝经图》有三幅画中的厅堂后部正中，都置有绘着山水或树鹤的屏风，屏风前的人物坐于椅上或席地而坐。另一种形式是在坐于桌前的人物身后，置一条形书画屏。如宋元符二年（1099 年）的河南白沙 1 号墓，壁画上的男女主人对坐在桌两边，身后各有一扇绘有海水纹的长条形屏风[3]。

元代的厅堂在后部正中置书画屏风已成为普遍的陈设形式，元代的厅堂中已出现了固定的由地达顶的背屏，但由于不能将屏风随意地拆卸和装配，因此没有被广泛使用。

✎ 明代中期人口的增加促进了吴地民居厅堂的改制 ✎

古时将殿称作堂，为权贵们享用，民宅的规模形制受到种种限制，宋朝时苏州的民居大多狭小，苏舜钦在《沧浪亭记》谈到旅居吴中的境况："始僦舍以处，

---

[1] 参见潘运告：《汉魏六朝书画论》，湖南美术出版社，1997 年，第 192 页。

[2] 参见唐·张彦远：《历代名画记·历代能画人名》。

[3] 转引董新林：《幽冥色彩》，四川人民出版社，2003 年，第 120 页上图。

时盛夏蒸燠，土居皆褊狭，不能出气，思得高爽虚辟之地，以舒所怀，不可得也。"明朝初建时，对住宅厅堂的等级有严格的制约，《明史·舆服志四·室屋制度》记载："一品二品厅堂五间九架……三品五品厅堂五间七架……庶民庐舍不过三间五架，不许用斗拱，饰彩色。"是以厅堂的形制来区分贵贱，限制了民宅厅堂的规格。

明代早期，社会经济得到恢复，经百余年的发展，人口剧增，至成化十五年（1479 年），人口达到 7185 万余。苏州地区由唐代天宝年间的 63.2 万人（领 7 县）[①]，发展到明代弘治四年（1491 年）人口达到 204.8 万（领 1 州 7 县）。苏州人口的迅速增长，不仅使社会需求扩大和社会分工细化，也促进了商业经济的发展。苏州成为东南最大的商业都会。王锜《寓圃杂记》卷五《吴中近年之盛》记述了当时吴中的变化："迨成化年间，余恒三四年一入，则见其迥若异境，以至于今，愈益繁盛。闾檐辐辏，万瓦甃鳞，城隅濠股，亭馆布列，略无隙地。"在正德以后，苏州更显繁华，唐寅在《阊门即事》诗中有生动的描写："世间乐土是吴中，中有阊门更擅雄；翠袖三千楼上下，黄金百万水西东。五更市贾何曾绝？四远方言总不同；若使画师描作画，画师应道画难工。"唐寅在《姑苏杂咏》诗中也描述了姑苏的繁华，其中一首写道："长洲茂苑占通津，风土清嘉百姓驯，小巷十家三酒店，豪门五日一尝新。市河到处堪摇橹，街巷通宵不绝人；四百万粮充岁办，供输何处似吴民？"明人顾起元在《客座赘语》卷五《建业风俗记》中生动地记述了江南民居由正德至嘉靖期间发生的巨变："又云正德以前，房屋矮小，厅堂多在后面，或有好事者，画以罗木，皆朴素浑坚不淫。嘉靖末年，士大夫家不必言，至于百姓有三间客厅费千金者，金碧辉煌，高耸过倍，往往重檐兽脊如官衙然，园囿僭似公侯。"还写道："又云嘉靖十年以前，富厚之家，多谨礼法，居室不敢淫，饮食不敢过。后遂肆然无忌，服饰器用，宫室车马，僭拟不可言。"江南民宅厅堂普遍变得高大应发生在明朝嘉靖年间，当时人说："江南富翁，一命未沾，辄大为营建，五间七间，九架十架，尤为常耳，曾不以越分为愧。"[②]

厅堂形制向高耸发展需在建筑技术上有所改进，在这一方面苏州具有优越

---

① 参见梁白泉：《初论运河文化》，中国东南滨海地区古代文化研讨会论文，页 4 附表。

② 转引王卫平、王建华著：《苏州史纪·古代》，苏州大学出版社，1999 年，第 162 页。

的技术条件。明初以来，苏州在建筑方面的名师良匠辈出，永乐年间负责明故宫承天门（即天安门）设计和施工的蒯祥，乃出自苏州吴县香山的木匠世家，而集多种建筑技艺为一体的香山工匠，形成历代传承的以技艺精湛著称的"香山帮"。至今苏州仍保留着较多的明清故宅，许多是出自"香山帮"巧匠之手。

中国古代建筑以木构框架为主要结构方式，明朝以前的木构建筑是依靠柱子来承重的。南方民宅厅堂四面外围可安装能拆卸的门窗，即使设有泥墙也不起承重的作用。明代以前的厅堂内一般不分间，用屏风和帏帐作灵活的隔断。据明人张问之于嘉靖甲午年著述的《造砖图说》记载："自明永乐中，始造砖于苏州。责其役于长洲窑户六十三家。"还记述了在嘉靖中营建宫殿，由苏州供砖五万[1]。宋应星《天工开物》中也记载了苏州烧造供皇宫正殿用的细料方砖。由于苏州造砖业的发达，促进了砖砌房屋技术的发展，在万历年间修建的开元寺无梁殿完全由砖砌造而成，标志着苏州砖砌建筑技术已有相当的成就，苏州成为在民居中最早建造砖墙的地区之一。砖墙的出现在一定程度上减轻了柱子的承重，并且使屋顶出檐减少，使扶墙柱加密，而柱身变得细长，厅堂变得高大和敞亮。

厅堂升高后，原先使用的活动屏风相对地显得矮小，于是堂中平置的通顶落地的屏门逐渐流行，明朝正德六年（1511 年）杨氏建阳清江书堂刊本、瞿佑撰《新增补相剪灯新话大全》的插图中的厅堂，在堂后部的正中就设置着屏门。在厅堂的屏门上可以裱糊作装饰用的字画，用旧了可以撤换（图 1）。也有将长条的卷轴字

图 1　李渔《闲情偶记·居室部》插图

①　参见《四库全书总目·卷八四·史部·政书类存目二》。

图2 明万历二十一年刊本《便民图纂》插图　　　图3 苏州网师园万卷堂

画直接挂在背屏上，更便于更换，这就是中堂字画的滥觞。

　　厅堂中设置固定的屏门，不如原先使用的屏风灵活方便，后来将屏门改进成装拆式，将多条屏平列组合成屏门，屏门中间悬挂可以随时更换的长条巨幅立轴书画渐成趋势。明万历二十一年（1593年）邝璠撰《便民图纂》刊本插图中绘的厅堂内已出现了装拆式的背屏（图2），至迟在万历年间装拆式背屏开始流行，在清代苏州地区的厅堂内即普遍使用装拆式背屏，如今苏州网师园的万卷堂等宅第中，还保留着屏门的样式（图3）。因此，书画立轴中堂样式的产生和兴起，是与厅堂的改制紧密相关的。

❧❦ 繁盛的吴门书画文化与中堂样式在苏州的兴起 ❧❦

　　入明以来，苏州的文风与经济共盛，在科举会试录取的进士中，苏州士人占的比例是较高的，在朝中做官的颇多。苏州的士大夫以诗书字画为雅事，诚如

《四库全书·别传·赵宦光牒草》所说："有明中叶以后，山人墨客，标榜成风。"在这种氛围中产生了吴门画派和书派，有着广泛的影响。明人屠隆《画笺》文中认为："明兴丹青，可宋，可元，并驾驰驱者何啻数百家，而吴中独居其大半，即尽诸方之烨然者不及也。"明人薛冈《天爵堂笔余》指出："余谓丹青有宗派，姑苏独得其传。"吴门画派以沈周、文徵明、唐寅、仇英为代表，并且相沿传承，名家辈出，主要画家有陈淳、陆治、钱毂、周之冕、文彭、文嘉、文伯仁、陆师道、周天球、王毂祥、朱朗、居节、陈栝、谢时臣、徐霖、李士达、陈裸、陈嘉言、盛茂烨、袁尚统、文从简、文震亨等。吴门书派以祝允明、文徵明、王宠为代表，著名书法家还有宋克、沈周、唐寅、蔡羽、王问、周天球、文彭、王鏊、吴宽、申时行、王毂祥、王穉登、陈淳、王世贞等，形成了"成弘间，吴中翰墨甲天下"的繁荣气象。

吴门许多书画家以卖字画为主要的经济来源，不得不为社会需求而作字画。以文人为主流的书画家除了互相酬和书画外，还以书画为谋生的手段。吴门画派的代表人物沈周、文徵明、唐寅、仇英都依靠出售字画作为主要的经济来源。不仅吴门士大夫在商品大潮中趋于世俗化，而且一些士大夫还参与商业活动，当时"吴中缙绅士夫，多以货殖为急"；"吴人以织作为业，即士大夫家，多以纺织求利。其俗勤啬好殖，以故富庶"。由于明朝晚期官场黑暗，士大夫常有退闲之念，稍有财资即营宅造园。沈德符《万历野获编》卷二十六记载："嘉靖末年，海内晏安，士大夫富厚者，以治园亭、教歌舞之隙，间及古玩。"袁宏道谈到苏州的"士大夫宝玩欣赏，与诗画并重"①。由于苏州士人文化的繁盛，当时吴地厅堂的装饰必然以字画为首选。

关于堂斋中悬挂"单条"立轴的来历，明末苏州名士文震亨在所著的《长物志·卷五、书画·十、单条》中阐述得很清楚："宋元古画断无此式，盖今时俗制，而人绝好之。斋中悬挂，俗气逼人眉睫，即果真迹，亦当减价。"《长物志》中还提到悬画的方式："悬画宜高，斋中仅可置一轴于上，若悬两壁及左右对列，最俗。长画可挂高壁，不可挨画竹曲挂。……堂中宜挂大幅、横披，斋中宜小

---

① 参见《袁中郎先生全集·卷十六·时尚》。

景、花鸟；若单条、扇面、斗方、挂屏之类，俱不雅观。"① 可见明代末年在厅堂中悬挂大幅字画已成时尚。

挂于中堂的书画不仅篇幅巨大，而且显得格外高长，纵和横的比例为2.5:1到3:1，甚至达到4:1。置于厅堂正中的屏风上的书画为横宽的幅面，单扇立屏上的书画幅面为2:1左右。因此根据书画的幅面和纵横比例，大致能分辨出作为中堂的书画。从中国古代书画鉴定组编的《中国古代书画目录》（以下简称《目录》）著录的明代书画来看②，自成化年始，书画幅面在1.5米以上的逐渐增多，而且3米以上的纵长的巨幅书画也不罕见。这种书画的规格尺寸正是中堂特有的格式，据《目录》统计，这类中堂格式的大幅长条书画绝大部分是苏州一带的书画家所作，几乎包括了吴门所有著名的书画家。广州市美术馆藏沈周所作的纸本《云山图》，纵344.5厘米，横100.5厘米。常州市博物馆藏文徵明纸本《行书七言诗》，纵348厘米，横91厘米。上海博物馆藏祝允明《草书杜诗》，纵363.9厘米，横111.1厘米。上海博物馆藏仇英绢本《剑阁图》，纵295.4厘米，横101.1厘米。宁波天一阁藏陈淳纸本《春山云树图》，纵274.6厘米，横96厘米。广州市美术馆藏钱穀纸本《柳阁赏荷图》，纵291厘米，横100厘米。上海博物馆藏文伯仁纸本《秋岩观瀑图》，纵342.7厘米，横97.6厘米。广州市美术馆藏张宏纸本《仿吴镇山水》，纵343厘米，横103厘米。上海博物馆藏盛茂烨绢本《锦洞青山图》，纵308.8厘米，横96.7厘米。谢时臣尤擅中堂式巨幅画，在《目录》中收载的谢时臣绘制的幅面纵高在3米以上的中堂画就有5幅之多（分别收藏于上海博物馆、广东省博物馆、首都博物馆），这和明代初年的卷轴画的纵高很少超过2米的情况迥然不同。自成化年始，大幅的中堂字画样式在吴地勃然兴起，至嘉靖、万历年间更趋繁盛。

我据《目录》收录了明代吴门画派的幅面纵1.5米以上的大幅立轴画123幅，其中山水画共82幅，占总数的大半，这与吴门士大夫休闲养性的心态有关。花鸟画共24幅，以明代晚期所作居多。由于大幅的以人物为主的立轴画与私宅

---

① 参见《长物志·卷一、室庐·六、堂》。

② 参见中国古代书画鉴定组编：《中国古代书画目录》，文物出版社，1986～1991年，第1～9册。

图 4　明代晚期刊本《金瓶梅词话》　　　图 5　明代晚期刊本《金瓶梅词话》
第七回插图　　　　　　　　　　　　　　第八十二回插图

厅堂的氛围不谐调，中堂画中的人物画是很少的。又据《目录》收录明代吴门书派 1.5 米以上的大幅书法立轴共 21 幅，从总量上比当时的大幅中堂画要少得多。在这些大幅书法作品中，行书立轴共 16 幅，在各种书体中占绝对的主要地位。

　　明代晚期刻印的《金瓶梅词话》二十卷本的插图中[①]，可见到在厅堂后壁中央悬挂中堂画的陈设样式。第一幅是第七回的插图，图中描绘的是杨姑娘家的厅堂，书中详加描述女眷居住的厅堂陈设："薛嫂推开朱红槅扇，三间倒坐客位，正面上供养着一轴水月观音、善财童子，四面挂名人山水，大理石屏风，安着两座投箭高壶。"（图 4）第二幅是第八十二回的插图，画的是斋屋的背屏中挂一画着竹子的立轴画，画前的长桌上放一盆花（图 5）。《金瓶梅词话》有东吴弄

---

　　① 参见《金瓶梅明版画插图二百幅》，全校万历本《金瓶梅词话》第四册，星海文化出版有限公司（香港），1987 年，第七回、第八十二回。

珠客在万历丁巳（1617 年）于苏州金阊道中作序，但《金瓶梅词话》二十卷本不详为何地刻印刊行。苏州是明代晚期刊印小说的重要地区，从该书的序作于苏州来看，在苏州刻印插图的可能性很大，书中插图反映的应是吴地厅堂的悬挂中堂画的景况。值得注意的是这三幅插图中厅堂悬挂的中堂画两侧皆无堂联，可以说书画的中堂样式产生在前，大约始于成化年间，后来才出现与书画中堂相配的堂联。

➤➤✥ 堂联的产生与中堂书画组合展示 ✥➤➤

对联的起始时间一般认为是五代，现存的形象资料为敦煌莫高窟五代刊本独幅雕版佛画，画中堂前一对柱子上饰有楹联。堂联出现的时间较晚，一些专家学者认为堂联产生的时间是明代晚期。谢稚柳在《历代名人楹联墨迹》序中认为："楹联的出现……根据目前流传于世的实物，它的盛行要在明万历以后。"[①] 王以坤也认为："将书写的对联用一色绢镶式装裱成挂轴，也称对子，出现于明代后期万历年间。"[②] 笔者所知现存最早的对联实物为徐渭在万历元年（1573 年）所作，对联文为："水夕苍蚊残夏扇；河间红树早秋梨。"由此可知堂联的产生应在万历年前，据郎瑛《七修类稿》云："嘉靖末年，南京城守门宦官高刚于堂中书春联云：海无波涛，海瑞之工不浅；林有梁栋，林润之泽居多。"可以认为堂联的盛行是在嘉靖、万历相交之时。当时江南的一些书画家既能作中堂画，也善撰书堂联。名士李日华，书画与董其昌齐名，常往来于嘉兴苏州间，他在《味水轩日记》书中，记录了为友人书写悬堂之诗和堂联的情况，一则见于卷六（万历四十二年）四月十七日："见宇又出大幅纸四张，索山中四时诗，为悬堂之用，余亦漫应之。"另一则见于卷八（万历四十四年）正月："十五日，微雪，夜月色茫茫。是日为沈翠水书堂联：月白梅花昼；冰销荠菜春。"为友朋作中堂书画和对联已成晚明士大夫的社会生活的一部分。

① 参见汪文娟编：《历代名人楹联墨迹》，上海人民美术出版社，1991 年。
② 参见王以坤：《书画装潢沿革考》，紫禁城出版社，1991 年，第 39 页。

至清朝初期，在厅堂正中背屏上大多悬挂中堂书画，两侧配以堂联，以后渐为固定格式，成为清代至民国初年中国书画的最重要的样式，至今苏州的老宅厅堂内仍保留了以中堂配堂联的展示形式，其中著名的有网师园万卷堂、艺圃博雅堂、曲园乐知堂、东山明善堂和常熟的彩衣堂，苏州仍是民宅保存中堂展示的最集中的地区之一。

❧❧ 结　语 ❧❧

通过本文对书画"中堂"样式产生的原因和最早兴盛于吴地的考证，有如下认识：

第一，中国古代厅堂中的书画展示方式是随着社会生活的发展和建筑形制的变化而改变的，书画"中堂"样式产生的原因，集聚了社会、经济、文化、艺术、科学技术等多方面的因素。

第二，明代中期以前的厅堂主要依靠柱子和斗拱来承重，墙不起承重作用，甚至厅堂两侧用可拆装的长窗代替墙，墙面也很少悬挂装饰物。厅堂中主要以可以移动的屏风作为书画的载体。

第三，明代中期苏州城市人口的剧增，是促进厅堂改制的重要原因。苏州官窑制砖为民居使用砖墙提供了技术条件，由于改进的梁架和砖墙分担了柱子的承重，厅堂得以建高，使原有的活动屏风显得矮小，于是在厅堂后部中央设通顶的背屏，为书画"中堂"的产生和展示起到了奠定的作用。

第四，明代中期吴门画派和吴门书派的兴起，在苏州形成了以诗、书、画为纽带的士大夫群体，他们的厅堂要体现出士大夫特有的文化风采，这是书画"中堂"样式在吴地产生的文化基础。"中堂"产生于成化年间，随着苏州商品经济的发展，兴盛于嘉靖、万历年间。

第五，在明末清初，发展出在书画"中堂"两侧配以堂联的组合展示样式，形成了中国近代民居厅堂书画展示的主体模式，也决定了这一时期的厅堂陈设以中堂为纵轴的对称格局。

明代吴门画派大幅绘画立轴简表

作者生卒年代（或作品年代）	作者	作品名称	纵、横（厘米）	收藏单位
1388~1470	夏昶	绢本《满林春雨图》	178×66.5	南京博物院
1461	夏昶	绢本《凤池春意图》	183.5×84.5	广东省博物馆
1410~1472	刘珏	绢本《临梅道人夏云欲雨图》	165.7×95	故宫博物院
	徐霖	绢本《菊石野兔图》	160×52	故宫博物院
1427~1509 1468	沈周	纸本《庐山高图》	193.8×98.1	台北故宫博物院
1471	沈周	纸本《飞来峰图》	160.8×35.2	上海文物商店
1473	沈周	纸本《仿董巨山水图》	163.5×37.2	故宫博物院
1480	沈周	纸本《虎丘送客图》	173.3×64.2	天津市艺术博物馆
1502	沈周	纸本《松坡平远图》	254×99.5	广州市美术馆
1505	沈周	纸本《匡山秋霁图》	211.4×110	上海博物馆
1506	沈周	纸本《京口送别图》	154.8×33.8	上海博物馆
1508	沈周	纸本《溪桥过客图》	153×39	郑州市博物馆
	沈周	纸本《策杖图》	159.1×72.2	故宫博物院
	沈周	绢本《仿戴进谢太傅游东山图》	170.7×89.9	翁万戈
	沈周	绢本《桐荫濯足图》	199×47.5	首都博物馆
	沈周	绢本《云际停舟图》	249.2×94.2	上海博物馆
	沈周	纸本《深山游屐图》	155×47.6	上海博物馆
	沈周	纸本《雨中山图》	153×52	上海文物商店
	沈周	绢本《椿萱图》	172.9×92.8	安徽省博物馆
	沈周	《拒霜白鹅图》	162×83	天津市文物公司
	沈周	绫本《寿陆母八十山水》	189.5×54.7	天津市艺术博物馆
	沈周	纸本《霸桥风雪图》	153×64.9	天津市艺术博物馆
	沈周	纸本《云山图》	344.5×100.5	广州市美术馆
	沈周	绢本《桐荫濯足图》	199×97.5	首都博物馆
	沈周	纸本《仿倪云林山水》	204×33.2	首都博物馆
1470~1559	文徵明	绢本《茅檐灌葵图》	155.3×65.5	上海博物馆
	文徵明	绢本《松萱图》	156×65.5	天津市历史博物馆
	文徵明	绢本《云泉烟树图》	167.5×95	北京荣宝斋
	文徵明	绢本《春深高树图》	170.1×65.1	上海博物馆
	文徵明	绢本《芙蓉图》	191×41.7	广东省博物馆

作者生卒年代（或作品年代）	作者	作品名称	纵、横（厘米）	收藏单位
1470~1523	唐寅	绢本《步溪图》	159×84.3	故宫博物院
	唐寅	绢本《陶毂赠词图》	168.8×102.1	台北故宫博物院
	唐寅	绢本《清溪松荫图》	168×83.6	广东省博物馆
	唐寅	绢本《渡头帘影图》	170.3×90.3	上海博物馆
	唐寅	绢本《落霞孤鹜图》	189.1×102.1	上海博物馆
约卒于嘉靖中	周臣	绢本《沧浪濯足图》	165×82	故宫博物院
	周臣	绢本《桃花源图》	175×85.3	苏州市博物馆
	周臣	绢本《香山九老图》	177×89	天津市艺术博物馆
	周臣	绢本《亭林消夏图》	178.7×63.1	上海博物馆
	周臣	绢本《春山游踪图》	180×95.5	上海博物馆
	周臣	绢本《香山游骑图》	185.1×64	故宫博物院
	周臣	绢本《雪村访友图》	224.3×96.9	故宫博物院
1482~1559	仇英	纸本《松溪高士图》	164.5×87	北京荣宝斋
	仇英	绢本《桃源仙境图》	175×66.7	天津市艺术博物馆
	仇英	纸本《柳下眠琴图》	176×90	上海博物馆
	仇英	绢本《剑阁图》	295.4×101.9	上海博物馆
	仇英	纸本《右军纸扇图》	280.5×99.1	上海博物馆
1483~1544	陈淳	绢本《松溪草堂图》	172.1×96.8	上海博物馆
	陈淳	纸本《梧桐榴花图》	191.5×96.3	上海博物馆
	陈淳	纸本《松石萱花图》	153.4×67.3	南京博物院
1544	陈淳	纸本《春山云树图》	274.6×96	宁波天一阁
1487~1567	谢时臣	纸本《虎阜春晴图》	162.4×39.2	辽宁省博物馆
1538	谢时臣	绢本《关山霁雪图》	322.7×100.8	上海博物馆
1541	谢时臣	绢本《霁雪图》	198.9×98.8	上海博物馆
1550	谢时臣	绢本《太行晴雪图》	231×165.6	青岛市博物馆
1558	谢时臣	纸本《问礼图》	183.4×100	上海博物馆
	谢时臣	绢本《绕城江色图》	199.3×97	首都博物馆
	谢时臣	绢本《石梁秋霁图》	167.4×72.9	宁波天一阁
	谢时臣	纸本《匡庐瀑布图》	220×141.1	广州市美术馆
	谢时臣	纸本《匡庐瀑布图》	288.2×101	安徽省博物馆
	谢时臣	纸本《楚江渔乐图》	320.6×94.7	上海博物馆
	谢时臣	纸本《杜甫诗意图》	326×102.6	上海博物馆
	谢时臣	纸本《柳城渔艇图》	340×96	广东省博物馆
	谢时臣	纸本《江干秋色图》	341.6×125	首都博物馆
	谢时臣	绢本《武当南岩霁雪图》	296×100	青岛市博物馆

作者生卒年代（或作品年代）	作者	作品名称	纵、横（厘米）	收藏单位
1496~1577	陆治	《竹林长夏图》	176.3×75.3	故宫博物院
1562	陆治	纸本《翠殿韶华图》	175×27.1	上海博物馆
	陆治	纸本《雪景山水》	152.3×24.7	上海文物商店
1501~1583	文嘉	《溪山行旅图》	190.3×52.3	故宫博物院
1574	文嘉	纸本《临董源溪山行旅图》	190.3×52.3	上海博物馆
	文嘉	纸本《寒山策蹇图》	150×38	广东省博物馆
1508~1578 1575	钱穀	纸本《晴雪长松图》	271×100.3	故宫博物院
1575	钱穀	纸本《补沈周重阳酒兴图》	158.7×43.7	上海博物馆
1576	钱穀	纸本《柳阁赏荷图》	291×100	广州市美术馆
1502~1575	文伯仁	纸本《具区林屋图》	166.8×57.6	上海博物馆
1555	文伯仁	纸本《溪山深处图》	165.6×40.2	中国历史博物馆
1562	文伯仁	纸本《都门柳色图》	155.3×50.6	上海博物馆
1566	文伯仁	绢本《仿王蒙山水》	155×62	上海工艺品进出口公司
	文伯仁	纸本《秋岩观瀑图》	342.7×97.6	上海博物馆
1542	陈栝	纸本《为肯山作山水图》	162.5×30.5	故宫博物院
1552	陈栝	绢本《花石图》	160×70.4	上海博物馆
1517~1580 1562	陆师道	绢本《乔柯翠林图》	174.8×98.2	上海博物馆
	钱贡	绢本《坐看云起图》	201.6×73.8	故宫博物院
1525~1604	蒋乾	绢本《临流图》	178×103.3	广东省博物馆
1546~1631 后	张复	绢本《山水图》	161.5×89.5	烟台市博物馆
1607	张复	纸本《虞山览胜图》	184×83.7	北京市文物商店
	张复	绢本《雨过芝田图》	189×57.5	江苏省博物馆
1542~?	陈㮮	绢本《桃花鸳鸯图》	173.4×82.7	辽宁省博物馆
1563~约 1639	陈裸	纸本《画王维诗意图》	198.4×95.1	上海博物馆
1627	陈裸	纸本《秋树草堂图》	161.5×54.5	天津市艺术博物馆
1629	陈裸	纸本《石梁飞瀑图》	173×59.7	故宫博物院
1638	陈裸	绢本《赏秋图》	150.8×59.9	上海博物馆
1615	陈焕	纸本《重岩飞瀑图》	151.6×39	苏州市博物馆
1639	邹典	绢本《仿黄公望山水》	170.2×77.3	上海博物馆
1627	殳胤执	纸本《竹深水阁图》	221.8×92	河北省博物馆
1565~1643	程嘉燧	纸本《菊柏图》	189×51.6	天津市艺术博物馆
1570~? 1618	袁尚统	纸本《古木寒鸦图》	203×62	天津市艺术博物馆
1602	周之冕	绢本《杏花锦鸡图》	157.8×83.4	苏州市博物馆

作者生卒年代（或作品年代）	作者	作品名称	纵、横（厘米）	收藏单位
1602	周之冕	绢本《竹石家鸡图》	158×47.2	故宫博物院
	周之冕	绢本《松兔图》	155×68	常熟市文物管理委员会
	周之冕	绢本《花溪鸳鸯图》	173.4×87.7	故宫博物院
	周之冕	纸本《铁骨冰肤图》	168.3×78.8	上海博物馆
1573~1644	归昌世	纸本《竹石图》	150.8×31.6	上海博物馆
1630	张宏	纸本《仿吴镇山水》	343×103	广州市美术馆
	李士达	绢本《仙山楼阁图》	167.7×79.2	南京博物院
	王毅祥	《松梅兰石图》	168×88	故宫博物院
	沈士鲠	绢本《桃李芳园图》	184×92.5	天津市艺术博物馆
	盛茂烨	绢本《锦洞青山图》	193.4×97.5	故宫博物院
	盛茂烨	纸本《泰山松图》	308.8×96.7	上海博物馆
	陈嘉言、盛茂烨等	纸本《岁寒图》	158×63	天津市艺术博物馆

明代吴门书派大幅书法立轴简表

作者生卒年代（或作品年代）	作者	作品名称	纵、横（厘米）	收藏单位
1435~1504 1503	吴宽	纸本《行书送别诗》	154.3×53.5	上海博物馆
1460~1526	祝允明	纸本《草书七律诗》	363.5×111.2	上海博物馆
	祝允明	纸本《草书杜诗》	363.9×111.1	上海博物馆
	祝允明	纸本《草书唐贾至早期诗》	173.8×48	上海博物馆
1470~1559	文徵明	纸本《行书七律诗》	156×66.5	天津市历史博物馆
	文徵明	绢本《行书金銮诗》	158×54.5	广州市美术馆
	文徵明	纸本《行书七律诗》	159×41.6	天津市历史博物馆
	文徵明	纸本《行草五古诗》	163.5×49.1	上海博物馆
	文徵明	绢本《行书寿华君序》	169×96.4	上海博物馆
	文徵明	纸本《行书赠朱玉峰诗》	180×98.3	首都博物馆
	文徵明	纸本《行书寿虞山诗》	195×98.8	上海博物馆
	文徵明	纸本《行书五言诗》	348×91.1	常州市博物馆
1498~1573	文彭	纸本《草书五律诗》	151.2×28.4	上海博物馆

	文彭	绢本《隶书有美堂记》	209×93.3	上海博物馆
1501~1568	王毂祥	纸本《行书七律诗》	158.3×71.5	上海博物馆
1514~1595	周天球	纸本《行书王维五律诗》	173×81	上海朵云轩
	周天球	纸本《行书七绝诗》	193.3×67	温州博物馆
1526~1590 1588	王世贞	绫本《行书七律诗》	171×51	天津市历史博物馆
1535~1614	申时行	纸本《行书梅花诗》	186.2×39.6	上海博物馆
	王穉登	纸本《行书蹋灯词六首》	192×50.2	天津市艺术博物馆
1567~1631	娄坚	绢本《行书杜甫诗》	175×50.3	首都博物馆

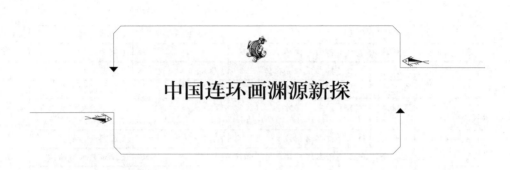

中国连环画渊源新探

　　我国连环画有着源远流长的历史，是植根于深厚的传统艺术的土壤中发展起来的。关于连环画的发展渊源问题，学者们有过一些精辟的论著。由于近年来不断有新的古代艺术资料的发现，故本文在前人论述的基础上，拟进一步探讨我国连环画的发展渊源问题。

　　具有连环画因素的艺术作品的出现，需要具备两个条件。一是人们要对事物发展的连续过程有着较完善的观察和思维能力；二是人们要具有表现事物发展过程的一定的艺术造型能力。从考古资料来看，我国旧石器时代晚期的人们就初具这样的条件。距今 18000 多年前的山顶洞人的脑量已与现代人差不多了，这就使精神劳动与物质劳动逐渐分离而相对独立。在旧石器时代初期的北京人，他们制作石器时，就经过了选择材料、打制和修整加工等一连串的有意识的造型活动。在山西朔县峙峪旧石器时代晚期遗址中，在一件骨片上刻着图像，据考古工作者分析，刻的是羚羊、鸵鸟和猎人等，是狩猎生产活动的反映[1]。而这些散点图像之间的内在联系是猎人猎取野兽的意念，猎人意想中的狩猎过程是以断续的形象来表现的。在当时文字还没有形成的情况下，对这些狩猎图像的说明，是通过巫师的咒语向大家宣讲的，也就是通过口头的语言将分散的图像联系起来，使之反映一个事物的连续发展过程。虽然不能称这样的骨雕作品为连环画，但是已有连环画因素的萌生。

---

[1]　参见龙玉柱：《三万年前骨雕之谜》，《化石》，1982 年第 2 期。

图 1　甘肃秦安大地湾出土《猛虎相斗图》彩陶壶

　　进入新石器时代，我国的彩陶艺术非常繁盛，在彩陶中有一些是描绘动物、人物形象的艺术作品，而且还有以图案纹样和符号相并置的彩陶，这都反映出人们用以表意的造型能力有了很大的提高。

　　在甘肃秦安大地湾仰韶晚期遗址中，出土了一件彩陶壶，在腹部绘着两组情节连续的以动物为题材的画面，一组为两猛兽对峙，而另一组是两猛兽直立而起相扑（图1），它是用了两个相承的画面来描绘两猛兽从对峙到相扑的互相贯连的情节。这种用不同画面连续地表现有着相连情节而组合成的图画，可以说已具有连环画的因素。在同一彩陶壶上绘猛兽从对峙到相扑的情节画，对其含义还不能做出确切的解释，可能欲借猛兽的威武形象来驱恶镇邪，因此以连环画形式出现的猛兽相斗图，是有着明显的功利目的，希望通过画面上表现的这些连续的情节，企望由此获有某种巫术法力，从而能猎取野兽或求得庇护。

　　我国中原地区进入奴隶社会后，有的少数民族地区仍处于原始社会。当时一些少数民族虽已使用着青铜器，但仍保留着浓厚的原始社会的习俗和思想意识。在上古时期的少数民族的崖画、崖刻中，有以连续的不同的情节内容构成的画面。如云南沧源崖画，据碳-14测定的数据，推断年代上限距今3000多年。在沧源第一地点的第五区岩画，有的赶牛或牵牛，从事着农牧；有的飞弹引弓，进行着狩猎活动，分别表现了生产活动的不同方面。位于第二地点的崖刻《村落图》中，描绘了从不同地点和场合返回村寨的村民：有持着弓箭和长棒的猎人，有驱赶牲畜的农人和牧人。而留在村寨中的人正在春米、设案桌，迎候返村的人们（图2）。

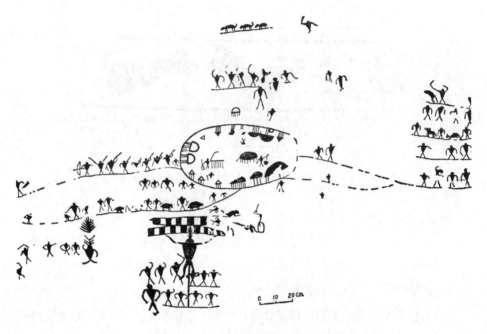

图 2　云南沧源崖画《村落图》

总体观察，沧源崖画表现着祈求丰年、进行各种生产活动和庆贺丰收等成系列的活动场面。

　　甘肃嘉峪关黑山的少数民族岩画，可能是春秋战国至秦汉期间的作品，也表现了当时人们在狩猎活动中一系列的场景。如第四号岩刻，分别刻画了射猎野牛、大角羊繁殖、持圈索捕鹿、骑马捕逐野兽等有关狩猎和放牧的不同场面。在内蒙古磴口县托林沟青铜时代的岩刻中，也展现了与训练猎人有关并含有巫术意味的狩猎舞、挽弓射猎等狩猎活动的前后过程。类似于这种性质的早期岩刻画，在我国北方地区还能列举出许多。

　　综上所述，我国连环画的起源，要远远早于北魏时期，也要早于战国时期，可以上溯到原始社会，以目前所见的从原始社会到青铜时代少数民族地区的美术遗存来看，当时的连环画尚处于原始的萌生阶段，主要表现的是当时人们在生产中连续活动的过程：如狩猎前的祭典、操练；狩猎中的各种场景；狩猎归来的庆贺活动等相承呼应的画面。这些表现狩猎过程的不同场景的画面是散点排列的，

图3　山东沂南东汉晚期画像石赵盾故事连续石刻画

是围绕着狩猎这一主题而展开的，也是以此为线索联系在一起的。即狩猎前的准备活动→狩猎中的活动→狩猎后的庆贺活动，呈现着周而复始循环的连环形式。这种具有连环画性质的画面，是意想中的反复进行的生产过程的艺术表现，直接反映着当时人们的物质生产的功利目的。这种反映了反复进行的狩猎生产的画面，是用以训练猎人，使猎人获有信心的一种方法，与物质生产是密切相关的。画的观众是氏族全体成员，是组织氏族全体成员进行生产和带有巫法性质的形象的教科书。因此，在原始社会就萌生了具有连环画性质的作品，当时这类作品是直接为物质生产服务的，乃是对氏族成员形象地进行生产教育的一种手段。

自秦汉至魏晋南北朝时期的连环画作品，已有学者详做介绍，本文再做一些补充。在汉代儒学盛行，宣扬以伦理为主体的礼教观念，标榜圣贤人物，于是关于圣贤人物的故事画流行。这种圣贤人物画是以两个以上的连续画面组成的，除去举过例的洛阳西汉墓室壁画中的连环故事画外，还有山东沂南东汉晚期墓中的画像石圣贤人物画，如该墓第47号画面，画分上、下两格，在上格为晋灵公欲杀赵盾的刻像。下格则刻赵盾作惊恐状，一面问左边的人（可能是灵辄），而一面正举剑反击 [1]（图3），由上下相连承的两幅画面来刻画晋灵公欲杀赵盾的故事情节，而且还在人物和动物的图像旁边标有"晋灵公""敖也"等榜题载明画中

---

[1]　参见《沂南古画像石墓发掘报告》，文化部文物管理局出版，1956 年。

人物的姓名。这已是用连续的画面和标示式的文字结合起来，表现着首尾相连的故事情节，虽只有两幅画面，亦可视作简单的连环故事画。

在汉代还有神仙家思想的风行，此后还继续流行了很长时期。信奉者希冀长生不死而羽化升天，因此在墓室艺术中，常将人、地、天三界分别而组合地表现。如长沙马王堆汉墓帛画、酒泉丁家闸十六国时期墓室壁画等，都是以组画的形式来表现诸界万物，而以墓主的在世和死后出世来贯穿，先描绘墓主在世时的主要经历和权势；有的还描绘打鬼驱邪的场面，是为墓主人升天扫清道路；然后由仙人灵兽导引升天；最后在上天仙界自在地遨游。从广义上讲，这类表现天、地、人三界组合形式的墓室壁画，也可算作松散的连环画。除去表现墓主人一生主要经历的连环画外，也有以连续画面表现墓主人和为其服役的人的生活片段，如已提及的沂南画像石墓中，在中室南壁的上横额，刻绘了从丰收到宴享的一系列情节，分为装粮、藏粮、宰猪、宰牛、宰羊、厨事、炊庖等连贯的画面。而该墓的第 36 号、第 37 号、第 38 号三幅画，相连地组成墓主人的出行图，第 36 号为迎接墓主的人和仪仗、陈设；第 37 号为墓主人的车马出现来临；第 38 号为出行的队列和车马仪仗。是以三幅画，将墓主人出行的前后相承的三个不同时间的场面组成完整的连环画。在嘉峪关魏晋壁画墓中，有更多的连续成组的画面。如 5 号墓的壁画中，绘着犁地、耙地、耱地、打场、扬场等从耕种到收获的农业生产画面（图 4）。如 6 号墓中室东壁最下一排的五幅壁画，自右往左的顺序为庖厨、进食、宴享、奏乐、进酒，组成以宴享为主题的连环画。从以上列举的秦汉魏晋时期遗存的部分美术作品来看，可以说简单的连环画作品已经出现，这一阶段可视作我国连环画的初创时期。

南北朝时期，佛教昌盛，常以通俗的佛教故事画来弘扬教义。在壁画、石刻等艺术作品中，常有连续的佛教故事画。如敦煌千佛洞的十六国时期、北魏、西魏至北周的各时期的石窟壁画中，有大量的佛本生、佛传和经变故事画，有许多是以多幅画面构成的连环画。特别是北周第 290 窟的佛传故事，以 86 幅相承连的画面，完整地表现了从托梦乘象投胎至出家成佛的过程。而且每个画面都有榜题，扼要说明画面的内容。整个故事情节波澜起伏，曲折生动，标志着我国连环画已摆脱了幼稚状态，进入了迅速发展的阶段。

图 4　嘉峪关魏晋 5 号墓壁画中系列农作图

南北朝时期的连环画作品，除去学者们先前已介绍过的石窟壁画、卷轴画和漆屏风画等，在石刻中也有不少连环故事画。如甘肃省庄浪县李家碾发现的一套北魏时期的五层石方塔，在塔的四面都刻着浮雕的石造像，其中又以五幅画面概括地描述了佛传故事。第一幅是儒童菩萨托梦摩耶夫人，而乘骑白象入胎。第二幅表现摩耶夫人手攀树枝，释迦太子在树下诞生。在太子上方有诸天护法在守护着，还有龙王兄弟吐泉洒灌太子头顶，为太子沐浴。第三幅为佛传故事的高潮，为太子出家成佛，车匿牵白马回国，举国上下见太子未还，俱有悲怆状。白马哀声嘶鸣，裘夷抱着马颈痛哭。第四幅可能是罗睺顶礼膜拜释迦的场面。第五幅表现释迦佛涅槃，弟子举哀，号啕大哭，是佛传故事的结束（图5）。这种刻在石方塔上的佛传故事连环画，可绕巡四面而观瞻，可以称作立体的连环画。又如泾川南石窟寺北魏第 1 号窟的顶部，也有浮雕的连续的佛传故事，刻着释迦夜半逾城、车匿还宫等情节。类于这种石刻连环故事画还有很多，不逐一列举。可以看出当时连环画的表现形式很多，壁画作平面的表现，石刻作立体的表现，是连环画的不同表现形式。

综上所述，我国连环画的起源或可上溯到原始社会。在原始社会和奴隶社会

图5　甘肃庄浪北魏石塔上佛传故事浮雕

时期，即出现了一些具有连环画因素的作品，属于萌生阶段。特别要指出的是连环画的萌生时期，其表现的内容和生产活动是紧密相连的，其观者是氏族的全体成员，为氏族全体成员所理解，从中受到鼓舞和教育，从而又促进物质生产活动，属于氏族主体的艺术。

秦汉魏晋时期，是我国连环画的初创阶段。不论是宣扬为礼教所推崇的圣贤人物，或是描绘神仙家设计的天上人间的不同境界，还是表现墓主人的生活和权势，连环画不再直接依附于物质生产活动，而相对地独立出来，主要是统治阶级向民众从精神方面进行伦理教化的一种手段。

南北朝时期是我国连环画迅速发展的阶段，这时期以宗教故事为主要题材，尤其佛教的传播和兴起促进了连环画的发展，最重要的是促进了多幅的长连环画的发展，是我国连环画的一个重要发展阶段。

唐宋以后，印刷书籍逐渐推广，为连环画册的出现准备了条件，也为我国现代连环画的发展奠定了深厚的基础。

从我国古代大型的固定的连环画，到现代小型的便于流传的连环画册，经历了漫长的发展过程。回顾我国连环画的发展史，不仅可以纵向地研究连环画的发展过程和趋向，也可以横向地研究连环画的多样的表现方法，如除去以小型的便于流传的连环画册为主要形式外，还可用固定的大型的壁画和石刻来表现连环故事画，并且建立在有关文化娱乐的公共场所，在开阔的广场上还可设饰有连环画的塔柱，以便长期供人观瞻。在有条件的地方还可建立连环画宫，让人们置身于连环画的世界中。总之，从我国连环画的发展史中，可以得到很多借鉴和启发，使我国连环画艺术愈益繁盛，向着更高和更广阔的境界发展。

甘肃民间美术探源

甘肃民间美术的特点是什么？初看时，甘肃民间美术兼有邻近各省的特点，自身的特点却难概括，但细究起来，这种兼而蓄之的现象正体现了甘肃民间美术渗透着丝路文化的积蕴，从而具有深厚、博大、多姿的艺术特点。今天呈现在我们面前的甘肃民间美术，不仅有相沿几千年的历史传统，而且还融入了非常复杂的文化因素。

植根于黄土地的陇东民间美术

生命树是陇东民间剪纸中颇有特色的题材，剪纸中有各式各样的生命树，皆茁壮挺拔，枝干参天，花叶茂盛，有鹤鸟清鸣于树梢，松鼠纵跃于树间，稚猴捧桃于树侧。其中一种生命树的树端为长着鹿角的人面（图1），取"鹿角生，腊鼓鸣"之意，"或曰腊者，接也，新故交接"[1]，以鹿角、人面象征新旧交接而不断萌动的生命力，繁衍不息的陇东民间美术中，正是古老而长青的生命树。

图1　生命树

---

① 参见《风俗通义·第八·腊》。

在陇东民间美术中，还保存着五六千年前先民的一些文化习俗，这种罕见的文化现象是在特定的历史和地理范畴中形成的。

渭河和泾河发源于陇东黄土高原，渭河、泾河流域是我国农业最早产生的地区之一，也是古羌集团的发源地，其中的周族也始起于陇东，这地区的先民的族团意识很强，族文化的个性也较明显。一个地区人们特有的文化心理是和当地的生态环境有一定关系的，分布于渭河一带的8000年前的大地湾文化已出现了农业，居民开始了定居生活。深厚的黄土为当地氏族居民的地穴居住方式提供了有利的条件。在原始社会，这种潜居于地下的地穴居住方式与江南的属于巢居系统的干栏式房子的居住方式有很大的不同，必然对他们的生活习俗和文化心理带来很大的影响，像在湖泽地带巢居的人们受自然条件的限制较大，很难任意地构成建筑群的特定布局。相反，黄土高原上的人们可以有较大自由来安排氏族居住聚落的特定布局，使氏族聚居的建筑群有着分区有序的格局，面向中央广场的分组的建筑群，表现出强烈的以血缘为纽带的氏族意识和内向的凝聚力。由于氏族的群体意识特别强烈，反映到造型艺术上，作为氏族神祇的形象而表现出来的图腾艺术就格外地繁盛，因此这地区的原始艺术的选材和其他地区就不同。从这地区的新石器时代的彩陶纹样来看，自然形的动物纹样占了很大的比重，尤以鱼类水族纹具有代表性。在半坡类型、石岭下类型和马家窑类型的彩陶上，人面鱼身的纹样是屡见不鲜的，这种人格化的鱼神形象应是这一地区氏族集团具有始祖意义的图腾形象，这一点在古代文献和神话传说中也有许多例证，如《山海经·大荒西经》载："有氏人之国，人面鱼身。"又如《淮南子·地形训》载："后稷垅在建木西，其人死复苏，其半鱼在其间。"后稷是周人的先祖，死后复苏，而身子的一半化作了鱼，表示返祖为鱼的意思。

陇东民间美术大量地保存了这一地区自远古时期就出现的特有的艺术题材，人鱼是剪纸中的一种重要题材，其中有面似孩童面而身子为鱼身的鱼娃，人头鱼、多子鱼等，有的人鱼的尾鳍还作人足状。不仅在剪纸中，就是在刺绣的荷包挂件中，娃娃鱼也是备受喜爱的题材，以头部扎着髽髻的娃娃而身子为鱼的样式最多，在娃娃鱼的身下还垂吊着十二生肖的挂件，这种娃娃鱼形象被看作种族繁衍的祖神。另一幅《鱼儿吐子》也表现出了同样的含义。娃娃鱼的学名叫大鲵，是生活在甘肃东部等地的珍贵动物。距今 5000 年的石岭下类型的彩陶纹样中，鲵鱼纹是具有代表性的纹样，其中也有人面鲵鱼的样式，作尾巴卷举状。而庆阳的一件刺绣挂件也是尾巴卷举的人面鲵鱼的形象。娃娃鱼的题材一直沿袭下来，但原先作为图腾的意思已早被人们遗忘了，如今只是用以寄寓着子孙繁衍兴盛的愿望。

蛙和蛙人也是陇东民间美术常见的题材，而半坡类型和马家窑类型彩陶花纹中也有蛙纹，两者的蛙纹形象十分相似（图 2）。正宁县的刺绣耳枕中，有一件腹部为人面而两端为蛙头的蛙人，和甘肃出土的马厂类型的两端为蛙面的提梁红陶篮的形态颇为相似。在马厂类型彩陶壶上，还有腹部的一面为浮雕人像，另一面绘变体蛙纹，可视作蛙人共同体的两个方面。半坡彩陶上的蛙纹，既像蛙，又像鼋，实际上是鼋纹，《尔雅》称："在水者鼋。"郭璞

图 2　蛙（上：彩陶　下：剪纸）

注云："耿鼋也，似青蛙大腹，一名土鸭。"天鼋被认为是周族始祖神之一，在殷周青铜器上的族徽中也有天鼋，蛙或鼋都属于鱼类水族，同样是陇东民间美术一直沿袭的题材。

在陇东这块黄土地上，遗存了远古时期的一些美术题材和装饰纹样的基本样式，是与这地区长期较为隔离封闭有关，但这只能作为一个方面的因素，更重要的是这一地区的人们有着强烈的祖先崇拜意识，认为人与万物组成了和谐的整体，人与自然相互依存，相互托寓，从而绵绵不绝地孕生出不灭的生命。

繁衍不绝的生命是陇东民间美术的主题，许多作品都是生命的赞歌。从祖先崇拜的角度来看，庆阳地区的彩绘葫芦瓢是值得注意的，葫芦瓢上的彩绘多作人面图案，有一件人面像竟与正宁县出土的彩陶葫芦瓶上的人面纹形象相似。泾渭流域出土的半坡类型的彩陶葫芦瓶是具有代表性的器物，上面的纹样以鱼和人面

图 3　葫芦形烟包上的伏羲、女娲

的复合纹样或人面纹单独纹样为多。在这一地区延续出现的人头形器口彩陶瓶实际上也是由人面纹葫芦形彩陶瓶演绎而来的，而这种演变又是和人们的原始宗教信仰由图腾崇拜进而为祖先崇拜有关。在周人的心目中，葫芦是繁衍生殖的象征，叙述周人祖先历史的《诗·大雅·绵》记载："绵绵瓜瓞，民之初生，自土沮漆。"瓜瓞即小葫芦，此诗含有周民初生于葫芦并绵延不绝地繁衍的意思。在陇东民间美术中，葫芦是常见的题材，有的在葫芦中还饰有莲花，亦取连绵之意。庆阳地区有一件葫芦形刺绣烟包，上面也绣了莲花，并且有两个黑白不同的人面蛇身的神，作交尾状将莲花盘绕其间，显然是表现中华民族的始神伏羲和女娲（图3）。这种对传统的尊仰，对乡土的热爱，对生命的礼赞，表达了这块黄土地上祖祖辈辈劳作的人们自强不息的信心，这种崇尚生命树的题材反映了古代社树的习俗。周人筑土坛为社，中植树为社树，于此祭地，以求农事丰盛，此风相沿不衰。《汉书》称这里的人们"好稼穑，务本业，有先王之遗风"。到宋代，在这地区为官的范仲淹仍说这里"莫管时殊俗自同"。陇东人民世世代代在黄土地上劳动、生活，滋育着美好的绿色的希望之树，陇东民间美术是一棵扎根在深厚黄土地中有着旺盛生命力的参天大树。

丝绸之路的文化交往对甘肃民间美术的影响

早在青铜时代，北方草原的游牧文化就对甘肃的古文化产生了影响，至今在甘肃西部和中部遗存了大量的古代游牧民族的岩画。自古以来，北方游牧民族经常在甘肃活动，有的还定居下来。现在甘肃仍以畜牧为重要的生产方式之一，由此反映在甘肃民间美术的题材中，动物题材占较大比重，尤其在河西地区和多民族聚居地区的民间剪纸中，家畜和家禽题材占重要的地位，动物题材多是甘肃民间美术区别于内地民间美术的一个重要特点。甘肃民间剪纸中的动物，大多为单独纹样，而且多呈动态姿势，显得灵动活泼。有的剪纸中将家畜的四足简化为两足，鸟的两足简化为一足，这种造型手法和甘肃古代游牧民族岩画同出一辙。剪纸中，也有猛兽搏斗咬噬的作品，作纠缠的样式，有的以重复的线和富有装饰性的线束用来刻画动物的皮毛和花纹，和在甘肃出土的匈奴铜牌饰上的动物纹样的构成样式也是一样的。牧民审美观的形成与畜牧业生产方式是相关的，所谓羊大就是美，繁殖和健壮在牧民心目中被认为是美好的，草原文化对美的特有的追求在甘肃民间美术中鲜明地体现出来。

在甘肃民间美术中，狮子的形象得到了人们的厚爱。狮子产自西亚、非洲等地，并不是中国本土的动物，其形象大量出现在中国艺术作品中，应在佛教艺术传入中国以后，目前我们见到的最早的对狮形象，是甘肃泾川县出土的一件鎏金铜佛的座前蹲着的一对狮子，属于十六国时期。佛教中的狮座是佛的坐处，《大智度论·七》："佛为人中狮子，佛所坐处若床、若地，皆名狮子座。"但后来佛座前的狮子已有护法兽的含义。

时过境迁，对狮又被用来作为守护门户的猛兽，移至官衙寺庙的门前，狮子的雄武面貌逐渐萎失，消亡了凶恶的性情。在甘肃民间石刻、布玩具和剪纸中的狮子，显得天真活泼，由于夸大了狮头的比例，并且圆睁着充满稚气的大眼，使人感到可亲。在甘肃民间家庭中，布狮子是孩子的玩具，石狮子用来作为拴娃石，因此这类狮子既是孩子的伙伴，也是娃娃的守护者，如果有恶狗似的一脸凶恶相，会使孩子感到恐怖惊惶，伴孩的狮子亦有情，于是从西方来的狮子成为孩童可亲的伙伴。

莲生娃娃也是甘肃民间美术常见的题材，这里取莲和连的谐音，寓以连生娃娃之意，由莲花里生出的娃娃，有男有女。在以农业为主的社会中，人是生产力的主体，在古代繁衍人口对发展农业生产起了积极的作用，于是莲生子就成了民间喜爱的美术题材。但是最早的莲生子传说却与佛教有关。佛经上记载佛诞生于莲花，因此佛总是坐在莲座上。到宋朝，已经出现了小孩在莲花中的莲灯，则以孩童代替了莲座上的佛。莲娃的题材在甘肃民间美术作品中沿袭下来，以剪纸形

图4　鱼莲吐子　　　　　　　　　　　　　　图5　道佛合一

式表现的莲娃，多作正面，双肩左右伸举，五指张开，像要拥抱世界。有一剪纸的莲娃的双手握着由鱼衔着的水草，寓有鱼儿吐子的意思，将本土的鱼始祖传说也糅合进了作品（图4）。还有一幅饰有莲花的葫芦的剪纸，上文提及葫芦为生殖的象征，生娃的莲花也有繁衍生息托载物的含义。我们从莲生佛到莲生娃，可以看出外来的佛教故事如何被世俗化，又成为新鲜活泼的富有生命力的民间美术作品。

　　也有外来的艺术题材和本土的艺术题材在甘肃民间美术作品中有机地融合一体，陇东剪纸《道佛合一》就是突出的例子（图5），剪纸中的"佛"是用四角的蝙蝠来表示的，取蝠的谐音作佛。"道"是用两条旋转的鱼组成的太极图来表示，作双关形的阴阳双鱼是对立统一的宇宙的象征，剪纸中的佛和道的理念都返璞归真，以艺术形式统一于人类童年时期带有天真意味的宇宙观念中去了。

　　自古以来，甘肃就是一个多民族聚居的地区，甘肃民间美术融入了西北各族民间美术丰富的色彩。甘肃的民间美术品精彩纷呈，有哈萨克族的满饰繁花的地毯，裕固族妇女美丽的服饰，藏族浓艳的建筑图案，白马藏人富有特色的面具，回族以花草纹为特色的砖雕，保安族刻镂精美的腰刀，还有许多各族民间美术的鲜丽的花朵盛放在丝绸之路上，争奇斗艳，交相辉映，使人觉得美不胜收。

意象化和理想化是甘肃民间美术的传统表现方法

从新石器时代晚期起，甘肃彩陶已开始运用意象表现方法，并逐步发展成为传统艺术的主要表现方法，并且甘肃民间美术更多地采用了这种意象表现方法。

从甘肃新石器时代晚期装饰纹样的发展过程来看，是写实的动物纹样发展到人格化的动物纹样，或两个以上的动物纹样复合而成的意象图案。意象图案在中国图案中是特别多的，这和华夏族是由众多的部族经过多次融合而成有关的。如半坡类型彩陶上的鲔鱼纹发展为中原龙山文化彩绘陶上的鱼龙纹，因此由不同的动物纹样复合而成的意象图案，不仅反映了部族融合的过程，还反映了部族的衍生或迁徙的脉络。

在甘肃民间美术作品中，保存了大量的以不同的动物纹样复合而成的意象图案纹样，如鱼龙复合纹、虎鹿复合纹、翼鱼纹等，这类复合纹样可认为是远古艺术的孑遗，当然这类超现实的复合纹样用写实的手法去表现是不适宜的，这就相应地产生了意象表现方法，甘肃民间美术作品中经常通过艺术意象的互相托寓、转借而又互相复合，巧妙地表现了丰富的寓意。

这类复合式的表意纹样需要用特殊的造型手法，在甘肃彩陶图案中是运用双关形的手法来表现的，采取将两个以上的纹样中的相同部分作共用形，达到一形双关，取得以少显多的艺术效果。如甘肃省秦安县出土的一件细颈彩陶壶上，绘着以两个猪面共用一只眼睛组成的二方连续猪面纹。甘肃民间美术承袭了双关形的造型手法，并有所发展。如庆阳地区的一个六面虎形枕，也是采用了三个虎面共用一只眼睛的构成手法。庆阳地区杨玉珍制作的剪纸中有一个三面娃，娃的正面的左右各为一个侧面，侧面的眼睛也是正面的眉，巧妙地在平面的图像中同时展示出不同体面的图像。庆阳地区李会英的剪纸《四喜娃娃》运用了传统的共用形手法，作一圈循环排列的四个娃娃，却只以共用的两个头和一双脚表现出来，使人感到妙趣横生（图6）。

甘肃民间美术还通过双关形来表达双关意，通过形中套形来表达意中寓意。如剪纸《猫肚鼠》，是在大猫腹中含有一只大鼠，大鼠的腹中又含有一只小鼠，巧妙地表达了以猫捕鼠使鼠不再繁衍的意思（图7）。另一幅剪纸是在虎头中寓

图 6　四喜娃娃　　　　　　　　　　　　图 7　猫肚鼠

有鱼，以"虎鱼"的谐音表示"富余"，采用了意的转借手法。剪纸《虎鹿》是以虎头鹿头共用一个头形，以"虎鹿"的谐音表示"福禄"，身子的花纹又饰寿字图案，合为"福禄寿"之意，这是更复杂的复合意象。

甘肃民间美术中的一些作品是按照作者自己的愿望和思想去设计艺术形象的，充满浪漫的想象，承袭了汉代以来的将艺术形象理想化的处理手法。武威雷台汉墓出土的铜奔马，以足踏飞燕的绝妙构思，表现出理想中神速的良马。而陇东剪纸中的一帧神马，有异曲同工之妙，四只马蹄又类于鸟头，洋溢着浪漫的情趣。

甘肃民间美术中各式各样的生命树，表现了思想中的人和自然十分谐和的世界，展现了生机盎然的景象：迎喜的鹊鸟在树梢成对地栖息，层层重重的莲花接连盛开，活泼的双猴站在松干上捧献着寿桃，鱼儿衔花，鹭鸶绕莲，柳鹤同春，幼鸟出巢，石榴绽子。还有一对狗在守卫着生命树，这棵生命树是甘肃人民祖祖辈辈用心血滋养的，以美好的理想培育的，每一片枝叶，每一朵花瓣，都浸透着泥土的芳香，焕发着纯真的美。

甘肃民间美术，就是这样一棵古老而又年轻的生命树。

宇宙图式中的天穹之花

——柿蒂纹辨

中国装饰纹样有着源远流长、自成系统的发展历史，以及寓意深奥的文化内涵。中国装饰纹样中的植物纹样，有独特的发展轨迹。上古时期的植物纹样很少，而且多为具有象征意义的标志性纹样，这与中国古代宇宙观有关。因此，对于中国古代植物纹样的研究不能望文生义，而是要置于当时的文化背景和表现模式中去研究纹样的内涵。本文基于这一研究思路，对原称作柿蒂纹的文化内涵进行辨析，以求对柿蒂纹的本义和中国早期植物纹样的特点做初步的认识。

柿蒂纹不同的名称和诠释

柿蒂纹是兴起于战国并流行于汉代的一种具有时代特色的装饰纹样，因其中一些花纹的形状像柿子分作四瓣的蒂而得名，亦称柿蒂形纹。又因有不同的式样，还分别称作四叶纹、花叶纹、扁叶形纹、花苞纹、四瓣花纹、花瓣纹、莲瓣纹、花朵纹[①]。

柿蒂纹的这些异称，大多是根据花纹的形状来冠名，对其含义也看法不一。

---

① 参见孔祥星、刘一曼：《中国铜镜图典》，文物出版社，1992 年；周世荣：《中华历代铜镜鉴定》，紫禁城出版社，1993 年。

有的视作水仙花 [1]，有的认为是辟邪的茱萸纹 [2]，田自秉先生对这类花纹的种属提出了有启发性的见解："……有人认为它是花而非叶。因为流行在南方的楚国，所以也有认为这是荷花。……芙蓉就是荷花，这是楚国爱赏的植物。用它作为铜镜的装饰，也是很自然的" [3]。以上看法虽分别指柿蒂纹为荷花、茱萸花、水仙花，但都认为是花形纹。

柿蒂状的花形纹的装饰部位

要确切弄清柿蒂状花纹的含义，首先要研究这种花纹在特定场合和器物上的装饰部位。主要有以下几类情况：

铜镜 柿蒂状的花纹常见于战国至汉代的铜镜上，绝大部分饰于铜镜中央的纽座和纽区部位。花形纹以柿蒂状的四出样式最多，少量作六出、五出和三出样式。花形纹分作三大类型：第一类是桃状的花瓣纹，晚期的花瓣纹变得宽扁，并且演进成柿蒂状花纹（图1-1，图1-2，图1-3）；第二类是瘦长而两头尖的花叶纹，晚期花叶纹的后部变圆（图1-4，图1-5，图1-6）；第三类是花蕾纹，有的在花蕾两边饰外撇或翻卷的叶（图1-7，图1-8），有的四出花瓣纹间有四出的小叶纹，有的四出花瓣纹下有短茎，或伸出有花蕾的长茎，也有在铜镜中央饰写实的花朵纹，可看出是六瓣的大莲花纹。这些用花的整体或某一部分的纹样，都装饰在铜镜的中央部位，因此它们的指意是相同的，乃是象征性表现花，其中能看出写实花形的是莲花。

器皿 在春秋时期，流行在铜壶、盨、簠器皿的盖顶饰外敞的莲瓣，著名的是河南新郑李家楼出土的一对春秋中期的铜莲鹤方壶，盖顶饰两重镂孔莲瓣。这种在盖顶饰莲瓣的做法，一直延续到战国。战国中期的一些铜器，在圆凸的盖顶中央开始装饰柿蒂状的花形纹。原先饰于铜器盖顶的立体莲瓣，变换成浮雕或镶

---

[1] 参见周世荣：《中华历代铜镜鉴定》，紫禁城出版社，1993年，第73页。

[2] 参见郭廉夫、丁涛等：《中国纹样辞典》，"战国铜镜花叶纹"，天津教育出版社，1998年，第243页。

[3] 参见田自秉：《中国工艺美术史》，东方出版中心，1985年，第94页、第95页。

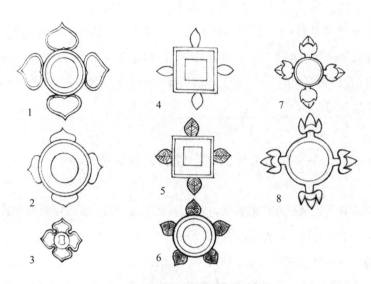

图1　战国铜镜上柿蒂状花形纹

嵌的花形纹。陕西咸阳出土的战国中期的嵌金锻云纹铜鼎，鼎盖为半球形，盖顶有嵌金的柿蒂状花形纹，这种四出的花形纹已有相对固定的面貌。到秦汉时期，在器盖顶部中央饰花形纹的做法增多，延续到魏晋才衰竭。

吊顶铜莲花　河北满城西汉刘胜墓出土一件吊顶铜莲花，花分四瓣，花蕊下倒悬一长臂猿。甘肃张掖市博物馆藏有张掖郭家沙滩东汉墓出土的铜莲花，花形写实，也悬挂于墓室顶部。

画像石墓、壁画墓的莲花纹藻井　自东汉晚期至东晋十六国的一些画像石墓和壁画墓的墓顶部藻井，刻或绘着莲花的图纹。山东沂南东汉画像石墓的前、中、后室的藻井都刻着浮雕的莲花纹，为四瓣或八瓣的莲花。如后室顶部藻井中刻八瓣莲花纹，两旁刻菱格纹天窗。河南密县打虎亭东汉壁画墓、甘肃武威雷台东汉墓和武威师范学校魏晋墓、甘肃酒泉丁家闸十六国时期1号墓和5号墓的墓顶藻井中，都彩绘着莲花纹。东汉王延寿《鲁灵光殿赋》描述了殿中的莲花藻井："圆渊方井，反植荷蕖"，印证了当时殿堂中已有莲花藻井。

伞盖　汉墓中出土的车盖，在盖弓帽的顶端多饰铜莲花，大多数为四个花瓣，其中一个四瓣铜花的中央，刻着头生两角的神人面部，应是太一神像，其含义在下文详述。长沙马王堆西汉 1 号和 3 号墓的帛画上，在人界和天界之间，有一悬浮空中的伞盖，盖顶两旁饰有卷叶的莲花。古时"花"和"华"字通用，饰着花的圆形伞盖，即是华盖。《后汉书·舆服志》阐明了车舆和伞盖的法式："舆方法地，盖圆象天。"因此，华盖可用以象征天穹。

从以上柿蒂状花形纹在各类器物和建筑上的装饰部位来看，都饰于盖顶中央，皆是取意华（花）盖。战国秦汉铜镜上的花形纹，饰于铜镜中央的纽座和纽区部位，仍是表示华盖。在湖南长沙月亮山东汉 28 号墓和四川资阳出土了格式基本相同的龙虎纹铜镜[1]，主区饰有一圈铭文，首句为"青盖作镜[2]四夷服"，是喻圆镜为天盖。我曾参加嘉峪关新城魏晋 8 号墓的发掘，该墓前室顶部中央挂着一面"位至三公"铭文铜镜。新城其他的一些魏晋墓的前室顶部留有铜挂钩，可能原先也挂有铜镜或铜莲花，已在古时被盗。将明镜悬于墓顶是象征青盖在天，与墓顶藻井饰莲花是一个意思。

➳➵ 铜镜上花形纹和其他纹样组成的宇宙图式 ➳➵

花形纹是中国最早的带有标志性的植物纹样。山东泰安大汶口出土的大汶口文化彩陶上，有中间为正方形的八角花形纹。安徽含山凌家滩新石器时代墓葬中，出土了一件由背甲和腹甲组成的玉龟，中间夹着刻有卜式图纹的玉片，为外方内圆的图形，与汉代式盘外为方形地盘、内为圆形天盘相似。在中心的圆内饰着与大汶口彩陶相似的四面八出式的花形纹，在中心圆外又有八出式的尖瓣纹，还以绳索状的四维连向四隅，形成了中心为花形纹，天圆地方，通连四面八方的图式。

战国铜镜的中央虽饰有花形纹，但未形成完整的格局（图 2）。西汉时期，铜镜上出现了花形纹与求占的"式图"相结合的完整格式。湖南长沙出土的西汉鎏金"中国大宁"铜镜上的图纹和铭文，说明了花形纹在式图中的地位和含义。镜上有篆书铭文："圣人之作镜兮，取气于五行。生于道康兮，辟去不祥。中国

---

① 参见周世荣：《中华历代铜镜鉴定》，紫禁城出版社，1993 年，第 111 页；孔祥星、刘一曼：《中国铜镜图典》，文物出版社，1992 年，第 480 页。

② 月亮山出土铜镜铭文的"镜"字为"竟"。

大宁兮，子孙益昌。黄裳元吉有纪纲。"
表明这种镜的纹样格式取于五行，生于
六章。五行为木、火、土、金、水，以
青、赤、黄、白、黑五色，分据东、南、
中、西、北五方。六章就是地的五方色
加天的玄色。下面我们依天、地、四方
的顺序阐述铜镜上这种图式的构成方式：
在铜镜正中的纽座大多作柿蒂状花形纹，
是取水中的莲荷形象，象征天穹正中的
华盖。"中国大宁"铜镜纽座的四瓣四叶
的花形纹，即是莲花纹。莲花形纽座外

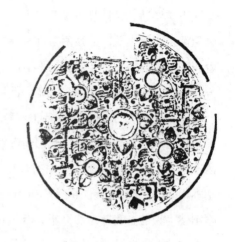

图 2　战国花形纹铜镜

是方形纽区，既代表四方大地，也应合天上九宫"井"字框架正中的中宫①。

　　汉魏的文赋中屡有描述宫殿藻井中绘有莲花的记载。张衡《西京赋》描写了
长安宫殿的莲花藻井："蒂倒茄于藻井，披红葩之狋猎。"何晏《景福殿赋》也提
到莲花藻井："茄蔤倒植，吐被芙蕖，缭以藻井，编以综疏。"王延寿《鲁灵光赋》
提到灵光殿建造的规矩制度是上应星宿："乃立灵光之秘殿，配紫微而为辅。"还
描述了殿中的莲花藻井："圆渊方井，反植荷渠，发秀吐荣，菡萏披敷，绿房紫
菂，安呸垂珠。"又建有九层之台，可望"高径（茎）华盖，仰看天庭"。可看出
宫殿藻井中俯覆的莲花即表示华盖。华盖也是星的名称，王褒《楚辞·九怀·思
忠》："登华盖兮乘阳，聊逍遥兮播光。"《补注》："华盖七星，其杠九星，合十六
星，如盖状，在紫微宫中，临勾陈上，以荫帝座。"紫微宫又称紫宫，因位处天
极，亦称紫极。紫宫是太一神居住的中宫，《史记·天官书》载："中宫天极星，
其一明者，太一常居也。"华盖星（即紫微星）位于天上中宫，是天之尊神太一
的居处，朝下对应地覆盖庇荫地面的中宫。华盖之花用莲花来表示，这与"太
一生水"有关。湖北荆门楚墓简册记述："大（太）一生水，水反辅大（太）一，

　　① 　参见国家文物局主编：《中国文物精华大辞典·青铜卷》，上海辞书出版社、商务印书
馆（香港）联合出版，1998年，第316页。

是以成天……是故大（太）一藏于水，行于时，周而又［始，以己为］万物母。"因为太一藏于水，所以太一居的中宫以水中之莲花来表现，并且用莲花纹来表示正中的天庭。

饰有"式图"纹样的"中国大宁"铜镜，也称作规矩纹镜、博局纹镜。这类镜的纽座外都有方形框，有的在方形纽区四边上饰十二地支铭文，这与汉代式盘的地盘方框内饰十二地支完全相同，表明这类铜镜的方框纽区是四方大地的象征。这类铜镜的方形纽区和圆形边缘之间的主区，依方形纽区外的四方，分饰青龙、玄武、白虎、朱雀四神纹，四神纹还分别配二十八宿中的一组七星（图3）。湖南长沙砚瓦池汉墓出土的铜镜，上有铭文："汉有善铜出丹阳，取之为镜清如明。左龙右虎备四旁，朱爵（雀）玄武顺阴阳"，表明是按阴阳五行的模式，以四神配二十八宿，辅以仙灵来象征地表现天地宇宙。

方形纽区四角为四隅，四隅与镜缘相对处各有"∧"符号，方形纽区四面之中各伸出"T"形符号，与镜缘内"L"形符号相对。国外学者取其形称为TLV铜镜。国内旧称规矩纹镜，将∧看作规，L看作矩。张衡《东京赋》描述明堂之制："八达九房，规天矩地"，是把规矩看作营造圆天方地的工具。又因TLV纹与博局格式相同，也称博局纹镜。关于T形符号的含义众说纷纭，我认为从方形纽区四面之中伸出的T形纹，应是表示四方巫帝的符号，甲骨文中的巫字作"田"，向四方分开即为四个方向的T形纹。四隅与∧形纹相对，则是从四角维系天地的四维[1]。

图3　规矩纹镜

《史记·龟策列传》记载了宋国博士卫平用式器占卜的情况："卫平乃援式而起，仰天而视月之光，观斗

① 参见孙机:《汉代物质文化资料图说》，文物出版社，1990年，第272页。

所指，定日处乡。规矩为辅，副以权衡。四维已定，八卦相望。"这正是中央饰莲花纹的规矩镜上的"卜式"的格局，这种格局是按阴阳五行观念构成的，在镜面中央饰莲花纹，象征天庭中央的华盖。并且以四方大地与十二干支、四神配属二十八星宿的图纹，又以四维为纲，规矩为辅构成的宇宙图式。原称作柿蒂纹的莲花，居于天极中宫，它是古代宇宙图式中的天穹之花。

❧ 结　语 ❧

对原先称作柿蒂纹的图形，通过考古类型学的排比方法，并结合柿蒂形纹样与其他纹样的组合情况，进行纵向和横向的研究，理清了这种纹样的发展源流，求证出柿蒂形的图纹为莲花纹及其变体的样式。

对莲花图纹含义的探讨，结合了当时社会的时尚和文化模式进行研究。从分析莲花图纹特定的使用场合和装饰部位入手，从而界定了莲花图纹在阴阳五行观念构成的宇宙图式中的位置和含义，它表示着天穹之中的华盖。

莲花纹的发展过程和阴阳五行观念的产生及兴盛几乎是同时的，至迟在春秋时期已出现了莲花纹，成为中国最早的成系列发展的植物纹样之一。

澄清了一些人认为莲花图纹是随着佛教传入中国的看法，只是由于佛教对莲花的崇尚，使中国原有的莲花图纹扩大了表现范围，被赋予更多的含义，有了更丰富的样式。

晋唐宋装饰艺术中的抽象倾向

中国装饰艺术的发展过程中出现过成系列的抽象装饰，它发端于东晋，兴起于唐，成熟于宋。在装饰艺术的抽象表现方面，经历了从自发到自觉的发展过程，使中国装饰艺术的抽象表现具有高逸的品格和特色。

东晋南北朝抽象装饰的产生

汉代装饰艺术是模式化的，由于升仙思想的弥漫，阴阳五行学说的盛行，构成了天、地、人三界和四面八方的宇宙模式，装饰艺术也相应地出现了系统的象征性的图式，如以青龙、白虎、朱雀、玄武分别标示四方。云气纹成为流行的装饰纹样，显得扑朔迷离的星云纹是汉代最接近于抽象的图纹。

魏晋南北朝是宗教艺术兴起的时代，这时期古印度、东罗马、波斯等外来文化相继传入中国。随着儒家礼教的衰微，崇扬个性和品格的玄学在东晋进一步得到发展，出现了专业的文人书画家，促进了书画艺术的个性化和表现技巧的提高，改变了先前汉代程式化的装饰作风。

东晋的瓷器已出现了近于抽象的纹样，在浙江、广西、江苏都出土了绘有褐彩的不规则点纹的青瓷，江苏镇江跑马山出土的褐色斑块纹青瓷鸡首壶，以大块的不规则的纹样作装饰，亦可视作抽象的装饰纹样。

十六国和北朝统治集团成员多为少数民族，他们不同程度地接受了汉文化，同时也广泛吸收外来文化。北方骑马民族喜爱艳丽的色彩，由东罗马、波斯等地

图1　北齐范粹墓出土的白釉绿彩瓷瓶

传入的金银器和玻璃器，格外为北朝上层人士所珍爱，他们倾心于流光溢彩的装饰效果。融入多元文化的北朝艺术在变革中不断发展，尤其北齐美术考古的一系列重大发现，令人耳目一新。目前发现的最早的白瓷出土于北齐墓葬中，白瓷的产生为瓷器彩色装饰的发展奠定了基础。北齐白瓷器物的腹部装饰着淋漓晕散的绿色彩纹（图1），开启了在瓷器上用抽象纹样进行装饰的序章。北齐白瓷上的大块面的抽象纹饰，可能由东晋青瓷上的不规则的点状或块状纹发展而来，但是北齐白瓷的一些器型却受到西方金银器的影响，河南安阳北齐范粹墓出土的白釉绿彩白瓷瓶，与甘肃张家川北魏王真保墓出土的银瓶器型相同。此外，西亚很早就产生了白釉和绿釉陶器，尤其波斯萨珊王朝流行绿釉长颈单耳陶瓶，因此白瓷的装饰起源问题应从多方面考虑。

　　魏晋南北朝的蜡缬、绞缬等染花工艺进一步得到发展，印染的花纹有着扑朔迷离、变幻莫测的不规则性，突破了规整的具象图形的束缚。

　　由魏晋南北朝斑斑点点的抽象装饰不断外延，幻化出唐宋时期意象万千的抽象装饰艺术。

酣畅淋漓的唐代抽象装饰艺术

　　初唐时期对外交流频繁，装饰艺术受到西亚和中亚文化的影响，装饰纹样中的动植物纹样的造型变得具体而写实。

　　发展到盛唐时期，政治开明，经济繁荣，装饰艺术的观赏性增强，图案花纹变得丰满繁丽，器物外表的装饰闪发着灿烂夺目的光色效果。兴起于盛唐的三彩陶器，以多种渗透交融的釉色作装饰，其中以绿、褐黄、蓝三色为主，被称作唐

图2 唐代三彩山子　　　　　　　　　　图3 唐代绞胎瓷枕

三彩。由于釉料以铅为溶剂，降低了釉的烧制温度，各种以金属为着色剂的彩釉具有流动性，尤以氧化铜为着色剂的绿色和以氧化钴为着色剂的蓝色的流散性最强，绿和蓝色与流动性较弱的褐黄、赭、白等色交错地互相晕散渗透，构成聚散有致、斑斓焕发的色彩效果。唐三彩的器物大多作为随葬品，也有少量的生活用器，如河南洛阳北窑出土的三彩珍珠纹罐，罐身上部以褐红色为主调，相间分布着不规则的绿色斑块和坯体嵌入的白色点状晶体，呈现出绚丽的珍珠纹。太湖石形的三彩山子是一件有着抽象意味的艺术作品，唐代文人盛行赏玩奇石之风，白居易《太湖石记》中称太湖石"岂造物者有意于其间乎？将胚浑凝结，偶然成功乎？"推崇太湖石具有的天然偶成之美。三彩山子充分体现了太湖石独特的抽象美，以点状的穴洞、线状的皱纹和条状的肌理，构成不规则的充满律动感的造型，山子的表面满施着流动的黄、褐、绿、白等色釉，闪烁着变幻无常的光彩，抽象的形与流动的色彩完美地浑然一体（图2）。

　　如果说唐三彩是以流动的色彩形成的抽象的装饰，那么在盛唐时期创制的绞胎瓷器，则是以白、褐两种瓷土绞糅成瓷器的多变的肌理纹样，通体内外满布着似涡流回转的抽象装饰。绞胎瓷器多为小件，以瓷枕为多（图3）。江苏新沂出土的三彩绞胎瓷枕，用白、褐两色瓷土绞糅成波澜起伏状的纹理样式，瓷枕通体施疏稀薄黄釉，上面再饰流动的绿、褐两色，如水面上泛起的彩色波光，增添了绞胎瓷枕的艳丽光彩。

　　花瓷是始创于盛唐的瓷器装饰工艺，出产于北方，也是用铅作釉的溶剂，使彩釉图纹呈流散状，器表装饰以深色釉中显出流动晕散的浅色斑纹为特色，有的乳白色斑纹中还透出蓝色针状纹。花瓷的流动的彩釉图纹变化多端，无有定形，有的似冰雪消融，有的如风叶飘逸，具有淋漓的泼彩似的效果。

绞缬、蜡缬、碱剂印花等染花工艺发展到唐代，已形成了完整的技术体系。新疆吐鲁番阿斯塔那唐墓出土的绞缬四瓣花罗和绞缬朵花绢，花纹不规则地晕散，呈现出神秘莫测的朦胧美。

盛唐时期斑斓多彩的抽象装饰的兴起与华丽丰艳的时尚相关。至盛唐晚期，美术的表现手法有新的发展，一方面绘画的写实技巧趋于成熟；另一方面艺术家又不满足于只求形似的写生式的如实描绘，一些杰出的书画家进行了创造性的艺术探索，出现了张旭"群象自形"的草书，吴道子"磊落逸势"的线描，张璪"随意纵横"的破墨，王墨"随其形状"的泼墨，皆超越工笔写真的书画常态。

中唐以后的文人画家渐渐不屑于"以形写形，以色貌色"如实的工细绘画，提出新的绘画品格要求，中唐朱景玄所著的《唐朝名画录》中，认为"神妙能三品之外，又有逸品"。还认为逸品是"其格外有不拘常法"。推崇"意在尘外，怪生笔端"。符载在《观张员外画松图》文中，赞扬张璪能"遗去机巧，意冥元化"。批评"忖短长于隘度，算妍媸于陋目"的拘泥于表面自然形的绘画表现方法，认为"乃绘物之赘疣也"。晚唐张彦远在《历代名画记·论画六法》中对绘画空有形似而有所议论："古之画，或遗其形似而尚具骨气，以形似之外求其画，此难与俗人道也。""然今之画人，粗善写貌，得其形似，则无其气韵，具其彩色，则失其笔法，岂曰画也。"至中晚唐时，画家和画论家已摆脱绘画以"形似"为品评标准的束缚。

始于中唐、盛于晚唐五代的长沙窑瓷器，在抽象装饰方面有了进一步的发展。长沙窑瓷器以青瓷釉下彩为特色，一方面继承了北方瓷器用流动的绿彩作装饰的处理手法，另一方面还以褐、绿色相间地使用。有的瓷器上的装饰花纹以褐色线描绘出，再加上流动的绿彩纹饰。又首创了绿、褐色相间的泼彩式的装饰，绿和褐色彩纹不规则地相互晕散渗透，宛如从水汽中荡漾而出，长沙窑瓷器体现出由单彩抽象装饰向多彩抽象装饰的发展过程，预示着抽象装饰的成熟期即将到来。

得意忘象的宋代抽象装饰艺术

宋代时期的艺术表现更加贴近自然，无论山水画、花鸟画都呈现出成熟的面貌，抽象装饰艺术也发展到出神入化的境界，是中国艺术的成熟期。

宋代的政府是文官主导的政府，一些位居高官的士大夫有很深的艺术修养，如欧阳修、苏轼、黄庭坚、米芾等人，发表了许多精辟的艺术论述，他们推崇富有自然天趣的写意，并对当时社会的审美意趣产生了重要影响。欧阳修有"忘形得意"之说，作《盘车图》诗："古画画意不画形，梅诗咏物无隐情。忘形得意知者寡，不若见诗如见画。"苏轼反对以形似来论画："论画以形似，见与儿童邻；诗画本一律，天工与清新"，认为"笔墨之迹托于有形，有形则有弊"。[1]

北宋人黄休复的画评著作《益州名画录》中，将绘画分为逸、神、妙、能四格，将逸格列为首位，认为："画之逸格，最难其俦。拙规矩于方圆，鄙精研于彩绘，笔简形具，得之自然，莫可楷模，出于意表，故目之曰逸格尔。"他还在《原序》中开宗明义地提出："大凡观画而神会者鲜矣，不过视其形似。其或洞达气韵，超出端倪，用笔精致不谓之工，傅采炳缛不谓之丽，观乎象而忘象，意先自然，始可品绘工于毂中，掎画圣于方外。"从以上引述的画评来看，"得意忘象"已成为北宋一些士大夫心目中艺术的最高品格，虽然北宋士人所谓的"忘象"与"抽象"是有区别的，但从理论上超越了以"形似"来品评绘画的旧观念，这也对宋代抽象装饰艺术的兴盛有所促进。

北宋时，帝王和士大夫多雅好清玩，有好古鉴赏之风：辨古琴的断纹，识怪石的造型，鉴名砚的纹理，赏石屏的拟景。由于苏东坡、黄山谷等士大夫的倡导，出现了小型嵌有文石的砚屏，还有嵌文石的枕屏。赵希鹄《洞天清禄集·研屏辨》记述了嵌入砚屏的蜀中石的纹理："蜀中有石，解开自然有小松形，或三五十株，行列成径，描画所不及。又松止高二寸，正堪作研屏。"又引述洪景庐《夷坚志》记载的献于御府的石屏纹理："青质白章，成山林、云月、飞禽象，历历分明。"

---

[1] 参见《东坡题跋》上卷《题笔阵图》。

图 4　宋代钧窑花盆

具有抽象美的文石屏的产生，反映出宋代文人对物品质地纹理抽象美的鉴赏品评臻于精微，达到了极致，提高了对抽象艺术的认识水平。

瓷器上抽象装饰的进一步发展，除去审美观念方面的原因，还与瓷器制釉技术的进步分不开。北宋钧窑创烧的窑变色釉，绚丽多彩地展现出艺术釉的风采，钧窑瓷器以不透明的深浅不同的蓝色乳光釉为基本釉色，从中透出还原焰烧出的霞光般的铜红釉。由于钧窑的色釉有着特殊的两液相分离的结构，使色釉具有闪烁透光的性能，在不同的视角下产生出不同的视觉效果。清朝诗人洪亮吉形容钧窑出神入化的窑变釉色如"夕阳紫翠忽成岚"，显得变幻莫测，光辉灿烂，气象万千。

官钧窑瓷器主要供奉皇室使用，在河南官钧窑遗址出土的瓷器上有宋宫"奉华"殿名的刻铭，还发现了"宣和元宝"的瓷残模，表明一些钧窑瓷器产于宋徽宗宣和年间。宋徽宗雅好丹青，喜爱奇石异卉，因此钧窑供奉宫廷的瓷器以花盆为多（图4）。作为宫廷陈设物的钧窑瓷器，经过复杂的烧制过程，由多种不同透光性的色釉渗透组成的形状不定的肌理纹样，可用"变幻"二字来概括钧窑瓷器抽象装饰的特点。在钧瓷瑰丽奇诡的色釉纹理中，又透出瓷釉裂纹的"蚯蚓走泥式"的曲折纹样，绚丽多彩而不失雅致。

由于宋代瓷匠出色地掌握了对窑温的控制和烧制时瓷釉涨缩变化的规律，哥窑瓷器以通体布满冰裂似的开片而著称，还发展出如兔毫迸射的兔毫釉，似鸟羽悬空的鹧鸪斑釉，斑斓淋漓的玳瑁釉，星点闪烁的油滴釉。这些形形色色的花色黑釉瓷，主要产自南方的建窑、吉州窑，或北方的定窑、鹤壁窑、临汾窑。此外，汝窑瓷有细裂开片纹，显得更加雅致，而当阳峪窑的绞釉瓷也有新的发展，可见宋瓷的抽象装饰已空前繁盛。

宋代抽象装饰的繁盛与反映皇家和士大夫审美意趣的陈设艺术的发展分不开，集中地表现在宋徽宗营建的"寿山艮岳"的抽象的叠山艺术中，祖秀所作

《华阳宫记》记述了艮岳叠山的艺术意象："筑岗阜高十余仞。增以太湖、灵璧之石，雄拔峭峙，功夺天造。石皆激怒抵触，若蹲若啮，牙角口鼻，首尾爪距，千态万状，殚奇尽怪。"宋徽宗在《御制艮岳记》中加以赞评："真天造地设、神谋化力，非人力能为者。"被宋徽宗任为书画学博士的米芾，更赏石如狂，竟然见奇石而揖拜，可见北宋的一些士大夫对奇石抽象美的欣赏已达到如痴如醉的境界。

由于金兵南下，北宋覆灭，雅好玩物的徽、钦二帝做了金朝的阶下囚，寿山艮岳被破坏殆尽。北宋装饰艺术的抽象倾向正值兴盛，却因此受到严重的挫折。继而蒙古兵在灭金以后，建立了统治近百年的元朝。蒙古族统治者将游牧民族的审美趣味带入装饰艺术中，扭转了宋朝装饰艺术的抽象倾向。

中国的抽象装饰艺术源远流长，始于东晋，兴于唐，盛于宋，内涵丰富，特色鲜明，并且形成体系。中国古代抽象装饰艺术是一个新的课题，许多方面尚需深入认识，有待今后作进一步的研究。

《苏州金阊图》的连接复原及研究

中国古代以市井百态为特色的风俗画是随着商业城市的形式而发展的。先有宋朝张择端描写汴京社会经济生活的《清明上河图》长卷，后有明朝仇英以苏州世俗为蓝本再创造的《清明上河图》长卷，继而在清朝出现了一些描写苏州繁华市井生活的艺术作品，其中具有代表性的有徐扬绘制的《盛世滋生图》长卷和一批巨幅的场面宏伟而高度写实的姑苏版画，起着连接中国古代和现代风俗画的承上启下的作用。

盛于康熙、雍正、乾隆时期的姑苏版画，应以《苏州金阊图》为代表作。只是长期以来，这件鸿篇巨制被分作了两幅，不能使人一目了然地看出完整的全貌，其学术价值和艺术价值未能得到更高的重视。

在程颖和王祖德、李明的启发和协助下，对《苏州金阊图》进行了连接复原，并做了初步的研究。现将《苏州金阊图》的连接复原和研究的情况作简要的阐述，企盼得到大家的指正。

《苏州金阊图》原分作两张图

《苏州金阊图》原分为两张，一张依画上题记，称作《三百六十行图》（图1）。另一张依画上的"阊门"城门，称作《姑苏阊门图》（图2）。这两张图都由日本广岛王舍城美术宝物馆收藏，一起发表在王舍城美术宝物馆1986年出版的《苏州版画》图录中，江苏古籍出版社与香港嘉宾出版社于1991年出版的《苏州桃花坞

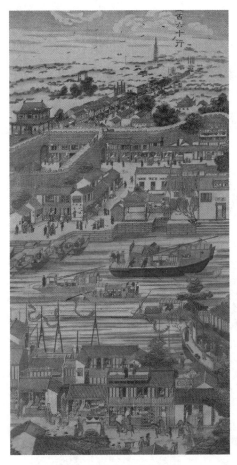

图1 《三百六十行图》   图2 《姑苏阊门图》

木版年画》书中，这两张图仍分别沿用旧有的名称。其他有关苏州版画的图册和
文章中，也大多将这两张画看作是相互关联而又各自分开的。

⇒⇒⋐ 问题的提出与症结所在 ⋑⇐⇐

　　我在中央工艺美术学院学习时，有幸聆听庞薰琹老师讲授的"中国历代装饰
画"课程，庞薰琹老师在1982年出版的《中国历代装饰画研究》书中，早已明
确地指出："《苏州阊门图》，这幅画分则可以成为两幅，合起来则是一幅完整的

构图。"[1] 那么为什么这两幅画长期未能连接成一幅完整的画呢？症结在于这两幅画的边缘经过了不同程度的裁切处理，以致不能将两画现存的图像接合成一幅完整的画面。

现存的《三百六十行图》画幅的尺寸为高 1087 厘米，宽 556 厘米；《姑苏阊门图》画幅的尺寸为高 1086 厘米，宽 560 厘米，两幅画的画面尺寸存在着差别。根据两图连接部分的对照分析，《三百六十行图》的右边至少裁去了 2 厘米以上的条边，而《姑苏阊门图》的上边裁去较多。如要将两图连接成一幅，必须将两图裁去的部分进行有根据的复原，尤其是对两图联结处的缺失部分的复原，存在着一定的难度。

⤜《苏州金阊图》的连接复原 ⤛

连接复原，首先需找出《姑苏阊门图》和《三百六十行图》连接处的可作依据的坐标。自下而上的坐标为夹于横街上下两排店铺的屋顶与地脚线、河面的层层水波、河的石堤岸、阊门的瓮城和内城的横向城墙。横向的坐标为一个商店的店面应有的宽度和斜列的船应有的长度。通过纵和横坐标进行定位，确定两图缺失部分的范围和画像的内容与位置，把两图连接处和上、下边缺少的图像一一进行复原。

经过复原处理和两次调整修改，将《姑苏阊门图》和《三百六十行图》连接成紧密无间的构图完整的《苏州金阊图》（图 3）。

通过复原连接成的《苏州金阊图》，画面高 1090 厘米，宽 1100 厘米，应该很接近原先未裁剪前两画相连接的尺寸，为一幅接近方形的巨幅木刻设色版画。画面内容以位于前部的阊门外的繁华的南濠街市为主体，约占画面的四分之一，对街市的描绘具体而详尽。阊门城门位于画面中上部，只占画面的十二分之一，城楼的景物描绘相对简单。而对阊门内苏州市容的描绘十分简略，只是轻描淡写地带过。庞薰琹先生对这幅画的布局特点作过如下描述："在这《苏州阊门图》

---

① 参见庞薰琹：《中国历代装饰画研究》，上海人民美术出版社，1982 年，第 117 页。

图 3　连接复原的《苏州金阊图》

上，人物描写并不突出，三百六十行，也没有充分表现出来，而苏州城内却是一座空城。"[1] 因此这幅画的主题既不是苏州阊门，也不是"三百六十行"，从画面布局来看，主题是表现苏州金阊地带水陆码头的形形色色的行市。因此，这幅画的名称不能沿用原来两幅画的《姑苏阊门图》和《三百六十行图》的名称，可称作《苏州金阊图》，而这幅画的主题在画上题诗中也有所体现。

《苏州金阊图》题诗考订

这幅画的右上方（原为右图），有隶书写的"三百六十行"题款。在画的左

---

① 参见庞薰琹:《中国历代装饰画研究》，上海人民美术出版社，1982年，第117页。

上方（原为左图），有行书题诗、作诗画的时间和作者的斋号。先前对这组诗曾有过不同版本的译文，但对诗中一些字的辨认上略有出入。为此特进行了校对，现将画题的诗文重译如下：

万商云集在金阊，航海梯山来四方。

栋宇翚飞连甲第，居人稠密类蜂房。

绣阁朱甍杂绮罗，花棚柳市拥笙歌。

高艒画舫频来往，栉比如鳞贸易多。

不异当年宋汴京，吴中名胜冠寰瀛。

金城永固民安堵，物阜时康颂太平。

甲寅秋七月

宝绘轩主人并题

诗的首句就点出了画的主题："万商云集在金阊"，金阊一带是苏州商市最繁盛的地区，因此这幅复原整合的画应称作"苏州金阊图"。

➤➤《苏州金阊图》与清代其他绘画中的阊门景色比较 ➤➤

在明清时期，阊门一带是苏州商市最繁盛的地区。画家唐寅在《阊门即事》诗中描写了明朝晚期阊门市井的盛况："世间乐土是吴中，中有阊门又擅雄。翠袖三千楼上下，黄金百万水西东。五更市贾何曾绝，四远方言总不同。若使画师描作画，画师应道画难工。"元代拓展了由北京至杭州的大运河，大运河从苏州西部流过，促成了阊门的兴起，阊门成为当时苏州六个城门中最重要的城门。元代末年，张士诚称吴王，将苏州各城门增置月城 [①]，"月城"即瓮城。在康熙元年，对苏州城门做了重大的修缮，《同治重修苏州府志·卷四》记载："国朝康熙元年，巡抚韩世琦改筑城垣，并拓女墙。……为门六，葑、娄、齐、阊、盘各有水陆

---

① 参见《同治重修苏州府志·卷四》。

门，惟胥无水门。每门有楼，建官厅军器库。"但以阊门环城楼构筑的瓮城规模最大，其他城门瓮城设有二门，而阊门的瓮城设有三城。

我所见到的绘有阊门图的作品共四件。第一件是明朝末年苏州人袁尚统绘的《晓关舟挤图》[①](图4)，图中描绘的是阊门水门的舟船出入拥挤的景象，对阊门城楼的描绘较简略，看不清"月城"的形制，但却画出阊门外的吊桥，吊桥上没有建筑物，桥的两边为石砌的斜坡基。这张画是突出阊门的水路运输，并未描写商业活动。

第二件作品就是经复原合成的姑苏版画《苏州金阊图》，图中用写实的手法具体细致地描绘出阊门的形制，而且采用了与以往中国绘画不同的焦点透视的俯瞰式样，这样能看到阊门内城的

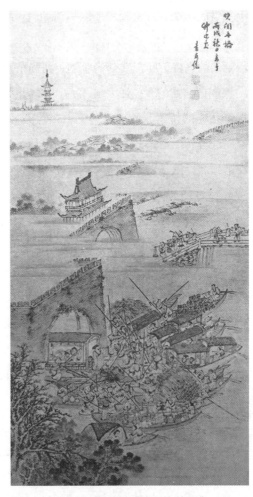

图4　袁尚统《晓关舟挤图》

形制和景物。图上的阊门坐东朝西，分水陆城，陆城有两重月城，共设陆门四个。正面的陆门上有砖砌的敌楼，与砖城墙连成一体。拱顶城门上有竖写的"阊门"门额，在城墙的缝隙中还长出小树。正对外城陆门和内层瓮城门，为阊门的内城门，上设两层的高大城楼，楼上都有军士把守，表明楼中正是苏州府志中记载的"官厅军器库"。内和外层瓮城之间的场地上，依城墙建有商店房舍，并在内和外

①　参见庞薰琹:《中国历代装饰画研究》，上海人民美术出版社，1982年，第117页。

层瓮城的南侧，各设有相通的拱顶城门。在外层瓮城门的内侧，由西向东而上的宽大斜坡马道上，一辆带篷马车正循马道缓缓上行。在北城墙上的走道上，有自由活动的马群。阊门北部为水城，西和东两端各设一拱顶水门。

阊门陆城的大门正对着吊桥。吊桥旧称钓桥，横跨外城河上，为出入苏州西城最重要的桥梁。始建于元朝，屡经毁修，清康熙三年（1664年）重建。吊桥两面的坡基由石砌改为砖砌。桥为平顶，桥顶路面两旁各有一列简易的平顶棚式商铺，内设以条凳支起的简易摊位。

《苏州金阊图》的阊门吊桥西面，是通往南壕街与山塘街的要冲，为当时苏州商贸的繁盛地区。图上"居货山积，行人流水，列肆招牌，灿若云锦"。画面上的商铺可辨的招牌和商号有："宝源号——兑换银钱"、"东××海味"、"天宝斋××钮扣"、"南北杂货"、"×××箱行"、"川广药材行——药材、人参"、"当——出兑金五珠宝行"（以上南濠街北端）。"茶室"、"花素云白烟袋"、"徽州雨伞"、"太原号加染春色"、"××青蓝缥扣"、"猫食"、"××硒颜料行"、"大同号蒲城×烟××"、"三鲜鸡汁大面"、"顾二房"、"京苏杂货"、"洋广××花梨物件"、"分茂号红绿锦笺"、"川广道地生熟药材——×北人参"（街心）。"陈秀文"、"酒坊"、"杂货"、"雨伞"、"德顺号"、"金茂号"、"染坊——真青大红"、"酱×"、"皮货"、"太和行"（外城河东岸）。在门外街市上，绘着形形色色的人物，有身背货物的贩夫、行进的货郎担夫、前呼后拥的骑马小行的官吏、穿长衫的吸烟者、运陶瓮的挑夫、售鲜果和卖食品的摊贩、僧人、琴师、蹲坐戏耍的儿童、露台上观景的女子。在阊门外南侧的小广场上，有一女子手持横竿在走钢索，钢索下有围观的人群。全景式地描绘了金阊一带的市井百态。

图中对阊门内的市容只做简略的描绘，除了东往的西中市大街外，特意表现了东北方远处的北寺塔，还标出了西中市南面的云林寺的寺名。云林寺为南宋时建的古刹，在民国初年并入"文山潮音禅寺"。在城内的北方，有耸立的四根旗杆，应是当时的大教场。

许多舟船由外城河穿过吊桥驶入运河，外城河中行进着一艘大船，为官宦所乘，船前立有一人，手持棒槌击锣，吆喝前方的船舟让道。这幅《苏州金阊图》以全景式的画面，表现出四面八方的商贾云集金阊的壮观场面。

第三件阊门图，见于徐扬在乾隆十六年（1751年）绘的《姑苏繁华图》（原名《盛世滋生图》）长卷中的一段（图5）。图中的阊门城楼画得较为概略，只表现了一重瓮城，城上的敌楼已不是砖砌的，不再与城墙连为一体，而是筑于城头

图5　徐扬《姑苏繁华图》（原名《盛世滋生图》）阊门部分

的墙垛内。吊桥顶部的道路两旁商店变得正规，成为连排的瓦顶房，已是一座两厢有长长廊房的廊桥。吊桥上的人流量增大，显得十分拥挤。

第四件阊门图，是颐怡禄在乾隆三十二年（1767年）编修的《虎丘山志》中的插图（图6），见于书中木版刻印"金阊门起山塘至虎丘山全图"的起始部分。图上阊门表现得不完整，城楼也只画出一角，虽然画得十分简略，但却画出了阊门有两重瓮城，与《苏州金阊图》的阊门瓮城形制大致相同，也表明《姑苏繁华图》描绘的阊门瓮城是较为省略的。

从这四件绘有阊门图的作品来看，以《苏州金阊图》上的阊门表现得最真实，连城楼上栏杆的形制，城墙砖缝中长出的小树，水关大门内饰有乳丁的铁闸板，由城墙上走道登往城楼的台阶等细部，都描绘得细致具体，令人感到真实可信，最接近当时阊门城的原貌。

图6 《虎丘山志》中《金阊门起山塘至虎丘山全图》

《苏州金阊图》年代考订

《苏州金阊图》绘于何时？其主要依据是图上的"甲寅"年墨书题记。大多数学者认为这是雍正时的甲寅年，时为雍正十二年（1734年）。但也有不同的看法，庞薰琹老师在《中国历代装饰画研究》书中认为这幅画题记上的甲寅年应属于乾隆时期，为乾隆五十九年（1794年）。主要的理由是当时姑苏版画还不可能去模仿欧洲铜版画，认为发生模仿铜版画的契机产生于乾隆三十年（1765年），当时将《乾隆西征记图》的四幅草稿送法国雕铜版，花银一万六千两。"于是，发生这样的疑问，假若真是三十年以前，木刻已经模仿西洋的铜版画，那么是没有必要花白银一万六千两，把四幅画稿送到法国去雕刻。"[①] 在庞老师写成此书以

———————

① 参见徐邦达：《中国绘画史图录》（下册），上海人民美术出版社，1984年，第412页。

前，关于清初期西洋画法传入的资料发表和翻译得很少，因此庞老师持有这种看法是有道理的。

近十年以来，关于清初中西美术交流的新资料不断发表，并撰写了不少有关的研究著作。从中获知康熙皇帝已得到欧洲铜版画，法国人伯德莱写的《清宫洋画家》书中，记述了"1963年，白晋神父奉康熙皇帝的钦命，远涉重洋前往欧洲，向法国国王路易十四奉献……《易经》一书的满文释本。为了向康熙致谢，法国国王交给了白晋神父一本豪华装的铜版画集。"[1] 在康熙五十二年（1713年）年，意大利传教士马国贤将中国宫廷画家绘制的《承德避暑山庄三十六景图》刻制成铜版画[2]。

特别要指出康熙时的宫廷画家焦秉贞学习西洋画法产生的影响，在康熙三十五年（1696年），他奉诏绘《耕织图》46幅。胡敬《国朝院画录》赞许焦秉贞采用西洋画法："善于绘影……以至照有天光，蒸为云气，穷极深远，均灿布于寸缣尺楮之中。"焦秉贞的《耕织图》已表现出远大近小的透视意识，还运用了铜版画中常用的排刀刻法。康熙为《耕织图》亲自作序，为每幅都题诗，还赐给王公大臣及海外使臣吏员，使之不忘耕织是衣食之本，对民间也产生了深广的影响。当时苏州是纺织业的中心产地之一，康熙十三年（1674年），在苏州设织造署。当时苏州又是雕版木刻印刷的兴盛之地。因此《耕织图》交由苏州刻工朱圭来雕版刻印就不是偶然了，而且对苏州的雕刻艺术产生很大影响。

另一个学习西洋画法的重要作品，产生于雍正初年。曾任工部右侍郎的年希尧，在与意大利传教士画家郎世宁的数次晤谈中得到助益，于雍正七年（1729年）首次刊印了介绍焦点透视画的专著《视学精蕴》。此书刊印后，应是备受欢迎，于是在雍正十三年（1735年）又刊印了第二版。苏州是清朝经济、文化交流的重要中心，自康熙期间就已接受西洋的画风和雕版技巧。在雍正年间接受西洋透视和模仿铜版画风格，是十分合乎情理的。

从《苏州金阊图》和《姑苏繁华图》中反映出的阊门一带建筑变迁的情况，

---

① 参见（法）伯德莱：《清宫洋画家》，山东画报出版社，2002年，第8页。

② 参见莫小也：《17—18世经传教士与西画东渐》，中国美术学院出版社，2002年，第196页。

也能分辨出这两幅图作成年代的早晚。《苏州金阊图》的外城河东岸边没有任何建筑，吊桥顶部的道旁两厢为平顶的棚式商摊。《姑苏繁华图》中间门外城河的东岸边盖起了瓦顶二层商铺。吊桥顶道旁两厢成为夹道，有着成排的整齐店面的商铺。在桥的两旁还竖起了长杆吊灯。这些地方比《苏州金阊图》增添了一些建筑和设施，因此《姑苏繁华图》作成的年代相对较晚。《姑苏金阊图》作于乾隆十六年（1751 年），《苏州金阊图》的甲寅年只能由乾隆十六年上推，应是雍正时的甲寅年，为雍正十二年（1734 年），不可能晚到乾隆五十年（1794 年）。

≽✦⟨《苏州金阊图》复原整合的意义 ⟩✦≼

一是由原先分列的《三百六十行》和《姑苏阊门图》两幅木刻版画，经过复原连接，成为一幅构图完整的《苏州金阊图》特大型版画，画面高 1090 厘米，宽 1100 厘米，不仅是已知的姑苏版画中画幅尺寸最大的，也是中国古代版画中画幅较大的。

二是由于原先两图分列，阊门关城图像竟被一分为二，而且两图衔接处有所裁剪，必须左顾右盼才能联想出阊门关城的全貌。复原连接的《苏州金阊图》，向我们展示了一个完整的阊门关城的面貌，是已见到的明清时期的阊门图中描绘最真实具体的，提供了清代阊门关城相对确切的珍贵形象资料。

三是《苏州金阊图》采用焦点透视法绘成，并有明暗光影，是我国迄今所知有确切年代的最早模仿西洋铜版画风格的大型民间木刻版画。

四是《苏州金阊图》场面宏伟、构图复杂、内容丰富、风格写实，一反当时山水画玩弄笔墨、陈袭古人的风气，是清代重要的风俗画作品，与《姑苏繁华图》可以并称为反映清代苏州面貌的代表作。

五是《苏州金阊图》的销售对象应主要是来苏州贸易的国内外客商，起到形象的城市名片的作用，这也是《苏州金阊图》等姑苏版画大量保存在海外的原因。这就使我们突破仅限于桃花坞木版年画的模式概念，对姑苏版画的文化价值和历史价值做出新的认识和评价。

民国时装人物画瓷器

民国瓷器中最具文化特征的当属时装人物画瓷器，它展现了民国初期的新时尚，通过在瓷绘上采用艳丽而丰富的新粉彩技艺，使器人物画展现了划时代的新面貌。

时装是近代出现的服装现象，约在 17 世纪巴黎成为时装中心，后由欧美蔓延到亚洲，中国的时装由产生到现在只发展了近百年的时间。随着清王朝的覆灭和民国的建立，中国人从古装的禁锢中走出，作为东方大都会的上海最早出现了时装热，时装人物画瓷器也应运而生。时装人物画瓷器的兴起，与新文化运动的发展密切相关，随着新文化运动对旧礼教进行了深入的批判，瓷器上原先画的古装人物等旧题材，日益不受新主顾的青睐。时装人物是新文化运动洪流中的弄潮儿，他们是以时装为群体的共同表记，也在瓷器上留下了时代的印迹。

我对民国时装人物画瓷器的注意和收集，缘起于在文物商店看到的一件涂满红油漆的大瓷瓶。这件涂着红漆的瓷瓶下部剥落出小块画面，露出一些女子穿的裙裤。出于好奇心，我买下了这件瓷器，用香蕉水慢慢洗掉了瓷瓶上的红漆。随着瓷瓶上画面的逐步露现，带给我愈来愈大的惊喜。瓶腹的正面画着一个女子坐在椅子上拉手风琴，四周的女子、小孩在围观和倾听演奏，这在当时是时髦新鲜的事情。瓷瓶的肩部画着两面交叉放置的旗子，一面是五色旗，这是中华民国早期的国旗（图1）。另一面是十八星旗，经查证，旗上的十八星代表当时全国的十八个行省，也曾临时作为中华民国最早的旗帜，在 1912 年则成为中华民国的陆军旗，这是民国早期陆军旗的珍贵资料。画面左上方有行书题"美色清华。己

图 1　旗下奏琴仕女图大瓶

未夏洪步余作"。为民国八年（1919 年）夏天的作品，时值五四运动蓬勃开展，也是新文化运动高涨之际，这件绘着女子拉手风琴画面的瓷瓶，透露出时代新潮的气息，从题材内容到艺术表现都开启了瓷器新风，并且在我的眼前展现出一个新的收藏领域。

收藏靠眼光，靠恒心，靠人缘，靠机遇，当然还要有起码的财力。然而在民国瓷器中绘着时装人物画的作品寥若晨星，收集之难犹如摘星。由于我平时广结人缘，我的家人和各地同好、朋友、学生关心和支持我的这项收藏，替我留意察访收集，西到甘肃、青海，北到北京，南及浙江、江苏，散落四方的民国时装人物画瓷器也就随缘而至。历经六七载的收集，已蔚然可观。我收到的民国时装人物画瓷器有着各种器形，主要的样式有从清代观音樽演变而来的双耳大瓶，也被称作掸瓶。也有器形较小的瓷观音瓶，还有花觚、盖罐、帽筒。这些瓷器都是成双成对的，绘着图像相同的时装人物画，但一对瓷器上的图像作左右朝向，这是传统艺术中寓意和合成双的富有特色的表现手法。除了以上成对配置的器形外，有镶于木挂屏上的彩画瓷片，形状有八角形、叶形、菱花形等。还有茶壶、小杯、肥皂盒、粉盒等小件容器。偶尔还收集到塑有时装人像的瓷花插。瓷器上的时装人物图像以鲜艳亮丽的粉彩绘成，有着多层次的浓淡变化，透出现代绘画的气息，称作新粉彩瓷画。

粉彩民国时装人物画瓷器主要作为婚礼嫁妆和喜迁新居的陈设品，使用者大多应是青年人，最易接受和崇尚新事物，成了购买时装人物画瓷器的主要顾客群。瓷器上绘制的形形色色的时尚人物的生活和活动场景，也迎合了民国早期城市青年的审美意趣。

民国时装人物画瓷器在经济价值上虽然远不能和官窑瓷器相比，但我是作为保存一种特有文化来进行这项收藏的，着眼于这种瓷器上反映出的民国早期特有的时尚习俗。在漫长的历史中生产过数不清的物品，唯有反映各个时代的政治、经济、文化的典型物品才有保存意义。

民国以前的瓷器上的画面，多绘山水、花鸟和吉祥图案，人物画相对较少，人物画的主角是文人雅士、道释和戏曲故事人物，很少有表现家庭生活，更少画现实生活中的家庭妇女。在瓷器上画身穿时装的摩登女性，在中国陶瓷史上是前所未有的，而且只有在民国初期这段时间里才集中地制作生产时装人物画瓷器。这类大多数是有题跋纪年的，最早的题记是丙辰年（1916年），时值民国五年，在这年的三月，袁世凯被迫宣布撤销帝制。六月，袁世凯在世人唾骂声中死去，封建君主专政也彻底结束。新风时尚不可遏制地蓬勃发展，社会上兴起移风易俗的热潮，新生的市民阶层孕育着新的审美观念和追求，追逐时髦渐成沿海城市市民的风气，作为东方大都会的上海领先掀起时装新潮，人们厌弃画着陈旧内容和古装人物的瓷器，这给饱经动乱而日益凋敝的景德镇瓷业找到新的商机，时装人物画瓷器就是为了适合新市民的欣赏趣味而产生的。

这股时尚新潮一直延续至抗日战争的前夕，在这前后十余年间，正是民国早期时装人物画瓷器最兴盛的时期。我的时装人物画瓷器藏品中，题记年代最晚的为戊辰年（1928年），也就是民国十七年。有戊辰年题记的时装人物画瓷器，是画着《游园图》的深腹盖罐，图中妇女的服饰已摆脱了古装的模式，发型变短，衣服领口放低，袖短露上臂，裙高露小腿，不再把身体包得十分严密，时装人物堂皇地登上历史舞台。

时装人物画瓷器在民国时期的十多年间昙花一现，却多姿多彩地描绘了时装人物初生乍起时的众生相，这些瓷器上的时装人物画有着丰富的题材内容：有的绘时髦女子卓立人群演奏手风琴；有的绘众女休闲赏玩笼中学舌八哥鸟（图2）；有的绘新式女子对镜观看新剪短发（图3）；有的绘两个姑娘在头上插花，相互比看妆扮。还有两件瓷器上，画着女魔术师表演节目的新颖别致的场面。女魔术师们的额发梳成刘海式，上穿坎肩，下着马面裙，手提"文明棍"（拐杖），有的将手伸进作为魔术道具的大布包裹中，以娴熟的手法演变魔术，当时女子变魔术是作为体面风光的事绘在瓷器上的（图4）。"摩登女郎出游图"是时装人物画瓷

图2 晴日观鸟图长颈瓶　图3 梳妆剪发图深腹罐　　　图4 魔术图深腹小罐

器常见的画面题材，有的描绘妇女们在夏日下手持绸阳伞结伴出游。也有描绘妇女手推坐着两个小孩的藤车，前有少年背绳拉车，携童在街上漫游的情景。还有描绘全家女眷和孩童跑前随后地在花园中嬉游。"婴戏图"是瓷器人物画的传统题材，孩子们有的头戴贝雷帽，有的手摇五色旗，有的吹奏小洋号，有的提着小花篮，已经散发出现代生活的气息。

　　民国时装人物画瓷器还真实再现了当时穿时装的绅民们所生活的环境。时装人物的活动多以花园洋房为背景，精心画出水泥做的尖头塔形柱，起伏有致的围墙，蜿蜒透迤的长廊和有着花饰柱头的廊柱，制作精巧的石或木质的栏杆，圆形过道门，悬挂在粉白墙上的各式壁灯，细巧而互相叠合的百叶窗，五色斑斓的彩色玻璃窗，垂吊着紫藤花的棚架。花园中绿柳、红桃、青松、翠柏等树木参差掩映。但室内陈设却处处遗存着旧文化的样式，置于案头的线装书、鼓形镂空瓷凳、长方形的漆枕、精致的红木家具、饰有团花的锦缎窗帘、荷叶形的瓷盘和有着红木托座的橙色瓷花盆、树根做成的高腿花盆架，都盛贮着往时的气息。洋式用品也占了不少位置。欧式木躺椅和藤编圈椅，带着各式玻璃罩的壁灯，铁管做成的折叠椅和放置花盆的高架，西式独腿三足圆桌，以铁条盘出弧形花纹的铁门，又透露出西方文化的风采，在摩登家庭中处处能看到中西文化交错的特殊现象。时装人物画瓷器反映出了这一时期时尚风俗的演变，也展现了民国瓷器的特色。

　　时装人物画瓷器又是一部民国早期的时装发展演变史，可以看到现代服装在中国初始阶段的情况。民国初年留存至今的时装人物照片已渐稀有，过去被忽视的民国时装人物画瓷器，对于研究民国初年的风俗演变和时装发展的情况，难得地提供了大量具体的形象资料。在1916年绘制的时装人物画瓷器上，妇女们的发髻低平，宽鬓长垂，身穿高领紧身长袄，这种式样的服装有"文明新装"之称。在丁巳年（1917年）的瓷器上画的女子，许多梳着燕尾式前刘海的发型，这是民国初年青年女子流行的发式之一。到了己未年，也就是1919年，正值新文化运动高涨之际，这一年爆发了伟大的五四运动。有着"己未年夏月"题款的一件深腹盖罐上绘制了《梳妆剪发图》。图中一女子坐于方桌前，手执玻璃小方镜，细看剪过的头发样式，新剪的发型是变化了的前刘海式，顺着额头分开下飘两绺轻盈的鬓发。衣领开始放低，衣袖也微向上收，已不再忌讳露出臂腕。我收藏的一件作于戊辰年（1928年）的瓷盖罐，上面画的女子已是现代的装束，头发已剪得很短，只在脑后扎两个垂下的小发髻。衣袖很宽大，露出半截小臂，上衣变短，下缘收至腹部。衣裙也变短，裙摆刚能遮膝，露出的小腿上，穿着各色的长筒袜子。女孩还穿宽而短的裤子（图5）。这些充满青春气息的时装，宣示着与古装时代的彻底告别。

图5　游园图深腹盖罐

据我对民国时装人物画瓷器上题字的审视考察，从中发现了一批绘制民国时装人物画的画师。在我收藏的瓷器上，有作者款识的近二十人，其中以洪步余绘制的作品最多，他也是最早在瓷器上绘时装人物画的作者之一，而且始终是民国瓷器从事时装人物画的主要作者。在五四运动前后，他画了一些反映新女性生活的重要作品。一直到1928年，他仍在绘制时装人物画瓷器。洪步余的人物画绘制技术也称得上精良，是绘制民国时装人物画瓷器的主要代表画家，为民国早期继吴友如之后出现的一位风俗画画家。无论从内容题材或绘画技法来看，民国早期瓷器上的时装人物画，将中国陶瓷艺术中的人物画推上了新的高峰。

时装人物画是民国瓷器独有的题材内容，它是新文化冲击旧文化而迸射的火花。这一闪即逝的火花，我有缘看到了，有心采集了，汇成明丽的光芒，反映出时装人物画瓷器是民国瓷器的一个耀眼的闪光点。

经过数年的努力，我对民国早期时装人物画瓷器的收集和研究有了一定的成果，我和女儿张晶合著了《瓷绘霓裳——民国时装人物画瓷器》一书，承蒙文物出版社的支持并予以出版，并在姚敏苏和蔡明恕的精心编排和装帧设计下，不仅使这本书填补了民国早期陶瓷史的一项空白，而且有可读性和较强的观赏性。我的收藏终于圆缘。

人有收藏之缘，善。人以收藏利世，大善。收藏有乐，乐哉善哉。

《西"服"东渐——20世纪中外服饰交流史》序

古代东方和西方文化是相对独立而各自发展的。但是,东西方之间在不同历史时期的不同方面进行过交流,这些交流加速了东西方各自的历史进程,共同丰富了人类文化。

东西方文化交流的历史十分悠久。约在4000年前,在甘肃一带,黄河流域文化和西来的草原文化发生了最早的接触。以后,东西方的交流又由点延连成线,在汉代出现了贯通古代东方和西方的丝绸之路。在长达2000年的岁月中,东西方的文化交流从宏观上看是互动的,但又是断续和有局限性地进行着的。

欧洲在18世纪率先进行了产业革命,迎来了工业文明的时代。而中国清王朝却在维护着自给自足的小农经济体系,西方文化是凭借洋枪洋炮的开道,强制性地进入清王朝统治下闭关自守的中国。20世纪中国和西方文化的交流史,是随着由推翻清王朝到新中国走向世界的历史而起伏发展的。当今,中国正进入全方位地、平等地和世界各国进行交流的新阶段,因此,研究中国和西方在20世纪的交流历史,有一定的借鉴意义。

张竞琼的专著《西"服"东渐——20世纪中外服饰交流史》,正是从服饰这个具有典型性的断面,剖析20世纪中外文化交流的历史演变。这本书从宏观上把握住了中国服饰文化交流的时代背景,分析了不同时期外来服饰传播的各种途径,剖析了不同类别人群接受外来服饰的不同心态,以及由此产生的各种服饰模式,从而使这部著作兼有纵向分期的准确性和横向展开的丰富性。每一时期的中外服饰交流的复杂现象,在纵横交错的坐标上都能找到准确的历史定位。

作者在撰写本书时,对史料的引用十分严谨。书中的服饰资料多从上海图书馆和档案馆的原书和原件中查寻，并且反复核对，多次进行增删。这样一部科学性较强、史料翔实、层次分明的服饰史著作，基本上可复原中国在 20 世纪各时期、各阶层人们的形形色色的服饰面貌，还可透过服饰装扮看到各类人群在时代变迁中的外在表现。因此，这本书不仅是阐述 20 世纪中外服饰交流史的著作，还可作为中国百年来走向世界的过程中的风俗演变史来读，进入新世纪的广大读者可以从中温故而知新。

由于作者长年致力于服饰史研究，并多年从事服装方面的教学工作，因此具备了较好的服装专业知识，对每一时期服饰的细小变化和来龙去脉，都能交代得具体入微，将流金岁月中的吉光片羽呈现给读者。

今天，我们以宽松平和的心态来阅读这部 20 世纪中外服饰交流史。用衣冠去标志和维护封建礼制的时代已经作古，以单调的服饰抹杀个人喜好的时代也逐渐远去，如今中国进入人民自主选择服饰的时代，人们的着装打扮是根据实用和美观的需要，自由地选择中外的服饰。随着中国的进一步对外开放和发展，21世纪的中外服饰交流史一定会更加辉煌灿烂。

《晚清浅绛彩瓷画鉴赏》序

晚清至民国初期是中国工艺美术由古典到现代的转型时期，中国瓷器的发展也不例外，在这转型时期，以景德镇为中心，先后创制了两项新的彩瓷工艺，先是出现了浅绛彩瓷，后又出现了新粉彩瓷，将中国的彩瓷艺术引入了现代。

浅绛彩瓷产生于清代末期，正是官窑瓷器走向衰亡的时期，彩瓷享用者的主体由宫廷权贵逐渐转为文人士大夫和巨商豪绅。景德镇瓷器的销售市场的重点也由北而南移，文人荟萃和商业城市密集的长江三角洲自然而然地成为浅绛彩瓷的兴盛之地。

雅致疏淡的浅绛彩瓷是对工整繁丽的宫廷彩瓷的逆反，反映了文人士大夫的审美趣味。在晚清风雨飘摇的生活境况下，文人士大夫刻意要显出自己的文化修养和品格，诗书画原是文人的专利，直接以釉上彩料在瓷胎上绘写出诗书画结合的作品，格外受到有文化修养的瓷艺家和文人雅士的青睐，并且在彩绘技法上远取宋元士人画家的浅绛画法。浅绛画法是用水墨勾出轮廓，辅以皴擦，略施清淡的浅赭和花青等色，呈现出清雅洒脱的艺术风貌，走出了官窑瓷器彩绘图纹的板滞的桎梏，张扬个性的艺术瓷也由此萌生。

清王朝被推翻后，新思潮风起云涌地飙起，商业城市的市民阶层迅速壮大，鲜活亮丽的新粉彩瓷代替了淡雅的浅绛彩瓷。浅绛彩瓷仅发展延续了70多年，却在中国现代陶瓷史上留下了举重若轻的一笔。

元明清的瓷器史几乎是官窑瓷器发展史，难怪收藏者对官窑瓷器有所偏爱。由于种种原因，晚清和民国初年的瓷器艺术相对地被人忽略，直至近年来，收藏者才对这一时期的瓷器的文化价值有所认识，距今百年的浅绛彩瓷成为新的收藏热点。

在浅绛彩瓷的收藏与鉴赏方面，笔名智旷的陆子康先生可谓是一位先知先觉者，他从 1999 年起就开始收藏彩瓷，终于在浅绛彩瓷的收藏与鉴赏上蔚为大成。陆子康先生对自己在浅绛彩瓷上的收获认为是一种因缘，依我看来这种因缘是有缘故的。陆子康先生长期进行文字学的研究，对中国古文化有深刻的理解，悟得文人的诗书画艺术，因此对浅绛彩瓷情有独钟，在鉴赏方面独具慧眼，将浅绛彩瓷画的文人审美意趣做了精到的阐发。由于他任浙江省海宁市图书馆馆长，得以详收有关资料，广征博引地诠释瓷画的题材内容，并以优美流畅的文笔娓娓道来，对于想了解浅绛彩瓷的读者来说是引人入胜的导引。

收藏是一种缘分，有收藏缘的人才能从中得到乐趣，陆子康先生的这本著作，将收藏的乐趣和鉴赏心得与大家分享，可谓广结善缘。

技术与艺术互动的文明史

技术和艺术是驱动人类文明前进的双翼。

人类的童年时代很长，达几十万年。在这漫长的以狩猎和采集为生的岁月里，人们根据实用的需要，亿万次地锤打制作石器。尖状器、刮削器和砍砸器是人类最初制作的三种主要石器：尖状器着力于尖端的一点，刮削器着力于刃部的一线，砍砸器着力于垂阔的一面。在无数次地制作这些石器的过程中，获得了营造器物的点、线、面造型的最初认识。

制石技术的熟练和改进，加强了规范地制作石器的能力。制作石器过程中的每一道工序，都是对预定的产品造型样式的不断实现。制作石器进行的每一次修整，都是对审美意识的培育。使规整成为产品定型化的重要标准，不仅以规整为善，而且以规整为美，使用的产品要达到规整的要求，必须去改造和安排取于自然界的杂乱无序的原材料。因此到旧石器时代晚期，人们已能制作出球形、锥形、多棱形、漏斗形、片形、扇形、条形等各种概括成几何形体的石器。

磨制技术的出现是产品规范化的要求不断提高的结果。山顶洞人的装饰品中的石珠，使用了磨制和钻孔的技术，这在当时是用于石制品的最先进的制造技术。以后，磨制和钻孔技术用于作为生产工具的石器上，标志新石器时代的到来。

新石器时代制造石器的工艺发展到高度水平，由于琢和磨的技术提高，石器的造型可做出细微的变化，并且光滑规整。然而最精湛的制石工艺用于以十分坚硬的玉石制成的装饰品。距今近8000年的裴李岗文化，已有用绿松石做出不同形状的装饰品。

新石器时代晚期的部落首领，往往集军事和宗教的权威于一身，为了炫耀权威和法力，授命工匠用最贵重的材料和最精湛的工艺去制作礼器，玉石工艺为首当之选。红山文化和良渚文化围绕祭坛的大墓中随葬的玉器，代表着中国新石器时代玉器艺术高度发展的水平。红山文化的玉器运用了镂空、浅浮雕、双面雕和立体雕刻等多种技法。良渚文化的玉器以刻纹精细而著称，刻纹最细的仅0.7丝米。良渚文化的管钻技术进一步得到发展，可以制作出高大的玉琮，有的重达6.5公斤，有的高达36.1厘米。还配置成有完整系列的用于礼仪的玉器。这意味着集中体现技术和艺术的礼器已登入至尊的殿堂。

制陶使人类第一次通过化学方法改变自然材料的性能。由于陶土在烧制前具有柔韧性，陶器的成形方法相对要自由得多，新石器时代各种用途的各式容器几乎都是陶器，陶器的出现开辟了容器造型的新境界。最初的陶器仍然依循陶器出现前使用的器物的样式，采取内模敷泥法成形。在使用泥条盘筑法和泥圈叠筑法制陶以后，摆脱了以半圆形为基本造型的模式，可以做出高大的陶器。又以分段拼筑的方法，制作出体量较大而形体复杂的陶器，并且出现了折腹、折肩的陶器，因此陶器的外形不仅由弧线来构成，而且增入了直线的式样。每一种制陶方法的出现，都丰富和提高了制作陶器的造型能力。龙山文化进一步发展了快轮制陶技术，能够制作薄如蛋壳的黑陶高柄杯一类的礼器，这些黑陶礼器不是一般的生活实用品，而是以其精良的质地和造型来显示礼器享用者的权贵身份。

文明形成的漫长过程，与技术与艺术的发展紧密相关。起初，艺术处于萌芽阶段，总是技术先行发展，扩大了造型手段和艺术表现能力。管钻制玉和快轮制陶技术的出现，标志着专业手工业工人的产生，这是由先前的粗简工艺向精致工艺发展的转折点，从而能生产出艺术化的产品。

新兴的城市是文明的摇篮。湖南澧县城头山出现了距今6000年左右的大溪文化早期城址，是我国迄今发现的最早的城址。距今4000年左右的龙山文化，发现较多的城址。河南淮阳县龙山文化时期城址，平面为正方形，长宽各185米，面积达5万多平方米。城内有高台建筑和多间并连的长方形排屋，这些建筑以贯通南、北门的中轴线来布局，已初具了以后城市的基本形制。城市的发展意味着文明之光的升起，从此以城市为中心的统治集团成为技术与艺术的支配者。

青铜时代与文明社会的到来几乎是同步的。甘青地区的马家窑文化和齐家文化集中地反映出早期铜器发展的情况,最初是以捶击或锻制法制作小件铜器,又由冶炼红铜发展到冶炼青铜。炼铜技术不断进步,从单范铸造、一面刻范而另一面为平板范的合范铸造、双面都是刻范的合范铸造,进一步发展出多块合范铸造的铸铜方法。制作的铜器也相应地由制作小件的装饰品,发展到铸造立体的空首斧和大型的带钩矛。表明到齐家文化晚期,已迈入青铜时代的门槛。

公元前21世纪,在黄河中游地区的夏部落联盟建立了中国历史上第一个王朝,揭开了以青铜礼器为特征的青铜时代的序幕。青铜礼器集中反映了当时青铜器的技术和艺术水平。最早的青铜礼器见于二里头文化,二里头文化发现的青铜器中,有鼎、爵和斝等礼器,运用了复合多范的铸造方法。

以二里冈期文化为代表的商代早期的铜器,发展了在范具上刻纹的技术,青铜器的上面装饰着兽面纹等纹样。河南郑州张寨南街出土的一对大方鼎,为商代早期铜器的代表作,继承了新石器时代玉琮在四面和四隅饰兽面纹的做法,可见器物上的艺术装饰会有传承延续的现象,而制作技术的发展往往是器物造型发生变化的重要因素。商代晚期更娴熟地运用分铸法来制作造型优美的铜器,湖南宁乡县月山铺出土的铜四羊方尊,运用了立体雕刻和高浮雕、浅浮雕和线刻地纹的多层次结合的表现手法。四羊方尊的铸造采用了分铸法,先将悬空的羊角、羊首和龙首分别浇铸成,然后嵌放在主体范上,再二次铸成整体的器物。

到西周时期,铜器分铸法进一步发展,主要反映在铜器的更加伸出,形体更加复杂的把手、足、盖纽等部件上,有的做成禽兽类的立体雕刻,并且有着较强的动感,还有饰着镂空花纹的高凸棱脊。西周铜器呈现出主体静、附件动的内紧外张的艺术表现特色。

春秋时期是青铜工艺承上启下的过渡期,在铜器造型上由方正庄重向弧圆活泼发展。在春秋中期和后期,出现了用失蜡法铸造的精密复杂的透雕器件,这是铸铜工艺的又一突破性的进展。河南淅川下寺楚王子午墓出土的透雕夔龙框边铜禁,是迄今发现最早的失蜡法铜铸件。铜器上镶嵌红铜、宝石和错金、鎏金的工艺技术在春秋晚期开始出现,这些工艺新技术的出现造就了战国青铜艺术新的辉煌。

湖北随县擂鼓墩曾侯乙墓的青铜器,综合运用了浑铸、分铸、浑分合铸和焊、铆等制造铜器的方法，并且出色地运用了失蜡法熔模铸造工艺，曾侯乙铜尊和盘上纠结密集的镂空附饰，可以作为战国失蜡法铸铜的杰出范例。战国铸铜技术的发展变化，使铜器艺术呈现出玲珑剔透、纠缠盘结的风貌。河北平山县中山王墓出土的镶嵌金银的铜龙凤形方案，通体镶嵌金银的铜虎噬鹿器座，反映出战国铜器的镶嵌金银工艺的高度水平，流光溢彩的战国铜器以璀璨华丽取代了商周铜器的威严凝重。

在春秋战国的铜器工艺有新发展的同时，中国西部地区较早地掌握了铸铁技术，甘肃礼县大堡子山秦公墓地等多处春秋墓葬中，出土了多件铜柄铁剑。由于秦国拥有质地优良的兵器，使之成为秦统一六国的重要因素。

铁器时代的来临，促进了中国石刻艺术的发展。凿纹很深的石刻却先见于文字方面，如战国秦的石鼓文，秦始皇封泰山的刻石，石面上以均匀线条组成的篆字，只有用质地非常坚硬的铁刀才能刻出。因此只有铁器被普遍使用时，才能用铁器来凿刻规模较大的石刻和石雕，这也是到汉武帝时才出现霍去病墓石雕像群等大型石雕的原因。形象刻画更加精细的画像石，也是到西汉初年才出现的。而用刀刻法制作的线条流畅的画像石，只有运用百炼钢做的刀具才能刻出，因此到东汉晚期才出现用精良的钢刀刻成的画像石。

在汉代发明了纸，并且逐渐推广运用，这不仅是对人类文明的重要贡献，而且也对中国书画的发展产生了深远的影响。汉代主要用竹木简来书写，简特定的窄长书写空间压扁了隶书的字形，形成隶书的横细竖粗的笔道和蚕头燕尾的横道形态。东晋以后，书写材料以纸代替了竹木简，逐渐摆脱窄长书法空间的限制和影响，横竖笔道的粗细趋于平衡，字形由扁变方，定型为方形楷书。纸对绘画的影响要略晚于书法，目前所见最早的纸本画，是新疆吐鲁番阿斯塔那东晋墓出土的庄园生活图纸画。在宋代由于纸本印刷品的大量刊行，促进了造纸工艺的发展。由于宣纸质地绵韧，且有渗透性，利于反映出多层次的墨色，促进了水墨画的发展。明清以后，宣纸逐渐成为中国书画的主要材料，某种程度上也决定了近代中国画的表现手法。

印刷术的发明是继纸出现以后文明史上最重要的发明。敦煌莫高窟藏经洞保存了唐代咸通九年（868年）木版印刷的《金刚经》，并且在卷首印有场面浩大而刻法精细的《说法图》，为世界印刷史和版画艺术的肇端。印刷术的发明倍增了文化传播量，这对中国文化相承延续起了重要作用。

　　然而，自古以来，中国以农业立国，从事技术工作的工匠绝大多数出身于农民，社会地位和文化水平都不高。在汉代以前，工艺不分，没有确立艺术家的名分。东晋时期，以顾恺之为代表的士大夫画家的产生，工与艺遂此分野。至唐代，专业画家逐渐增多，画家对工匠的影响日益加深，画家创出样稿，匠人拓写流传已为常事。敦煌唐窟壁画中之帝王像与阎立本古帝王图中晋武帝像如出一本，即是明显的例证。因此，具有权威性的艺术家的作品样式，往往影响工艺美术的流行趋向。

　　宋代以后，科举制度进一步发展，士人以博取功名为第一要素，潜心于技术者甚少。南宋程朱理学兴起，轻人欲而戒华丽，于是以笔墨为主的文人画兴起，受西风影响的重彩画渐被冷落。文人操艺，匠人工技，轩轾分明。这与意大利文艺复兴时期的艺术家集技艺于一身，并且崇尚科学，有着很大的不同。

　　明清时期，商业有了一定的发展，三晋、徽州、扬州、苏州、宁波等地的商业活动尤为繁盛。以商业为中介，士人与匠人、技术与艺术在新的经济条件下相结合。苏州、扬州等地的园林就是技术和艺术相得益彰的构作。这些商业城市局部地支撑着技术和艺术缓慢地发展，并且着重于服饰和建筑方面，纺织、服装、刺绣、砖雕、木雕、红木家具等门类的技艺持续发展，供玩赏和送礼的特种工艺品仍精彩纷呈。商业城市成为职业画家的聚生之地，如吴门四家、扬州八怪、新安画派，乃至近代的海派绘画，给保守的画坛注入新鲜的活力。但从整体来看，明清时期的技术日益落后，艺术陈陈相因，昔日辉煌的文明正黯然下坠，在封建帝国的身后拖下愈来愈长的暗影。

　　当今，生产和生活方式都发生了根本性的变化，但是技术代替不了艺术，艺术不可缺少技术。技术与艺术的有机统一，成为现代文明的重要特征。温故是为了创新，当代中国正在建设现代化的物质文明和精神文明，让我们舒展技术和艺术的双翼，让中华文明向新的高度腾飞。

美术考古与美术史研究

现代人时常瞻前顾后，目光投向两个未知领域，憧憬莫测的未来，探索神秘的往昔。科学家和艺术家都是勇于探索未知领域的族群，在探索未知领域的奥秘时，科学家和艺术家往往结伴而行。

欧洲文艺复兴运动正是在希腊罗马古典文化的再发现中，焕发出人文主义精神。当米开朗琪罗看到罗马城废墟中出土的拉奥孔雕像时万分激动，灵光涌现，创作出史诗般的雕塑杰作，并且促成了罗马贵族收藏古代雕塑品的热潮。由于文艺复兴时期的美术、史学和文物学的兴盛发展，瓦萨里写出了开创性的西方美术史著作《意大利著名建筑家、画家和雕塑家传记》。考古学家俞伟超先生指出："在欧洲，当文艺复兴来到后，新兴资产阶级随着地理新发现而把眼界扩大到美洲以及亚洲，等到大工业出现后，又引起一系列近代科学的发展。他们为了推倒中世纪的黑暗制度，又追求希腊、罗马这种古典时代的民主和人本主义精神。于是，从15世纪后叶起，首先在意大利半岛，随后又扩大到法国等地，掀起了搜集古代罗马艺术品的热潮。到18世纪中叶后，又进而搜集古希腊的艺术品。正是这两方面因素的结合下，美术考古首先发生起来，这是近代考古学出现的一个源头"。[①] 从文化发展史看，美术考古在文艺复兴和工业文明的兴起中都起到了具有突破意义的作用，不仅驱动了考古学，也发展了艺术学和美术史研究，推进了近代的物质文明和精神文明。

---

① 参见俞伟超：《考古学是什么》，中国社会科学出版社，1996年。

近代考古学是一门新兴的学科，如果将 1870 年发掘特洛伊古城作为近代考古学的起点，距今只有 130 多年的历史。中国近代考古学发展的历史更短，至今仅有 70 多年的历史。但由于中国历史悠久、幅员广阔，地下和地面有着极其丰富的遗迹和遗物，是考古学发展的沃土。半个多世纪以来，特别是近 30 年，中国考古学飞跃地发展，进入了黄金期。在全国各地普遍展开了考古调查和发掘，取得了丰硕的考古成果，发现了许多有关美术的重要的遗物和遗迹。在古代的建筑艺术、陶瓷艺术、青铜艺术、玉器艺术、漆器艺术、染织艺术、石刻艺术、壁画艺术等方面都有重大的考古发现。新石器时代彩陶的起源和发展、玉器形制和传播、雕塑和地画、坛庙和女神塑像等考古课题，都有重大的突破性进展。关于商周青铜器的铸造技术和造型，获得了许多考古新资料。在赣、巴、蜀、滇等地的古方国遗址的考古发掘中，出土了令人耳目一新的青铜雕刻品。对横贯中国北部的数以万计的草原文化岩画，长期地进行着详尽的考古调查和记录。秦始皇陵、定陵等各朝代的大型陵园墓葬的发掘，出土了成系列而数量巨大的艺术瑰宝，引起世人瞩目。佛教艺术遗迹的考古调查和发掘，不断取得重要成果，使我们能够依据考古实物资料，更科学地、系统地研究中国文化史和美术史。但是，我国美术考古的学科建设相对滞后，美术考古方面的研究工作也颇为薄弱，因此长期以来一些专家学者酝酿着美术考古学的建立，做了许多开拓性的工作。老一辈的美术家中，钟情美术考古的不乏其人，岑家悟、韩乐然、常任侠、常书鸿等著名画家和学者都为美术考古献出了毕生精力。

　　我在中央工艺美术学院壁画专业学习期间，有幸得到庞薰琹老师讲授传统艺术。1965 年，我毕业后分配到甘肃省博物馆工作，"文化大革命"结束后，庞薰琹老师特地给我写了一封信，信中谈到中国需要开展美术考古，认为我在博物馆工作具备了从事美术考古的条件，希望我能开展美术考古的工作。我最终走上美术考古的道路，是与中央工艺美术学院老师们的教导和支持分不开的。

　　我在甘肃从事文博工作的 30 多年中，参加了新石器时代遗址、岩画、壁画墓、石窟寺等方面的考古调查和田野发掘工作，还主持过秦安县大地湾新石器时代遗址的发掘。大地湾考古发掘得到考古学家苏秉琦先生的关注和指导。苏秉琦先生又指导我完成了专著《中国彩陶图谱》。我在长期的考古实践中，不断得到考古界和美术界前辈的指教，对美术考古的认识逐渐加深。

美术考古学是考古学的分支学科，它以田野考古发掘和调查获得的美术遗迹和遗物为研究对象，以考古学的层位学、类型学为主要的研究方法。美术考古学的研究是建立在通过考古学的方法获得的实物材料的基础上，力求客观地复原历史文化的本来面貌，尊重考古获得的物证和相关资料，而不轻信古史传说，也严格拒绝属于感觉臆想的议论。由于美术考古具有严谨的科学性，为美术史研究提供了可信的美术实物依据。

然而美术考古学不是一般的考古学，而是一门特殊考古学。其特殊性在于美术遗迹和遗物不仅是物质生产的产物，还是精神生产的产物，遗迹和遗物以造型艺术为主要特征。如果不注意对艺术学的研究，将考古遗存中美术品作为游离意识形态的实物标本，也难以复原古代的社会文化。如器物类型学的分型分式，不仅由于工艺技术和实用功能的变化而引起器物形态的变化，审美意识的变化也能引起器物形态的变化，这一点在工艺美术品上表现得尤为明显。在器物分型分式时注意到审美意识的因素，与考古类型学的研究方法并不矛盾，具有人性的考古类型学也因此与生物类型学有所区别，并且使类型学的研究方法更加全面。

建立中国古代器物造型谱系，是中国美术考古的重要研究课题之一。中国的历史源远流长，在文化上保持着连贯性，许多器物很有特色，相延发展了数千年。如鼎形器是中国古器物中最具代表性的器物之一，最初产生于新石器时代，在日常生活中是实用的陶器，后来成为商周青铜礼器中的重器和王权一统的象征物。商周青铜鼎的铸造，由复合多范铸造发展到分铸法铸造，加强了青铜礼器是以鼎和酒器作为主要的组合。周代青铜鼎主要和铜簋等食器相组合。西周还开始出现用鼎制度，以鼎的使用多少来区分尊卑等级。从青铜鼎在不同阶段的组合变化中，看出商周礼仪制度的发展变化。到战国中期以后，青铜鼎的礼器性质减弱，汉代以后的青铜鼎的用途很多，青铜铸造技术也进一步发展完善，出现了丰富的器形样式，派生出鼎的各种变体的器形。鼎的使用延续至今，还铸造了《世纪宝鼎》作为世纪之交的纪念物。鼎形器的发展跨度长达 7000 多年，不仅纵向发展，而且横向组合，构成了完整的发展系列。这种罕见的器物文化现象是中国独有的，成为中国传统文化中富有特色的组成部分。

图案纹样谱系也是中国美术考古的研究课题。中国有许多历史悠久的传统纹样，如鱼纹、龙纹、凤纹、兽面纹等纹样都延续发展了数千年。作为美术考古的纹样学研究，不同于一般的纹样研究，由于纹样是装饰在器物上的，因此美术考古中的纹样是以考古地层为依据，器物形态变化为基础，运用考古类型学的方法来进行图案纹样研究的，每一种个别纹样的发展过程，都要置于总体纹样的发展谱系中去研究，使纹样学研究由望文生义而上升为系统的科学研究。

考古类型学的研究方法，不仅用于美术遗物的研究，同样可以运用到美术遗迹方面，如用来研究古代建筑中宫殿、饰有绘画雕刻的陵园和墓葬、石窟寺、园林的形制变化和分期。总之，美术考古主要以考古类型学的方法，来研究美术遗迹和遗物的艺术形态的发展规律，从而为美术史研究提供经过科学考据的实物例证。

我们应该从宏观的角度进一步认识中国美术考古学与美术史研究的关系。中国美术史研究开始的时间，并不晚于西方。在 6 世纪期间，南齐谢赫著述的《古画品录》是品评画家及其绘画作品的专著。在以后的 1000 多年中，中国美术史的著作是以历代王朝作为美术史分期，而且以美术流派、美术家和作品为主体来撰写的。西方的美术史专著出现较晚，到 16 世纪才由意大利美术史家瓦萨里写出了传记体的美术史著作，但到 18 世纪，西方就出现了近代美术史学。被称为古典考古学之父和美术史之父的温克尔曼，在 1764 年发表了艺术史专著《古代造型艺术史》，在美术史研究中引入了考古学的研究方法，促进了西方近代美术史学的发展。但中国却长期停留在传统美术史观上，直到 20 世纪 40 年代，美术考古学家岑家悟开始以现代美术史观研究中国古代艺术，他在许多著作中指出："关于中国艺术史的研究，由于文献无证，必须依赖美术考古学相助。"

在 20 世纪的下半叶，现代中国美术史学在一些方面得到了发展，尤其是近十年来，相继出现了突破旧有模式的中国美术史著作，关于美术考古的专著也破空而出①。但是，从整体上说旧有的中国美术史的框架结构没有大的变化，中国美

---

① 近年出版的美术考古的专著有杨泓撰写的《美术考古半世纪——中国美术考古发现史》、刘凤君撰写的《美术考古学导论》。

术史的分期仍是以王朝来划分，而不是以美术品的形态特征来划分的。如现有美术史通常将秦汉列为同一单元，但秦与汉的美术品的形态有很大的不同，秦始皇陵出土的马俑样式，是写实的标本式的马。而汉武帝以后的马俑样式，则是理想中的形体夸张的良马模式。又如魏晋南北朝是中国美术发展变化最复杂的一个时期，但是这些重要的复杂变化，在美术史著作中湮没在分门别类的美术品的叙述中去了，却忽略了北周、北齐是中国美术史的重要转折点。通过美术品形态的比较，可以看出北周、北齐时期绘画和雕塑的"疏密二体"已经确立，并且佛教艺术开始世俗化，由此揭开了中国中古时期美术的序幕。我们还可以举出无数的例子来说明中国美术史以王朝分期的不妥，但是目前我们还不能一下子提出一个新的完善的中国美术史框架结构。因为要以美术品形态作为美术史分期的标准之一，就要进行大量的美术品形态的研究工作，通过考古类型学的研究方法对美术品的形态进行排比和分期，而这正是美术考古学的基本课题。由于中国美术考古学相对薄弱，虽然美术考古新发现层出不穷，却不能用来迅速推动中国美术史的研究。

沿用旧模式的中国美术史研究，缺乏多元化和系统性，在运用美术考古成果上有严重的局限性，许多新出版的中国美术史著作仍然对大量而重要的少数民族美术考古的成果采取漠然置之的态度。近20年来，西夏美术考古的成果十分丰硕，然而一些中国美术史著作对西夏却只字未提。藏族美术是中华民族美术中重要而不可或缺的组成部分，可是藏族美术和藏传佛教艺术的一些重大考古发现，在中国美术史著作中也得不到反映。如果中国美术史研究不重视和不充分利用丰富的少数民族美术考古的成果，就不能系统地研究中华民族美术发展过程中各族文化相互影响的关系，仍然摆脱不了大汉族美术史观的狭隘框架。

同样的道理，还需加强关于中外美术交流考古发现的研究，把中国美术的发展置身世界美术的发展中去考量，中国美术史的研究才会健全。

因此，没有美术考古的基础工作，就不可能有系统而深入的美术史研究。美术考古的基础工作做好了，具有现代美术史观的中国美术史学的建立也就水到渠成了。

考古文物与中国传世古画鉴定

中国传世古代绘画的鉴定方法正发生着重要的变化。自宋代以来，传统的古画鉴定方法主要着眼于绘画的时代风格和画家的个人风格，还以流传经过、著录、印章（包括收藏印）、题跋、书画材料（纸、绢、颜料、墨等）、装潢等方面作为辅助依据。目前，中国古画鉴定仍以传统的鉴定方法为主。

近半个世纪以来，随着美术考古新资料的不断发现，现代科学技术在文物鉴定中的运用，一些新的鉴定方法正运用于中国古代绘画鉴定中。不少专家学者用考古出土文物来验证、梳理和鉴定传世的古代绘画，取得了许多令人瞩目的成绩，补充和拓展了中国古代书画的鉴定方法。

我的大半生在西北从事美术考古工作，现在又从事艺术史论的教学工作，这就有了将文物考古与中国古代绘画鉴定结合起来的契机，也引起我用文物资料来进行古画鉴定的兴趣，并有所思考。毋庸讳言，传世的古代绘画中，以唐、五代和北宋绘画的鉴定问题最多，可以说这期间的不少绘画作品的完成年代、作者等问题存在不少争议，但用传统的鉴定方法去解决这些问题的余地已不大，古籍中对画家的介绍大多笼统而简略，而且大家习惯引用的一些题签、题跋也未必可靠。如《虢国夫人游春图》和《捣练图》，旧称金章宗完颜璟在这两个图卷前题签，指此两图为宋徽宗所摹写，然而金章宗题签所用书体乃亡国之君宋徽宗的瘦金体，显得不可思议。如果以传世绘画相互对鉴，较难分辨孰是孰非。而运用考古出土文物去鉴定古画会有新的突破，并且更具科学性。我曾有幸在上海博物馆举办的"晋唐宋元书画国宝展"上直面真迹，并聆听了"国宝展"国际学术讨论会的学术报告,获益匪浅。但专家们对一些名画的悬疑问题仍存有不同的见解,其中尤以《游春图》《步辇图》《簪花仕女图》《韩熙载夜宴图》《茂林远岫图》等画作争议最多。我认为要解决古画鉴定的悬疑问题,除去传统的鉴定方法,应凭借考古文物作为古画鉴定的实证,从建筑、家具、摆设、器皿、服饰、图案纹样、时尚风俗等方面,全方位地将古画图像与各类考古文物进行比较,选取有确切年代的考古文物为坐标,找出被鉴定的绘画中各类物品的样式出现年代的下限,进一步判定被鉴定的绘画作品完成的下限。传世的唐宋绘画的构成情况较复杂,有的画中往往积聚了不同时代的艺术形象。如《簪花仕女图》中仕女的服饰属于晚唐、五代的样式,而服装上的旋式对花纹、全枝花等图案纹样是北宋和金代才出现的,而我们鉴定此画时,应考虑最晚的构成因素。长卷《韩熙载夜宴图》的文化内涵很丰富,融入了大量的图像内容,图中有众多的人物、不同性别和身份的人各式服饰、各异的场景、成套的陈设家具、各种生活用品和器皿、多样的装饰花纹图案,很适合借助考古出土文物去鉴定这幅画的作成年代。已有多位专家运用考古文物对《韩熙载夜宴图》的作成年代做了考证。沈从文先生对照南宋墓葬中出土的衣服丝绸实物,又参照传世宋画和古籍记载,认为是北宋时期的作品。余辉先生从衣冠服饰、家具、生活用器等方面,参照出土文物,认为《韩熙载夜宴图》为南宋摹本。可以看出同用出土文物去考证绘画作品的年代,也可能得出不同的结论。为了使古画鉴定更具有准确性,就要对被鉴定的作品进行全方位的考证,虽然这是老生常谈,但实行起来难度却非常大,因为鉴定古画的工作者除了要掌握传统的鉴定方法外,还要精通中国绘画史、中国画学史、文房四宝和装潢史,并且还需了解和熟悉中国的服饰史、图案纹样史、建筑史、陈设史、家具史、器具造型史、风俗史等方面的知识,因此对古画鉴定工作者的要求更高,他们需要掌握的知识更加全面。我们以《韩熙载夜宴图》为例证具体分析。图中的家具就有床、桌、椅、凳、衣架、屏风、鼓座、烛架等多种类别,每一种家具都有其发展的历史和不同的时代特征。近几十年发现的宋、辽、金墓的壁画中有不少的家具图像,并且还有桌、椅等实物出土,一些家具的文物资料还发现于纪年墓中,为确定《夜宴图》中成系列的家具的年代下限提供了依据,经与考古文物对应地验证,从总体上说这组家具的年代属于南宋。《韩熙载夜宴图》的男女服饰存在着年代不同的差别，男子服饰尚存晚唐五代的风貌，而女子的服饰却呈现宋代的样式。在南京南唐二陵和苏州七子山五代墓出土的女俑的衣服皆未出现束腰，而《夜宴图》中女子体态清盈，多穿束腰衣，已失五代女子服饰的风韵。另外，图中一些侍女身穿腰束皮带的窄袖胡服，在一位手执长扇的侍女的衣服上，绘着与辽墓出土的官服上同样的对雁衔绶带纹，图中这些穿胡服的女子装束又属于另一种服饰模式。我们根据《夜宴图》的图像，全方位地与考古文物进行对照，可以看出该图的文化内涵十分驳杂，不同年代和不同习俗的服饰和用品汇集于一堂，拼凑的痕迹十分明显，因此不能简单地认为是南宋时的摹本，《韩熙载夜宴图》的稿本是根据多个粉本组合而成的。运用考古文物进行古代绘画研究是一个新的课题，对我来说研究这个课题的过程是学习的过程，也是重新认识和诠释中国绘画史的过程。温故是为了知新，为此我将不懈努力。

甘肃彩陶鉴定

甘肃彩陶以历史悠久、类型丰富、花纹精美而著称于世。1922年，在甘肃一带发现了远古时期的彩陶，即引起世人重视，被誉为新石器时代彩陶之冠。近30年来，甘肃一带大规模发掘了含有彩陶的古文化遗址，取得了许多重要的考古成果，对于甘肃彩陶文化价值的认识不断加深。随着认识在不断加深和对甘肃彩陶喜爱者的增多，在文物市场出现了许多彩陶伪器，制作彩陶伪器的手法也在不断变换，因此甘肃彩陶的辨伪成为文物鉴定的新课题。

甘肃各文化类型彩陶的特点

要准确地对甘肃彩陶进行鉴定，首先要了解甘肃各文化类型彩陶的造型、纹饰等方面的特点。甘肃远古文化彩陶的发展过程，经历了萌芽期、成长期、繁盛期和衰退期。萌芽期的大地湾文化，距今8000年至7000年，是中国最早含有彩陶的古文化。大地湾文化的彩陶显示出原始的特点，陶器的成型采取分层敷积法。彩陶器形主要有三足钵和圜底钵，在钵口外饰一圈红色宽带纹。由于陶器烧成的火候不高，陶质酥松，大地湾文化保存完整的彩陶非常少。

距今6000年至5000年，是甘肃彩陶的成长期。分布于甘肃东部的仰韶文化，又分为半坡类型、庙底沟类型、石岭下类型。半坡类型的彩陶器形以盆、钵、碗、细颈壶、葫芦形瓶为主，彩陶花纹以鱼纹及其变体纹样为特色，还有阴阳三角纹和折线纹等几何形纹样。甘肃与陕西的半坡类型彩陶存在着一些差别，甘肃半坡类型的彩陶盆、钵、碗多为圜底，而陕西的半坡类型彩陶盆、钵、碗多为小平底和平底。陕西的半坡类型彩陶上的人面和鱼相结合的纹样，在甘肃则不见。我见到的伪造的半坡类型彩陶中，有陕西和甘肃的半坡彩陶的器形和花纹交错搭配的情况。

甘肃的庙底沟类型彩陶的器形，以圜底和平底的盆、钵、碗为主，以弧边三角形组成的图案为特色。秦安大地湾出土的人头形器口彩陶瓶，是被伪仿最多的彩陶样式之一。

石岭下类型彩陶出现了平唇口罐和喇叭口瓶，彩陶花纹以蜥蜴纹及其变体纹样为特色。文物市场上曾出现过一批画着石岭下类型彩陶纹样的喇叭口尖底彩陶瓶，是根据时代较晚的马家窑类型彩陶尖底瓶制的，几乎能乱真，在鉴定时需特加留意。

至马家窑文化时期，彩陶发展到繁盛期。马家窑文化距今5000年至4000年，又分为马家窑、半山、马厂三个类型。马家窑类型彩陶大多制作精良，多为橙红或橙黄色的细泥陶，器表打磨得较光滑。以墨色单彩画花纹，马家窑类型晚期的彩陶也有黑、白两彩并用的。在彩陶盆、钵、碗内多绘着繁丽的花纹，有的彩陶盆内以多元旋纹组成繁复而富于变化的图案，这种样式的彩陶盆由于艺术价值较高，成为热门的彩陶伪制的品种。马家窑类型彩陶器形中，罐、瓶、壶、瓮等样式增多，这些器形的彩陶的腹部常以复道的线和带纹组成均匀的图案。彩陶伪品中，有在齐家文化的素面红陶罐和壶的上腹，绘着马家窑类型的彩陶花纹，所以这种伪品用热释光法测定年代也无助于事。

半山类型的彩陶具有繁缛华丽的特色，彩陶花纹大多以黑、红二色并置画成，常以黑锯齿带和红带相并置，组成旋纹、复道折线纹和垂弧带纹等纹样。半山类型的彩陶器形以壶和罐为主。花纹繁丽、器形饱满的半山类型彩陶显示出精良的彩陶工艺，得到彩陶爱好者的青睐。

马厂类型彩陶的数量较多，器形以壶和双肩耳小罐为主。彩陶纹样变得简约粗放。彩陶花纹以四大圈纹、蛙纹及其变体纹样为常见的样式。但马厂类型彩陶也有画得十分精致的图案纹样，如彩陶筒状杯上常以几十根平行的直线和横线组成回形网纹，有着严谨工整的绘画技艺。马厂类型彩陶的器形样式丰富，有许多新奇的器形，有的彩陶上饰着雕塑的人头或人面像。马厂类型的彩陶伪品中就有人头形器口彩陶壶和异形彩陶器。

距今 4000 年以后，甘肃彩陶逐渐衰退，先后还出现了齐家文化、四坝文化、辛店文化、沙井文化等含有彩陶的古文化。彩陶陶质中有夹陶末的粗陶，彩陶花纹变得简单疏朗。除了四坝文化的彩陶埙和人形彩陶罐有仿制品外，处于衰退期的甘肃彩陶的伪品相对较少。

⤜✦ 甘肃彩陶伪器的鉴定 ✦⤛

在 1983 年左右，甘肃彩陶一度被大量走私贩卖到国外，伪品也随之出现，这些彩陶伪品用来鱼目混珠，掺入到真品中，被一起走私到海外贩卖。而海外收藏者涉猎彩陶的时间不长，缺乏鉴定彩陶伪品的经验，当彩陶伪品大量上市时，人们对流散的彩陶感到真伪莫辨。笔者在中国大陆和台湾地区，以及日本、新加坡的古董店和博物馆藏品中都见到了甘肃彩陶的伪品，在香港文物市场上也有不少伪品，可见伪品流传很广。为了更好地对甘肃彩陶伪品进行识别，笔者根据工作中对甘肃彩陶鉴定的体会，提出鉴定甘肃彩陶真伪的要点和需注意的问题，供大家参考。

在对甘肃彩陶进行鉴定时，首先要对甘肃各文化类型彩陶的主要特点有所了解，这样才可以确认被鉴定的彩陶属于何种文化类型，然后细心观察陶器制法、器形、彩绘方法、图案花纹等方面是否都符合该文化类型彩陶的特点。如半坡类型、庙底沟类型主要采用泥条盘筑法制作陶器，大多数的陶坯是一次成型，而马家窑文化的彩陶大部分采用泥圈垒筑法使陶器成型，中型和大型陶器由颈（领）、上腹、下腹和底等部分组合而成，而且各时期陶器的各部分的相互比例和长宽比例都有所不同，因此图案布局和花纹样式也随彩陶器的改变而发生变化。如果彩陶的制法与器形、图案花纹的文化特点不一致时，就要仔细地研究是否有作伪的情形。

彩陶的作伪手法主要有如下几种：

一、按原形复制或仿制。甘肃临夏地区是马家窑文化的中心区域，有"彩陶之乡"的称誉。由于具有得天独厚的特殊条件，这里成为最早大量制作彩陶伪品的地区，并且作伪的手段不断发展和提高。在制作彩陶伪品的最初阶段，大多根

图 1 半山类型彩陶仿制品   图 2 马家窑类型彩陶尖底瓶

据彩陶真品如实地进行复制,大小和尺寸都和原物差不多,但复制的彩陶的陶胎较真品厚重,彩绘的花纹也是陶器烧成后再画上的,如将彩陶用热水稍加浸泡,彩绘颜色就会脱落。彩陶复制者由于依样原封不动地照画花纹,用笔比较拘谨,工整有余,但缺乏灵动的气韵(图1)。有的彩陶仿制品是作为旅游纪念品而制作的,为便于游客携带,将复制的彩陶按比例缩小。为了按标准成批地生产,采用模制法,将泥浆灌制于模具中而成型,有的还在待烧制的陶坯的口沿做出慢轮修整的痕迹。这类模制的彩陶,器形匀称,器表拭抹得较光洁,是较容易识别的。

二、略加变异,似是而非。这类伪品是在彩陶原形的基础上进行变化和创制的。由于马家窑类型彩陶的数量较少,而且花纹精美,因此有很高的艺术价值。彩陶伪造者为获取高利润,精心伪造马家窑类型彩陶。但马家窑类型的一些彩陶精品已被人熟知,照原样复制,伪造的面目很容易被识破,因此在局部稍作变异,以混淆是非。在陇西曾出土了一件马家窑类型旋纹尖底彩陶瓶,价值很高(图2)。于是临夏地区出现了一批彩陶尖底瓶的伪品,是以马家窑类型的彩陶尖底瓶或平底瓶为原形,有的还参照了石岭下类型红陶尖底瓶的器形,加以综合变化而制成的。然而彩陶伪品往往就在进行变异的部分中露出破绽。有的是将彩陶平底瓶上的图案花纹移到伪制的彩陶尖底瓶上;有的是在伪制的石岭下类型尖底瓶上绘马家窑类型的彩陶花纹,但细心审察,总能看出生搬硬凑的痕迹。有一件彩陶尖底瓶的伪品,器形是仿照庙底沟类型的红陶尖底瓶,图案花纹却是照搬临夏回族自

图 3　马家窑类型彩陶瓶　　　　　　　　图 4　彩陶尖底瓶伪品

治州博物馆藏的一件马家窑类型叶纹平底彩陶瓶的样式（图 3），只是近底部的平行线纹多加了一道线纹（图 4）。有的彩陶尖底瓶伪品的器形以陇西出土的马家窑类型彩陶尖底瓶为原形，但原件的器形较小，为增加伪品的价值，将伪制的尖底瓶的器形变大，加长了尖底瓶的下腹。然而原设于器腹中部的双耳没有相应地下移，造成双腹耳的位置偏上，不符合尖底瓶作为汲水器的使用原理，因此遇到这类特殊的彩陶尖底瓶，就要和有明确出土地点的彩陶尖底瓶的式样进行仔细比较，看其特异的不同处是否适当合理。

最初制作的一批彩陶尖底瓶的伪品，不是在高温密封的窑中烧制的，有的放在铁皮烤箱中烧制，陶器烧成的火候较低，在敲击陶器时，会发现伪品的重量较真品要轻。

三、标新立异。彩陶伪造者为了牟取高利润，特意制作器形怪异、花纹新奇的彩陶。最惹眼的是伪造了一批各式各样的带有人头、人面或人形的彩陶，有的收藏者不辨真伪，如获至宝地收进。这类人头形器口彩陶伪品，多以秦安县大地湾出土的仰韶文化人头形器口彩陶瓶和广河县半山出土的半山类型人头形彩陶器盖为蓝本，再杜撰出变异的样式。有将半山类型的人头形彩陶器盖，配上伪造的彩陶器身（图 5）。有的彩陶壶在颈部两面各塑着人面像，这种别开生面的仿制，只不过是弄巧成拙的表现。

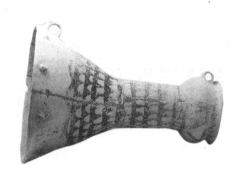

图 5　人头形器盖彩陶壶伪品　　　　　　图 6　半山类型鼓形彩陶器

在甘肃永登和青海民和等地出土了批珍罕的鼓形彩陶器（图6），成为竞相仿造的热门货，一般人不了解彩陶鼓形器用途，讹称作喇叭器，彩陶伪造者不究理而标新立异，进而制作出彩陶喇叭，饰于喇叭器上的花纹为凭空设想而来。图例中伪制的彩陶喇叭器，喇叭口外的花纹既不是菱格纹，又不是垂弧纹，各部分花纹组合得杂乱无章，经不起推敲和玩味（图7）。

四、添枝加叶。依照某件彩陶的基本式，添加上奇特的造型或纹样，也是彩陶作伪惯用的手法。如有一件伪制的马家窑类型内彩双鱼纹彩陶盆，就是以兰州王保保城出土的内彩双鱼纹彩陶碗为蓝本，而加以变化制成的（图8）。原形的

图 7　喇叭形彩陶器伪品　　图 8　马家窑类型彩陶盆　　图 9　马家窑类型彩陶盆伪品

内彩一对变体鱼纹之间的空隙处填充着网线纹，而伪品则将双鱼纹之间的网纹改换成一线相连的三组肢爪纹。还将原形鱼身纹中的圆点略去，而将鱼身纹中的弧边三角纹改成内有圈点的弧边三角纹，并且其中的一个弧边三角纹中的圈点还没有画完整（图9）。但是彩陶上除了两种动物的复合纹样外，绝少在同一件彩陶的同一装饰部位出现两种并列的主题动物花纹，虽然伪作者煞费苦心，但画蛇添足，反显其累。

五、移步接形。马家窑文化的鸟形彩陶壶是一种罕见的器形，也是彩陶伪品中的热门货，我所见到的鸟形彩陶伪品，大多制作得十分精致，售价不菲。作为图例的这件鸟形彩陶壶伪品，制作非常精心，几可乱真（图10），但经过仔细审察，仍有几处破绽。马家窑文化时期的鸟形彩陶壶较具体地显示出鸟类的形体特征，有着长颈的口部明显地偏在壶的前方，壶腹两侧有翅状突錾，壶腹后部有下垂的尾状突錾。以后，半山、马厂类型的鸟形彩陶壶几经演化，壶腹两侧位于上腹图案花纹之下的翅状突錾被一对环形耳所代替，但壶腹后部仍保留着象征鸟尾的小突錾，而这件伪作的鸟形彩陶壶却忽略了这一重要的细节。我见到一位收藏家珍藏的一件鸟形彩陶壶，制作精良，可是壶腹后部也没有尾形突錾，似出于同一伪作者之手。半山、马厂类型鸟形彩陶壶的颈部变得短粗，而且颈中部向外鼓凸，而伪作的鸟形彩陶壶的颈部做成一般的彩陶壶颈部的中部内凹的样式。图例举出的这件鸟形彩陶壶的腹部上，绘着半山类型晚期特有的四大圈旋纹，然而扁宽的壶腹却是半山类型中期彩陶壶的器形。如兰州地区出土的一件半山类型晚期四大圈旋纹鸟形彩陶壶，壶的下腹明显地增高，但一对器耳仍保持在壶腹的下方，壶口的一对小耳已退化消失，壶腹后部仍象征性地保留着尾状小突錾（图11），在对照真品后不难发现伪品的欠缺和不妥处。

六、真中掺假。利用彩陶真品的残缺部分，增添或生出新奇的造型。有的在半山或马厂类型的彩陶壶残缺的颈口处，做出人头形器口或人头形突錾。有的在马厂类型敞口罐的口沿上，添加提梁，成为罕见的提梁罐样式。因此在鉴定这类彩陶时，对于器形中奇特的部分要格外留意审察，看陶器有着特殊造型的这一部分与陶器其他部分的陶质、色泽、硬度是否一致，尤其是特型部分与陶器的接合部位和工艺处理是否合理。

七、移花接木。将原先的素面陶添加上彩绘纹样，也是常见的一种彩陶作伪手法。较多的是将齐家文化的双大肩耳红陶罐和红陶壶上添加彩绘纹样。图例中的这件彩陶壶（图12），本是一件齐家文化高领红陶壶，是一件素面陶。彩陶制伪者在壶的高领和上腹添加了红色陶衣，在上腹画着晚于齐家文化的唐汪类型彩陶特有的二方连续涡纹。图例中还有一件是在寺洼文化的马鞍口红陶罐上，画着类似齐家文化彩陶上的红彩波折纹（图13）。也发现有将马家窑类型泥质红陶瓮

图 10　半山类型鸟形彩陶壶伪品

图 11　半山类型鸟形彩陶壶

图 12　后加彩纹的齐家文化红陶壶

图 13　后加彩纹的寺洼文化红陶罐

上添加彩绘的。但后添彩纹的颜色比较均匀，一般较稀薄，而经过烧制的用矿物质颜料绘出的花纹有一定的厚度，色泽较沉着，而且有不均匀的地方。因此，我们进行彩陶真伪的鉴定，不仅要了解有关彩陶的专业知识，还要对素面陶的知识有所了解。

八、混淆是非。随着彩陶收藏者鉴别能力的提高，彻头彻尾的彩陶伪造品容易被人识破，于是彩陶伪作者已较少制作全假的彩陶，更多地利用残缺的彩陶进行修复，因此这类经过很大程度上动过手脚的彩陶，虽然和纯粹的彩陶品有所区别，但收藏价值大打折扣。在鉴定这类彩陶时，要细心地敲击陶器各部位的声音，再结合陶色和彩绘花纹颜色在不同部位的细微变化，细心地审察和判断陶器修复过的部位。有的严重修复过的彩陶，还散发出呛鼻的胶水味，鉴定这类彩陶最简易的方法就是放在水中浸泡，真的就会坚挺，假的就会虚脱。但有的修复过的彩陶器形和花纹有独特之处，只要修复程度不大或不在主要部位，彩陶花纹没有妄加描改，仍具一定的价值。